高等学校经济管理类主干课程教材

◀ 市场营销系列 ▶

网络营销

（第2版）

王 玮 编著

中国人民大学出版社
·北京·

图书在版编目（CIP）数据

网络营销 / 王玮编著. --2 版. --北京：中国人民大学出版社，2022.7
高等学校经济管理类主干课程教材. 市场营销系列
ISBN 978-7-300-30770-1

Ⅰ.①网… Ⅱ.①王… Ⅲ.①网络营销－高等学校－教材 Ⅳ.①F713.365.2

中国版本图书馆 CIP 数据核字（2022）第 108970 号

高等学校经济管理类主干课程教材·市场营销系列
网络营销（第 2 版）
王　玮　编著
Wangluo Yingxiao

出版发行	中国人民大学出版社		
社　　址	北京中关村大街 31 号	**邮政编码**	100080
电　　话	010－62511242（总编室）		010－62511770（质管部）
	010－82501766（邮购部）		010－62514148（门市部）
	010－62515195（发行公司）		010－62515275（盗版举报）
网　　址	http://www.crup.com.cn		
经　　销	新华书店		
印　　刷	北京宏伟双华印刷有限公司	**版　　次**	2018 年 1 月第 1 版
规　　格	185 mm×260 mm　16 开本		2022 年 7 月第 2 版
印　　张	18.5 插页 1	**印　　次**	2024 年 8 月第 4 次印刷
字　　数	412 000	**定　　价**	52.00 元

前言
Foreword

如今，我们已经进入互联时代。互联网、社交媒体正深刻地影响着我们的生活方式，同时也为企业发展提供了无限空间。新的商业模式不断涌现，新的营销方式层出不穷。与此同时，科学技术快速迭代，大数据分析逐渐取代传统的市场调研；市场竞争态势加剧，新业态不断涌现；消费者权利增加，汇聚成一股强大的力量，传统的营销思维已无法适应时代发展的要求，传统的营销方式受到极大挑战。传统营销主要站在企业的角度进行思考，尽可能从消费者身上攫取最大利润，而忽视了消费者的利益。“狩猎式”的传统营销方式渐受诟病，重塑营销模式、回归消费者的呼声日益高涨。网络营销正是在这样的背景下应运而生并迅速发展起来。

在 20 多年的教学与科研工作中，我积累了大量的电子商务与网络营销经验。在长期的教学过程中，我收集整理了网络营销的相关教学和研究成果，实地调研并长期跟踪企业的管理实践，开发了多个网络营销的本土案例，有 5 个案例获得全国百篇优秀管理案例，为本书的顺利出版奠定了坚实基础。本书第 1 版于 2018 年 1 月出版，被很多高校选为本科生、研究生教材，受到广泛欢迎和肯定。

本书内容依托经典网络营销理论，结合新的发展趋势，紧紧围绕基础篇、策略篇、模式篇、实务篇及移动篇五个模块展开。全书共 16 章。基础篇（第 1 章至第 3 章）介绍网络营销的演进、环境以及策划；策略篇（第 4 章至第 6 章）概述网络营销的战略、组合及网络消费者行为；模式篇（第 7 章至第 9 章）讨论网络营销的平台模式、垂直模式、网络生态系统；实务篇（第 10 章至第 12 章）分析网络营销推广、网络营销服务及网络用户体验；移动篇（第 13 章至第 16 章）阐述移动互联网、微营销、视频营销及全渠道营销等。

与第 1 版相比，本版在以下方面做了补充和完善：(1) 为了使网络营销内容体系更加完整，跟上实践发展的步伐，新增第 14 章微营销、第 15 章视频营销、第 16 章全渠道营销。(2) 删除了原第 15 章和第 16 章，并将部分内容整合到本版的第 14 章微营销和第 15 章视频营销。(3) 对原第 10 章的内容进行了改写和调整，部分内容扩充到新增的第 16 章全渠道营销。(4) 重点对移动营销的新发展进行补充完善，将新的营销实践（如新零售、抖音营销、网络直播等）补充到教材中。此外，对全书的案例进行了更新，删减了一些时效性差的案例。

与其他同类型的网络营销教材相比，本书突出强调以下方面：基础篇在网络营销领域的依托；策略篇对网络营销企业的指导；模式篇在网络营销领域的引领；实务篇在网络营销企业的运作；移动篇突出传统互联网与移动互联网的结合，强调移动营销。

网络营销是一门实践性与实效性都很强的新兴学科，网络营销实务更新变化快。为了使理论与实践更好结合，使理论、原则更为鲜活，本书在每章前通过引例导入本章的内容，章后附案例，便于进一步思考和讨论。本书的特色在于前沿的、时效性较强的网络营销企业案例分析贯穿全书，便于延伸与讨论。本书适用于本科生、研究生以及 MBA、EMBA 学员等多层次的教学，也可作为网络营销实际工作者的培训教材与参考书。

网络营销课程在经典的市场营销理论的基础上聚焦现代网络营销理论，具有传授知识、培养能力及思想政治教育等多重功能，承载着培养大学生世界观、人生观、价值观的使命。本书在写作过程中，注重网络营销课程的思政建设，扎实推进“党的领导”相关内容进教材，深入贯彻习近平总书记关于网络强国的重要思想以及关于数字经济发展的重要论述，帮助学生树立社会主义核心价值观，使其成为本专业领域高素质的创新型人才。

本书由王玮教授负责全书总体结构设计、内容筛选把关以及最终定稿等工作。在本书的编著过程中，暨南大学管理学院的研究生团队在案例资料的收集与编撰、章节内容的收集等方面做了大量工作。研究生陆乐儿主要参与了基础篇的编写；研究生陈洁琼参与了策略篇的编写；研究生黄悦欣参与了模式篇的编写；研究生叶梓雯参与了实务篇的编写；研究生李子婕、王雅娴参与了移动篇的编写。书中部分案例是由我带领暨南大学管理学院的研究生徐梦熙、张溢、江勇威、雷明望、喻亚琴、肖春华等编撰而成，研究生张林林、刘芮以及悉尼大学商学院的郑思齐协助收集、整理了相关资料。

本书在编写过程中，借鉴了许多国内外优秀的教材与文献资料，参考了众多相关网站的内容，在此对各位作者表示诚挚的谢意！中国人民大学出版社的编辑为本书的出版付出了辛勤努力，深表谢意！

由于作者水平有限，书中难免存在不妥和疏漏之处，恳请广大读者批评指正。

王　玮
暨南大学管理学院教授、博士生导师
于暨南园

目 录
Contents

01 第1篇 基础篇

02 第 2 篇 策略篇

03 第 3 篇 模式篇

04 第 4 篇 实务篇

05 第 5 篇 移动篇

01

第 1 篇

基础篇

第1章

网络营销演进

引例 “浪漫经济”的网络营销大战

七夕节原本是纪念牛郎织女鹊桥相会的传统节日，但在互联网的推动下，逐渐演变成商家借势营销，促进全民消费的“浪漫经济”。

网易严选与考拉海购：分开也是一种爱

网易考拉被阿里巴巴收购之后，正式改名为“考拉海购”。当七夕营销的主旋律为情侣们秀恩爱时，网易严选和考拉海购逆向操作，抛出“分手一周年”的话题吸引大众关注。网易严选和考拉海购拍摄了一支七夕广告庆祝分手，并借势推出七夕限定款“爱就是放手”礼盒，礼盒里面则包含了前男友面模和网易严选购物卡等。

天猫：先酸为敬，各自精彩

在这个几乎所有品牌都在打着情侣们主意的日子里，天猫却将注意力聚焦到2.4亿单身人群。天猫关怀单身同胞，在七夕之际用三个小故事诠释酸酸的心情，邀请单身同胞喝柠檬水嗨起来，将“先酸为敬，各自精彩”用重复口播的形式加深用户记忆，毫不掩饰酸的心情，倡导大家团结起来，一起酸个痛快，引发全网单身青年群体的共鸣。

荣耀：影像情书

荣耀手机上线了一支名为《影像情书》的七夕短片，短片一开始就提问：“我们的爱情，靠什么走过了这次疫情?”影片中女主拿着荣耀手机拍摄天上的星星、城市的夜景以及身边的各种美好，将每一天的点滴分享给男友。荣耀手机借助七夕短片告诉消费者，荣耀不只是一个冰冷的通信工具，更是维系情侣感情的参与者、陪伴者。

资料来源：七夕借势营销，看各大品牌如何乘风破浪.（2020－08－25）. https://baijiahao.baidu.com/s?id=1675945309478681227&wfr=spider&for=pc.

第 1 节　网络营销的发展历程

网络营销是随着互联网的发展，以互联网作为平台而产生的一种新的营销活动。广义地说，可以把为达到企业营销目标，以互联网为主要手段所开展的营销活动称为网络营销。网络营销是企业整体营销战略的一个组成部分，是为实现企业总体经营目标而进行的一种营销方式，换言之，网络营销是将传统的营销原理和互联网特有的互动能力相结合的营销方式，它既包括在网上针对网络虚拟市场开展的营销活动，也包括在线上开展的服务于传统有形市场的营销活动，还包括在线下以传统手段开展的服务于网络虚拟市场的营销活动。

网络营销的概念可从以下几方面来理解：

（1）网络营销不等于网上销售。

（2）网络营销活动不仅限于网上。

（3）网络营销建立在传统营销理论基础之上。

网络营销不仅是网址推广或者在网上销售产品，还是企业营销战略的一个组成部分，主要包括八个方面的内容：网络品牌、网址推广、信息发布、销售促进、销售渠道、顾客服务、顾客关系、网上调研。

一、网络营销的产生与发展

从 1969 年互联网诞生到 20 世纪 90 年代，随着计算机的普及和信息技术的发展，互联网快速地商业化，以其独特魅力和爆炸式传播速度成为热点。商业利用是互联网前进的发动机，站点的增加以及众多企业的参与使互联网的规模急剧扩大，信息量也成倍增加。在互联网技术飞速发展的大环境下，网络营销应运而生。1993 年，第一批网络和浏览器在互联网上出现。1994 年，美国著名的 *Wired* 杂志推出了网络杂志网站 Hotwired（www. hotwired. com），美国电话电报公司（AT&T）等 14 个客户的横幅广告投放在 Hotwired 上，这成为广告史上的一个里程碑。自此以后，网络广告成为互联网的热点。2011 年 2 月，全球 IPv4（互联网协议的第四版）地址数分配完毕，互联网的发展也达到了空前的高度。

互联网在中国的发展经历了从起步到腾飞的过程，深嵌于中国经济发展的各个领域，深刻改变了人们的生活。1994 年 4 月 20 日，在国家的大力支持下，经过科研工作者的艰辛努力，连接数百台主机的中关村地区教育与科研示范网络工程成功实现了与国际互联网的全功能链接。在随后两年多的时间里，中国科技网（CSTNET）、中国公用计算机互联网（CHINANET）、中国教育和科研计算机网（CERNET）、中国金桥信息网（CHINAGBN）相继开工建设，标志着全面铺设中国信息高速公路的历程的开始，信息时代的大门在国人面前悄然开启。从 1997 年开始，中国互联网步入快速发展阶段。中国互联网络信息中心（CNNIC）的统计显示，全国网民数量每隔半年增长一倍，中国互联网的第一次浪潮到来，一时间，免费邮箱、新闻资讯、即时通信成为最热门的应用。2000 年，新浪、网易、搜狐三大门户网站先后登陆纳斯达克，中国互联网企业海外上市的热潮骤然涌起。然而，受美国互联网泡沫破灭的影响，中国互联网的发展也很快遭到来自大洋彼岸的寒潮的袭击。中国互联网挺过寒冬之后，在短信服务、网络游戏、音乐下载等业务的支撑下，网民数量在 2002 年飙升至 5 910 万人，新的春天终于到来。在互联网先行者的不断探索和不懈努力下，从 2003 年起，中国互联网找到了适合中国国情的盈利发展模式，互联网应用呈现多元化，电子商务、网络游戏、视频网站、社交娱乐等互联网应用形式全面开花。伴随着中国互联网新一轮的高速增长，中国网民数量在 2008 年 6 月达到 2.53 亿人，首次大幅度超过美国，跃居世界首位。2009 年，以移动互联网的兴起为主要标志，中国互联网步入了一个新的发展时期。2012 年，中国的移动互联网用户首次超过 PC（个人电脑）端用户，中国网络购物规模直逼美国，成为全球第二大互联网销售市场。与此同时，互联网企业变得更加理性开放，传统企业也在与互联网企业的交锋中逐步走向融合共生。

延伸阅读 1-1　中国互联网发展概况

思政专栏 1-1

不断做强做优做大我国数字经济

党的十八大以来，党中央高度重视发展数字经济，将其上升为国家战略。党的十八届五中全会提出，实施网络强国战略和国家大数据战略，拓展网络经济空间，促进互联网和经济社会融合发展，支持基于互联网的各类创新。党的十九大提出，推动互联网、大数据、人工智能和实体经济深度融合，建设数字中国、智慧社会。党的十九届五中全会提出，发展数字经济，推进数字产业化和产业数字化，推动数字经济和实体经济深度融合，打造具有国际竞争力的数字产业集群。

这些年来，我国数字经济发展较快、成就显著。根据 2021 全球数字经济大会的数据，我国数字经济规模已经连续多年位居世界第二。特别是新冠肺炎疫情暴发以来，数字技术、数字经济在支持抗击新冠肺炎疫情、恢复生产生活方面发挥了重要作用。

综合判断，发展数字经济意义重大，是把握新一轮科技革命和产业变革新机遇的战略选择。一是数字经济健康发展有利于推动构建新发展格局。构建新发展格局的重要任务是增强经济发展动能、畅通经济循环。数字技术、数字经济可以推动各类资源要素快捷流动、各类市场主体加速融合，帮助市场主体重构组织模式，实现跨界发展，打破时空限制，延伸产业链条，畅通国内外经济循环。二是数字经济健康发展有利于推动建设现代化经济体系。数据作为新型生产要素，对传统生产方式变革具有重大影响。数字经济具有高创新性、强渗透性、广覆盖性，不仅是新的经济增长点，而且是改造提升传统产业的支点，可以成为构建现代化经济体系的重要引擎。三是数字经济健康发展有利于推动构筑国家竞争新优势。当今时代，数字技术、数字经济是世界科技革命和产业变革的先机，是新一轮国际竞争重点领域，我们一定要抓住先机、抢占未来发展制高点。

资料来源：习近平：不断做强做优做大我国数字经济.（2022-01-15）. https://baijiahao.baidu.com/s?id=1722004223044990800&wfr=spider&for=pc.

二、我国网络营销的发展历程

（一）中国网络营销发展的第一阶段（1994—1997 年）

1994 年 4 月 20 日，中国国际互联网正式开通，网络营销随着互联网的应用开始受到企业关注。然而，在 1997 年之前，中国的网络营销一直蒙着一层神秘的面纱，并没有清晰的网络营销概念和方法，也很少有企业将网络营销作为主要的营销手段。在早期有关网络营销的文章中，经常会描写某个企业在网上发布商品供应信息，然后接到大量订单的故事，并夸大互联网的作用，给企业造成“只要上网就有财源滚滚而来”的印象。其实，即使那些故事是真实的，也不过是在互联网信息很不丰富的时代的传奇，出现在如今的互联网环境中的可能性极低。这些传奇故事是否存在姑且不论，即使的确如此，也无法从中找出可复制的、一般性的规律。

学者们一直无从考证中国企业最早利用互联网开展营销活动的历史资料，只能从部分文献中看到一些细枝末节，如作为网络营销经典神话的“山东农民网上卖大蒜”。据资料记载，山东金乡县西李村党支部书记李敬峰采用的网络营销方法为“注册自己的域名，把西李村的大蒜、菠菜、胡萝卜等产品信息一股脑儿地搬上因特网，发布到了世界各地”。对其网络营销成效的记载为：“1998 年 7 月，青岛外贸通过网址主动与李敬峰取得了联系，两次出口大蒜 870 吨，销售额 270 万元。初战告捷，李敬峰春风得意，信心十足。”

如今，在搜索引擎中输入山东、西李村、大蒜等关键词，除了上面介绍的信息，无法找到其他相关的资料。可以说，1994—1997 年的网络营销在很大程度上带有传奇色彩，与网络营销的实际应用还有很远的距离。何况当时网络尚未真正普及，无论学术界还是企业界，大多数人对网络营销的概念还相当陌生。在这一阶段，网络营销的概念和方法都不明确，甚至多数企业对互联网一无所知，可见，是否产生效果主要取决于偶然因素。此时，将网络营销应用于企业经营的，大多只是出于好奇。

延伸阅读 1－2　1997 年以前与中国网络营销发展有关的重大事件

（二）中国网络营销发展的第二阶段（1997—2000 年）

根据中国互联网络信息中心（CNNIC）发布的《中国互联网络发展状况统计报告（1997/10）》，到 1997 年 10 月底，我国上网用户数为 62 万，WWW 站点数约 1 500 个。虽然无论上网用户数还是网站数量均微不足道，但发生于 1997 年前后的部分事件却标志着中国网络营销进入萌芽阶段，如网络广告和电子邮件营销在中国诞生、电子商务出现、网络服务（如域名注册和搜索引擎）涌现等。到 2000 年年底，多种形式的网络营销得到应用，网络营销呈现出快速发展的势头，并且有

延伸阅读 1－3　1997—2000 年与中国网络营销发展有关的重大事件

逐步走向实用的趋势。

在互联网的甜头逐渐为人所尝后，网络营销如雨后春笋般涌现。

（三）中国网络营销发展的第三阶段（2000—2003 年）

就在中国互联网公司争相在美国上市的气氛达到空前的状态时，互联网经济的泡沫破裂了。2000 年 3 月 13 日，此前一直风光无限的纳斯达克指数一开盘就从 5 038 点跌到 4 879 点，下跌 4%，虚幻的网络经济泡沫随之破灭。到 2001 年 4 月 4 日，指数已经跌至 1 619 点，全球互联网市场陷入低潮。在这段时间里，大多数互联网公司在把风投资金烧光后停止了运营，只有少数企业将危机变成了机遇。

延伸阅读 1-4　2000—2003 年与中国网络营销发展有关的重大事件

（四）中国网络营销发展的第四阶段（2004—2008 年）

据统计，2000 年美国共有 210 家互联网公司倒闭，最根本的原因是筹集到的资金迅速枯竭，后续资金没跟上。一年之后，全球至少有 537 家互联网公司结束营业。然而，这个时期我们仍能看到一些在上一波互联网经济泡沫破裂后留下的幸存者，它们中有雅虎、eBay、亚马逊（Amazon）以及后来的 MSN、谷歌（Google）。大浪淘沙之后，中国同样留下了历经磨难而顽强生存的互联网企业：新浪、搜狐、网易、腾讯和阿里巴巴。

延伸阅读 1-5　2004—2008 年与中国网络营销发展有关的重大事件

（五）中国网络营销发展的第五阶段（2008 年至今）

随着移动互联网的普及，依托社交媒体进行营销成为网络营销的热点。社交媒体营销是指依赖或者基于社交媒体用户形成的互相连接的人际关系进行品牌或者商品的营销。社交媒体营销工具一般包括论坛、微博、微信、博客、SNS 社区、图片和视频分享等。通过社交媒体营销，企业和消费者之间的沟通更加实时、双向和直接。

社交媒体营销可以在多个环节产生影响力。在用户产生购买行为之前，社交媒体营销可以起到告知作用。企业通过社交媒体传递自己的企业文化、品牌价值内涵、产品情况等信息，使用户产生感知与共鸣。对于那些潜在的用户，他们可以通过社交媒体获得对自己有用的信息，从而对企业及产品产生识别与认同。在用户发生购买行为之后，部分用户会主动地进行分享与传播，在朋友群中分享企业与产品的信息，产生二次传播效应。

社交媒体经过十多年的发展，其发展过程具有明显特征。互联网的早期以论坛 BBS 的形式为主，中心特征是内容；2003—2005 年，博客发展进入高潮期，中心特征是用户写作内容；2006 年之后，随着社交网站以及微博的发展，中心特征变成用户分享交流内容；2010 年以后，各类社交媒体开始跨界整合，类

延伸阅读 1-6　中国社交媒体的发展历程（一）

型呈现明显的多元化；2013 年至今，社交媒体为人们提供了更多的空间，人成为“节点”，通过社交媒体用户彼此联结起来。随着社交媒体的不断发展，用户与企业信息发布和获取的成本都大大降低，为社交媒体营销提供了越来越丰富的可能性。

网络营销的发展历程让我们看到，如今的网络营销早已不是少数人的谈资，也不再是部分淘金者的大胆尝试，更不是与现实生活脱轨的虚拟世界，而是延伸到现实生活各个角落的基本元素。这一变化可大致分为三个阶段：网络营销 1.0、网络营销 2.0 和网络营销 3.0。

延伸阅读 1－7　中国社交媒体的发展历程（二）

第 2 节　网络营销 1.0

Web 1.0 是第一代互联网，始于 20 世纪 90 年代，主导其发展的是以互联网和信息技术为代表的技术创新。以新浪、搜狐、网易为代表的综合性门户网站和以谷歌、百度为代表的通用搜索网站是 Web 1.0 的典型。在 Web 1.0 时代，用户上网主要是浏览信息与搜索信息，流量和广告是互联网商业模式的核心体现。Web 1.0 的网络营销与传统的线下营销在理论上并无明显差异，消费者仍扮演“读者”或“听众”的角色，延续着被动的信息接收状态。在这个时代，网民的身份只是一名网络读者，或者是一名网络信息接收者。这个时代的网络营销主要体现为以广告投放为主的网络宣传推广。

在 Web 1.0 时代，网络营销的主要方式包括网络广告、搜索引擎营销、电子邮件营销、BBS 营销等。

（一）网络广告

网络广告即广告商在第三方网络平台投放关于产品或服务的广告以提高品牌知名度和销售收入。在 Web 1.0 背景下，随着互联网的快速发展和网民的大量增加，网络广告日益成为消费者生活中不可缺少的媒体形式，网络广告由此成为广告主实施网络营销的重要方式之一。

延伸阅读 1－8　中国网络广告市场现状

（二）搜索引擎营销

搜索引擎营销可分为搜索引擎优化与付费搜索两种。搜索引擎优化是指通过对网站结构（内部链接结构、网站物理结构、网站逻辑结构）、高质量的网站主题内容、丰富而有价值的相关性外部链接进行优化而使网站对用户及搜索引擎更加友好，以获得在搜索引擎上的优势排名，为网站引入流量。付费搜索重点体现为关键字广告或竞价广告，即广告商通过网民搜索结果页上的广告位来达到营销目的。详见图 1－1。

图 1-1　搜索引擎营销

（三）电子邮件营销

电子邮件营销是指以订阅的方式将企业信息以及产品信息通过电子邮件提供给有需要的用户，以此建立与用户之间的信任与信赖关系。作为互联网基础应用，电子邮件是绝大部分公司和网站常用的营销方式。

（四）BBS 营销

BBS（bulletin board system 的缩写，意为“电子公告板”）营销即基于网络社区、网络论坛开展营销。BBS 营销又称论坛营销，就是“利用论坛网络交流平台，通过文字、图片、视频等方式传播企业品牌、产品和服务的信息，从而让目标客户更加深刻地了解企业的产品和服务，最终达到宣传企业品牌、产品和服务的效果，提高市场认知度”。

第 3 节　网络营销 2.0

在 Web 1.0 时代，常用的网络营销方式有搜索引擎营销、电子邮件营销、BBS 营销，但随着互联网发展到 Web 2.0 时代，网络应用服务不断增多，网络营销方式也越来越丰富，包括博客营销、微博营销、RSS 营销、SNS 营销、创意广告营销、口碑营销、体验营销、趣味营销、知识营销、整合营销、时间营销等。

一、网络营销 2.0 概述

Web 2.0 是 2003 年之后互联网的热门概念之一，是相对 Web 1.0 而言的新一类互联网应用的统称，指的是以 Blog（博客）、Tag（网摘）、SNS（社交网络服务）、RSS（简易信息聚合）、Wiki 等应用为核心，依据六度分隔理论、长尾理论、XML（extensible markup language 的缩写，意为“可扩展标记语言”）、AJAX（Asynchronous JavaScript and XML 的缩写，意为“异步 JavaScript 和 XML”，一种创建交互式网页应用的网页开发技术）等理论和技术实现的互联网新技术。Web 1.0 的主要特点是用户通过浏览器获取信息；Web 2.0 则更注重用户的交互作用，用户既是网站内容的浏览者，也是网站内容的制造者。

Web 2.0 的内在动力来源是将互联网的主导权交还给个人，充分发掘个人的积极性，使其参与到体系中。Web 2.0 将互联网的主导权交还给网民，充分发掘个人的主动性与积极性，极大地释放了个人的创造力和潜能，使互联网的创造力出现了历史性的提升，从根本上改变了 Web 1.0 时代互联网为少数人所控制的现象。

二、网络营销 2.0 的特征

（一）用户参与网站内容制造

与 Web 1.0 网站单向信息发布的模式不同，Web 2.0 网站的内容通常是用户发布的，用户既是网站内容的浏览者，也是网站内容的制造者，这就意味着 Web 2.0 网站为用户提供了更多参与机会。例如，博客网站和 Wiki 就是典型的用户创造内容的应用，tag（用户设置标签）技术将传统网站中的信息分类工作直接交给用户来完成。

（二）注重交互性

用户在发布内容的过程中不仅实现了与网络服务器之间的交互，而且实现了同一网站不同用户之间的交互，以及不同网站之间的信息交互。

（三）与 Web 1.0 没有绝对的界限

Web 2.0 技术可以成为 Web 1.0 网站的工具，一些在 Web 2.0 概念之前诞生的网站本身也具有 Web 2.0 特性，例如网络社区类网站的内容也来源于用户。

（四）内容的开放性

传统网站往往具有封闭性，外部用户添加和输出都很困难，Web 2.0 网站则鼓励用户添加和输出信息，并提供 RSS 等手段供用户在其他地方使用他们的数据。

（五）社交网络

传统网站的用户之间通常是独立的，而 Web 2.0 网站通过加入社交元素，让用户之间能够建立联系，充分满足用户的个性化需求。

（六）多种实用方式

传统网站通常只限于在用户的个人电脑上浏览信息，而 Web 2.0 网站更注重提供多种浏览方式，比如在手机上浏览或者通过屏幕阅读器供盲人使用。

三、网络营销 2.0 营销的主要方式

在 Web 2.0 时代，网络营销使用标准化协议的网站内容的联合，让最终用户在其他环境中使用网站的数据，其主要采用的技术与典型的应用实践表现为以下几种。

（一）Blog（博客）

Blog 是目前最受关注、使用人数最多的 Web 2.0 应用之一，主要通过回溯引用（track back）和广播/留言/评论的方式来进行。Blog 大量采用 RSS 技术，读者可以通过 RSS 订阅了解 Blog 网站的最近更新。Blog 作者亦可通过 RSS 使自己发布的文章易于被计算机程序理解并摘要。从知识管理、教育技术、网络营销等多种角度来讲，Blog 都提供了新的形态和途径。

（二）RSS（简易信息聚合）

RSS（really simple syndication 的缩写，意为“简易信息聚合”，也叫聚合内容）是一种描述信息内容的格式，是应用广泛的 XML 应用，是用来和其他站点共享内容的一种简易方式。RSS 源自浏览器“新闻频道”技术，现在常用于新闻和其他按顺序排列的网站，例如 Blog 网站。Blog 网站大多提供 RSS，表明 Blog 与 RSS 之间关系密切，但二者并不相同，也并非必须联系在一起，RSS 也可以在其他方面发挥其信息传递的作用。

在许多新闻信息服务网站，会看到典型的 RSS 订阅的标志按钮：橙色的“XML”按钮或者蓝色的 RSS“订阅到”按钮。有的网站使用一个图标，有的会使用两个。通过这一图标，可以链接到订阅 RSS 信息源的 URL（uniform resource locator 的缩写，意为“统一资源定位符”），如图 1－2 所示。

（三）Wiki

Wiki 是一种超文本系统，它支持面向社群的协作式写作，包括一组支持这种写作的辅助工具。同时，Wiki 系统属于一种人类知识网格系统，人们可以在 Web 的基础上对 Wiki 文本进行浏览、创建、更改，而且其创建、更改、发布的代价远比 HTML（hyper text markup language 的缩写，意为“超文本标记语言”）文本小。Wiki 系统还

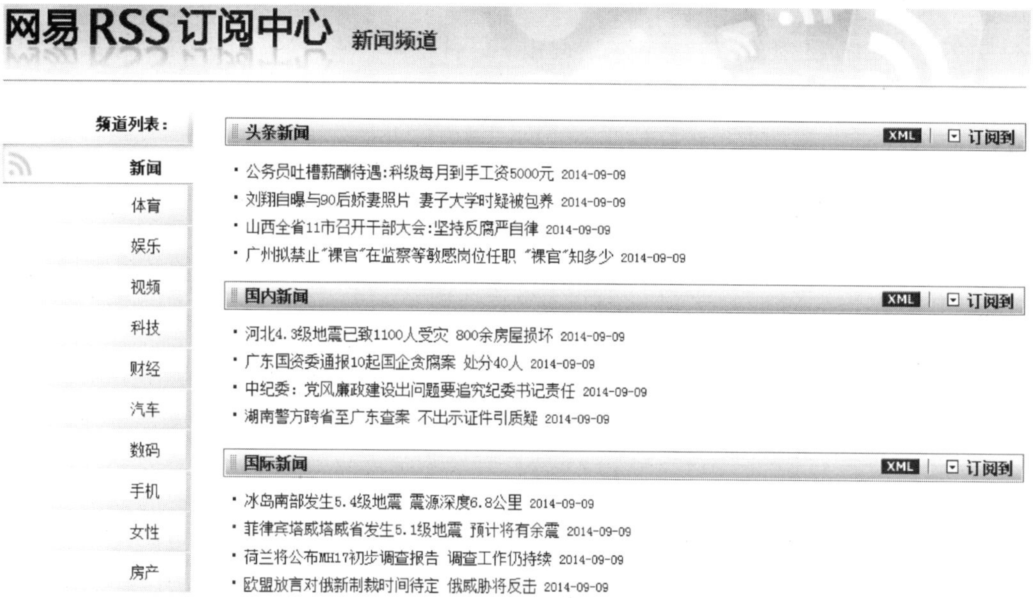

图 1-2　网易 RSS 订阅中心

支持面向社群的协作式写作，为协作式写作提供必要帮助。最后，Wiki 的作者自然构成了一个社群，Wiki 系统为这个社群提供简单的交流工具。与其他超文本系统相比，Wiki 具有使用方便及开放的特点，它帮助用户在一个社群内共享某领域的知识。

本书把由用户参与编写的网络百科全书都看作 Wiki 的表现形式，百度百科是有影响力的中文 Wiki 之一。这种众人参与编辑的网络百科全书很多，既有综合性的开放式百科全书，也有各个领域的专业百科全书。

（四）Tag（网摘）

网摘又名“网页书签”，起源于一家美国网站 Del. icio. us 自 2003 年开始提供的“社会化书签”（social bookmarks）网络服务，网友称之为“美味书签”。

（五）SNS

社交网络软件依据六度分隔理论，以认识朋友的朋友为基础，扩展自己的人脉。哈佛大学心理学教授斯坦利·米尔格拉姆（Stanley Milgram）创立的六度分隔理论指出，平均只需六个人就可以联系任何两个互不相识的人。因为每个个体的社交圈可以不断放大并相互交叉，最终形成一个大型网络——社交网络。

社交网络出现的主要标志就是 2003 年前后国外 Facebook 的出现以及 2005 年国内校内网的创立。全球知名的社交网络有 Facebook、LinkedIn、MySpace 等，国内知名的社交网络则有人人网（前身为校内网）、开心网、豆瓣网等。

SNS（social networking services 的缩写，意为“社交网络服务”）营销就是利用 SNS 的共享功能，在六度分隔理论的基础上利用病毒式传播手段营销产品。SNS 营销的优势在于，SNS 网站通常拥有丰富的用户资源和精准的目标定位，用户依赖性较强，互动能力也强。而且与传统广告不同，SNS 营销的效果并不取决于投放次数或版面大小，而更多地由内容决定。只要内容有吸引力，社交网络用户就会主动分享和传播。因此，通过在用户的交互媒介中植入产品或品牌，建立品牌和产品的认知，开展游戏营销或者活动营销都有可能取得较好的营销效果，形成病毒式营销。

（六）P2P（对等网络）

P2P 是 peer-to-peer 的缩写，peer 在英语里有“（地位、能力等）同等者”“同事”“伙伴”等含义，P2P 也就可以理解为“伙伴对伙伴”“点对点”的意思，或称为对等网络。P2P 在加强网络人际交流、文件交换、分布计算等方面均大有可为。

（七）IM（即时消息）

IM（instant messenger 的缩写，意为“即时消息”）软件是上网用户使用频率最高的软件。聊天一直是网民上网的主要活动之一，网上聊天的主要工具已经从初期的聊天室、论坛变为以 MSN、QQ、微信为代表的 IM 软件。即时聊天已经突破了作为技术工具的界限，构建了一种新的社会关系，并被认为是现代交流方式的象征。它是迄今为止对人类社会生活改变最为深刻的一种网络新形态。

四、 Web 1.0 和 Web 2.0 的对比

从 Web 1.0 到 Web 2.0，网络营销进入了追求新发展的阶段。市场力量从卖方转移到了买方，搜索引擎变成了声誉引擎，市场和媒体进一步细分，在综合门户网站以外，有针对性的网站层出不穷。同时，社交网络的强大力量在 Web 2.0 时代得到了证实和强化，营销投资也大规模地投入网络营销。网络速度的提升更是给网络营销媒体的进一步多元化创造了条件。这些变化都说明，网络营销不再单单是赋予传统营销更高的效率，而是已经开始了改变传统营销理论和模式的伟大进程。

第 4 节　网络营销 3.0

虽然 Web 2.0 只是互联网发展阶段的过渡性产物，但正是由于 Web 2.0 的产生，人们可以更多地参与到互联网的创造中，特别是内容的创造。人们可以在创造参与的过程中获得更多的荣誉、认同，甚至财富和地位。正是因为更多的人参与到有价值的创造劳动中，“要求互联网价值的重新分配”成为一种必然趋势，促使新一代互联网产生，这就是 Web 3.0。

一、网络营销 3.0 概述

网络营销 2.0 的本质是互动，它让网民更多地参与信息产品的创造、传播和分享。网

络营销 2.0 的缺点是没有体现出网民参与“劳动”的价值，所以它很脆弱，缺乏商业价值。纯粹的网络营销 2.0 会在商业模式上遭遇重大挑战，需要跟具体的产业结合起来才能获得巨大的商业价值和商业成功。网络营销 3.0 是在网络营销 2.0 的基础上发展起来的，能够更好地体现网民的劳动价值，是能够实现价值均衡分配的一种互联网方式。

网络营销 3.0 有三个前提：（1）以博客技术为代表，围绕网民互动及个性体验的互联网应用技术的完善和发展。（2）虚拟货币的普及，以及虚拟货币的兑换成为可能。（3）大家对网络财富的认同，网络财务安全问题解决方案的日臻完善。网络营销 3.0 使所有网民不再受到现有资源积累的限制，拥有更加平等的获得财富和声誉的机会。

总体而言，网络营销 3.0 不仅是一种技术上的革新，而且是以统一的通信协议，通过更加简洁的方式为用户提供更个性化的互联网信息定制的一种技术整合，它是互联网发展过程中从技术创新走向用户理念创新的关键一步。

网络营销 3.0 是从电子商务领域和在线游戏开始的。不管是 B2C 还是 C2C，网民都利用互联网提供的平台进行交易，在这个过程中，网民通过互联网付出劳动，并获得财富。在在线游戏中，角色扮演者通过不断的修炼，以积分的方式获得声誉和财富，而这些财富通过一定的方式可以在现实中兑换成金钱。

二、网络营销 3.0 的特征

（一）网民的“参与”将不再免费

在网络营销 2.0 时代，网民通过 Blog、SNS 在网络上辛勤“参与”创造了网络内容，成就了今天的互联网，但因为是免费的，所以用户的“参与”很难换成现实的财富。网络营销 3.0 的任务则是让网民的劳动创造“参与”不再免费，帮助网民实现“有劳有获，多劳多得”的愿望。威客（Witkey）的理念是互联网志愿者大军在网上为企业解决困难，企业支付相应报酬；在电子商务领域，网民利用互联网提供的平台进行虚拟交易，通过支付宝将网民的“参与”转化成现实的财富；在在线游戏领域中，游戏角色扮演者通过攻城略地，获得声誉和财富，而这种财富可通过一定方式在现实中兑换成货币。网络营销 2.0 最有价值的贡献是让人们更多地参与互联网的创造性劳动，而网络营销 3.0 在现实世界与虚拟世界之间建起一座互动沟通、价值传递的桥梁，让这种“参与”变得有价值，并让这些价值得以实现。

（二）获取信息时将不再有垃圾信息

“人们淹没在数据和信息的海洋，却在知识的海洋中饥渴难耐”，这是信息爆炸时代的真实写照。网络营销 2.0 时代的搜索引擎，如百度、谷歌，输入关键词会引来成千上万个答案，用户需要从中挑选使用。在网络营销 3.0 时代，以语义网、RSS、Widget（微件可以向一个基于 HTML 的 Web 页面添加一些动态内容）为聚合平台的搜索引擎及信息获取技术的创新将颠覆传统的知识获取方式。例如，输入“我要带 10 岁的儿子去一个温暖的地方度假，预算 5 000 元，请给我一个方案”，搜索引擎立刻会根据用户的情况自动给出一套完整计划，包括行程路线、车次航班、入住旅店等。所有的建议都是根据用户的要求和兴趣、习惯、爱好确定的，没有垃圾信息，也不需要用户花几个小时去多个网站搜索、比较。

（三）媒体评价标准将不再依据流量和点击率

网络营销1.0时代和2.0时代的盈利都来源于点击流量，无论是早期融资还是后期获利，依托的都是为数众多的用户和较高的点击率。受众群体的基础决定了盈利水平和速度，充分体现了互联网的眼球经济色彩。而在网络营销3.0时代，互联网将提供基于用户偏好的个性化聚合服务，同一模式的门户网站将不复存在；可以期待将来每个人看到的新浪网新闻首页内容会不一样，每个人看到的都是为自己定制的或者浏览器根据其兴趣、习惯等历史数据分析锁定的。因此，网络营销3.0时代的互联网评价标准不再是头版头条，也不看流量、点击率，而是看RSS和Widget的定制率、到达率和用户价值。

（四）网络不再难管难控

网络营销2.0时代的网络社交平台只是通过SNS的非实名注册简单地将人与人连接起来，信息的可靠性和有效性得不到保证，每一次交际圈的扩展并不都会带来相应利益的增加，且很难保证个人信息的安全，信息外泄和不可靠信息泛滥是常见的问题，这违背了人们想利用互联网扩展人际交往的初衷。而网络营销3.0通过有效的数字技术，建立起可信的SNS，可管理的VIP与IM，可控的Blog、Vlog（影像网址）和Wiki，实现了数字通信与信息处理、媒体内容与业务智能、传播与管理、艺术与人文的有效结合。

三、网络营销的理论基础

（一）定位理论

定位是指不针对产品本身采取行动，而针对潜在顾客的心理采取行动，即让产品在潜在顾客的心目中确定一个适当的位置。定位理论的宗旨是抢占客户的心理，目的是在潜在顾客的心目中取得有利的地位。Web 3.0的客户个性化性质能够精准地定位到每个客户，为客户提供量身定制的营销信息。

（二）4C理论

4C理论是由美国营销专家罗伯特·劳特朋（Robert F. Lauterborn）在1990年提出的。4C理论主张以消费者需求为导向，强调企业应该关注的要点的顺序首先是追求顾客满意，其次是努力降低顾客的购买成本，再次是充分注意顾客在购买过程中的便利性，最后是以消费者为中心，实施有效的营销沟通。

Web 3.0的信息精确性能给客户提供精确有用的营销信息，最大限度地满足客户的需求。个性化营销信息免去了客户检索信息的成本，同时还能依靠即时反馈机制达到快速有效的沟通。

（三）顾客让渡价值理论

顾客让渡价值是指顾客总价值与顾客总成本之间的差额。顾客总价值是指顾客购买某一产品与服务所期望获得的一组利益，包括产品价值、服务价值、人员价值和形象价值等。顾客总成本是指顾客为购买某一产品与服务所耗费的时间、精力、体力以及所支付的货币等，包括货币成本、时间成本、精力成本和体力成本等。

Web 3.0 易于实现“一对一”的营销，在这种观念的指导下，其产品设计充分考虑了消费者需求的个性特征，增强了产品价值的适应性，能够为顾客创造更大的产品价值。

四、网络营销 3.0 的主要营销方式

在网络营销 3.0 时代，网络营销出现了比较大的变化，集中体现在营销策略与实现手段上的变革。

（一）精准营销

企业通过分析客户在互联网上的相关信息，获得客户的偏好与消费倾向，从而向客户提供合适的营销广告。广告的呈现可以是传统的网页广告，也可以采用电子邮件形式以及短信等数据库营销手段或者结合搜索引擎营销手段，采取搜索结果与广告绑定的方式进行广告传播，真正实现精准营销，从而最大限度地降低企业投放广告的成本。精准营销在 Web 3.0 技术下可以实现为其他营销方式提供客户精确定位，进一步降低企业成本，帮助企业规避风险。

（二）嵌入式营销

在 Web 3.0 技术下，企业通过客户行为模拟可以快速了解竞争对手的营销反应。企业在分析客户行为并为其制订营销方案的同时也把竞争对手的行为纳入分析范围，从而制订出符合客户价值且与企业资源能力相匹配的具有独特价值的营销方案，进而维持与客户良好的营销关系。

（三）Widget（微件）营销

企业可以为顾客在其博客或个性化主页提供 Widget。Widget 是一种提供在线功能和内容的应用软件，其分布遍及潜在的海量网站。Widget 代表着一种全新的广告方式，与其他传统的在线广告不同，它是由客户上传到网站的，故 Widget 是客户驱动的，而非由商家推动。Widget 可以结合新的技术实现企业与客户间的直接对话，快速获得营销反馈，及时进行调整，提高营销效率。

（四）数据库营销

数据库营销是指企业通过收集和积累大量的消费者数据，对其进行处理后预测消费

者的购买倾向，估计消费者购买产品的概率，并利用这些数据对产品进行精确定位，有针对性地制作营销信息，以达到引导消费者购买产品的目的。当前，数据库营销已经得到了广泛应用，在 Web 3.0 的条件下，企业可获得更加精确与丰富的客户数据。主要的数据库营销手段有定向直邮、电子邮件营销、网络传真营销、短消息服务等。

案例分析

小红书：左手社交、右手电商

“社区＋电商”

小红书是国内最大的生活方式分享社区，也是一个基于 UGC（用户原创内容）社交的电商平台。在小红书上，用户可以通过短视频、图文等形式记录生活的点滴。截至 2018 年 5 月，小红书的用户数已突破 1 亿，社区每天产生数十亿个笔记，内容覆盖时尚、护肤、彩妆、美食、旅行、影视、读书、健身等各个生活方式领域，90 后和 95 后是平台上最活跃的用户群体。

小红书上线之初只是纯分享平台，依靠种子用户和 UGC，积累了较多的海淘社交内容。上线后的 5 年时间里，小红书围绕电商计划做了两次转型。

小红书的第一次转型是建立健康、完善的社区体系，紧抓客户需求，大力打造社区文化，为电商铺路。小红书在社区运营上做了很多尝试，来保证笔记的高质量、产品推荐的个性化以及社区氛围的健康。比如用户熟知的“我要上精选”活动——用户的高质量笔记会被社区运营人员筛选出来，并提升其关注度；积分奖励薯券（优惠券）制度——把社区贡献积分（例如购物笔记的发布等）兑换成优惠券；根据用户需求，打造专属用户页面等。

紧接着，在用户需求的推动下，小红书顺利实现了第二次转型——增添“电商”这一重要板块，将社交与购物融于一个平台中，形成了一个购物—分享—再购物的生态商业模式闭环。小红书利用平台积累的海外商品数据，分析用户购物偏好、分享偏好，从而预测出哪些商品可能成为爆款。同时，为了增加用户的信任度，小红书在商城自营的基础上，吸引商家入驻，与全球各大知名品牌达成战略合作，确保用户买到的都是正品。

精准营销

在确定“社区＋电商”的模式后，小红书利用“偶像效应”吸引了更多用户，形成流量优势。2018 年年初，小红书通过冠名《偶像练习生》吸引了大量粉丝。来自艾瑞咨询的数据显示，节目开播以来，1 月份小红书的月独立设备数环比增幅达到 4%，2 月份跃升至 20.9%，随着比赛愈发激烈，3 月份增幅更是达到 38.4%，导流效果强大。小红书利用自带高话题度的明星、综艺节目和影视剧在站内衍生新鲜话题，确保社区内容领域的丰富性，并试图通过更娱乐化的营销方式将用户群聚拢，不断滋生新热点，维系社区的生态闭环。

小红书这种集社交与销售活动于一体的平台，不仅将用户需求调研的成本降低，而且拉近了与用户的距离，提高产品的可信度，使用户参与产品的销售，满足了用户的参与感。同时，精准投放不仅满足了用户的购物需求，而且大大提高了产品销售成功的可能性。

资料来源：臧梦璐．小红书：左手社交、右手电商．光彩，2018（7）：34－36.

思考题

小红书 APP 的网络营销方式是网络营销 1.0、网络营销 2.0 和网络营销 3.0 中的哪种？为什么？

基本概念

网络营销（network marketing）

社交媒体营销（social media marketing）

定位理论（positioning theory）

精准营销（precision marketing）

数据库营销（database marketing）

讨论题

1. 网络营销的发展现状如何？
2. 网络营销 1.0、网络营销 2.0 和网络营销 3.0 的主要区别是什么？
3. 网络营销与传统营销有何差异？

课程思政要点

（1）为什么学习网络营销？

（2）理解网络营销在构建新发展格局、实现高质量发展中的作用。

（3）坚定文化自信，了解中国网络营销成就。

第2章

网络营销环境

引例 太平洋直购网的陨落

2012 年 6 月 1 日，精彩生活投资发展有限公司（以下简称“精彩生活公司”）董事长唐庆南因涉嫌依托旗下太平洋直购网组织领导传销活动被逮捕。一石激起千层浪，各大门户网站纷纷报道这一消息，专家学者各持己见、唇枪舌剑，普通百姓也通过各大论坛加入这场热议。成千上万的渠道商闻讯赶至公司总部，急迫地追讨之前缴纳的保证金，并向媒体哭诉被骗的经历，一时间公司门前被围得水泄不通。

耐人寻味的是，在太平洋直购网开办以来的短短三年里，网站因其 BMC 商业模式远近闻名，唐庆南也以 BMC 模式独创者的身份誉满天下。各方的支持、社会荣誉和媒体的争相报道使得太平洋直购网一度被看成中国电子商务发展趋势的代表、未来中国电子商务市场的领跑者，而事态的发展令人大跌眼镜。太平洋直购网在短短三年里从新商业模式的承载者摇身一变成为非法传销组织，公司的掌舵者唐庆南也从中国创新代表性人物沦为传销组织者，前后戏剧性的转变发人深省。

如今，社交电商打造了通过客户参与推动在线购销产品和服务的电商新模式，成为大众普遍接受的电商新业态。但是，社交电商的核心模式在于以“人”拓宽销售渠道，因此社交电商自诞生时起就要避免陷入“互联网传销”的模式。而网络营销所面对的内外部环境比传统营销更加复杂多变，如何识别环境中蕴藏的危险和机会是企业进行网络营销的难题。

资料来源：王玮，徐梦熙. 太平洋直购网的陨落.（2013－03－19）. 中国管理案例共享中心；张逸端，周文杰. 社交电商 V. S. 互联网传销.（2020－08－18）. https://www.pkulaw.com/lawfirmarticles/8f4fac2d66121d8c871b04370a46898bbdfb.html.

第 1 节　网络营销环境分析概述

互联网已经成为面向大众的普及性网络，为上网者提供了最便利的信息搜集途径。同时，上网者既是信息的消费者，也是信息的提供者，大大增强了网络的吸引力。层出不穷的信息和数量高速增长的用户使互联网成为市场营销者日益青睐的新资源，20 世纪 90 年代，企业上网成为最亮丽的一道风景，网上的市场营销活动也从产品宣传及信息服务扩展到市场营销的全过程。

营销环境是一个综合的概念，由多方面因素组成。环境的变化是绝对的、永恒的。随着社会的发展，特别是网络技术在营销中的运用增多，环境更加变化多端。虽然对营销主体而言，环境及环境因素是不可控制的，但它们也有一定的规律性，我们可通过营销环境的分析对其发展趋势和变化进行预测和事先判断，帮助营销主体进行更好的营销。因此，对网络营销环境进行分析十分必要。

总的来说，网络营销环境就是影响企业网络营销能力和效果的外部各种参与者和影响力。网络营销环境分析是企业制定网络营销战略与策略的前提。

一、网络营销环境的结构

网络背景下的市场营销环境与企业的现实环境共同构成了企业市场营销活动的二元环境，新环境使企业的市场营销行为表现出许多与过去不同的特征和规律，企业发现其面临更广阔的机会和发展空间。对企业传统的市场营销环境和网上营销环境进行对比分析不难看出，企业应从一个更深的层次认识网络背景下的商业应用，而不应仅视其为一种新工具。

根据对企业网络营销活动的直接影响程度，网络营销环境可以分为企业内部微观环境、企业外部微观环境与宏观环境三个层次（见图 2－1）。企业内部微观环境包括公司市场营销部门外的其他部门，如企业最高管理层、财务部门、研究部门、采购部门、生产部门、销售部门等。这些部门与市场营销部门密切配合，实现企业市场营销的完整过

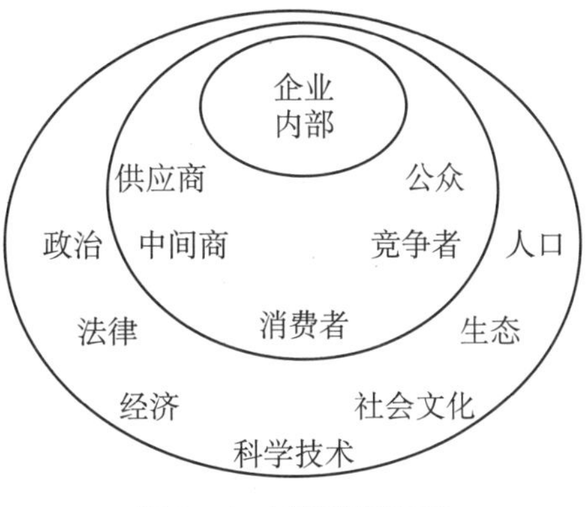

图 2－1　网络营销环境

程。企业外部微观环境包括外部直接影响公司的行动者与力量，如供应商、中间商或中介、消费者、竞争者和公众。宏观环境是指间接影响企业营销活动的不可控制的社会力量，包括人口环境、经济环境、科学技术环境、政治法律环境、社会文化环境、生态环境等全局性因素。微观环境直接影响和制约企业的营销活动，宏观环境则通过各种微观环境的媒介，间接影响和制约企业的营销活动。

根据是否与互联网特性有关，网络营销环境可以分为市场营销的网络环境和网络营销的现实环境两部分。市场营销的网络环境是指网络在市场营销活动中的运用，使企业的市场营销行为表现出许多与过去不同的特征和规律，企业可以在网上发现大量新的营销机会和一个更为广阔的市场空间。同时，网络经济也给企业的营销活动带来了更多的挑战与威胁。企业开展网络营销活动的前提是明确认识网络本身对营销活动的影响，从而做到企业营销活动与网络的完美结合，使网络在市场营销应用方面取得显著的效果。网络营销的现实环境，就是在网络与营销做到比较完美的结合后，对网络营销活动造成直接或间接影响的各种因素的总称。

二、网络营销环境的要素

网络营销环境是作用于企业营销系统运行的一切外在的参与者和影响力。从这个意义上讲，经济、社会文化、科学技术、法律、竞争者、公众、供应商等都是企业的环境力量。这些环境因素会影响企业的市场以及营销活动，制约企业为顾客服务的能力和企业的盈利能力。一般而言，网络营销环境具有以下五个方面的要素。

（一）资源

环境是资源的载体，它能提供环境主体所需的各种资源。在现代企业的营销实践中，信息是市场营销过程的关键资源，是互联网的血液，互联网最终将全面反映现实世界的各类信息。

（二）影响

环境与体系内的所有参与者发生作用，而非个体之间的相互作用。每一个上网者都是互联网的一分子，可以基本无限制地接触互联网的全部，并在这一过程中受到互联网的影响。

（三）变化

整体环境不应也不可能一成不变，而是在不断的变化中发挥其作用和影响。环境是一种动态的存在，几乎所有现实世界的动态都可以迅速出现在网上，信息的不断更新是互联网的生命力所在。

（四）因素

整体环境是多方面因素的有机组合，单一的因素仅是环境的一分子，各因素相互联系而非孤立存在。涉及企业活动的各因素在互联网上通过网址来体现，如企业、金融、服务、顾客等，它们通过鼠标的点击相互联系。

（五）反应

环境对其主体产生影响，同时，主体的行为也会改变环境，环境以相应的变化反映主体的行为结果。企业可以将企业信息通过公司网站存储在互联网上，也可以通过互联网上的信息辅助自己的网络营销决策。

三、网络营销环境的特点

互联网所架构的虚拟世界缩短了市场营销者与顾客之间的距离，信息的广泛直接交流不仅提高了营销效率，使市场营销者对其环境的适应能力增强，同时也使企业的市场竞争环境更加复杂多变，市场竞争强度大幅提高。与传统的营销环境相比，企业的网络营销环境具有以下特点。

（一）企业营销更多地受国际惯例而不是区域特性的影响

一方面，当今世界经济的发展已经进入一个新阶段。网络营销在全球商品（包括服务）流通中的地位越来越重要，是当前世界贸易中增长速度最快的领域。因为它直接面对的是世界各地的顾客，所以必须努力用世界上普遍认可的国际惯例而不是仅仅在某特定区域惯用的方式方法行事。因此，熟悉国际惯例、遵循通行的国际标准，就成了迎接网络营销挑战时必须考虑的一项重要工作。另一方面，当今质量已成为各类经营实体参与全球竞争必须重视的头等要素，上网顾客对质量的期望已是一种世界范围的潮流。

（二）可控与不可控营销要素的界限发生变化

一般认为，政治、法律、文化等因素属于不可控因素，是企业凭借自身力量不能更改的。但是，早在20世纪80年代中期，“大市场营销”理论从一定程度上质疑了这一判断。“大市场营销”理论论述了有关权力与公共关系的利用，使之成为有条件的可控制要素，取得了打开市场的效果。网络营销的产生改变了企业与企业、企业与消费者的相互关系。消费者地位的迅速提升以及企业间竞争格局的重大变化，在相当程度上改变了传统市场营销的环境结构，传统市场营销中的某些不可控因素一旦进入网络背景，就在一定意义上具备了所谓可控因素的属性。企业借助互联网直接进行交易，传统环境力量对企业营销的影响明显减弱。

（三）顾客影响力迅速增大

在网络营销情况下，环境要素作为一个整体对市场营销的影响变小，然而，微观环境要素中的顾客影响力却迅速增大。顾客始终是营销的中心或焦点，但由于很多企业不直接面对最终消费者，企业与顾客的关系经常要借助其他媒体（如报纸）、组织（如零售商）与个人来建立或形成，因此企业对最终顾客的关注往往少于其他主体。网上顾客相对较高的支付能力与企业进行网络营销所具有的比较优势，使得网络用户成为企业竞相满足的重点，其结果就是用于满足顾客需要的商品更加充裕，质量进一步提高，顾客的挑选余地越来越大；企业要保持技术优势和生产率的领先地位将变得更为困难，企业利润的增加难以再由提高生产力（包括生产力与生产质量在内的竞争力）带来，转而依靠提高服务质量与塑造企业形象来获得。

第 2 节　网络营销宏观环境

宏观环境是指一个国家或者地区的政治法律、经济、社会文化、科学技术、生态、人口等影响企业进行网络营销活动的宏观因素，如图 2-2 所示。宏观环境对企业的短期影响可能不大，但对企业的长远发展具有重大影响。因此，企业在开展网络营销活动时，需要重视宏观环境的影响。

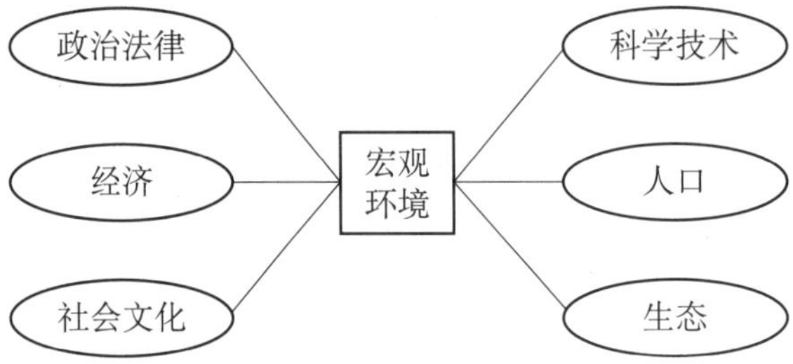

图 2-2　影响企业进行网络营销活动的宏观因素

政治环境是指企业市场营销活动的外部政治形势。一个国家的政局是否稳定会给企业营销活动带来重大的影响。如果政局稳定，会给企业营销营造良好的环境；而政局不稳，社会矛盾尖锐，秩序混乱，就会影响经济发展和市场稳定。企业在市场营销中，特别是在对外贸易活动中，一定要考虑东道国政局变动和社会稳定情况可能造成的影响。法律环境是指国家或地方政府所颁布的各项法规、法令和条例等，它是企业营销活动的准则。企业只有依法进行各种营销活动，才能受到国家法律的有效保护。网络营销的政治法律环境包括国家政治体制、政局稳定性、国际关系、法制体系等。在国家和国际政治法律体系中，相当一部分内容直接或间接地影响着经济和市场。因此，企业要进行认真的分析和研究。下面简要介绍宏观因素中的几个方面。

一、政治法律环境

国家和地区的政治法律环境对企业开展网络营销活动主要起两方面的作用：规范和保障。企业在开展网络营销活动时，一方面要遵守和服从有关规定，另一方面要善于利用有关利好政策。具体来讲，体现在以下三个方面：一是企业在开展网络营销活动时，要遵守当地的法律法规和相关政策规定；二是企业在开展网络营销活动时，要善于利用当地的利好政策带来的营销机会；三是企业要善于运用相关法律法规来保护自己的合法权益。

法律是体现统治阶级意志、由国家制定或认可并以国家强制力保证实施的行为规范的总和。对企业来说，法律是评判企业营销活动的准则，只有依法进行各种营销活动，才能受到国家法律的有效保护。目前，从国际上看，经济合作与发展组织制定了一批对电子商务实际运作具有指导意义的文件，主要有《OECD 电子商务部长级会议结论》《全球电子商务行动报告》《OECD 电子商务行动计划》《有关国际组织和地区性组织的报告：电子商务的活动和计划》等。渥太华会议是迈向全球电子商务的里程碑，推动了电子商务的全面发展，促进了国际政策的进一步协调，为各种经济体充分利用电子平台提供了广阔的空间。从国内看，关于网络营销、电子商务的国内法律法规主要有《中华人民共和国电子签名法》《中华人民共和国计算机信息网络国际联网管理暂行规定》《关于互联网中文域名管理的通告》《网络营销运营规范》等。信息技术革命引起的电子商务立法在一定程度上与以往传统的立法形式有所不同，其特点表现在以下几个方面。

（一）立法的速度快、周期短

从 1995 年俄罗斯的《联邦信息法》、美国的《数字签名法》开始，短短 10 年间，已有几十个国家和地区、国际组织制定了相关的电子商务法。电子商务的变化之快、尚未成熟的现实状态以及难以预测的未来风险，使其立法极其高效，这在世界立法史上是极为罕见的。

（二）立法的范围广、跨度大

电子商务的关键性问题涉及多个法学部门和学科领域，其实质是把某一层次的技术全面地应用到社会生产和生活的各个层面，在总体上将这种互联网的革命认知为一项社会系统工程，并为推进这一工程建立起可靠的保障，由此使得立法的范围、立法的模式发生了巨大的变化。

（三）立法的实践强、次序变

延伸阅读 2－1　《中华人民共和国电子商务法》的施行

行业互联网向社会互联网的转变，促使互联网的发展从技术推动变为应用推动，迫使电子商务的立法侧重于法律的适用性、衔接性和实践性。这种转变加速了电子商务全球规则的问世，由此造就了国际立法先于各国国内立法的奇特现象。

（四）立法的不平衡、差距大

发达国家和发展中国家的电子商务鸿沟显示出世界电子商务发展的不平衡。目前，已形成以美国为首，以欧洲和亚洲国家为主的国际电子商务格局，非洲、拉丁美洲地区处于落后的地位。对此，只有全球合作，投资发展中国家的 IT 基础设施，才能使其从电子商务中受益。

二、经济环境

经济环境是影响网络营销活动的主要因素，一般包括消费者收入水平、消费结构、支出模式等微观因素，经济发展水平、经济体制等宏观因素，以及互联网环境中的特有因素等。

（一）影响网络营销活动的微观经济环境因素

1. 消费者收入水平

消费者收入是指消费者个人从各种来源获得的全部收入，包括消费者个人的工资、退休金、红利、租金、赠与等收入。消费者的购买力来自消费者的收入。需要注意的是，消费者并不是把全部收入都用来购买产品或服务，购买力只是收入的一部分。通常来说，个人可支配收入是在个人收入中扣除税款和非税性负担后的余额，这部分构成了实际的购买力。

2. 消费者支出模式和消费结构的变化

随着消费者收入的变化，消费者支出模式会发生相应变化，继而使一个国家或地区的消费结构发生变化。在经济学中常用恩格尔系数来反映这种变化。食品开支占总消费支出的比重越大，恩格尔系数越高，生活水平越低；恩格尔系数越小，生活水平越高。

3. 消费者储蓄和信贷情况的变化

消费者个人收入不可能全部花掉，总有一部分以各种形式储蓄起来，这是一种推迟了的、潜在的购买力。

（二）影响网络营销活动的宏观经济环境因素

1. 经济发展水平

企业的市场营销活动要受到一个国家或地区的整体经济发展水平的制约。经济发展水平直接影响居民收入，从而会在一定程度上影响企业的营销活动。例如，以消费者市场来说，经济发展水平比较高的地区，在市场营销方面，强调产品款式、性能及特色，品质竞争多于价格竞争；而在经济发展水平较低的地区，则侧重于产品的功能及实用性，价格因素比产品品质更重要。

2. 经济体制

世界上存在多种经济体制，有计划经济体制，也有市场经济体制。在市场经济体制下，企业的一切活动都以市场为中心，市场是其价值实现的场所，因而企业必须特别重视营销活动，通过营销实现自己的利益目标。

3. 地区发展状况

地区发展状况会直接影响企业的目标市场。例如，我国的地区经济发展很不平衡，东西部经济发展差距明显，同时，在各个地区的不同省市，还呈现出多极化发展趋势，这种地区经济发展的不平衡对企业的目标市场以及营销战略的制定等都会带来巨大影响。

（三）特殊的网络经济环境

1. 全球经济一体化

全球经济一体化是指两个或两个以上的国家在现有生产力发展水平和国际分工的基础上，由政府间通过协商缔结条约，建立多国的经济联盟。互联网的出现促进了世界各国经济之间彼此开放，形成相互联系、相互依赖的有机体，因此，互联网经济是全球一体化的经济。网络时代的到来打破了时间和空间的限制，经济全球化进程进一步加快。同时，基于互联网的营销活动也很少受到空间和时间的制约。

2. 网络外部性

网络外部性是新经济中的重要概念。它是指连接到一个网络的价值，取决于已经连接到该网络的其他人的数量。通俗地说，就是每个用户从使用某产品中得到的效用，与用户的总数量有关。用户人数越多，每个用户得到的效用就越高，网络中每个人的价值与网络中其他人的数量成正比。这意味着网络用户数量的增长将会带动用户总所得效用呈几何级数增长。此外，拥有配套产品的商品往往也同样具有网络外部性。商品的销售量增多会刺激配套产品生产厂商进行开发及生产，使配套产品增加，而配套产品的增多又会促进商品的销售。同时，在具有网络外部性的产业中，消费者的转换成本往往较高，而且容易产生最终的标准（主导设计），形成“赢者通吃”的市场。

移动通信市场就是一个典型的具有网络外部性的市场，其网络外部性源于直接使用产品的效用。在移动通信市场中，当使用单一相同产品的使用者人数不断增加时，其直接使用产品的效用将由于网络价值的不断提升而得到提升，而且将吸引更多潜在消费者的加入。另外，网络外部性源于产品周边系统所提供的效用，即产品现有的使用规模会刺激生产周边兼容或互补性产品的厂商，愿意不断提供更多样化或低价的互补品，促使使用该产品的效用不断提升。网络外部性在不同层次的经济网络中有不同的表现，这些都为用户夹带了网络外部性的成本。

3. 长尾效应

长尾理论是网络时代兴起的一种新理论，由美国人克里斯·安德森（Chris Anderson）提出。所谓长尾效应，是指由网络科技带动，使过去一向不被重视、少量多样、在统计图上像尾巴一样的小众商品，能够创造出比畅销商品更大的商机。长尾理论认为，由于成本和效率的因素，当商品储存、流通、展示的场地和渠道足够宽广，生产成本急剧下降，以至于个人都可以进行生产，并且商品的销售成本急剧下降时，几乎任何以前看似需求极低的产品，只要有销售，就会有人购买。这些需求和销量不高的产品所占的市场份额甚至比主流产品的市场份额还大。典型的例子是音乐 CD 的销售。由于卖场空间的限制，只有最畅销的音乐 CD 才有上架展售的机会，其他少量多样的音乐 CD 因为没有得到展示的机会而难以创造真正的商机。现在，有了电子商务平台，情况就大不相同了。类似亚马逊这样的电子商务平台具备足够的（虚拟）空间来展示商品，每种商品都获得了平等的展示机会，那些原本的冷门产品也有机会找到自己的买家。这些数量繁多、销售较少的商品最终创造了巨大的销售收入，打破了“二八”原则。

三、社会文化环境

企业存在于一定的社会文化环境中，同时企业又是社会成员所组成的一个小的社会团体，不可避免地会受到社会文化环境的影响和制约。社会文化主要指一个国家或地区的民族特征、价值观念、生活方式、风俗习惯、教育水平、语言文字、宗教信仰等。企业在采用营销手段时，要考虑到社会文化环境的影响。在市场营销中，很多企业感到不同地区的文化差异是一个较难把握的问题。是否注重对目标市场所在地文化背景的研究，并开发符合当地消费习惯的产品，往往决定了国际市场营销的成败。网络营销的社会文化环境因素主要包括以下几个方面。

（一）教育水平

一个国家或地区的教育水平是指该国家或地区消费者的受教育程度。教育水平直接影响消费者的消费行为和消费心理，包括鉴别能力、审美能力、对创新产品的采用等。在教育水平高的地区，做工精良、品质好、科技领先的产品和服务往往受到消费者的青睐。在教育水平较低的地区，操作简单、价格便宜的产品和服务往往更受欢迎。

（二）价值观念

价值观念是人们对社会生活中各种事物所持的态度、评价和看法。不同地区的消费者价值观差异显著。例如，东方文化强调集体观念，西方文化强调个性观念，因此，能够引起共鸣的产品往往更受东方消费者的喜爱，而差异化、个性化的产品往往更受西方消费者的青睐。

（三）语言文字

语言文字是文化的核心组成部分。不同的国家往往具有不同的语言文字。即使是同一个国家的不同地区，语言文字也不尽相同。企业及其产品和服务的品牌名称、标语等不能在目标市场的语言里具有负面含义。例如，美国一家销售 PetMilk 牛奶的公司，在说法语的地区推销就遇到了麻烦，因为“Pet”在法语里有“放屁”的意思，所以“PetMilk”也就难以有好的销量。可见，语言文字的差异对企业的营销活动有重大的影响。

（四）宗教信仰

宗教信仰影响着人们的价值观、生活习惯和行为方式。企业应充分了解不同地区、不同民族、不同消费者的宗教信仰，提供适当的产品，制定相应的营销策略。

（五）风俗习惯

风俗习惯是人们根据自己的生活内容、生活方式和自然环境，在一定的社会物质生产条件下长期形成并世代沿袭的一种风尚和由于重复实践而得到巩固并变成需要的行动方式等的总称。不同的国家和地区的消费者对颜色、图案、数字等有着不同的偏好，对衣食住行有着不同的要求，在消费习惯和消费模式上有自己的特征。企业营销者应了解和注意不同国家、民族的消费习惯和偏好，做到"入乡随俗"。

网络营销面对的是网络用户。由于互联网克服了地理限制，网络消费者的分布极为广泛，甚至是全球性的，社会文化环境对网络营销活动的影响也是全方位和多层次的。网络营销是一种跨文化的营销，企业需要根据当地的社会文化特征，因地制宜地制定网络营销策略。

此外，互联网为人们创造了一个崭新的、数字化的虚拟社会。在诸多虚拟社区中，人们可以克服时空限制，克服权威和世俗的约束来张扬个性。在网络社区中，大量的信息快速传播，其中不乏有关企业品牌、产品信息的传播。互联网的出现为消费者获取产品信息提供了极为便利的条件。通过互联网，消费者不但可以快速搜索到厂商发布的产品信息，而且可以方便地获得其他人对产品使用的评价和意见。因此，企业应当建立正确合理的网络沟通机制，积极与消费者进行互动，传播正面口碑，并控制负面口碑对企业的影响。

四、人口环境

传统营销学认为，企业应该关注人口环境，尤其是那些具有购买需求且具备购买能力的人，因为这些人的数量决定了市场规模。对于网络营销来说，网民的数量、结构、偏好等因素是企业营销关注的焦点。

延伸阅读 2-2　中国互联网络网民发展现状

五、科学技术环境

科学技术是社会生产力中最活跃的因素，它影响着人类社会的历史进程和社会生活的方方面面，对企业营销活动的影响更是显而易见。在众多影响网络营销的宏观因素中，科技环境是对企业影响最大、变化最快的环境因素，主要表现在以下几个方面。

（一）科技发展促进社会经济结构的调整

每一种新技术的发现、推广都会给一些企业带来新的市场机会，甚至导致新行业的出现。同时，也会给某些行业、企业造成威胁，使这些行业、企业受到冲击甚至被淘汰。例如，数字技术的出现使数码成像替代了传统的胶片成像，柯达等知名企业受到严重冲击。再如，MP3 压缩格式的出现给音乐行业带来了前所未有的变革。

（二）科技发展促进消费者购买行为的改变

随着多媒体和网络技术的发展，出现了电视购物、网上购物等新型购买方式。人们还可以在家中通过网络订购车票、飞机票和球票。随着新技术的发展，消费者在家便捷购买、享受服务的方式也会继续发展。

（三）科技发展影响企业网络营销组合策略的创新

科技的发展使新产品不断涌现，产品生命周期缩短，生产成本不断下降。科技发展促进流通方式的现代化，要求企业采用消费者自我服务方式和各种直销方式。科技发展促进了广告媒体的多样化、信息传播的快速化、市场范围的广阔化。为此，企业需要制定合理的产品策略、价格策略、促销策略和渠道策略，以适应科技的快速发展。

（四）科技发展促进企业营销管理的现代化

科技的发展提高了企业营销管理的效率。例如，科技发展为企业营销管理现代化提供了必要的装备，如电子扫描装置、光纤通信、条形码、无线射频识别（RFID）等设备和技术的广泛运用对改善企业营销管理起到了重要的作用。同时，科技发展对企业营销管理人员也提出了更高要求，即要掌握现代管理理论和方法，不断提高营销管理水平。

总之，科学技术的进步和发展必将给政治、经济以及社会生活等各个方面带来深刻的变化，这些变化也必将深刻地影响整个企业以及企业的营销活动，甚至关系到企业的生存和发展。因此，企业应特别重视科学技术这一重要的环境因素对营销活动的影响，抓住机会，避免风险，求得长期生存和发展。

延伸阅读 2-3　首个直播电商研究基地成立，投诉平台同步上线

第 3 节　网络营销微观环境

网络营销的微观环境因素是直接影响和制约企业营销活动的力量和因素，从传统营销的角度来看，一般包括供应商、营销中介、消费者、竞争者、公众及企业内部等的组织和行为者，如图 2-3 所示。这些因素构成一种协作、竞争、服务和监督的关系。从开展网络营销的角度来看，微观环境因素中的消费者是市场主体，企业与供应商、营销中介是渠道协作关系，与竞争对手是竞争关系，与公众是服务和监督关系。适应这些环境因素的变化、组织协调各种环境因素的关系，是企业营销工作的目标和使命。

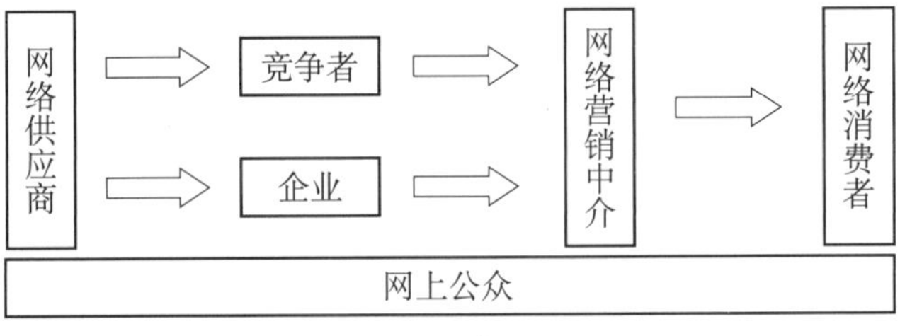

图 2-3　网络营销微观环境

一、网络供应商

供应商是指向企业及其竞争者提供生产经营所需原料、部件、能源、资金等生产资源的企业或个人。企业与供应商之间既有合作又有竞争，这种关系既受宏观环境影响，又制约着企业的营销活动。企业一定要注意处理好与供应商之间的关系，通过有效的形式实现共赢。

延伸阅读 2-4　宋小菜打造数字化供应链，实现“按需生产”

二、网络竞争者

竞争是市场经济活动的必然结果，没有竞争就没有发展。企业开展网络营销，也会面临来自同行企业的竞争压力。研究竞争对手的特点、取长补短，是获得竞争优势的重要途径。

在网络环境下，企业要做的不仅仅是提供更能满足消费者需求的产品和服务，更要通过有效的网络手段，提供更友好的网络页面、更方便的信息查询服务、更及时的配送、更安全可靠的交易工具和更好的售后支持等，使企业的产品与竞争者的产品在消费者的心目中形成明显的差异，以取得竞争优势。

三、企业内部环境

企业内部环境包括企业内部各部门的关系及协调合作。企业内部环境包括企业管理、财务、人力资源、采购、物流、研发、生产、销售等部门。公司的财务部门主要负责公司财务方面的报告和管理。人力资源部门主要负责影响组织与员工之间关系活动的决策管理。研发部门专注于创新和产品的研究与开发以满足消费者的需求。生产部门主要负责将原材料转化成最终能满足消费者需求的产品。物流部门主要负责将产品从企业运送至接收地的准确、及时、安全、保质保量的服务流程。

这些部门与市场营销部门密切配合、协调，构成了企业市场营销的完整过程。市场营销部门根据企业的最高决策层制定的企业的任务、目标、战略和政策，做出各项营销决策，并在得到上级领导的批准后执行。研发、采购、生产、销售、财务等部门相互联系，为生产提供充足的原材料和能源供应，并为企业建立考核和激励机制，协调与营销部门的关系，以保证企业营销活动的顺利开展。

在网络营销的过程中，信息交换和电子交易成为营销活动重要的组成部分。由此，企业内部和企业之间的网络化成为网络营销活动的基础。网络化营销的技术支撑主要包括营销管理系统、物流配送系统、电子交易系统和安全保障系统。

四、网络营销中介

营销中介是协调企业促销和分销其产品给最终购买者的公司。主要包括：中间商，如分销商和零售商；服务商，如运输公司、仓库、金融机构等；市场营销机构，如产品代理商、市场营销咨询企业等。

网络技术的运用给传统的经济体系带来了巨大的冲击。消费者可以通过网上购物和在线销售自由地选购自己需要的商品，生产者、分销商、零售商和网上销售商都可以建立自己的网站并销售商品。部分商品不再按原来的产业和行业进行分工，也不再遵循传统的商品购进、储存、运销的运转流程。

一方面，网上销售使企业间、行业间的分工模糊化，形成产销合一、批零合一的销售模式；另一方面，随着凭订单采购、零库存运营、直接委托送货等新业务方式的出现，服务与网络销售的各种中介机构也应运而生。一般情况下，除了拥有完整分销体系的少数大公司，营销企业与营销中介组织大多有着密切的合作与联系。

五、网络消费者

消费者或用户是企业最终的营销对象，是为企业创造价值的真正因素。跨越时空的互联网极大地缩短了企业与消费者之间的距离。网络消费者指通过互联网在电子商务市场中进行消费和购物等活动的消费者人群。目前，网络商家面临的挑战是如何吸引更多的网民，并努力将网站访问者转变为消费者。

互联网使经济全球化、市场一体化成为现实，它不仅给企业提供了广阔的市场营销空间，而且增强了消费者选择商品的广泛性和可比性。消费者可以通过网络得到更多的需求信息，购买行为更加理性。互联网上丰富的信息使得企业与消费者之间的信息不对称被削弱，从而使得市场由卖方市场向买方市场转移。虽然在营销活动中企业不能控制消费者与用户的购买行为，但可以通过有效的营销活动，给消费者留下良好的印象和口碑，处理好企业与消费者之间的关系。

六、网上公众

网上公众是指任何在营销活动中与营销活动发生关系的群体或个人。网上公众的行为将对营销环境产生重要影响。网上公众主要包括：金融公众，包括银行、投资公司、证券公司、股东等，他们对投资能力有重要影响；媒介公众，包括报纸、杂志、电台、电视台等，它们直接影响对企业的评价和认识；政府公众，指政府机构部门，其制定的政策会对营销活动产生限制或提供机遇；网民公众，他们是企业网络营销的潜在客户。网络营销企业必须关注网民对网站、产品或服务的态度和评价，在互联网上为企业赢得良好的形象和口碑。

案例分析

ROSEONLY：一支玫瑰花的奢侈品梦想

2013年1月4日，ROSEONLY专爱花店成立，取“爱你一生一世”的美好寓意。2月初，ROSEONLY官网上线，预售限量99束、单价999元、12支装情人节玫瑰。其创始人蒲易调动自己的人脉，在微信朋友圈卖力宣传，搜狗CEO王小川、新希望集团创始人刘永好的女儿刘畅、世纪佳缘创始人龚海燕都参与了转发。2月10日，其情人节玫瑰被提前抢购一空。此后，从情人节到白色情人节（3月14日）、母亲节、七夕节，在每一个可以借题发挥的节日里，都有明星轮番晒出ROSEONLY玫瑰。在明星和意见领袖的引领下，普通消费者也开始在社交网络上自发晒单。可以说，ROSEONLY成立至今已经成功了一大半。那么，蒲易心中的鲜花奢侈品梦想是如何一步步达成的呢？

中国消费升级，鲜花金字塔顶端市场的品牌空缺

中国正在进入一个快速发展的阶段，出现了一大批有消费能力的中等收入群体和富豪家庭，他们有足够的物质基础去满足自己的需求。中国奢侈品的购买量在全球范围内占比越来越大，中国人对奢侈品有着强大的消费能力和需求。中国正处在一个消费升级的大时代。

在此基础上，社交媒体的普及使得社交营销的穿透力达到了人们从前难以想象的地步，一个小小的事件可以分分钟火遍大江南北。ROSEONLY正是借了这把东风，在社交网络上出尽风头。也正因为如此，ROSEONLY常常被冠以“互联网思维”的头衔。

还有一点常常被人们所忽视，那就是我国的物流水平已经发展到相对成熟的阶段，冷链物流已渐趋成熟。由于鲜花这种生鲜商品对物流有着极高的要求，ROSEONLY选择跟联邦快递和顺丰合作。玫瑰在采摘后72小时内空运到北京，再通过联邦快递和顺丰派送至全国300多个城市。

创业者的独特融资路径

ROSEONLY最先获得了时尚传媒集团的战略投资。微博上有众多明星捧场并纷纷晒单，除了ROSEONLY确实打造了独特的个性，投资方时尚传媒集团无疑给了很大的助力，为ROSEONLY带来了明星资源和传统媒体奢侈品品牌的运营经验。

紧接着，ROSEONLY又拿到了腾讯千万元的风投，腾讯的虚拟鲜花已经做得非常好了，实物鲜花和礼品可以与ROSEONLY形成很好的互补之势。此外，微信为ROSEONLY开了一个专门的入口，为其定制了一个“特供”的定制爱情唯一服务号。微信商城也成为ROSEONLY网络销售的一个重要渠道。

2014年5月，ROSEONLY完成了新一轮融资，国际知名专业投资基金IDG/ACCEL向其注资超千万美元。蒲易透露，投资ROSEONLY的团队并非IDG内部专门投资传统互联网的团队，而是投资奢侈品的团队。ROSEONLY正在为自己的品牌升级进一步寻找助力。

短短一年半，ROSEONLY完成了三轮融资，让人不得不感叹蒲易作为投资人出身的融资功力，融资不但让 ROSEONLY 获得了打造一个奢侈品牌的足够资金空间，而且稳扎稳打、“拿钱有方”地选择投资人更是让 ROSEONLY 在战略方向上保持正确性，获得了足够多的来自投资人的助力。

奢侈品的内核是“故事”

一个成功的奢侈品，除了这个商品本身足够吸引人，还在于被人为添加的意义。

ROSEONLY 从一开始就讲了一个吸引人的故事。蒲易解释道，“rose（玫瑰）就代表爱情，only 就是你的唯一”。ROSEONLY 主打“一生只送一人”的爱情唯一理念，你注册的时候只能送给一个人，不能更改。不得不承认，这个理念抓住了很多年轻女性的心理，讲了一个让大家向往的故事。

“我们到全世界去找最好的玫瑰，找离天堂最近的玫瑰花，欧洲皇室结婚用的玫瑰花，俄罗斯巨富或者是好莱坞明星用的玫瑰花。这种花在厄瓜多尔。因为它在亚马孙河流域，离赤道最近，所以离天堂最近，那里能生长出花茎 1.5 米长、花朵有心脏大小的玫瑰。ROSEONLY 专爱花店的筛选标准严苛到即便是全球最好的玫瑰供应商，也只能从 100 朵玫瑰中选出 1 朵合格的。在厄瓜多尔选一次，回到北京之后我们会再进行一次淘汰。

“为了防止交叉感染，我们要求每剪完一朵玫瑰就更换剪刀或者消毒，工作人员全程戴手套操作。我们准备了一种进口吸水盒，其中的吸水海绵可以保持水分又能上飞机，这种盒子从荷兰进口，每一个运费就要 8 元，还有从韩国进口的保鲜膜，同时保证运输全程 2℃的恒温和 70%的湿度。

“所有玫瑰进口后在北京由联邦快递和顺丰运往全国 300 多个城市。这方面我们有严格的规定，比如盒子要向上放，24 小时送达。详细的协议可以划分品牌与物流双方的职责。我们的运送费用达到了一盒花 100 元。北京市内则由 ROSEONLY 专爱花店专人开 Mini Cooper 运送，派送员都是帅哥，在 2013 年圣诞期间还请人气极旺的男模来代班送花。”

这就是 ROSEONLY 玫瑰的整个供应链过程。ROSEONLY 团队有一半是奢侈品公司出身，他们深谙奢侈品之道。当然，如果你只是以审视一朵花的角度来评价，会觉得不可思议，甚至会觉得有点过分，但这是奢侈品的增值过程，是溢价能力的基础。

打造奢侈品和生活类品牌的投资控股公司

ROSEONLY 单品仅在一年半的时间内便取得了一定程度的成功，品牌在市场上取得了一定影响力。此后 ROSEONLY 不断地扩充品类，2014 年还推出手链、手环、耳钉等镶嵌宝石的玫瑰主题珠宝系列，2016 年又增加了玫瑰香薰等礼品系列，同时设计了子品牌 loveroseonly，期望进一步拓展大众市场，填补情侣礼品品牌的空白。

资料来源：roseonly 蒲易：我是如何一步步把玫瑰花打造成奢侈品.（2014-08-01）. http://www.iheima.com/article-144598.html；高端鲜花领域绝对领先，ROSEONLY 晋身奢侈品之路.（2020-05-13）. https://baijiahao.baidu.com/s?id=1666523735271217863&wfr=spider&for=pc.

思考题

请从宏观和微观环境因素考虑 ROSEONLY 为什么能成功地展开网络营销活动。

基本概念

网络营销环境（network marketing environment）

宏观环境（macro environment）

政治法律环境（political and legal environment）

经济环境（economic environment）

社会文化环境（social and culture environment）

微观环境（micro environment）

网络消费者（network consumer）

讨论题

1. 网络营销的宏观、微观环境分别包括哪些因素？
2. 什么是企业内部环境？
3. 网络营销和传统营销相比，营销环境发生了哪些变化？

课程思政要点

（1）比较网络营销和传统营销的环境差异。

（2）正确认识世界和中国发展大势，准确把握中国发展的重要战略机遇期。

第3章

网络营销策划

引例 支付宝春节集五福营销

自2016年支付宝首次推出“集五福”开始，这项活动便成为不少人每年春节必参与的“保留节目”。2017年，光是集齐五福的用户规模就已经突破亿级大关；2019年和2020年分别有3.27亿和3.18亿人集齐五福。截至2021年，参与集五福的人已经超过了7亿，平均每两个人里就有一个“扫福”“集福”“送福”。

集五福虽然看起来是一种再普通不过的“集卡式游戏”，但支付宝每年仍坚持推出一些全新玩法来增加新奇感和趣味性。比如2018年出现了可以兑换任一福卡的“全能福”，扫身边好友“五福到”的手势以及通过蚂蚁庄园和蚂蚁森林也能获得福卡；2019年，支付宝又推出了2019张花花卡，获得此卡的用户能获得“全年帮你还花呗”的权益；2020年，支付宝的花花卡升级为“全家福卡”，其中最具诱惑力的福利是“帮还全家花呗”；而到了2021年，人们可以在总计59个APP或小程序中申领福卡，其中涵盖了快手、抖音、新浪微博、网易云音乐等。

事实上，由支付宝推出的集五福也在重新定义“福”字所代表的文化。以往，“福”字在春节时只是贴在家里，人们祈望通过贴“福”字获得纳福迎新的心理慰藉。如今，在交换福卡、写福转赠的过程中，集五福已经变成了一种影响力更广泛的社交活动和社会行为。而支付宝在让“集五福”活动逐渐变成新年的仪式、培养大众的规律性参与的同时，也无限延长了活动与品牌的生命周期。

资料来源：支付宝“集五福”又来了：从“集卡游戏”到“热门IP”，支付宝做对了什么?.(2021-01-29). https://new.qq.com/omn/20210129/20210129A0F14N00.html.

第1节　网络营销策划的概念

策划是人类最古老的活动之一，在人类文明史上，策划起到了非常重要的作用。在政治、经济、军事、外交等许多领域，策划活动盛行不衰，对社会进步和发展起到了巨大的推动作用。可以说，策划作为人类超前思维与创造性思维的最佳结合形式，在不断地创造着历史，推动着社会的进步和发展，也促使人类不断完善与提高。

信息技术将如何帮助企业增加收入、降低成本，并提高市场份额呢？市场环境变化多端，企业又该怎样利用互联网来保持可持续竞争优势？答案在于企业如何有效地运用数字信息及信息技术。优秀的企业都有明确的长远目标，它们通过各种营销手段，把电子商务的目标、战略转变为网络营销的目标以及为实现这些目标而实施的战略。网络营销是一个复杂的过程。为了实现交换，达到预期的效益目标，企业作为市场营销者，必须设法创造性地保持市场的发展，扩大与顾客之间的交换关系。因此，既要科学地分析市场，又要合理地设计和实施、控制自己的经营行为，力求在适当的时间、适当的地点，以适当的价格向适当的消费者或用户提供适当的产品，并用适当的促销方式与消费者沟通。为了使这些“适当”从理想变为现实，市场营销人员所做的分析、判断、推理、预测、构思、设计、安排、部署等工作，便是网络营销策划。

第2节　网络营销策划的特点

网络营销策划的特点主要包括预见性、系统性、动态性、具体性、可调适性。

一、预见性

网络营销策划是对企业未来市场营销行为的筹划。这种筹划借助丰富的经验和高超的创造力，将各种营销要素进行优化组合，形成各种营销方案和行动措施。一个成功的网络营销策划必须建立在对未来市场发展趋势准确无误的分析判断基础上。没有这个前提，网络营销策划就变成了无的放矢的冒险行为。

二、系统性

网络营销策划是企业在整个营销过程中，分析、评价、选择可以预见的机会，系统地形成目标和开发可以达到目标的各种项目与行动的一种逻辑思维过程。它要求科学，强调周密有序。因此，拍拍脑袋，想出几个毫无联系的市场营销的点子，最多算是创意而不能说是网络营销策划。

三、动态性

策划是事先决定做什么、如何做、由谁做、何时做，但市场营销的过程是企业可控因素与环境的不可控因素之间的动态平衡过程。因此，网络营销策划不同于市场营销计划。市场营销计划是对网络营销策划结果的一种表达，而策划是贯穿在整个网络营销管理过程之中的。

四、具体性

网络营销策划是一种思维过程，必须要有很强的可操作性，是经过努力可以实现的设计。因此，网络营销策划的任务不仅要提供思路，而且要在此基础上产生行动方案，发展出可以指导实践的市场营销计划。不能操作的方案，创意再好也无任何价值；不易操作的方案，必然耗费大量的人力、物力和财力，不仅使管理复杂化，而且成效也不一定高。

五、可调适性

因为网络营销策划是一种超前行为，它不可能穷尽未来市场的一切因素，因此必然会出现营销方案与现实脱节的情形。然而，任何策划方案一开始都是不完善的，都需要在实施过程中根据实际情况加以调整和补充。可见，营销方案必须具有弹性，能因地制宜。倘若营销方案不能集灵活性和变通性为一体，就不能适应市场变化，也就不能实现预期效果。

延伸阅读 3-1　盲盒营销的快速裂变

第 3 节　网络营销策划的步骤

网络营销策划主要包括七个步骤，即形势分析、网络营销市场细分和定位、网络营销战略选择、确定经营目标、实现目标、预算、评估。

一、形势分析

营销环境千变万化，这为企业提供了大量的机遇，如开发新产品、新市场、新的客户沟通媒介，开发与业务伙伴交流的新渠道。与此同时，企业也面临许多来自竞争对手的以及经济上和其他方面的威胁。因此，通过形势分析识别机会和威胁是网络营销策划的第一步。

SWOT（strength，weakness，opportunities，threats）分析是指在对环境和竞争力进行分析时，对企业内部的优势与劣势以及企业外部存在的机会和威胁的分析。机会分析可以帮助企业确定目标市场或开发新产品的机会。而威胁则是指企业面临的风险。例如，唯品会在成立之初面临的风险是其商业模式并不难复制，大型电子商务网站如淘宝商城、京东、当当，都有能力涉足该领域。传统的百货商城，类似银泰、百联，掌握着优质的品牌资源，同样极具竞争力。唯品会最大的优势是先发优势，这意味着能够较早占据消费者的心智，获取海量用户和品牌知名度。同时，对于唯品会来说，随着中国的内需市场成长迅猛，支付、物流等环节不断完善，线上零售行业有着很好的前景。

值得一提的是，一家企业在网络市场的优势或劣势与其实体市场中的优势、劣势是有差别的。表 3-1 显示的是电子商务企业需要的一些关键能力。

表 3-1 电子商务企业必须具备的能力

内部能力	举例
与客户沟通	电子商务、客户服务、分销渠道
生产与执行	供应链管理、生产计划、存货管理
人员	文化、技术、知识管理、领导能力、对电子商务的执行能力
应变	文化、商务智能、应变能力
技术	ERP 系统、原有集成应用程序、网络、网站、安全性、IT
绩效考核	对正确的行为进行考核，对错误的行为进行纠正
核心组织结构	财务部、研发部、人力资源部

资料来源：Kalakota and Robinson（1999 and 2008）at www. ebstrategy. com.

思政专栏 3-1

谈谈调查研究

调查研究，包括调查与研究两个环节。衡量调查研究搞得好不好，不是看调查研究的规模有多大、时间有多长，也不是光看调研报告写得怎么样，关键要看调查研究的实效，看调研成果的运用，看能不能把问题解决好。从目前领导干部开展调查研究的实际情况看，有调查不够的问题，也有研究不够的问题，而后一个问题可能更突出。有的同志下去，只调查不研究，装了一兜子材料，回来汇报一下写个报告就了事；有的领导干部连调研汇报也不听，调查材料也不看。这种调查多、研究少，情况多、分析少，不解决什么问题的调查研究，是事倍功半的。我们要充分认识到，调查研究的根本目的是解决问题，调查结束后一定要进行深入细致的思考，进行一番交换、比较、反复的工作，把零散的认识系统化，把粗浅的认识深刻化，直至找到事物的本质规律，找到解决问题的正确办法。

调查研究方法也要与时俱进。在运用我们党在长期实践中积累的有效方法的同时，要适应新形势新情况特别是当今社会信息网络化的特点，进一步拓展调研渠道、丰富调研手段、创新调研方式，学习、掌握和运用现代科学技术的调研方法，如问卷调查、统计调查、抽样调查、专家调查、网络调查等，并逐步把现代信息技术引入调研领域，提高调研的效率和科学性。

资料来源：习近平：谈谈调查研究．(2011－11－16)．https://www.ccps.gov.cn/xxsxk/xldxgz/201812/t20181223_126887_1.shtml.

二、网络营销市场细分和定位

在进行了形势分析，并且审视了现有的营销计划以后，营销人员要开始制订战略规划，包括市场细分、目标市场选择和市场定位。

STP 理论或战略，即市场细分（S）、目标市场选择（T）和市场定位（P），是战略营销的核心内容。STP 理论是指企业在一定市场细分的基础上，确定自己的目标市场，把产品或服务定位在目标市场中的确定位置上。市场细分就是按照消费者的收入水平、职业、年龄、受教育程度、购买习惯、偏好等变量，把整个市场划分为若干需求不同的子市场或者次子市场的过程，其中任意子市场或次子市场都是一个拥有相似需求的购买者群体。

在细分市场的基础上，企业应该选择目标市场，明确为哪一类用户服务，满足他们的哪一种需求，这是企业在营销活动中的一项重要策略。企业通过市场细分，从众多的细分市场中选择一个或几个具有吸引力、有利于发挥自身优势的细分市场作为目标市场，综合考虑产品特性、竞争状况和自身实力，针对不同的目标市场选择不同的营销战略。市场定位是指企业针对潜在顾客的心理进行营销设计，创立产品、品牌或者企业在目标客户心目中的某种形象或某种个性特征，并保留深刻印象和独特位置，从而赢得竞争优势。

三、网络营销战略选择

网络营销战略的基本形式如图 3－1 所示。

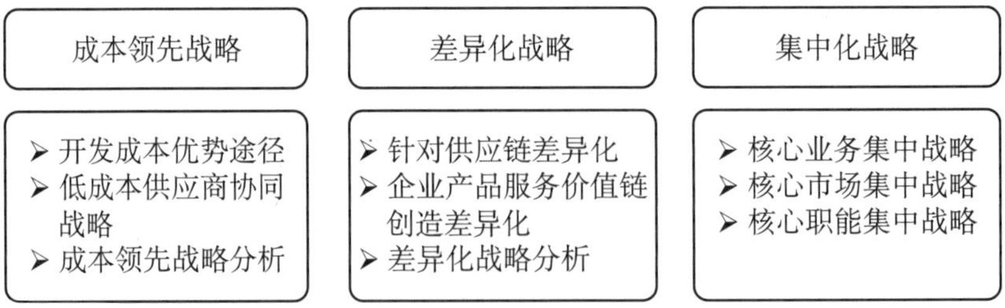

图 3－1　网络营销竞争战略的基本形式

1. 成本领先战略

成本领先战略也称低成本战略。当成本领先企业的价格等于或低于竞争厂商时，它的低成本地位就会转化为高收益。尽管一个成本领先的企业依赖其成本上的领先地位来取得竞争优势，但它要成为经济效益高于平均水平的超群者就必须与其竞争厂商相比，在产品别具一格的基础上取得价值相等或相近的有利地位。成本领先战略的成功取决于企业日复一日地实施该战略的技能。

对于实行网络营销的企业，可通过建立完善的网络营销系统，实现企业的组织、管理和生产等方面的协调配合，不断降低成本，从而保持企业的竞争优势。成本领先战略可以概括为以下类型：第一，简化产品型成本领先战略，指的是使产品简单化，将产品或服务中添加的花样全部取消；第二，改进设计型成本领先战略；第三，材料节约型成本领先战略；第四，人工费用降低型成本领先战略；第五，生产创新及自动化型成本领先战略。

2. 差异化战略

差异化战略是指企业提供不同于竞争对手的产品和服务，并不断地使产品或服务升级，使其具有顾客认知价值的差异化特征，通过不断创新，在信息技术、营销策略、营销方式等方面保持领先地位，降低对价格竞争的依赖性，保持企业的非价格竞争优势。实施差异化战略的企业，由于需要不断地投资和开发顾客认为重要的产品和服务的差异化特征，战略的重点已经不在成本上。

采取差异化战略的风险包括：竞争者的模仿使得差异消失；保持产品的差异化往往以高成本为代价；产品和服务差异对消费者来说失去了意义；与竞争对手的成本差距过大，企业要想取得产品差异，有时要放弃获得较高市场占有率的目标。

3. 集中化战略

集中化战略是企业为满足某一特定产品细分市场、某一特定顾客群体、某一特定地理区域的市场需求而进行的价值生产活动，重心是企业能比竞争对手更好地满足特定细分市场的需求。

企业一般采取两种集中化战略：一是成本优势集中化战略，要求企业从某些细分市场上成本的差异中获得利润，企业积极寻求这样的市场——企业获得与竞争对手同样的利润时成本更低；二是差异化优势集中化战略，要求企业通过满足特定市场上顾客对产品和服务的特殊需求获得利润。企业为特定目标群体提供更有效率的产品和服务，或更好地满足特定顾客的差异化需求，从而在集中化战略的实施中获得竞争优势地位。

四、确定经营目标

一般情况下，网络营销策划的目标包括三个方面：任务（需要完成什么）；可量化的工作指标（工作量是多少）；时间限制（什么时候完成）。

网络营销策划一般要说明为什么设定这样的目标，也就是在一定的外部环境下，利用电子商务的战略和网络营销的手段，可以达到设定的目标。虽然网络交易是网络营销中非常重要的一个方面，但是其他方面也同样值得重视。大部分的网络营销策划都希望完成多个目标。例如：增加市场份额；增加企业官网上客户评价的数量；增加销售收入或销售量；降低成本（例如分销成本或促销成本）；完成品牌目标（例如提高品牌知名度）；扩大数据库的规模；完成客户关系管理目标（例如提高客户满意度，提高购买频率或维系客户的比例）；改进供应链管理（例如提高渠道成员的协作能力，增加合作伙伴数量，优化存货水平）；等等。

五、实现目标

第五步关乎企业怎样通过有创意、有效率的战术来实现目标。在这一步骤中，厂商为了实现计划目标选择营销组合（4P）、客户关系管理以及其他战术，然后制订出详细的实施计划。企业还会判断是否有一支合适的营销队伍去执行计划。只要战术组合得当，企业就可能有效地实现目标。

企业格外关注信息收集的战术，因为信息技术对自动化信息收集意义重大。企业可以运用网站、网络跟踪器、电子邮件、在线市场调研等形式来搜集有关现有客户、潜在客户及其他利益相关者的信息。网站日志分析软件帮助企业了解客户在网站上的行为，以便更好地满足客户需求。

利用互联网进行信息收集，可以帮助企业了解竞争对手及其他市场力量的信息。

六、预算

任何一个战略规划的关键部分都是确定预期的投资回报。企业可以将收益与成本相比较，进行成本-收益分析，计算投资回报率（ROI）或内部收益率（IRR）。管理层用这些数据来判断他们所做的投入是否值得。如今，企业格外关注营销活动的投资回报率。在计划执行阶段，营销人员会密切关注实际发生的收入与成本，以便判断企业是否按既定目标执行。计算机和互联网帮助厂商记录网络用户每一个细小的动作，它们所发挥的作用是无与伦比的。

七、评估

最后，企业将网络营销的结果与网络营销的目标进行对比，评估网络营销策划的效果。

案例分析

鼠标＋炒瓢：食尚国味的精准营销之道

作为业内竞相传颂的“餐饮业内 IT 做得最好，IT 业内餐饮做得最好的企业”，食尚国味敏锐捕捉到技术发展催生的商机，转入新的战场——精准网络营销。2013 年伊始，腾讯旗下微信平台的注册用户量突破 3 亿，成为亚洲地区用户群体最大的即时通信软件。嗅到移动互联网商机的食尚国味抓住了契机，与腾讯结成战略合作伙伴，借助微信平台打造更完善的会员体系。

微信导入，会员暴增

2013 年初，食尚国味实施会员系统收获颇丰。此时，关注到微信的日益普及，食尚国味的郭总开始思考，能否利用移动互联网工具实现会员体系与社交媒体的深度融合。“在移动互联网时代，手机俨然成为身体的延伸，其重要性不言而喻。这给我们一个契机，顾客在哪里，我们的营销就要到哪里。”郭总如是说。基于此，食尚国味于 2013 年 5 月携手腾讯，成为国内最先使用微信会员卡业务系统的中餐连锁企业。

食尚国味旗下的品牌“山东老家”的铁杆粉丝小东就餐时用手机扫描了食尚国味的官方二维码。“咔嚓”一声，手机显示：“亲，您终于来了！我是鲁鲁！欢迎您成为咱家会员。”小东惊讶地说：“山东老家太新潮了！以前注册会员需要填写表格，太麻烦了！现在只要动动手指，扫描一下二维码就能成为会员。而且，我还能在微信上清晰、快速地查阅消费记录、积分、储值余额以及各种优惠信息！以后再也不用随身携带实体卡了，免去了忘带实体卡而无法享受优惠的困扰，太好了！”通过与微信合作，食尚国味开辟了一条发展会员的新渠道，不仅实现了会员基数的爆炸式增长，而且降低了营销成本。

郭总自豪地说：“2013 年 2 月之前，食尚国味的会员量只有 15 万。截至 2014 年 12 月，会员量飙升至 100 万。其中 50%～60%都是活跃会员，整体会员买单率达到了 80%。而且，虚拟卡为企业节省了大量成本。我们算过账，通过跟腾讯合作，一年光制卡费和短信费大概就能节省六七十万元，这还是我们会员基数较少的时候，以后随着会员基数扩大，省得更多。”

借力微信，深化精准营销

微信会员卡系统是食尚国味与顾客沟通的桥梁。以往，食尚国味的推广方式主要是短信营销以及团购。但是，短信营销效率低下，团购只能吸引价格敏感型顾客，难以形成持续客流。而微信的自媒体平台允许商家发送图表、音频和视频等形式的营销信息，打破了以往单一文字媒体模式，极大提高了用户的互动体验。目前，食尚国味在微信上发起的神秘顾客调查、问卷调查、游戏、刮刮卡、大转盘等互动，不仅让顾客在参与中获得了优惠，同时维护发展了企业与顾客的关系。

郭总说：“借助互联网工具，我们可以发现很多融入点。例如，某顾客参与微信上的刮刮卡活动获得免费的龙虾。他很开心，于是在朋友圈里炫一下。经过网络病毒式传播，实际上他帮助我们免费做了宣传，这就是社交媒体的力量。”

食尚国味将微信客户关系管理系统与内部的会员系统、点餐系统全面对接，在丰富消费者画像的同时，持续深化基于大数据挖掘的精准营销。

郭总介绍道：“增加微信的数据源采集，每一个顾客所贴的标签越多，多维的消费者画像就越立体，我们的营销就可以更加精准。比如，‘山东老家’开发了一道新的川菜，我们通过系统将喜欢吃川菜的顾客筛选出来并向他们推送优惠信息，而其他顾客就接收不到。此外，我们曾在微信上针对单次消费 5 000 元以上的顾客进行推广，称只要来店消费就送一瓶拉菲红酒，以此回馈和维持高端顾客。当然，为了不打扰顾客，我们会在恰当的时间传递信息，比如避开午休以及夜晚睡觉时间，尽量不给顾客造成困扰。”

微信强大的影响力给食尚国味的精准营销带来了立竿见影的效果。自 2013 年 5 月份开展微信营销以来，食尚国味营业额不断攀升，8 月营业额为全年最高，并首次实现淡季营业额高于春节旺季。食尚国味与新兴社交媒体擦出了奇妙的火花。

拥抱 IT 潮流，多渠道汇集顾客信息

对于传统行业口中如洪水猛兽般的 IT 新事物，食尚国味不仅毫不畏惧，而且以更加开放的心态热情拥抱。为了明晰每一位顾客的消费画像，更深入地满足消费者需求，食尚国味的信息收集从传统单一线下门店渠道扩展为“线上＋线下”渠道融合的模式。除了微信，食尚国味还与淘点点、大众点评网以及美团网等多个互联网平台合作，实现多渠道的客户信息获取与客户互动。食尚国味非常重视互联网平台上顾客的反馈意见，为此专门设置工作岗位，由专人及时处理。

借助新兴的社交媒体工具，食尚国味多渠道融合会员信息，通过精准营销和 O2O 商业模式深挖会员宝藏，在消费者为王的时代获得持续的竞争优势。

资料来源：王玮，徐梦熙，等.“鼠标＋炒瓢”：食尚国味的精准营销之道.（2015－04－01）.中国管理案例共享中心.

思考题

1. 食尚国味的网络营销策划有哪些步骤？
2. 食尚国味如何收集顾客信息？

基本概念

网络营销策划（network marketing planning）
市场细分（market segmentation）
市场定位（market positioning）
成本领先战略（cost leadership strategy）
差异化战略（differentiation strategy）
集中化战略（centralization strategy）

讨论题

1. 网络营销策划的特点和步骤分别有哪些？
2. 网络目标市场的营销战略有哪些？
3. 找一家企业分析它采用的网络营销战略。

课程思政要点

（1）坚持实事求是、从实际出发进行营销策划。
（2）面对营销挑战，要勇于创新。

02

第 2 篇

策略篇

第4章

网络营销战略

引例 新常态下消费者行为变化与营销战略思考

近年来，中国经济进入了结构转换的新常态，消费品需求总量的增速趋缓。怎样理解新常态下的消费者行为变化与市场营销成为研究经济发展的重点内容。

消费习惯和行为的变化主要表现在两个方面，一是两极消费，二是需求多样化。

其主要原因在于：

(1) 收入的分层化。我国已明显形成高收入群体和低收入群体，且二者的收入差距较大。这是两极消费现象出现的重要背景。近年来，在家电、手机等许多消费领域，需求分布均出现了高端产品和低端产品需求增加而中端产品需求减少的现象，这除了与顾客两极化的诉求——要么讲究高品质或讲面子，要么注重实惠讲究性价比——相关，更重要的原因是两端均出现了庞大的消费群体。

(2) 生活方式和价值观的多元化。在社会变迁的大背景下，社会成员的生活方式、生活态度、消费心理等的差异化程度正在扩大，呈现出多元化格局。有的消费人群追求奢侈品，有的消费人群追求极简主义……这样的消费特征折射到需求结构上，就会呈现现代/传统、奢侈/简朴、西式/中式等二元形态；与此同时，调和型、融合型、中间型的需求也在增多。

(3) 生活和工作场景的多样化。随着社会的进步，人们的生活、工作场景不断丰富，例如居家办公、多样的交通出行选择等。这意味着消费者满足这些需求的选择增加，需求实现的途径、方式、形态增多，这进一步引发了服务需求的细分。

为了适应消费者行为特点，企业可以考虑采取以下营销策略。

策略1：互动式体验营销。今天中国的消费主力是“80后”“90后”，适合他们的体验营销形式，一是功能体验营销，二是娱乐体验营销。

策略2：个性化的限量营销。什么样的产品最值钱？当然是稀缺的产品。如何制造稀缺感呢？首先就是限量，其次就是限人。

策略 3：自我式的网络购物。“90 后”追求自我，有很强的“圈子”意识。QQ 圈子、微信圈子……大行其道。影响圈子内的一部分人，进而形成圈子内的口碑传播，或者企业去建立一个圈子，打造圈子的知名度，都是高效的营销手段。

资料来源：丁家永. 新常态下消费者心理变化与营销战略思考. 公关世界，2015（1）：36－39；施炜. 连接：顾客价值时代的营销战略. 北京：中国人民大学出版社，2018.

企业必须对市场信息有深入的了解，从而有效地进行市场细分并制定目标市场战略，同时对其所提供的产品或服务进行准确的市场定位。在网络营销战略规划中，主要涉及两个紧密相关的层面：第一个层面包括市场细分、目标市场选择以及市场定位。第二个层面主要包括网络营销战略组合。市场细分、目标市场选择和市场定位合称 STP 战略。

第 1 节　网络营销战略概述

一、企业战略、营销战略与网络营销战略

企业战略是指企业面对激烈变化、挑战严峻的经营环境，为求得生存和长期稳定发展而进行的总体性、长期性的发展规划。企业战略是企业及其全体员工的行动纲领，是决定企业经营活动成败的关键因素，更是企业长久发展的重要基础。制定企业战略需要考虑一些必要的属性，主要包括长远性（关于企业在较长一段时间内的规划）、全局性（控制企业所有部门和资源）、指导性（具有指明发展方向的作用）、抗争性（以赢得市场竞争力为目标）、客观性（根据企业的实际情况和可实现的目标而制定）、灵活性（可以根据企业发展和市场变化情况及时修正）和广泛性（其范围不局限于个别指标）。企业制定清晰的发展战略有助于企业实现外部环境、内部条件和战略任务三者之间的动态平衡，使企业获得长期、稳定、协调的发展，分清权、责、利，及时对市场变化做出反应。

营销战略是指根据企业战略，在综合考虑外部市场机会及内部资源状况等因素的基础上，确定目标市场，选择相应的市场营销战略组合，并予以有效实施和控制的过程。作为企业战略的一个重要组成部分，营销战略是对企业市场营销工作做出的全局性、长期性和方向性的谋划，其目的是实现企业目标、资源能力和经营环境三者之间的动态平衡。

网络营销是科技进步和人类社会经济发展的产物，网络营销不受时间和空间限制，能增加顾客消费的便利性并降低交易成本，扩大企业的潜在市场规模，并为企业创造经济效益。网络营销战略是指企业在现代网络营销观念下，为实现其经营目标，对一定时期内网络营销发展进行的总体设想和规划。它以互联网为基础，是一种利用数字化信息和网络媒体的交互性来辅助营销目标实现的新型市场营销方式。

网络营销在很大程度上改变了传统营销的形态和业态，对传统营销理论形成了很大的冲击。与传统营销相比，网络营销具有国际化、信息化、无纸化和实时化等特点，已经成为发达国家和新兴市场营销活动的重要组成部分。值得注意的是，网络营销战略只是企业整个营销战略的一部分，这意味着企业在制定网络营销战略时要以整个营销战略为基础，在其框架下建立利用互联网开展营销活动的目标、方法和控制手段，而不应与企业的整体营销战略相悖。从这个意义上说，网络营销战略与营销战略的关系如同营销战略与企业战略的关系，前者是对后者的细化，且从属于后者。

对于企业而言，战略不仅意味着向何处去，更需要表明如何才能到达理想的目的地。换句话说，战略不仅包括目标说明，也要有方法和路径的规划。正如“现代营销学之父”菲利普·科特勒所说，当企业的目标明确后，它的任务便是找出到达那里的最佳路线。为了促进网络营销的普及和发展，对网络营销进行战略分析具有重要意义。

思政专栏 4-1

高度重视战略策略问题

战略和策略是辩证统一的关系。习近平总书记从辩证唯物主义和历史唯物主义的高度，深刻揭示了战略和策略的辩证统一关系，指出：“战略是从全局、长远、大势上作出判断和决策。”“策略是在战略指导下为战略服务的。”深刻把握战略和策略的辩证统一关系，要求我们运用马克思主义立场观点方法，把握整个物质世界的本质特性和人类社会发展的客观规律，洞悉现象与本质、特殊与普遍、局部与整体、当前与长远的辩证关系，坚持共产主义远大理想和中国特色社会主义共同理想，坚持以人民为中心的发展思想，分析战略态势、明确战略方向、把握战略机遇、进行战略布局。同时要制定切合实际的目标任务、政策策略，在不断解决突出问题中实现战略突破，在准确把握战略全局中确保各项事业行稳致远。

制定正确的政治战略策略是党战胜无数风险挑战、不断从胜利走向胜利的有力保证。在百年奋斗历程中，我们党之所以能够取得革命、建设、改革的伟大胜利和辉煌成就，就在于坚持以马克思主义为指导，既解决现实问题，又解决战略问题。党在成立之初，制定了最高纲领和最低纲领，指出中国革命必须分两步走；抗日战争时期，党制定了全面抗战路线，提出和实施持久战的战略总方针；社会主义革命时期，党明确了“一化三改”的过渡时期总路线；改革开放后，党确立了“一个中心、两个基本点”的社会主义初级阶段基本路线，确保了中国特色社会主义事业朝着正确方向不断发展。党的十八大以来，以习近平同志为核心的党中央，统筹中华民族伟大复兴战略全局和世界百年未有之大变局，坚持党的基本理论、基本路线、基本方略，确立新时代坚持和发展中国特色社会主义的战略规划和部署，出台一系列重大方针政策，推出一系列重大举措，推进一系列重大工作，战胜一系列重大风险挑战，解决了许多长期想解决而没有解决的难题，办成了许多过去想办而没有办成的大事，推动党和国家事业取得历史性成就、发生历史性变革，为实现中华民族伟大复兴提供了更为完善的制度保证、更为坚实的物质基础、更为主动的精神力量，中华民族迎来了从站起来、富起来到强起来的伟大飞跃，书写了坚持和发展中国特色社会主义的薪新篇章。实践证明，正是我们党善于从历史长河、时代大潮、全球风云中分析演变机理、探究历史规律，提出因应的战略策略，才形成了为实现宏伟目标共同奋斗的磅礴力量。

资料来源：臧安民. 高度重视战略策略问题.（2022-01-28）. https://m.gmw.cn/baijia/2022-01/28/35479999.html.

二、网络营销战略与传统营销战略的比较

网络营销战略与传统营销战略具有许多相似之处，如制定战略的步骤和方法基本一致，目标大致相同。但是，互联网的互动性、虚拟性、私人性、全球性和永恒发展等特点使得网络营销战略具有传统营销战略无法比拟的优势。与传统营销战略相比，网络营销战略在以下几个方面有自己的特点。

（一）目标类型

一般而言，网络营销通常会考虑以下几种类型的目标。

1. 销售型网络营销目标

销售型网络营销目标是指为企业拓宽网络销售，借助互联网的交互性、直接性、实时性和全球性为顾客提供方便快捷的网络售点。许多传统的零售店都在网上开设销售点，例如国美的“国美在线”以及苏宁的“苏宁易购”。

2. 服务型网络营销目标

服务型网络营销目标主要是为顾客提供网上联机服务。顾客通过网上服务人员可以远距离享受咨询和售后服务。目前大部分信息技术型公司在这方面做得比较好，例如惠普和联想的很多日常服务都是通过网络完成的。

3. 品牌型网络营销目标

品牌型网络营销目标主要是在网上建立企业的品牌形象，加强与顾客的直接联系和沟通，提升顾客的品牌忠诚度，配合企业既定营销目标的实现，并为企业的后续发展打下基础。目前大部分企业属于此类型，如苹果、华为、小米等。

4. 提升型网络营销目标

提升型网络营销目标主要是用网络营销替代传统营销手段，全面降低营销费用，提高营销效率，促进营销管理和提高企业竞争力。这类企业执行纯线上交易，如聚美优品、唯品会等。

5. 混合型网络营销目标

混合型网络营销目标试图同时达到上述目标中的若干种。如中粮集团设立“我买网”作为其重要的销售业务站点，同时致力于将“我买网”打造成世界著名的网站品牌，并利用新型营销方式提升企业竞争力。这一目标既是销售型的，又是品牌型的，同时还属于提升型。

延伸阅读 4－1　数字时代的营销金三角

（二）竞争原则

在网络营销中，企业只有顺应环境的变化，采用新的竞争原则，才能在激烈的竞争中获得生存与发展。具体而言，这些原则包括以下内容。

1. 细分市场原则

在网络营销中，企业可以并且应当借助计算机、网络、数据分析等工具和手段，向顾客提供更加个性化的服务，更好地满足少数个体的需要，在兼顾大众的同时聚焦于小众和长尾市场，不断创造新的市场机会。

2. 适应市场原则

互联网的普及以及社交媒体的兴起，使得当今市场呈现出瞬息万变的态势。企业提供的产品和服务不仅要适应消费者个人需要的巨大差异，更要适应市场的快速变化。因此，企业的组织和营销手段要富有弹性，能够及时捕捉市场变化的信号，并且迅速做出正确的反应。

3. 价值链原则

在网络经济时代，价值链被拉长，一种产品的生产经营会有多个环节，每个环节都有可能实现价值的增长。公司不应仅着眼于价值链某个分支的增值，而应尝试进行价值链整合和管理，从而使整个价值链的增值最大化。

4. 规模化原则

在做好细分市场的基础上，企业应该追求规模经营，将小众市场逐渐培育为大众市场，增加产品和服务的潜在受众。这样才能为企业赢得稳定的收入来源，并防范不可控因素的突然侵扰。

（三）竞争优势

哈佛商学院教授迈克尔·波特（Michael E. Porter）的竞争优势理论指出，竞争优势是指企业在产出规模、组织结构、劳动效率、品牌、产品质量、信誉、新产品开发以及管理和营销技术等方面所具有的各种有利条件。波特认为，企业可以通过三种战略获得竞争优势：成本领先战略、差异化战略、集中化战略。其中，成本领先战略要求企业建立起高效的规模化的生产设施，基于自身的经验全力以赴地降低成本，抓好成本与管理费用的控制，并且最大限度地减小研发、服务、推销、广告等方面的成本，只有企业在管理方面对成本给予高度的重视才可能实现这一战略。差异化战略是指将企业提供的产品或服务差别化，通过与竞争对手相区别在全产业范围内建立自己的特色。企业可以通过多种方式实现差异化战略，例如，设计名牌形象、采用独特的技术、生产具有独特性能的产品、提供独特的顾客服务、建立独特的商业网站等。集中化战略是指聚焦于某个特殊的顾客群、某条产品线的一个细分区段或某一地区市场。集中化战略的形式有多种，企业采用集中化战略会面临较大的风险，一方面可能与企业的盈利和市场份额追求有冲突，另一方面，可能很快会被竞争对手模仿。

传统的营销战略大多以迈克尔・波特教授的竞争优势理论为基础，应用成本领先战略、差异化战略或集中化战略作为领先竞争对手的有效方法。然而，在网络营销时代，企业有了更多的选择，同时传统的战略手段也有了新的内涵。

1. 成本控制优势

开展网络营销给企业带来的最直接的竞争优势是企业成本的下降。

（1）借助网络，一方面企业可以将其服务市场拓展到全球，另一方面用户可以自由访问企业网站，查询产品信息或直接进行订购。借助自动的网络订货系统，企业还可以自如地组织生产和配送产品，同时提高销售效率，减少对销售人员的需求，从而降低费用。

（2）网络具有交互性和多媒体性的特点，可以实现声音、图像和文字信息的实时传达，可以直接在信息发布方和接收方之间架设沟通桥梁。例如，在效果相同的情况下，网络广告的成本要比电视、报纸广告低廉，而且网络广告可以直接转化为交易，吸引消费者直接产生购买行为。

2. 市场覆盖优势

互联网没有时间和空间的限制，它的触角可以延伸到世界每一个地方。利用互联网从事市场营销活动可以到达过去靠人工销售或者传统销售所不能到达的市场，可以为企业创造更多新的市场机会。

3. 定制营销优势

网络营销是一种以消费者为导向，强调个性化的营销方式。许多公司承认，营销界一直呼吁和宣扬的“个性化定制”“一对一营销”“精细化营销”等理念只有借助互联网技术、数据挖掘技术等的发展才有可能真正实现。如今的消费者面对的可选商品太多，企业唯有提供个性化的产品和服务才可能长久地吸引顾客。

4. 整合营销优势

整合营销是运用系统论和权变论解释营销的一种理论，它以消费者为中心，认为营销中各个部门、营销过程及结果具有统一性。在网络营销中，营销者发出的信息具有统一性，营销的过程表现为与顾客进行交互式沟通，营销的最终结果和目标统一于顾客。网络营销不仅整合了营销信息和过程，更重要的是把顾客整合到营销过程中来，体现了以顾客满意为营销的目标和价值。

延伸阅读 4－2　整合营销，究竟整合了什么

总之，网络营销的实施不仅仅是某一个技术方面或某一个网站建设的问题，它涉及企业的整个营销战略方向、营销部门的管理和规划以及营销战略的制定和实施。因此，在制定网络营销目标时，必须检验网络营销目标与企业的经营战略目标是否一致，与企业的经营方针是否吻合，与现有的营销战略是否冲突。

第2节　网络市场细分

一、网络市场细分的概念

市场细分概念最早由美国营销学家温德尔·史密斯（Wendell R. Smith）于20世纪50年代中期提出。它强调企业要根据购买者需求的不同，对市场进行细分，进而将一部分具有某种共同需求特性的市场作为目标市场，并努力满足这部分需求，最大限度地提高经济效益。

网络环境下，顾客的需求发生了很大的变化，个性逐渐增强，差异性日渐突出。而随着生产工具和技术的不断改善，产品的品种种类极大丰富，为满足顾客新的需求奠定了基础。为了在复杂的环境、激烈的竞争中占有一席之地，企业要提高自身的经济效益，必须进行市场细分。

网络市场细分是指企业在调查研究的基础上，依据网络顾客的需求、购买动机与习惯爱好等方面的差异性，把网络顾客划分成不同类型的消费群体。这样，网络市场就可以分成若干细分市场，每个细分市场都由需求和愿望大体相同的顾客组成。在同一细分市场内部，顾客需求大致相同；在不同细分市场之间，顾客需求则存在明显的差异性。企业可以根据自身的条件，选择适当的细分市场作为目标市场，并依此拟定最适合企业的网络营销方案和策略。

二、网络市场细分的作用

网络市场是一个综合体，是多层次、多元化的消费需求的集合，任何企业都不能独自满足。网络市场细分可以帮助企业认识和研究网络市场，从而为选择网络目标市场提供依据。具体而言，网络市场细分有以下几方面的作用。

1. 有利于企业发掘市场机会，开拓新市场

通过网络市场细分，企业可以深入地了解网络市场消费群体的需求差异，寻找目前市场的空白点，并在综合分析各子市场的竞争状况和潜在购买力的情况下，结合企业自身实力，发现新的市场机会，开拓新的市场。

2. 有利于企业优化资源配置，取得最佳营销效果

任何一个企业的人力、物力、资金等资源都是有限的。通过细分市场，企业可以了解不同细分市场消费群体对产品的需求状况、购买能力及同行竞争者的情况。这样，企业可以根据各个细分市场的外部环境与本企业的经营实力进行反复权衡与比较，从而选择对自己最有利的市场，将企业营销预算在不同细分市场上进行合理的配置，把资源用于恰当的地方，避免企业资源的浪费，取得最佳营销效果。

3. 有利于准确制订和调整营销方案，增强企业应变能力

通过网络市场细分，市场变得小而具体，消费群体的需求也更清晰了，同一细分市场中的顾客有着许多共性，企业可以制定有针对性的营销策略，从而保证营销活动的成功实施。此外，在网络细分市场上，市场信息获取和反馈都比较及时，企业可以相对容易和快速地了解与掌握各细分市场消费群体需求的变化，以及顾客对营销措施的反应，从而相应地制定和调整营销策略，使企业在复杂的网络市场中具有较强的应变能力。

三、网络市场细分的标准

网络市场细分的基础是网络消费群体需求的差异性，它是根据一定的标准区别消费者不同需求的过程，是一种存大异求小同的市场分类方法。该方法不是对网络产品进行分类，而是对同种网络产品需求各异的消费群体进行分类，是识别具有不同需要的消费群体的活动。

当前网络交易的两大主要模式 B2C、B2B 所针对的网络消费群体分别是网络顾客和网络企业，这两类群体需求差异明显，其市场的划分标准也有所不同。

（一）B2C 市场细分标准

在 B2C 市场上，市场是由以满足生活消费需要为目的的顾客构成的。由于引起顾客需求差异性的因素很多，在实践中，企业一般综合运用多种标准来细分市场，而不是单一采用某个标准。具体而言，B2C 市场细分的标准主要有四类，即按地理因素、人口因素、心理因素和行为因素进行市场细分。

1. 地理因素

按地理因素细分，即按网络顾客所处的地理位置、气候、人口密度和城乡的情况等因素来细分市场。虽然企业能凭借互联网全球性的特点打破常规地理区域的限制，但是处在不同地理环境下的顾客，对同一类产品往往具有不同的需要和偏好。京东将全国分为华北、华东、华南、西南、华中、东北六大物流中心，覆盖了全国各大城市，并在西安、杭州等城市设立了二级库房，服务京东客户。一般来说，地理因素具有较大的稳定性，与其他因素相比，较容易辨别分析。然而，地理因素毕竟是静态因素，不容易划分得很详细，因为生活在同一地理位置的顾客的需求仍然存在很大的差异。进行市场细分时还必须综合考虑其他因素，才能准确地进行市场细分。

2. 人口因素

按人口因素细分，即以人口统计因素（如年龄、性别、家庭规模、家庭生命周期、收入、职业、受教育程度、宗教、种族、国籍等）为基础细分市场。顾客需求、偏好与人口统计变量有着密切的关系。例如，一般而言，儿童需要玩具、食品、童装、儿童读物；老年人需要营养品与医疗保健品等；女士是服装、鞋帽、化妆品消费的主力军；男士对于汽车、电子产品更加敏感和热衷；单身人士网购的频率比两口之家和三口之家要高得多；高档服装、名贵化妆品、高级珠宝等消费品只有收入水平很高的顾客才能经常购买。人口统计变量较容易衡量，有关数据也相对较容易获取，这也是企业经常将其作为市场细分标准的重要原因。

3. 心理因素

受社会群体、生活方式、个性特点等心理因素的影响，顾客往往有不同的购买心理，从而形成不同的消费需求。例如，有些顾客追求时尚、时髦；有些顾客追求社会地位；有些顾客追求朴素大方；有些顾客追求个性。顾客的心理统计信息有助于细分市场的定义和描述，帮助企业设计符合顾客心理特征的产品表述和展示。例如，个性烫画服饰网站为年轻人设计更加夸张、色彩鲜明、诉求与众不同的 T 恤，吸引追求个性的年轻人购买。

4. 行为因素

细分行为变量是进行市场细分的最佳途径。影响网络顾客购买行为的因素包括购买时机与方式、寻求的利益、使用产品或服务的用户状况以及对品牌的忠诚度等。例如，从购买时间来说，顾客具有一定的购买习惯，节日期间礼品的购买量要比其他时间大得多；从购买方式来说，顾客的购买行为可分为集中购买和分散购买等。确定行为因素是有效建立细分市场的出发点，企业也可利用这些典型特征合理安排产品的促销活动。

在网络营销条件下，顾客的个性化需求日益突出，导致网络市场细分更“细”，经营的难度也有所增大。传统的细分市场标准也不能完全奏效，具体表现在细分的标准发生变化以及细分的程度有所不同等。例如，除了上述一些传统的细分标准，企业还可以按照是否上网、上网能力、上网时间等新的细分标准对目标顾客进行分类。

（二）B2B 市场细分标准

许多用来细分 B2C 市场的标准，同样适用于细分 B2B 市场。但由于生产者和消费者在购买动机与行为上存在差别，因此，除了运用上述 B2C 市场的细分标准，还可以应用其他标准来细分 B2B 市场。网络企业市场的细分标准有以下几个。

1. 最终用户

依据产品的最终用户细分企业用户群，强调的是某个产品在某个行业的最终用途。不同的使用者对同一产品和服务追求的利益可能有所不同。例如，我国著名的电子商务运营商阿里巴巴将其客户分成不同的类别，大的类别包括采购、销售、代理、合作四种。企业可以按用户的不同，设计开发出不同结构的服务模块，制定不同的营销策略，从而使网站结构更合理，更全面地展示企业的服务及产品，以满足不同用户的需要并提供相应的售前、售中、售后服务。

2. 用户规模

在 B2B 市场中，大顾客数量少，但往往每次的购买量很大；中小顾客数量多，但每次购买量很小。用户规模不同，企业的营销组合方案也应该有所区别。在网络营销中，借助顾客数据库，企业可以按照用户的采购数量实行分类管理，制定不同的营销策略。例如，中国鞋业网的服务对象主要是温州地区的企业。由于温州是中国的“鞋都”，有大量的制鞋及制鞋相关产业的企业，规模大的知名企业和为数众多的中小企业具有不同的需求模式，因此可以根据用户规模进行划分，为不同规模的企业制订相应的营销推广方案。

3. 行业特征

行业特征是网络企业市场细分的重要标准。网络企业可按行业分为机械及工业制品、化工、商业服务、农业、电子电工、纺织、皮革、计算机和软件等行业。不同的行业，其规模及相应的产业链等特征鲜明，因此需要针对其特征制定差异化的营销策略。

四、网络市场细分的原则

实现网络市场细分，并不是简单地根据某一标准把消费群体视为需求相同或不同，更不是用多个细分变量的组合机械地创造市场。为了确保网络市场细分的科学性、有效性，在进行网络市场细分时必须遵循一定的原则。一般而言，网络市场细分有以下四个原则。

1. 可衡量性

可衡量性是指细分市场必须是可以识别和衡量的，即细分出来的市场不仅要在范围上比较清晰，而且能大致判断出该市场规模的大小。另外，用来划分网络细分市场大小和购买力的特征程度的变量，也应该是能够测定或者推算的。否则，细分的市场会因无法界定和度量而难以描述，市场细分也就失去了意义。此外，还必须注意多个细分变量之间的相关性及重叠性。

2. 可实现性

可实现性是指对于那些可供企业选择的网络细分市场，企业能够有效地为之提供服务的程度。企业利用现有的人、财、物和技术资源条件，通过适当的网络营销组合可以达到占领目标市场的目的。这一方面是指企业能够通过一定的媒介把产品信息传递给细分市场的顾客，另一方面是指产品经过一定的渠道能够到达该细分市场。对企业难以接近的网络市场进行细分毫无意义。

3. 可盈利性

网络细分市场的规模需要大到能够获利的程度，值得企业为之设计一套独立的网络营销规划；同时，这部分网络细分市场应具有一定的发展潜力，可以保证企业未来网络销售的长期稳定。

4. 稳定性

网络细分市场必须在一定时期内保持相对稳定，使企业能制定较长期的营销战略，有效地开拓并占领该目标市场，获取预期收益。细分市场变化过快，将会增加企业的经营风险和损失。

五、网络市场细分的步骤

运用一系列的细分变量可以把一个网络市场划分为多个网络细分市场，确定主要细分市场的基本程序包括以下四个基本步骤。

1. 市场调查

对总体网络进行市场调查。调研人员通过与网络顾客进行线下交流或者线上意见交换收集信息，并将网络顾客分成若干专题小组，以便了解他们的动机、态度和行为。市场调查的主要内容包括：对产品属性及其重要性等级的评价；对品牌知名度和品牌等级的评价；使用产品的方式；对产品类别的态度；人口变量、心理变量和宣传媒体变量等。

2. 确定细分变量，整理并分析数据

这一步是在第一步的基础上对每个细分市场中的顾客特征进行深入分析，从而在数量和性质层面上理解顾客需求。研究人员可以应用因子分析法分析资料，剔除相关性较大的变量，然后用集群分析法划分出差异最大的细分市场。

3. 进行市场细分

根据网络顾客不同的态度、行为、人口变量、心理变量和一般消费习惯可以划分出若干群体。由于采用了集群分析法，每个群体内部的相似性已经达到最大，而不同群体之间的差异性也达到了显著水平，企业此时可根据主要的不同特征给每个网络细分市场命名。

4. 细分市场评估和选择

企业运用科学的定性和定量方法分析数据，对已经选择出的各个细分市场的规模、竞争状况及变化趋势等方面加以分析、测量和评价，并根据测评结果决定营销战略。需要区分两种情况：如果分析细分市场后发现市场情况不理想，企业可能放弃这一市场；如果分析细分市场后发现市场营销机会众多，需求和潜在利润可观，企业可根据细分结果提出不同的目标市场营销战略。

第 3 节　网络目标市场选择

一、网络目标市场的概念

所谓网络目标市场，是指网络企业在网络市场细分的基础上，结合自身优势及时对外部环境做出判断，在细分后的市场中识别、挑选、评价和选择的作为企业经营方向而开拓的特定市场。企业通过各种努力能满足顾客的需要。

选择最适合本企业实际情况的目标市场，是进行网络营销的一个非常重要的战略决策。它主要解决企业在网络市场中满足谁的需要、向谁提供产品和服务的问题。只有在网络市场中找准了“为谁服务”这一目标，才能有效地制定网络营销战略。

网络目标市场选择是否恰当，不仅直接关系到企业的经营成果及市场占有率，而且直接影响企业的生存与发展。因此，在对网络市场进行细分之后，企业要对各细分市场进行评估，分析各细分市场是否具备开拓价值。一般而言，企业考虑进入的目标市场应具备以下几个条件。

1. 有一定的规模和发展潜力

足够的细分市场规模是企业获利的保证。市场规模过小或者趋于萎缩，企业进入后难以获得发展，此时，应审慎考虑，不宜进入。同时，选择目标市场的规模也要适应企业本身的实力，不能一味追求大市场，否则，会使企业力有不逮。这在现实中一般表现为：大企业对过小的细分市场不屑一顾，而小企业不敢进入大市场。网络营销人员必须评估网络细分市场的规模大小对企业而言是否适当。同时，在信息时代，事物的发展速度极快，网络营销企业也应考虑市场本身的成长性所带来的影响。

2. 竞争者未完全控制

企业应尽量选择那些竞争程度相对较低、竞争者比较弱的市场作为目标市场。如果某个细分市场已经有了众多强大的竞争者，或者竞争者的竞争意识非常强，那么企业要进入该细分市场就会十分困难。

3. 符合企业发展目标

即使网络细分市场的各项条件都十分符合，也得符合企业的发展目标，一个与企业长期目标相冲突的网络细分市场不应该列作企业的目标市场。此外，在符合企业目标的同时，还应考虑企业所拥有的资源是否能在细分市场中保持竞争优势，否则企业在经营时会力不从心。

4. 企业具有市场应对能力

对细分市场进行评估时还应考虑一些其他因素，例如网络细分市场中竞争者的挑战、供应商和网络顾客议价能力的影响、替代性产品和潜在进入者的威胁。此时，企业是否有能力采取积极的应对措施非常重要。企业可以通过以下方式应对威胁与挑战：抢占市场占有率，借此降低成本，达成规模效应；以先入者优势创建强势的品牌形象；以虚拟社区和个性化服务等提高网友对网站的忠诚度；通过差异化策略和增值服务来突出本企业产品或服务的特色，吸引网络顾客购买。

因为不存在可以使所有网络顾客都满意的产品或服务，网络营销企业针对特殊顾客群体的营销策略就显得更加重要，所以，网络市场细分和目标市场选择是网络营销成功的关键。

二、网络目标市场的选择

企业在对不同的网络细分市场进行评估后，准备选择和占领目标市场时，有五种可供选择的网络营销目标市场覆盖策略。假设企业生产 P_1，P_2，P_3 三种产品，目标市场细分为 M_1，M_2，M_3 三个子市场。

1. 产品市场集中化策略

产品市场集中化策略是指企业的网络营销目标市场集中于一个网络细分市场，这意味着企业只生产或经营一种标准化产品，且只供应某一顾客群体。例如，企业选择只把 P_2 产品在 M_1 细分市场销售，如图 4－1 所示。譬如，电子商务运营商中的一些行业网络服务商，像中国服装网、中国鞋业网等，它们的电子商务平台只为一些特定的目标企业服务，随着公司业务的发展，才面向全国甚至全球开展业务。另外，企业通过生产、销售和促销的专业化分工，能获得许多经济效益。如果细分市场补缺得当，企业的投资便可获得高报酬。但是，采用产品市场集中化策略风险较大，如果该目标市场出现不景气的情况，企业可能会面临亏损。这种策略通常为中小企业采用，它可以帮助企业实现专业化生产和经营，在取得成功后再逐步向其他细分市场扩展。

2. 产品专业化策略

产品专业化策略是指企业将几个细分市场的客户群体作为网络营销目标市场，同时向几类客户供应某种产品。当然，由于客户群体不同，产品在质量、款式、档次等方面会有所区别。例如，企业选择把 P_2 产品分别在 M_1，M_2，M_3 三个细分市场销售，如图 4－2 所示。譬如，某显微镜生产商向大学实验室、政府实验室和工商企业实验室销售显微镜，而不去生产实验室可能需要的其他仪器。又如，亚马逊网上书店向全球范围内的各类客户提供网络购书服务。采用产品专业化策略，可使企业在某个产品方面树立起很高的声誉，但是如果产品被另一种全新技术所代替，企业就会面临危机。

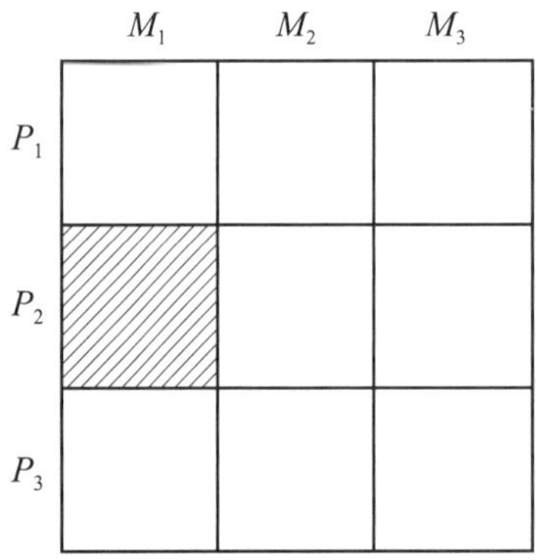

图 4－1　产品市场集中化

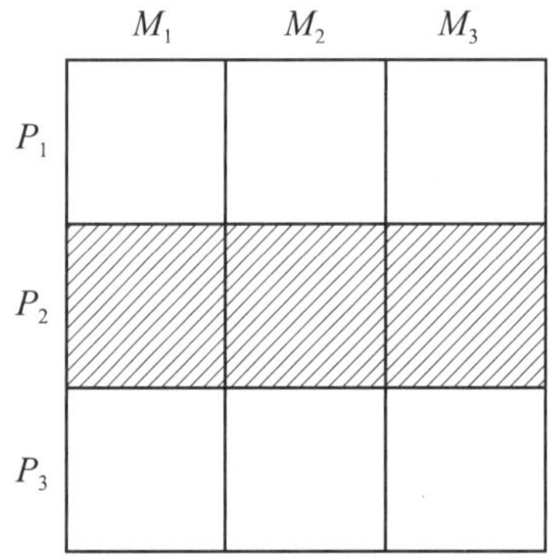

图 4－2　产品专业化

3. 市场专业化策略

市场专业化策略是指企业以同一客户群体作为网络营销目标市场，向其提供性能有所区别的同类产品。例如，企业选择只在 M_1 细分市场销售 P_1，P_2，P_3 三种产品，如图 4－3 所示。譬如，某制鞋公司只选择生产老年人这一消费群体所需要的皮鞋、运动鞋、布鞋、凉鞋，而不生产儿童、青年、中年所需的鞋类。企业提供一系列性能有所区别的同类产品专门为这个客户群体服务，能获得良好的声誉。但是如果这个客户群体购买力下降，该目标市场就会有需求疲软的危险。

4. 选择专业化策略

选择专业化策略是指企业有选择地进入几个不同的细分市场作为网络营销目标市场，

为不同客户群体提供不同性能的同类产品。例如，企业选择在 M_1，M_2，M_3 细分市场分别销售 P_1，P_2，P_3 三种产品，如图 4－4 所示。需要注意的是，各个细分市场之间相关性较小，然而每个细分市场都有可能获取利润，都有良好的营销机会与发展潜力。企业采用选择专业化策略必须以这几个细分市场均有相当的开拓价值为前提。这种策略的优点是有利于企业分散经营风险，即使企业在某一细分市场失势，也可以在其他细分市场获取利润。

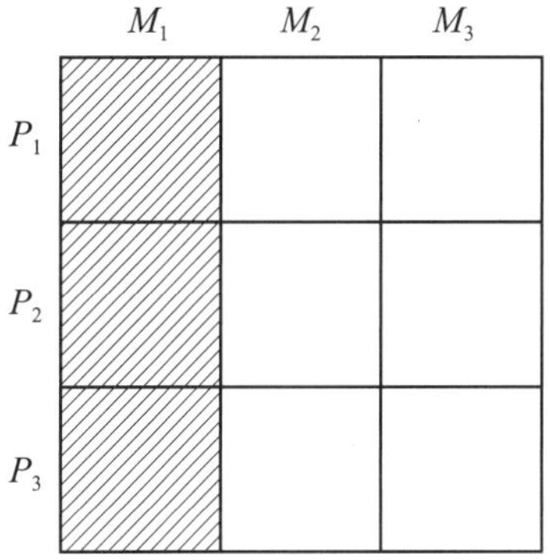

图 4－3　市场专业化

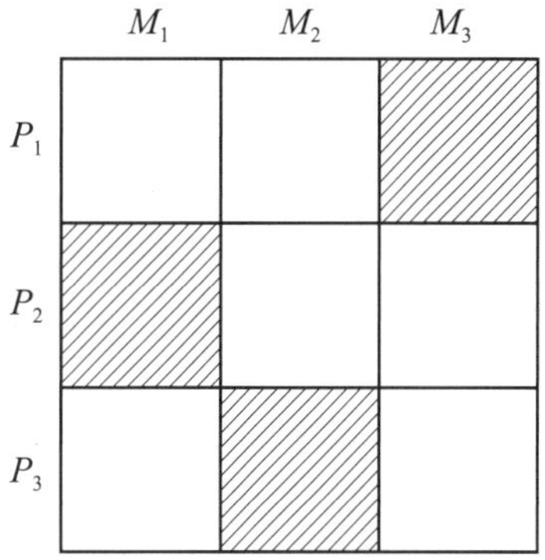

图 4－4　选择专业化

5. 全面进入策略

全面进入策略是指企业决定全方位进入各个细分市场，为所有客户提供他们所需要的不同性能的系列产品。例如，企业选择在全部的细分市场销售 P_1，P_2，P_3 三种产品，如图 4－5 所示。一般来说，实力雄厚的大公司为在市场上占据领导地位，甚至力图垄断全部市场，常采用全面进入策略，例如 IBM（计算机市场）、通用汽车（汽车市场）和可口可乐（饮料市场）等。

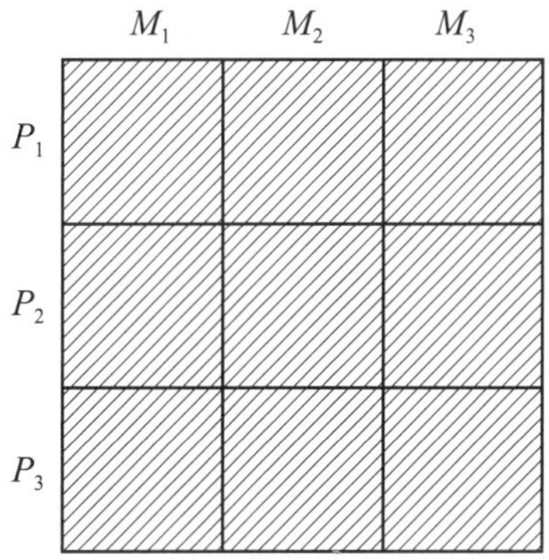

图 4－5　全面进入

三、网络目标市场的营销策略

针对网络目标市场，企业通常采用以下四种营销策略。

1. 无差异营销策略

无差异营销策略也称无差别营销策略或同一性营销策略。其特点是用一种产品，采用一种市场营销组合，试图在整个市场上满足尽可能多的顾客需要，集中力量为之服务。这种营销策略的优点是由于经营品种少、批量大，可以节省细分费用，降低成本，提高利润率。但是，采用这种策略也有其缺点：一是容易引起激烈竞争，使公司获利机会减少；二是公司容易忽视小的细分市场的潜在需求。

2. 差异性营销策略

差异性营销策略也称选择性市场营销策略或非同一性营销策略。这种策略是企业对市场进行细分、推出多种产品，针对各个不同的细分市场运用不同的市场营销组合、满足多个目标市场的顾客需要的策略。采用这种策略的企业主要着眼于顾客需求的异质性，试图把原有的市场按顾客的一定特性进行细分，然后根据各子市场的不同需求和偏好，推出各种与其相适应的产品，采用与其相适应的市场营销组合分别予以满足。在消费需求变化迅速、竞争激烈的当代，大多数企业都积极推行这种策略。这种策略的优点主要表现在以下方面：有利于满足不同顾客的需求；有利于企业开拓网络市场，扩大销售，提高市场占有率和经济效益；有利于提高市场应变能力。差异性营销在创造较高销售额的同时，也增加了营销成本、生产成本、管理成本、库存成本、产品改良成本及促销成本，使产品价格上升，失去竞争优势。

3. 密集性营销策略

密集性营销策略也称集中性市场营销策略。这种策略是指企业在市场细分过程中集中所有力量，以一个或少数几个细分市场为目标市场，运用全部市场营销组合为一个或几个细分市场服务。这种策略的优点是：企业可深入了解特定细分市场的需求，提供较佳服务，有利于提高企业的地位和信誉；实行专业化经营，有利于降低成本。只要网络目标市场选择恰当，密集性营销策略常常能为企业建立稳固的立足点，使企业获得更多的经济效益。然而，密集性营销策略也存在不足之处，主要是企业将所有力量集中于某一细分市场，当市场顾客需求发生变化或者面临较强竞争者时，企业的应变能力差，经营风险很大，企业可能陷入经营困境，甚至倒闭。

4. 个性化一对一营销策略

个性化一对一营销策略是指企业将每个网络顾客都看作一个独立的目标市场，根据每个顾客的特定需求安排一套个性化的网络营销组合策略，以吸引更多的顾客。在电子信息时代，企业可以充分利用新技术和网络技术（如特制电脑数据库、机器人生产、电子邮箱以及社交媒体等）。社交媒体的即时信息传递使企业的个性化营销成为可能，实现了在买卖双方信息交互基础上的“一对一”或“点对点”的定制模式。现今的消费市场，小至贺卡、书籍、装饰品、化妆品、衣服，大至自行车、洗衣机、电脑、汽车、商品房，都出现了由顾客自行设计或个别订单按特定需求定制的营销方式。这种营销方式已经成为网络营销的主要趋势。网络企业实施该营销策略需要满足以下条件：网络顾客的需求有较大的差异，而且网络顾客有强烈的满足其个性化需求的要求；具有同种个性化需求的顾客规模足够大；企业具备开展个性化营销的条件；个性化营销对于交换双方而言都符合经济效益。

以上几种策略各有利弊，分别适用于不同的情况。

四、网络目标市场营销策略选择的影响因素

企业在选择网络目标市场营销策略时，必须全面考虑各种因素，权衡得失，慎重决策。影响网络目标市场营销策略选择的因素可以归纳为宏观因素和微观因素两个方面。

（一）宏观因素

1. 人口因素

网络市场由有购买欲望并且有购买能力的人群组成，因此上网人群的数量决定了网络市场的规模。企业应当特别重视网络人口的增长情况，以及网络人口在网络上购物的欲望和结构，对网络人口的年龄、性别、职业、受教育程度、消费心理等方面进行有效的市场分析。

2. 经济因素

在网络人口数量确定的情况下，单位人口的购买力成为影响甚至决定网络市场规模的主要因素。这就需要企业在选择网络目标市场时，充分分析网络市场上不同层次顾客的消费水平。消费水平主要体现在网络顾客的收入水平、支出占收入的比例、支出结构以及支出结构的变化趋势。

3. 网络营销的基本环境及其发展趋势

企业在选择网络目标市场时，还应考虑网络营销的基本环境，主要包括进行网络营销的基础设施、技术水平、支付手段以及相关法律法规。例如，网络线路的长短、覆盖面的大小、可靠性的高低、传递速度的快慢以及带宽的程度都对网络营销的应用有着重要的影响。在网络营销的应用发展过程中，如果网络营销技术不能有效地解决安全、保密等问题，不能为用户提供安全的保障空间，那么用户对网络营销的应用就可能停留在某一发展阶段和水平。如果电子支付未能形成一定的规模，或应用范围非常有限，不能有效地实现网上支付，那么网络营销就不能完全实现，网络营销的应用就无法走向成熟。电子合同的签订、数字签名的法律效力、经济纠纷的解决、对网络欺诈及犯罪的惩罚依据等，都需要一个完整健全的法律法规体系加以认定、规范和保证。此外，网络营销作为未来营销的一个主要方式，能否实现，在多长的时间内实现，会达到一个什么样的发展水平，不仅取决于以上四个方面的因素，还取决于网络营销市场的发展状况，取决于网络营销市场交易主体和客体的范围、规模和水平。

（二）微观因素

1. 企业的实力

企业的实力主要体现在企业的网络技术水平、管理水平、资金储备、人才储备、网络设备先进性和网络营销能力等方面。如果企业在这些方面都很强大，那么完全可以采用无差异营销策略和差异性营销策略面向整个市场。但是，如果企业自身资源和营销能力有限，无力将主体市场作为其营销目标，就应该适当放弃一些市场，采用以某个细分

市场作为营销目标的密集性营销策略。否则，一味地强调扩大市场，会使企业因无法照顾到那么大的市场而降低自身的竞争力，甚至陷入无法正常运营的局面。

2. 网络产品的特征

网络产品的特征主要是指产品的相似程度，即产品的市场是否类似。如果企业经营的产品具有相似或相同的特征，即顾客在需求和购买方面具有一致性，就存在具有相似性的市场，可以采用无差异营销策略；如果企业经营的产品具有较大的差异性，面对的市场不同，则宜采用差异性或密集性营销策略。

3. 网络产品的生命周期

网络产品在其生命周期中的不同阶段所面对的市场是不同的，竞争也有所差异，应该采取相应的策略。在产品初入市场处于成长期时，产品单一，面对的竞争者少，企业可采取无差异营销策略；产品进入成熟期后，市场竞争加剧，企业必须将市场细分，将一部分市场作为营销目标，采取差异性营销策略。

4. 竞争状况

竞争是所有商业活动者必须面对的问题，但在商业活动中竞争状态是不断变化的，企业在选择网络目标市场营销策略时，应该考虑传统市场上与自己相关企业的状况，尽可能与这些企业配合。

5. 公众因素

从本质上说，网络是一种媒体，受公众舆论影响非常大。公众指网络使用者，既包括顾客、网民等群众团体，也包括政府、中介以及传媒机构等。网络营销活动必将受到公众的关注、监督和制约，企业在选择网络目标市场营销策略时必须考虑这些制约因素，因为这些制约因素可能会影响网络营销策略的效果。

第 4 节　网络市场定位

一、网络市场定位概述

网络市场定位指的是网络营销企业为产品或服务确定某些方面的市场地位，使本企业的品牌在目标市场顾客中形成某种区别于竞争者的形象，更好地适应顾客需求，巩固顾客关系。在同类产品或服务项目较多、供应竞争比较激烈的情况下，企业向目标市场推出的产品或服务项目就需要进行市场定位。价格、档次是市场定位基本参数的两大方面。同时，不同的产品和服务可以采用更具体的参数或技术标准，如价格、使用成本、性价比和保值性、质量、功能、外观、使用方法和售后服务等。

有效的市场定位离不开企业的重点定位战略，也就是说企业应该着力宣传对其目标市场产生最大震动的差异。例如，强调用料质量，强调功能齐全，强调价格低廉，等等。然而，对企业来说，并非所有能给目标市场带来震动的产品差异化都是有意义的或者是有价值的，也并非能产生最大市场震动的差异就是最优选择，这是因为，每一种差异在增加顾客利益的同时也可能增加企业成本。所以，企业必须谨慎选择使其与竞争者相区别的途径。有效的用于定位的差异化应遵循下列原则：

（1）重要性。该差异化能向相当数量的网络顾客让渡较高价值的利益。

（2）明晰性。该差异化是其他企业所没有的，或者是该企业以一种突出、明晰的方式提供的。

（3）优越性。该差异化明显优于通过其他途径获得的相同利益。

（4）可接受性。该差异化能够被网络顾客理解和接受，是顾客看得见的。在网络时代，信息传递的便利性使得企业与顾客之间能够更好地沟通。

（5）独特性。该差异化至少在短期内是竞争者难以模仿的，能够保证企业一定时期的竞争优势。

（6）可实现性。网络顾客有能力购买该差异化，例如，高端或特色产品或服务的推出通常会导致企业成本的上升以及由此引发的价格上升，这时就必须考虑到市场上是否有足够的具备相应购买能力的网络顾客。

（7）盈利性。企业通过该差异化可获得较高的利润。

延伸阅读4-3　完美日记：差异化定位，突出重围

二、网络市场定位的方法

1. 特色定位法

特色定位法是指一个企业定位于自己的规模、历史等特色。例如，新进入网络营销行列的企业，或者是生产不太适宜在网络上销售的产品的企业，在网站内容和服务方面可以将企业网站定位为手册宣传型的站点形象，而那些本来就与娱乐有关的企业可以将网站定位为娱乐型站点。

2. 利益定位法

利益定位法是把产品定位在能为网络顾客提供某一特定利益方面。单从企业网站（作为一种产品）的角度来讲，大部分工业品的生产企业可以通过网站提供售前、售中和售后服务，实现网上业务进度跟踪，这时的网站在服务项目上定位于利益，例如联邦快递公司的网站。

3. 使用/应用定位法

使用/应用定位法是将产品定位于最适合干什么或者应用在什么领域。例如，去哪儿网、携程网等专攻旅游机票行业，就是典型的使用/应用定位。

4. 使用者定位法

使用者定位法是将产品定位于专门适合某类人使用，可以开设一个只适合成人访问的网站，或者只适宜少儿访问的网站。例如，摇篮网是全球最大的中文母婴门户网站之一，从营养保健、智力开发到情感培养等多方面，为年轻的父母、准备做父母的夫妇提供从母亲怀孕到孩子六岁期间各个方面的知识和产品信息。

5. 竞争者定位法

竞争者定位法是把自己的产品定位成在某一方面比某个竞争者的产品要更好些。

6. 产品类别定位法

产品类别定位法是将自己的产品定位在某个引人注目的产品类别上。例如，很多食品销售网站为了吸引网络顾客的光顾，常常从信息内容的角度出发把网站定位为食物制作教育网站，也有的定位为娱乐网站。

7. 质量/价格定位法

质量/价格定位法涉及我们常说的性价比，即把产品定位在最好质量/最低价格上，这通常是不同层次的顾客共同追求的特性。

三、网络市场定位的策略

网络市场定位作为一种竞争策略，显示了一种产品或一家企业与同类产品或企业之间的竞争关系。定位策略不同，竞争态势也不一样，主要的定位策略有以下几种。

1. 避强定位

避强定位是一种避开强有力的竞争者的市场定位。对新进入某一市场的企业而言，如果市场上已经有实力很强、顾客认可度很高的企业，那么推出与其相似的产品或服务往往不利于打开市场。采用避强定位的优点是：能够迅速在网络市场上站稳脚跟，并且能在网络顾客或用户心目中迅速树立起一种形象。这种定位方式的市场风险较小，成功率较高，常常被企业采用。如果对手的定位是质量上乘，自己就定位在价格低廉。例如，360 进入杀毒软件行业时就以终身免费为亮点成功争取到了顾客。

2. 对抗性定位

对抗性定位是一种与在网络市场上占据支配地位的（亦即最强的）竞争者“对着干”的定位方式。企业试图提供与竞争者同等甚至优于竞争者的产品或服务，以期占领较佳的市场位置。例如，可口可乐和百事长期实行针锋相对的营销策略，二者在竞争中相互促进。显然，这种定位策略有时会产生风险，但不少企业认为它能够激励自己奋发向上，一旦成功就会取得巨大的市场优势。实施对抗性定位必须知己知彼，尤其应清醒地估计自己的实力，不一定非要压垮对方，做到平分秋色就是巨大的成功。

3. 填空补缺式定位

填空补缺式定位是一种企业寻找市场上尚无人重视或未被竞争对手控制的位置，使自己推出的产品能适应潜在目标市场需要的策略。例如，腾讯推出的“移动 QQ”服务，开创了移动通信与互联网的合作新领域——移动 QQ。通常这种策略在两种情况下适用：一是这部分潜在市场（营销机会）没有被发现，在这种情况下企业容易取得成功；二是许多企业发现了这部分潜在市场，但无力占领，在这种情况下需要具备足够的实力才能获得成功。

4. 求新定位

求新定位也称创新定位，即寻找新的尚未被占领但有潜在市场需求的位置，填补市场空缺，生产市场上没有的、具备某种特色的产品。微软当年就是看到了计算机商业软件的空白，依靠开发商业软件确立了其在 IT 行业不可动摇的地位。采用这种定位方法时，企业必须明确求新定位的产品是否在技术上和经济上得到足够的支持，有没有足够的市场容量来维持企业持续盈利。

5. 重新定位

市场定位很难百发百中，如果定位失败，则企业需要对销路少、市场反应差的产品进行二次定位。重新定位旨在让企业摆脱困境，重新获得增长与活力。该困境可能是由企业决策失误引起的，也可能是由对手有力反击或出现新的强有力竞争者造成的。不过，有的重新定位并非因为已经陷入困境，而是产品意外扩大了销售范围。

进行市场定位应与产品差异化结合起来。定位要符合网络顾客的心理特征与行为模式，只有这样才能产生共鸣，强化产品在网络顾客心目中的位置。例如，茶叶营销网站把自己定位于“提供源远流长的茶文化的基地”，就很容易吸引那些热衷于品茶的网络顾客。

案例分析

小罐茶：传统茶行业的变革者

小罐茶成立于 2014 年，2016 年 7 月正式上市，但它在 2018 年便卖出 20 亿元，打破了中国茶行业“有品类无品牌”的僵局。它是怎么做到的？

选准赛道：快速增长且缺乏头部品牌的原叶茶

在小罐茶创始人杜国楹看来，国内茶的消费人群有三类：第一类是“茶小白”，不怎么懂茶，偶尔会喝茶，也会喝咖啡；第二类是“茶习惯”，天天喝茶，对“有味道的水”形成习惯，但对茶一知半解；第三类是“茶领袖”，他们是茶叶发烧友，对不同品类的茶的产区、工艺等行业知识了如指掌。小罐茶针对的主要是第二类群体，同时也希望未来能带动更多的第一类消费者走进茶消费市场。

茶叶的核心消费场景包括买、送、喝。喝茶的场景也是三种：招待他人、自己在家饮用、移动状态（如旅途）饮用。从顾客的角度来分析，中国茶行业最大的问题在于没有品质与价格标准。杜国楹认为，解决消费者的痛点也应围绕这三个场景展开：买的时候没有标准，不了解价格与行情；送的时候价格不统一，收礼的人很难判断礼品价值；喝茶的时候则不知道如何泡茶、如何品茶、如何享受茶带来的愉悦。

由此，小罐茶的核心战略便是让复杂的中国茶变得简单化：认知简单、购买简单、饮用简单。具体做法是，彻底改变传统中国茶的外在形态，把不同品类的茶的包装、重量、价格、品质标准全部统一，冠以“小罐茶”的品牌，弱化茶的品类，实现消费认知的简单化。

触达目标人群：线下起势的营销＋线上内容营销

小罐茶虽定位为高端茶品牌，但并不是小众品牌。杜国楹从一开始瞄准的就是多数消费者。以“小罐”和“大师”作为共性，小罐茶通过全品类、全渠道来覆盖消费者的喜好。

线下先行，提升体验。传统茶叶的首次消费主要是通过熟人介绍和茶饮店体验，再加上杜国楹多年积累下来的丰富线下渠道资源，首波产品定位高端人群的小罐茶自然而然地将主阵地选在了线下。2015年小罐茶在重庆、济南、北京开设试点门店，2016年7月才开始投放广告并在线上全面上市。在投放过程中，小罐茶对广告内容进行快速迭代和测试，通过央视、江苏卫视、航空高铁媒体、地处繁华商圈的体验店等媒介组合，最大化投放效果，触达第一批种子用户，快速树立起专业权威的品牌形象。

2016年3月，小罐茶最早的五家实体店在春节后进入销售淡季，公司内部十分焦虑。恰逢春茶3月底上市，有人提出“罗辑思维”公众号的粉丝人群和小罐茶的目标群体很相似，于是小罐茶尝试联系对方进行合作。“罗辑思维”用一分钟的语音向用户推荐小罐茶，并把产品陈列在商城中重要的位置上。上线当天，小罐茶销量赫然突破百万。公司因此对线上渠道产生信心。此后，天猫、京东和小罐茶的官网平台逐步建立起来，电商渠道欣欣向荣。从电商销售的市场反馈来看，小罐茶的消费者中男女比例基本持平，年龄在35岁以下的消费者约占70%，消费者的平均年龄比整个茶行业年轻10岁；平均客单价在1 200～1 400元，是茶行业平均水平的12倍。

与此同时，小罐茶不断深挖博大精深的茶文化，在线上进行各种碎片化的茶叶知识小科普。一方面是为了树立专业形象；另一方面则是为了培育市场，培养饮茶习惯，延长用户生命周期，重新包装传统文化，提升调性。打开小罐茶的抖音官方账号，创始人杜国楹关于小罐茶的各种演讲被剪成适合抖音传播节奏的小视频，讲述对茶行业的洞察、创业心得和品牌愿景，数据表现最佳的是一条封面标题为“读懂星巴克，做好中国茶”的短视频；在官方微博，演讲内容被提炼成图文海报形式；官方微信则全文发布完整演讲和演示文稿。

小罐茶对整个茶行业的升级起到了推动作用，大众化和年轻化的产品策略奏效，但想要真正被年轻人接纳，进入主流文化，在具体的营销动作上还有非常多需要改善的地方。在小罐茶官方微博，只要稍加注意就能发现，几乎每一条微博下都存在注水数据和廉价购买的虚假评论，而注水行为本身就和品牌想要打造的年轻形象相去甚远，容易对品牌造成损害。此外，在B站，搜索关键词“小罐茶”，一大半是以“小罐茶，大师作”广告为素材的鬼畜剪辑视频，小罐茶广告正片弹幕及评论也大部分为负面。

总体而言，小罐茶已经成功打造爆品，而品牌的建立需要信任和价值沉淀，在未来供应链建设和多品牌布局完善之后，小罐茶也许能真正做到引领行业方向。

资料来源：宋学宝，曹珊珊. 小罐茶：传统茶行业的变革者. 清华管理评论，2019（5）：113-122；小罐茶背后的品牌逻辑.（2020-11-16）. https://36kr.com/p/970414944347650.

思考题

1. 小罐茶的网络营销战略包含哪些内容？

2. 结合案例，讨论网络营销战略的重要作用。

3. 分析小罐茶的网络营销战略的优缺点。

基本概念

网络营销战略（network marketing strategy）
整合营销（integrated marketing）
网络市场细分（network segmentation）
网络市场定位（network market positioning）
个性化一对一营销策略（personalized one to one marketing strategy）

讨论题

1. 什么是网络营销战略？
2. 影响网络市场细分的要素包括哪些？
3. 网络目标市场进入策略有哪些？
4. 有哪几种网络市场定位方法？

课程思政要点

(1) 深刻把握战略和策略的辩证统一关系，了解战略对党和国家、企业的重要性。
(2) 企业如何打造竞争优势？

第5章

网络营销组合

引例 600岁故宫也时尚玩电商

说起故宫，你的印象是什么？气势恢宏、庄严肃穆、深宫幽怨？说起博物馆文创纪念品商店，你的印象是什么？仿古的商品、高昂的价格、可近不可亲的姿态？在移动互联网时代，“故宫淘宝”以“萌贱”的画风吸引了消费者的关注，实现文创产品年总销售收入上亿元。“故宫淘宝”究竟是如何实现传统文化品牌的新价值的？

产品：玩转“萌系”创意

“故宫淘宝”产品从外观上看以“萌系”风格为主，近年来推出了萌系猫挂件、萌系锦衣卫手机架、萌系格格书签等商品。把流行的“萌文化”与传统元素相结合，让宫廷里的格格、皇上也开始“卖萌”，掀起了一股卖萌潮，并在卖萌的同时尽力还原传统文化元素，例如一款名为“朕不能看透”的眼罩就取自雍正帝的奏折资料，并且在设计时在眼罩的刺绣上尽力还原雍正的字体。

价格：价格“亲民”接地气

文创产品的设计制作注重独创性，每类产品设计都会单独开模，且每类产品不会积压过多，因此与同类普通商品相比价格偏高。然而“故宫淘宝”所售商品以日常用品为主，定价也在购买者可以承受的范围内。以2018年6月所卖商品为例，“故宫淘宝”所售商品中，商品价格最低的贺卡为0.8元，最高的仿康熙黄釉瓷盖碗为1 280元，销量最高的故宫胶带系列在45元左右。

渠道：线上线下齐头并进

故宫博物院在“故宫淘宝”的分销渠道上不仅有线上分销，而且有线下分销渠道。

故宫博物院文创产品的线上分销渠道选择在淘宝网开设“故宫淘宝”官方店铺。截止到2018年11月，“故宫淘宝”的店铺粉丝数为290万，好评率为99.82%，同时也是三冠金牌卖家。在淘宝网平台上，除了“故宫淘宝”，还有一家故宫博物院文创旗舰店，也出售故宫文创产品。

故宫博物院附近设有两家故宫文创实体店，一家在午门外，一家在东华门外，所售商品价格与线上淘宝店一致，主要顾客群体是参观故宫的游客。

促销：多种形式与消费者互动

在宣传推广方面，“故宫淘宝”利用两微多端，在微博、微信设有“故宫淘宝”官方微信号和微博号，同时开发出“皇帝的一天”“故宫社区”等多款APP，充分运用新媒体进行网络营销。例如，公众号“故宫淘宝”曾在《朕再也不许别人说你土》一文中科普中国山水画相关知识，说明“故宫淘宝”如何提取山水画元素重新打造“端午花草系列古风香囊”，并在文章结尾处附上淘宝链接。这篇文章的阅读量在十天之内就达到了十万多，且香囊的当月销量也有几千个。这种方式既宣传了传统文化，又提高了故宫博物院的影响力。

资料来源：刘诗捷. 博物馆文化创意产品网络营销策略探析：以“故宫淘宝”为例. 视听，2019 (1)：219－220.

营销组合理论是对传统营销理论精华的高度概括，自营销组合理论被提出以来，理论界一直在努力充实、完善它，提出了许多反映时代要求的新营销组合理论。例如，基于企业视角的4P理论，基于客户视角的4C理论，以及基于利益共同体视角的4R理论，等等。本章对网络营销组合的介绍将从这几个经典的营销组合理论演变轨迹开始。

第1节 营销组合理论

一、基于企业视角的4P理论

1960年，著名的市场营销学者杰罗姆·麦卡锡（Jerome McCarthy）在其著作《基础营销》中首次提出将企业的市场营销组合要素概括为产品（product）、价格（price）、渠道（place）、促销（promotion），即著名的4P理论。西方的市场营销理论界认为影响企业市场营销的因素有两种：一种是企业不能控制的，如政治、法律、经济、人文、地理等环境因素，称为不可控因素；另一种是企业可以控制的，如产品、定价、分销、促销等营销因素，称为可控因素。4P理论就是针对企业的可控因素提出的营销组合理论。企业营销活动的实质是一个不断利用内部可控因素来适应外部环境的过程，即通过对产品、价格、渠道、促销的计划和实施，对外部不可控因素做出积极的反应，从而促成交易并实现个人与组织的目标。因此，在4P营销组合理论中，市场营销活动的核心在于制定并实施有效的营销组合。

具体而言，4P营销组合理论对各种可控因素的归纳如下：产品策略（product strategy），是指企业以向目标市场提供各种适合消费者需求的有形和无形产品的方式来实现其营销目标，其中包括对产品有关的品种、规格、式样、质量、包装、特色、商标、品牌以及各种服务措施等可控因素的组合和运用。定价策略（pricing strategy），是指企业以按照市场规律制定价格和变动价格等方式来实现其营销目标，其中包括对定价有关的基本价格、折扣价格、津贴、付款期限、商业信用以及各种定价方法、定价技巧等可控因素的组合和运用。渠道策略（placing strategy），是指企业以合理地选择分销渠道和组织商品实体流通的方式来实现其营销目标，其中包括对分销有关的渠道覆盖面、商品流转环节、中间商、网点设置以及储存运输等可控因素的组合和运用。促销策略（promoting strategy），是指企业以利用各种信息传播手段刺激消费者购买欲望，促进产品销售的方式来实现其营销目标，其中包括对促销有关的广告、人员推销、营业推广、公共关系等可控因素的组合和运用。

4P 理论为企业的营销策划提供了一个有用的框架，该理论一经提出便被广泛采用，在相当长的时间内深刻影响着企业的发展，对营销理论发展有巨大的贡献。然而，4P 理论始终以企业为中心，代表的是企业而非客户的立场。

二、基于客户视角的 4C 理论

20 世纪 80 年代，以企业为导向的营销组合理论因漠视顾客权利而受到越来越多营销学者的批评。1986 年，罗伯特·劳特朋提出了与 4P 相对应的 4C 理论。4C 理论以消费者需求为导向，重新设定了市场营销组合的四个基本要素：消费者（consumer）、成本（cost）、便利（convenience）和沟通（communication）。4C 理论强调企业首先应该把追求顾客满意放在第一位，然后是努力降低顾客的购买成本，还要充分注意到顾客购买过程中的便利性，而不是从企业的角度来决定销售渠道策略，最后应以消费者为中心进行有效的营销沟通。

具体而言，消费者主要指顾客的需求，企业必须首先了解和研究消费者，根据消费者的需求提供产品。同时，企业不能仅提供产品和服务，更重要的是由此产生的客户价值（customer value）。成本不单是指企业的生产成本，或者 4P 中的价格，它还包括顾客的购买成本，同时也意味着产品定价的理想情况，即既低于顾客的心理价格，又能够让企业有所盈利。便利指为顾客提供最大的购物和使用便利。4C 营销组合理论强调企业在制定分销策略时，要更多地考虑顾客的方便，而不是企业自己的方便。要通过好的售前、售中和售后服务让顾客享受到便利购物，便利是客户价值相当重要的一部分。沟通则对应 4P 中的促销。4C 营销组合理论认为，企业应同顾客进行积极有效的双向沟通，建立基于共同利益的新型企业-顾客关系。不再是企业单向地促销和劝导顾客，而是在互动沟通中找到能同时实现双方目标的通途。

4C 营销组合理论是 4P 理论的转化和发展，它以顾客为导向，是一种由外而内的拉动型营销模式。从关注顾客真正需求的角度讲，4C 理论比传统的 4P 理论有更大进步，但是该理论被动适应顾客需求的色彩较浓，因此不可避免地存在一些缺陷：该理论由于考虑顾客这一外部不可控因素，在实践操作性上较 4P 理论弱。在企业价值最大化的经营目标指导下，企业不可能满足顾客的所有要求，过分以顾客为导向使企业的营销活动显得被动，失去了营销的主观能动性，而实际上企业是可以驱动市场的。同时，该理论未考虑竞争对手的营销策略及反应，容易被模仿。故企业需要从更高层次、以更有效的方式在企业与顾客之间建立起有别于传统的新型关系。

三、基于利益共同体视角的 4R 理论

随着经济的发展，共同体（企业和客户）之间注重彼此利益双赢的思想开始出现。在这种思想指导下，美国学者唐·舒尔茨（Don E. Schultz）提出了旨在与利益相关者建立长久关系的 4R 营销组合理论，即包含关联（relevance）、反应（reaction）、关系（relation）和回报（reward）四个要素的营销组合模型。

4R 营销组合理论认为，企业与顾客是经济利益相关的命运共同体，建立、保持并发展与顾客之间的长期关系是企业经营的核心理念和重要内容。因此，对于经营者来说，最重要的是站在顾客的角度及时地倾听顾客的诉求并尽快答复，迅速做出反应以满足顾客的需求。与此同时，任何一个企业都不可能独自提供运营过程中所必需的全部资源，因此企业必须与利益相关者建立合作伙伴关系，形成一张以企业为中心、由利益相关者组成的交易网络（企业经营过程中物质资本和人力资本以外的另一种不可或缺的资本——社会资本）。只有充分利用交易网络，挖掘企业组织间及相连组织间网络的生产潜力，结合各自的核心竞争力进行分工与合作，共同开发产品、开拓市场、分担风险、培育独特的竞争优势，并将合理的回报作为交易与合作双方正确处理营销活动中各种矛盾的出发点，才能实现市场营销的真正价值，获得短期或长期收入和利润的能力。

与 4C 理论相比，4R 理论从更长远的角度来看待企业与顾客之间的交易行为，不仅强调同顾客建立长久持续的关系，实现顾客终身价值最大化，而且注重利益相关者之间的关系，强调企业同顾客、供应商、中间商、竞争者、政府、员工之间的关系，把传统营销单向、单赢的交易关系转变为交互的、多赢的营销关系。4R 理论的不足之处是实际操作性较差，主要有两方面原因：一是引入了更多的不可控变量；二是缺乏实施工具，企业在实际应用中可能会感到无从下手。

延伸阅读 5－1　新 4C 法则

实际上，4P、4C、4R 并不矛盾，这三个理论对应企业在实施营销组合策略时的具体战术、指导思想、战略方向三个不同的层次。4P 是营销的战术和手段，为企业的营销活动指明方向；4C 属于营销理念和标准，强调顾客的需求以及双向互动沟通的重要性；4R 是企业战略思想，认为企业要从更高层次上、以更有效的方式与顾客建立起新型的主动关系。而且，4C、4R 所提出的思想和营销理念最终要通过 4P 的策略和手段来实现。

延伸阅读 5－2　回归“利他”根本：“商品线”与“人际线”融合

第2节 网络营销产品管理

一、网络营销产品概述

（一）网络营销产品的概念

1. 传统营销方式下的产品概念

从现代营销学观点来看，市场营销过程是一个发现顾客需求，并满足顾客需求的过程。一般而言，顾客的需求主要包括物质需求和精神需求两个方面。相应地，产品的含义也十分丰富，不仅仅包含产品本身。作为一个整体，产品的含义有三层：核心产品、形式产品和附加产品。核心产品主要指产品能提供给顾客的最核心的使用价值；形式产品指的是产品的外观式样、包装、商标、质量等；附加产品指的是产品的安装、送货、信贷、保证等服务。

2. 网络营销方式下产品的整体概念

网络营销与传统的市场营销之间存在差异：从事网络营销的企业，主要通过基于互联网的虚拟市场进行营销活动。与传统营销方式下的市场相比，在网络虚拟市场中，企业与顾客之间的互动性大大增强，顾客的多样化与个性化需求可以得到更好的满足。因此，传统营销环境下的产品对应网络营销中的顾客需求与欲望。为体现网络营销环境下顾客在产品营销运作上的作用，网络产品的层次在保留传统市场营销产品整体概念中已有的三个层次（核心产品、形式产品、附加产品）的前提下，扩展出期望产品与潜在产品两个层次。

（1）核心产品。其含义与传统产品整体概念中的核心产品的意义相同，是指产品或服务所能提供给顾客的最基本的效用。例如，顾客购买空调是为了调节室内温度，购买游戏软件是为了娱乐，等等。网络营销的突出特点是互动性。通过网络能充分地了解顾客的需求，更好地为顾客服务是网络营销的一大优势。因此，从事网络营销的企业在进行新产品的开发与设计时要以顾客为中心，使企业产品提供的基本效用符合顾客的需求。

（2）形式产品。其含义与传统产品整体概念中的形式产品的意义相同，包括品牌、包装、质量、外观式样等。一方面，形式产品是核心产品的物质载体；另一方面，产品的基本效用通过形式产品的物质形态反映与体现出来。

（3）附加产品。其含义与传统产品整体概念中的附加产品的意义相同，是指顾客在购买产品时，从产品的生产者或经营者那里得到的附加服务，主要作用是协助顾客更充分、更好地享受核心产品带来的基本效用。在网络营销中，附加产品层次包括售后服务、送货、质量保证、信贷等。

（4）期望产品。期望产品是网络营销产品的整体概念中特有的层次。随着顾客需求的多样化与个性化发展，网络营销增强了企业与顾客的互动。与传统的营销方式相比，网络营销能更好地满足顾客的个性化与多样化需求。期望产品是指顾客在购买前对产品的质量、特点、使用方便程度等方面的期望值。期望产品对企业开发与设计核心产品和形式产品有指导作用。比如，作为开展网络营销的制造企业，为快速响应顾客提出的期望产品，要提高自身在设计、生产等环节的灵活性，并积极引导顾客在上述环节中提高参与程度。

（5）潜在产品。潜在产品也是网络营销产品的整体概念所特有的层次，位于附加产品之外，是指企业向顾客提供的能满足其潜在需求的产品。与附加产品不同，潜在产品对于顾客更好地使用核心产品而言并不是必不可少的，它属于一种增值服务。

（二）网络营销产品的特性

网络营销与传统营销最明显的区别是：信息流以电子数字信息的传播为主，拥有一个全球的互联网通道。因此，开展网络营销就要经营适合以电子数据方式销售并适合利用互联网传递的商品。一般而言，目前适合在互联网上销售的产品通常具有以下特性。

1. 产品性质

因为网络用户在接触网络初期对互联网技术有一定要求，用户上网大多与了解网络技术相关，所以网上销售的产品最好是与计算机、电子通信技术或网络有关的产品。一些信息类产品如图书、音乐等也比较适合网上销售。还有一些无形产品也可以借助网络实现远程销售，如远程医疗。

2. 产品质量

网络的虚拟性使得顾客可以突破时间和空间的限制，实现远程购物和在网上直接订购，但网络购买者只能在购买后使用产品或验证产品质量。

3. 产品式样

通过互联网对全世界的国家和地区进行营销的产品要符合该国家或地区的风俗习惯、宗教信仰和教育水平。同时，网络营销产品的式样应尽可能满足网上购买者的个性化需求。

4. 产品品牌

在网络营销中，品牌对生产商与经营商同样重要。一方面，要在浩如烟海的网络信息中获得浏览者的注意，商品必须拥有明确、醒目的特征；另一方面，网上购买者有很多选择，同时网上的销售无法进行购物体验，因此，购买者对品牌比较关注。

5. 产品包装

作为通过互联网经营的针对全球市场的产品，其包装只有满足网络营销的要求，才能在不同国家和地区配送。

6. 目标市场

对目标市场需要覆盖较大地理范围的产品来说，网络的虚拟性使顾客可以突破时间和空间的限制，实现远程购物和网上直接订购，网络购买者在购买前可通过网络全方位了解产品。如果产品的目标市场比较狭窄，可以采用传统的营销策略。

7. 产品价格

一方面，互联网作为信息传递工具，在初期是采用共享和免费策略广泛推广开来的，网上用户比较认同网上产品的低廉特性；另一方面，通过互联网进行销售可省去中间环节的费用，成本普遍低于其他渠道的产品，因此，在网上销售的产品一般采用低价位定价。

上述网络营销产品的特性其实是由网络和现实条件的限制造成的，这使得只有部分产品适合在网上销售。随着网络技术的发展和科学技术的进步，将有越来越多的产品适合在网上销售。

（三）网络营销产品的分类

在网上销售的产品，按照其形态可以分为两大类：有形产品和无形产品。

1. 有形产品

有形产品是指具有具体物理形状的物质产品。与传统的销售不同，通过网络销售有形产品，没有顾客和销售人员的直接接触，网络是顾客了解产品与订购产品的媒介。顾客可以浏览企业的网页，了解感兴趣的相关产品信息，在网上直接下单；交易达成后，企业要按照顾客的要求将产品送达顾客，同时顾客不可能立即得到产品，必须等待一定的时间。顾客等待时间的长短取决于企业的配送能力。

2. 无形产品

无形产品是相对于有形产品而言的，一般不具备具体的产品形态，有时会通过某些介质反映出某种形态，如向航空公司购买的电子客票。通过网络销售的无形产品有两种：数字类产品和服务类产品。数字类产品主要是指计算机软件、电子图书等数字产品，可以通过网络直接传输，不需要通过中间物流配送就可以完成。服务类产品按照服务产品的性质可以划分为一般服务产品和信息服务产品。一般服务产品是指一些传统的服务，如医疗服务（远程门诊、挂号预订），旅行服务，音乐会、体育比赛等的门票预订，远程教育等；信息服务产品是指专门提供有关信息，进行咨询的服务，如股市行情分析、金融信息、电子新闻等。

二、网络营销产品组合策略

（一）产品组合的概念

网络产品是一个复合的、多维的、整体的概念，企业要根据市场需求和自身能力条件，确定网络经营的规模和范围。企业利用网络向目标市场提供的所有产品、服务或业务的组合搭配就是网络产品组合。与传统市场营销学一样，产品组合通常由产品线和产品项目构成，即将若干产品线中的若干产品项目按照一定比例进行搭配。

产品线是指产品组合中所有产品根据某一分类标准划分成的产品大类。产品组合的分类标准包括产品功能相似、消费具有连带性、供给相同的顾客群、有相像的分销渠道、属于同一价格范围等。产品项目是指每一产品大类中所包括的每一种产品，即产品组合中不同品种、档次、质量、价格或其他属性的特定产品。

在网络营销活动中，为广泛地满足顾客的需要，同时扩大销售，降低风险，往往要销售多种产品，这就意味着企业提供给目标市场的产品一般不是单一的，而是若干产品、品牌、包装、服务等构成的产品组合。企业要想在竞争中脱颖而出，不但要在产品的品牌、包装、服务和配送等方面做出决策，而且要从整体上对产品组合、产品线和产品项目做出决策。

（二）产品组合的决策维度

借助网络的大数据营销等独特性，网络营销可以做到“零库存”“先销售、后生产”“虚拟店铺”，企业可以柔性地从产品组合的广度、深度和关联度等方面对产品组合进行调整。

1. 产品组合的广度

产品组合的广度也称宽度，主要反映企业网络营销活动中所涉及的产品或业务面的宽窄问题，是指企业内有多少条不同的生产线，多则为宽，少则为窄。

2. 产品组合的深度

产品组合的深度反映企业在网络营销活动中经营的产品项目内容的多少，是指每条产品线上平均拥有的产品品种数，或每条产品线内不同规格的产品项目的数量，多则为长，少则为短。从实际情况来看，产品组合的深度指的是网络顾客在网页上能够看到的产品品种数、不同规格的产品项目的数量。

3. 产品组合的关联度

产品组合的关联度是指各条产品线在生产条件、分销渠道、最终用途等方面相互关联的程度。

选择和评价产品组合的依据是：有利于促进销售和增加企业的总利润。要基于上述三个维度，根据企业的综合实力以及经营战略，选择适合企业发展的网络产品组合决策。需要考虑的因素有：企业的生产条件，即资金占用情况、技术水平、设备状况、原材料供应情况等；市场需求量和市场需求的增长量；市场竞争状况等。

一般来说，自主经营网站的企业更加偏重传统的产品组合决策，而诸如淘宝、京东商城、当当网等类似零售网站类型的企业，在选择产品组合时更关注对产品组合深度、广度的控制。一般而言，要选择知名度高、信誉好的品牌，以使各产品线更加适应不断变化的顾客需求，吸引顾客，扩大销售量。

（三）产品组合策略

企业在调整自己的产品组合时，根据情况的不同，可选择以下三种策略。

1. 产品组合扩充策略

产品组合扩充策略主要包括增加网络产品组合的宽度或深度，从而延长产品组合的长度等策略。首先，增加产品组合宽度是指在原有的产品组合中增加一条或几条产品线，扩大企业网络营销产品的范围。增加产品组合宽度有助于扩大企业网络营销的范围，充分发挥企业各项资源的潜力，提高效益，降低风险。其次，增加产品组合的深度是指在原有的产品线内增加新的产品项目，它可以充实产品的丰满程度，从而迎合网络顾客的不同需要和偏好，以吸引更多的顾客，占领同类产品的更多细分市场。如淘宝 C2C 个人网上交易平台和 B2C 平台型电子商务服务商的商品项目从汽车、电脑、数码产品到服饰、家居用品、食品等，分类齐全，而且设置了网络游戏装备交易区、虚拟货币交易区等，创造了网络销售量的奇迹。

2. 产品组合缩减策略

产品组合缩减策略是指将获利很少甚至没有利润的产品大类或产品项目从产品组合中剔除。该策略能够使企业将各项资源、原材料等合理应用于获利较多或有潜力的产品大类和产品项目上。如旅游公司，在其产品经过评价之后，某些获利少、耗费大的旅游线路会被取消，这表现为网站产品介绍中产品的项目有所减少。

3. 产品线延伸策略

产品线延伸策略是指突破企业网络营销原有经营的范围，扩大产品线的策略，它是实现产品组合扩充策略的重要途径。企业经营战略不同，产品线延伸策略选择也不同，主要包括向上延伸、向下延伸及双向延伸三种策略。

（1）向上延伸策略。向上延伸策略是指企业从只经营低档产品逐步增加到经营中档、高档产品。向上延伸可提高企业及现有产品的声望。顾客购买产品，一方面取得了产品的所有权及其附加的当期收益，另一方面获得了各种远期收益。但是采取向上延伸策略具有一定风险，例如，可能引起生产高档产品的竞争者反攻，进入低档产品市场带来竞争；未来的顾客可能不相信企业能生产高档产品；企业的销售代理商和经销商可能没有能力经营高档产品导致产品难以推广。

（2）向下延伸策略。与向上延伸策略相反，向下延伸策略是指经营或生产高档产品的企业逐步增加较低档次的产品。如果企业生产经营的高档产品不能提高销售增长速度，而且企业具备生产经营低档产品的条件，就可以增加一些较低档的产品。向下延伸也可吸引受经济条件限制的顾客，扩大企业的市场规模。如总资产和年销售额都曾创造过世界第一的美国通用汽车公司（GM）的网站不仅销售新车，同时还提供旧车交易。想购买二手车者，可进入标有“经 GM 认可确保质量的二手车”字样的网页进行选择。另外，随着网上金融服务体系的逐步建立，网络银行的业务由传统的银行业务延伸到电信、税务、水电、交通等行业，为普通用户提供代收电话费、上网费、水电费、税费、交通罚款等代理业务。企业采取向下延伸策略时会遇到一些风险，如企业原来生产高档产品，后来增加低档产品，可能会使名牌产品的质量形象受到损害。对此，低档产品最好用新的商标。

（3）双向延伸策略。经营中档产品的企业逐渐向高档和低档两个方向延伸，称为双向延伸策略。双向延伸可使企业同时获得上述两种延伸所产生的效果。需要注意的是，对于开展网络营销的企业来说，产品包括要出售的货物、各种服务、各种商业过程以及配套的信息服务等多个层次，因此双向延伸不单单是增加传统意义上的高档或低档产品，而是要延伸产品的各个组成部分。例如，企业可以为不同产品的客户制订相应的服务方案，包括送货服务方式、安装和培训服务以及维修服务等，以增加服务的价值；可以为网络顾客提供一系列增值信息，如供应商的生产能力、产品前景预测、产品设计、保修、交易和送货条款等。通过多种形式的延伸策略，可以实现提高产品的附加值和市场占有率的目的。采取双向延伸策略，一方面可以同时具有以上两种延伸策略的优点：向上延伸不仅可以提升公司形象，而且可以促使消费者接纳新产品。另一方面，可能同时具有两种延伸策略所带来的风险：易造成品牌形象混淆；如果公司同时多方向发展，资源支持是一个难题。

由于网络市场的特殊性，企业网络产品线的延伸要适应市场的发展，就网络市场本身而言，产品线的延伸意味着网络市场定位的调整，需要权衡不同策略的优劣势。

4. 产品与服务的互动创新策略

基于移动互联网的网络营销，产品策略和服务策略已不再是单一的产品线向广度或深度扩展、增值或便利服务的拓展，而是更加立体化，将产品和服务进行融合，相互依托和彼此嵌入。根据产品/服务融合矩阵，提出八种产品与服务的互动创新策略（见图 5-1）。

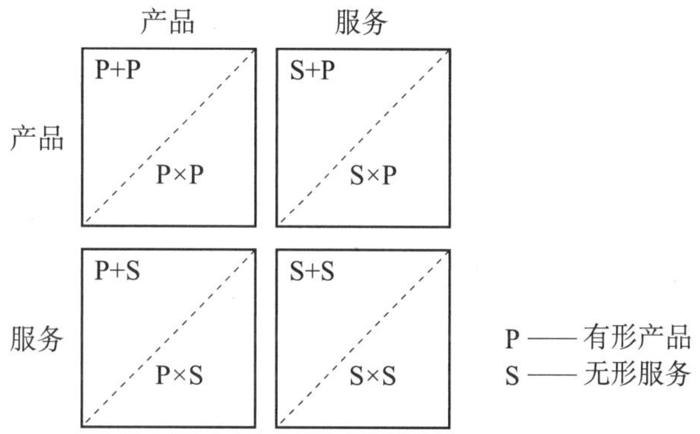

图 5-1　产品/服务融合矩阵

（1）P＋P 策略：产品组合策略。

产品是营销组合的一个关键因素。随着消费者偏好、技术和竞争模式的变化，现有产品往往无法满足企业生存和发展的需要。企业要不断开发新产品，延伸和扩展产品线，实现组合产品模式，即 P＋P 策略。

（2）P×P 策略：产品融合策略。

在产品融合策略中，新产品并不独立于旧产品，而是通过信息共享产生协同效应，互相依存、互相促进，增强用户黏性，不仅增强原有产品的市场吸引力，而且使产品开拓新的利润增长点，即 P×P 策略。

（3）P＋S 策略：产品附加服务策略。

制造型网络企业的首要目标是生产满足用户需求的产品。然而由于竞争日益激烈，产品同质化现象日益严重，制造业整体利润下降，企业开始打服务牌，开发产品附加服务的互动模式，即 P＋S 策略。

(4) P×S 策略：产品服务化策略。

优质的产品辅以优质的服务，可以使产品为消费者提供的价值倍增，使产品和服务相互融合，即 P×S 策略（产品服务化）。P×S 策略使企业的产品和服务实现产品生态圈的完整性，增强消费者黏性，提升消费者转移成本，在产品、服务的优化中提高客户忠诚度。

(5) S+P 策略：服务附加产品策略。

企业初期靠提供服务盈利，但在建立顾客忠诚后也利用服务平台进行产品的生产和销售，即 S+P 策略。百佳、屈臣氏等企业是代表，这些企业的核心业务是服务，主要为其他企业的产品提供销售平台，同时提供顾客所需的咨询、设计、送货、安装、售后等服务。

(6) S×P 策略：服务产品化策略。

与 S+P 策略相比，服务产品化策略并不是简单的服务附加产品，而是二者的进一步融合，即 S×P 策略（服务产品化）。IT 业的服务产品化现象比较典型，如谷歌开发的安卓操作系统，其开放性吸引了全球众多开发者在这个平台上开发应用程序，创造了一个能满足各类消费群体的服务体系。

(7) S+S 策略：服务组合策略。

服务组合模式作为一种最基本的服务延伸和拓展模式，包含了激进性的服务创新（引入新的服务种类），也包含了渐进性的服务创新（服务方式、内容和风格上的创新），即 S+S 策略。

(8) S×S 策略：服务融合策略。

服务融合策略使新增服务与原有服务进行结合，产生协同效应。新服务的产生使得原有服务在功能上、性质上发生重大变化，不但扩展了用户，而且拓宽了企业的战略发展空间，即 S×S 策略。

从发展趋势来看，适合网络营销的产品，不在于其形态、价格或送货方式，而主要依据两个方面：网上交易的难易程度和网络营销对该产品的附加价值。某些商品或服务由于其自身的特点（如交易过程复杂、成本高，消费者难以获得全面的信息，或产品信息不对称性问题较突出），适合运用传统的经营方式，如购房、购车、查询金融信息等；而有些商品和服务运用传统方式营销更为简单，若将它们搬到网上，就必须设法增加它们的附加价值，如提供更多的可选择品种、更低的价格、可靠的质量以及良好的信誉等。

思政专栏 5-1

以工匠精神促进高质量发展

工匠精神是一种严谨认真、精益求精、追求卓越、勇于创新的精神，是中国迈向全球价值链中高端、推动供给侧结构性改革的重要动力。

第一，工匠精神助力中国迈向全球价值链中高端，从制造大国转变为制造强国。在经济全球化背景下，全球价值链分工已经成为国际分工的重要形式。改革开放以来，我国工业品凭借产品价格优势等因素在全球制造业市场上的占比逐渐递增，积极融入全球价值链分工。然而，与经济高速增长形成对照的是，我国产品的质量水平整体上还不高，在全球价值链分工体系下，仍处于全球价值链的中低端。产生这一现象的原因较多，其中，工匠精神培育、弘扬不够是一个重要原因。首先，我国一些制造业偏好多元化投资，往往不能专注于一项产品的研发和生产。在全球价值链前端的国家，多注重单一的高质量产品的创新与拓展。其次，国内一些制造业以采购设备等投资方式为主，对工匠精神为核心的人员技术和素质的培训投入不多。这些因素交织在一起，就一定程度上限制了我国企业技术和产品质量的发展。在新时代大力弘扬工匠精神，就能够以精益求精、追求卓越的品质引领高端制造和现代服务业的发展，引领企业精致化生产和精细化管理，进而推动我国产业在全球价值链分工中迈向中高端，助力我国从制造大国转变为制造强国。

第二，工匠精神是改善当前一些产品供给端与需求端不相匹配的有效途径。新时代我国社会的主要矛盾已转化为人民日益增长的美好生活需要和不平衡不充分的发展之间的矛盾。随着经济的发展，人们的生活水平在不断提高，追求高质量生活已成为一种新趋势。近年来国人喜欢代购或纷纷到海外购买高端品牌和高质量产品的现象，就从一个侧面反映了国内高质量产品需求旺盛，但供给不足，导致一部分购买力向海外转移的问题。工匠精神作为一种工作态度、一种精神力量、一种管理方式，有助于企业根据不断升级的消费需求精心打磨产品，塑造产品的专业品位和专业价值，在推动企业转型升级、提升产品质量、打造知名品牌等方面发挥重要作用，能够有效提高中高端产品供给，满足国内对高质量产品的需求。

第三，工匠精神能够推动供给侧结构性改革的深化，促进我国高质量发展。我国经济已由高速增长阶段转向高质量发展阶段，正处在转变发展方式、优化经济结构、转换增长动力的攻关期，技术创新对经济增长的作用日益显著。工匠精神中蕴含着创造力，即在技术传承的基础上不断进行创新和进步，是“干中学”的精神体现。对于基层技术人员和产业工人，工匠精神能够帮助他们在实践中进行技术再创新；对于企业家和发明家，工匠精神所体现的不断追求、永不满足的创新精神能够持续催生新的技术和新的产品，直接推动技术升级、质量升级，进而激活创新驱动，促进高质量发展。

资料来源：刘金金，杨丽艳．以工匠精神促进高质量发展．（2020－04－29）．http://jspopss.jschina.com.cn/shekedongtai/xueshudongtai/202004/t20200429_6624382.shtml.

第3节 网络营销定价管理

一、网络营销定价概述

（一）网络营销定价内涵

1. 网络时代消费者地位得以提升

在工业经济时代，需求方特别是消费者，由于信息不对称，加上空间和时间的限制，从属于供应方来满足需求，处于被动地位和议价的劣势方。互联网的出现使得买方收集信息的渠道拓宽、能力提升、成本降低。网络技术进步使得市场资源配置朝着最优方向发展。

2. 网络营销产品定价目标

企业的定价目标一般有生存定价、获取当前最高利润定价、获取当前最高收入定价、销售额增长最大化定价、最大化市场占有率定价和最优产品质量定价。企业的定价目标一般与企业的战略目标、市场定位和产品特性相关。供求双方制定和接受价格的因素各不相同：企业（供给方）不仅要将产品的生产成本等局部因素作为制定销售价格的参考因素，还要综合考量市场整体情况，即需求方的需求强弱、价值接受程度以及来自替代性产品（同类或非同类）的竞争压力。顾客（需求方）接受价格的依据则是商品的使用价值和稀缺程度，以及可替代品的机会成本。

在网络营销中，市场尚属于起步阶段，企业进入网络营销市场的首要目标是占领市场求得生存和发展机会，其次才是追求利润。当前网络营销产品为在迅猛发展的网络虚拟市场中寻求立足机会，一般采用低定价策略甚至免费定价策略。网络市场分为消费者大众市场和工业组织市场。消费者大众市场即网民市场，属于成长市场，企业一般采用相对低价的定价策略来占领市场。对于工业组织市场，购买者一般是组织机构，购买行为比较理智，企业可以采用双赢的定价策略，即通过互联网技术来降低组织之间的供应和采购成本，并共同享受成本降低带来的价值增值。

（二）网络营销定价基础

伴随企业发展带来的规模经济，企业产品的生产成本总体呈加速下降趋势。在网络营销战略中，企业一般从两个方面分析网络营销对企业成本的控制和节约：一是降低营销及相关业务的管理成本费用；二是降低销售成本费用。接下来全面分析互联网应用为企业各业务带来的成本及费用节约。

1. 降低采购成本

人为因素和信息不对称的存在导致采购过程经常出现问题，利用互联网可以最大限度减少人为因素和信息不畅通的问题，最大限度降低采购成本。

首先，利用互联网可以将采购信息进行整合和处理，统一向供应商订货，获得最大的批量折扣。其次，通过互联网实现库存、订购管理的自动化和科学化，可最大限度减少人为因素的干预，实现高效率采购，节省大量人力，避免人为因素造成的不必要损失。最后，通过互联网可以与供应商进行信息共享，帮助供应商按照企业生产的需要进行供应，既不影响生产又不增加库存。

2. 降低库存成本

利用互联网将生产信息、库存信息和采购系统连接在一起，可以实现实时订购。企业可以根据需要订购，最大限度降低库存，实现零库存管理。一方面减少资金占用和仓储成本，另一方面避免价格波动对产品的影响。正确管理存货能为客户提供更好的服务，并为公司降低经营成本，加快库存核查频率可减少与存货相关的利息支出和储存成本。减少库存量意味着现有的加工能力能更有效地得到利用，更高效率地生产可以减少或消除企业的额外投资。

3. 控制生产成本

利用互联网不仅可以实现远程虚拟生产，在全球范围寻求最适宜的生产厂家，而且可以大大缩短生产周期，提高生产效率，从而节省大量生产成本。利用互联网与供货商和客户建立联系，公司可以大幅缩短用于收发订单、发票和运输通知单的时间。比如，部门通过增值网（VAN）共享产品规格和图纸，以提高产品设计和开发的速度。互联网的发展和应用扩大了企业电子联系的范围，有利于不同研究小组和公司进行项目合作，进一步缩短产品的生产时间。

（三）网络营销定价特点

1. 全球性

网络营销市场面对的是开放的和全球化的市场，用户可以在世界各地直接通过网站购买，无论网站属于哪个国家或者地区。过去受地理位置限制的局部市场现在再也不用受空间制约，可拓展到广泛的全球性市场，这使得进行网络营销产品定价时必须考虑目标市场范围的变化带来的影响。

如果产品的来源地和销售目的地与传统市场渠道类似，可以采用原来的定价方法。如果产品的来源地和销售目的地与原来传统市场渠道差距非常大，定价时就必须考虑地理位置差异带来的影响。如亚马逊的网上商店的产品来自美国，购买者是美国的消费者，则产品定价可以按照原定价方法进行折扣定价，定价也比较简单。如果购买者是美国以外的消费者，那采用针对美国本土的定价方法就很难面对全球化的市场，进而影响网络市场全球化作用的发挥。为解决这些问题，可因地制宜，在不同国家的市场建立地区性网站，以适应消费者需求的变化。

企业面对的是地域差异性极大的全球性网上市场，不能以统一市场策略笼统应对，必须遵循全球化和本地化相结合的原则。

2. 顾客主导定价

所谓顾客主导定价，是指为满足需求，顾客通过充分的市场信息来选择购买或者定制生产自己满意的产品或服务，同时以最小代价（产品价格、购买费用等）获得这些产品或服务。即追求顾客的价值最大化，顾客以最小成本获得最大收益。

顾客主导定价的策略主要有顾客定制生产定价和拍卖市场定价。根据调查分析，与企业主导定价相比，顾客主导定价的产品获利能力并不低。根据国外拍卖网站 eBay. com 的分析统计，在网上拍卖定价产品，只有 20%的产品的拍卖价格低于卖者的预期价格，50%的产品的拍卖价格略高于卖者的预期价格，剩下 30%的产品的拍卖价格与卖者预期价格相吻合，在所有拍卖成交产品中有 95%的产品成交价格令卖主比较满意。因此，顾客主导定价是一种双赢的发展策略，既能更好地满足顾客的需求，又能使企业的收益不受影响，而且企业可以对目标市场了解得更充分，其经营生产和产品开发可以更加符合市场竞争的需要。

二、网络营销定价策略

（一）低价定价策略

借助互联网进行销售，比传统销售渠道的费用低廉，因此网上的销售价格一般来说比流行的市场价格要低。因为网上的信息是公开和易于搜索比较的，所以网上的价格信息对消费者的购买起着重要作用。调查研究显示，消费者选择网上购物，一方面是因为网上购物比较方便，另一方面是因为从网上可以获取更多的产品信息，从而以最优惠的价格购买商品。

直接低价定价策略在定价时大多采用成本加一定利润，有的甚至是零利润，因此这种定价在公开价格时就比同类产品要低。它一般是制造业企业在网上进行直销时采用的定价方式，如戴尔电脑的定价比同性能的其他公司的产品低 10%～15%。通过互联网采用低价策略，企业可以节省大量的成本费用。

另外一种低价定价策略是折扣策略，它是在原价基础上进行折扣来定价。这种定价方式可以让顾客直接了解产品的降价幅度以促进顾客的购买。这类价格策略主要用在一些网上商店，它一般按照市面上的流行价格进行折扣定价。如亚马逊的图书价格一般都有折扣，有时折扣价格低至 3～5 折。

如果企业要拓展网上市场，但产品价格又不具有竞争优势，则可以采用网上促销定价策略。因为网上的消费者人群很广泛而且具有很强的购买能力，所以许多企业为打开网上销售局面和推广新产品，会采用临时促销定价策略。促销定价除了前面提到的折扣策略，比较常用的还有有奖销售和附带赠品销售。

采用低价定价策略时要注意：首先，由于互联网是从免费共享资源发展而来的，用户一般认为网上商品比从一般渠道购买要便宜，因此在网上不宜销售那些顾客对价格敏感而企业又难以降价的产品；其次，在网上公布价格时要注意区分消费对象，对一般消费者、零售商、批发商、合作伙伴，分别提供不同的价格信息发布渠道，否则可能因低价策略混乱导致营销渠道混乱；最后，在网上发布价格时要注意比较同类站点公布的价格，否则价格信息公布将起到反作用，因为消费者可以通过搜索功能很容易地在网上找到更便宜的商品。

延伸阅读 5-3　亚马逊在至暗时刻坚定选择不涨价

（二）定制生产定价策略

1. 定制生产内涵

作为个性化服务的重要组成部分，按照顾客需求进行定制生产是网络时代满足顾客个性化需求的基本形式。定制化生产根据顾客对象可以分为面对工业组织市场的定制生产和面对消费者的定制生产两类。

（1）面对工业组织市场的定制生产。它属于供应商与订货商的协作问题，如波音公司在设计和生产新型飞机时，要求其供应商按照其飞机总体设计标准和成本要求来组织生产。这类生产主要通过产业价值链，由下游企业向上游企业提出需求和成本控制要求，上游企业通过与下游企业进行协作设计、开发并生产来满足下游企业需要的产品。

（2）面对消费者的定制生产。消费者的个性化需求差异性大，需求量又少，因此企业实行定制生产时必须在管理、供应、生产和配送各个环节适应这种小批量、多式样、多规格和多品种的生产和销售变化。为适应这种变化，企业在管理上采用企业资源计划（enterprise resource planning，ERP）系统来实现自动化、数字化管理，在生产上采用计算机集成制造系统（computer integrated manufacturing system，CIMS），在供应和配送上采用供应链管理（supply chain management，SCM）。

2. 定制定价策略

定制定价策略是指在企业能实行定制生产的基础上，利用网络技术和辅助设计软件，帮助消费者选择配置或者自行设计能满足自己需求的个性化产品，同时支付愿意付出的价格成本。戴尔公司的用户可以通过其网页了解产品的基本配置和基本功能，根据实际需要，在能承担的价格范围内，配置出自己最满意的产品。在网页上配置计算机的同时，消费者也相应地选择了自己认为价格合适的产品，因此对产品价格有比较透明的认识，这增加了企业对消费者的信用。目前这种允许消费者定制定价订货的尝试还处于起步阶段，消费者只能在有限的范围内挑选，还不能完全要求企业满足自己所有的个性化需求。

（三）使用定价策略

在传统交易关系中，产品买卖是完全产权式的，顾客购买产品后即拥有对产品的完全产权。但随着经济的发展以及人民生活水平的提高，人们对产品的需求增加，但是产品的使用周期变短，许多产品购买后使用几次就被闲置，造成极大浪费，同时制约其他顾客对这些产品的需求。为改变这种情况，可以在网上采用类似租赁的按使用次数定价的方式。

所谓按使用次数定价，就是顾客通过互联网注册后可以直接使用某公司的产品，顾客只需要根据使用次数进行付费，而不需要将产品全价购买下来。这一方面减少了企业为完全出售产品而进行的不必要的大量的生产和包装浪费，另一方面还可以吸引过去那些有顾虑的顾客使用产品，扩大市场份额。顾客每次只是根据使用次数付款，减少了购买产品、安装产品、处置产品的麻烦，节省了不必要的开销。

采用按使用次数定价，一般要考虑产品是否适合通过互联网传输，是否可以实现远程调用。目前，比较适合这种定价方法的产品有软件、音乐、电影等。对于软件，如我国用友软件公司推出的网络财务软件，用户在网上注册后在网上直接处理账务，而无须购买软件和担心软件的升级、维护等棘手的事情；对于音乐产品，用户也可以在网上下载或使用专用软件点播；对于电影产品，用户可以通过现在的视频点播系统实现远程点播，无须购买影带。另外，采用按使用次数定价的策略对网络带宽提出了更高的要求，因为许多信息都要通过互联网进行传输，带宽不足将影响数据传输，进而影响用户的租赁、使用和观看。

（四）拍卖竞价策略

经济学认为要在市场上形成最合理的价格，拍卖竞价是最佳方式。网上拍卖由消费者通过互联网轮流公开竞价，在规定时间内价高者中标。目前国外比较有名的拍卖站点是 www. ebay. com，它允许商品公开在网上拍卖，拍卖竞价者只需在网上登记即可，拍卖方需将拍卖品的相关信息提交给 eBay 公司，经审查合格后即可上网拍卖。

根据供需关系，网上拍卖竞价方式有如下几种。

（1）竞价拍卖：最大量的是 C2C 交易，包括二手货、收藏品，也可以是普通商品。例如，惠普将公司的一些库存积压产品放到网上拍卖。

（2）竞价拍买：竞价拍卖的反向过程，消费者提出一个价格范围，求购某一商品，由商家出价，出价可以是公开的或隐蔽的，消费者将与出价最低或最接近的商家成交。

（3）集体议价：在互联网出现以前，这种方式在国外主要是指多个零售商联合起来形成购买规模，向批发商（或生产商）换取价格优惠的方式。互联网的出现使得普通消费者能使用这种方式购买商品。集合竞价模式是一种由消费者集体议价的交易方式，它在目前的国内网络竞价市场中是一种全新的交易方式。提出这一模式的是美国著名的 Priceline 公司。在国内，雅宝率先将这一模式引入了自己的网站。

就价格而言，理论上有两种价格模式：浮动价格模式和固定价格模式。浮动价格模式包括竞价拍卖、竞价拍买和集体议价等竞价模式；固定价格模式包括供方定价直销、需方定价求购等定价模式。

在拍卖交易关系中，根据交易双方的关系，可以将交易关系形式化为交易模式 X∶Y。在交易模式中，X∶Y 的含义为达成交易时供需者数量的对比。根据数量对比关系，有以下四种模式。

（1）1∶1（1 对 1）的交易模式：大部分的个人交易（C2C）、企业以拍卖方式出售商品、传统拍卖企业对单个购买者的拍卖交易均为这一模式。

（2）1∶n（1 对多）的交易模式：多数企业对个人的交易（B2C）是这种模式。这一模式中价格的形成，既有供方主导的正向定价法，也有通过集体议价由需方主导的逆向定价法。

（3）m∶1（多对 1）的交易模式：当任何一个供应方无法满足需求方批量要求时，将由多个商家提供商品或服务，这将导致 m∶1 的交易模式的使用。

（4）m∶n（多对多）的交易模式：当集体议价模式盛行，同时参与集体议价的需方数量超过了单一供应方的供给能力时，m∶n 交易模式将会出现。

上面一些拍卖竞价方式是最市场化的方法，随着互联网市场的拓展，将有越来越多的产品通过互联网拍卖竞价。目前拍卖竞价针对的购买群体主要是消费者市场，个体消费者是目前拍卖市场的主体。采用拍卖竞价并不是企业首选的定价方法，因为拍卖竞价可能会破坏企业原有的营销渠道和价格策略。企业的库存积压产品或新产品比较适合采用网上拍卖竞价，通过拍卖展示起到促销效果，吸引消费者的关注。

（五）个性化定价策略

个性化定价的内在基础是价格歧视。价格歧视的首要条件是存在不同价格弹性的细分市场。一个细分市场是整个目标市场中的一个分支或部分，具有独特的需求或成本特征。如商务旅行者一般是公费买票，且受时间限制对航班要求较严格，受机票价格弹性影响较小；度假旅行者一般是自己付费，对航班时刻要求比较灵活，有充裕的时间比较各航班的机票价格，对机票价格比较敏感。

厂商细分市场的常用方法包括：（1）身份。如航空公司对教师和学生给予折扣。（2）性别。如一些娱乐场所根据顾客的性别实施差别化定价。（3）年龄。如学生和老年人的时间机会成本较低，价格敏感性较高，许多交通工具对学生和老年人实行优惠价格。（4）地点。如国际市场上非常流行根据购买地点制定不同价格的方法。比如美国联合包裹运送服务公司（UPS）会对发往边远地区或者难以抵达的地区的货物收取延伸区域费。（5）时间。如宾馆的电力“高峰-低谷定价”。（6）用户。如电信公司将用户分成办公电话和家庭电话；电力公司将用户分成工业用户和商业用户；学术期刊将用户分成学术单位和个人用户。（7）购买量。在服务消费中，一种常用的促销手段是消费积点，根据积点返利。

上面几种定价策略是企业在利用网络营销拓展市场时可以考虑的比较有效的策略，但并不是所有的产品和服务都可以采用上述定价策略，企业应根据产品的特性和网上市场发展的状况来决定定价策略。不管采用何种策略，企业的定价策略都应与其他策略配合，以保证企业总体营销策略的实施。

第 4 节 网络营销渠道管理

一、网络营销渠道概述

（一）网络营销渠道的概念

营销渠道是指与提供产品或服务以满足使用或消费过程有关的一系列相互依存的机构，涉及信息沟通、资金转移和事物转移等。

网络营销渠道是借助互联网将产品从生产者转移到消费者的中间环节，不但要为消费者提供方便选择的产品信息，而且要帮助其完成支付等交易手续，其中支付和收货不一定要同时进行。

随着互联网的飞速发展，网络销售范围愈加广泛，网络渠道销售占整个销售额的比重逐渐增加，但由于消费者的购买习惯、地域局限性，以及相关产品对网络的适应性等诸多方面的限制，企业不可能以网络营销渠道全面取代传统市场营销渠道。对于某些企业来说，网络营销是其主要的销售方式，但对于另外一些企业，只有利用传统市场营销渠道才能扩大生产经营。这些以传统市场营销渠道为主的企业，可以适当利用互联网发挥网络营销渠道提高知名度、积极抢占市场的辅助作用。

（二）网络营销渠道的特点

1. 用途多元化

传统市场营销渠道仅是产品从生产向消费者转移的一个通道，作用单一。这种分销渠道的畅通，依赖于产品自身的品质以及广告的宣传和资金的流转情况。与传统的营销渠道仅可销售产品、提供服务相比，网络营销渠道的用途扩大，不仅可以发布信息，使消费者快速获取企业概况以及产品的种类、质量、价格等详细信息，快速付款以及查看物流情况，而且可以为企业间洽谈业务、开展商务活动提供场所，帮助客户实现技术培训和售后服务。

2. 结构简单化

在传统市场营销渠道中，中间商是重要的组成部分。根据中间商的有无，传统市场营销渠道可以分为直接渠道和间接渠道。中间商不仅能够在广泛提供产品和进入目标市场方面发挥极大效用，而且凭借其业务往来关系、经验、专业化和规模经营，通常能提供高于自营商店所能获取的利润，因而在传统营销渠道中占重要地位。然而互联网的发展和商业应用使得传统市场营销渠道的中间商凭借地域原因获取的优势被互联网的虚拟性取代，同时互联网高效率的信息交换改变了过去传统市场营销渠道的诸多环节，将错综复杂的迂回关系简化为单一直接关系。互联网的发展改变了营销渠道的结构。

网络营销渠道可以分为网络直接营销渠道和网络间接营销渠道，但结构更加简单。在直接营销渠道方面，传统和网络并无大的区别，都是零级营销渠道；而对于间接营销渠道而言，网络营销中只有一级营销渠道，即只有一个信息中间商（商务中心）来沟通买卖双方的信息，不存在多个批发商和零售商的情况，所以不存在多级营销渠道。

减少或消除中间环节，由迂回变为直接，是网络营销渠道的最大特点，利用好这一特点可以大大降低营销成本，提高营销效率，树立企业形象。

3. 交易成本节约化

网络营销渠道的结构比较简单，减少了流通环节，有效地降低了交易成本。

利用网络直接营销渠道，网络销售企业可以通过互联网受理来自全球的订单，然后直接将货物寄给购买者，而仅需支付企业雇用的管理员的工资与网络费用，取消了人员的差旅费和外地仓储费用。

另外，网络间接销售渠道的网络商品交易中心能够通过网络强大的信息传递功能，完全承担起信息中介机构、批发商、零售商的作用。这使得间接销售的层次降到了最低，从而使产品流通的费用降到最低。

4. 功能多元化

一个完善的网络营销渠道有三大功能：订货功能、结算功能和配送功能。

（1）订货功能。它一方面可以为消费者提供产品信息，另一方面可以方便企业获取消费者的需求信息，以达到供求平衡。一个完善的订货系统可以最大限度地降低库存，减少销售费用。

（2）结算功能。消费者购买产品时有多种付款方式，因此企业应有多种结算方式。目前流行的在线支付方式主要有电子信用卡、电子借记卡、电话、传真、邮件、电子现金、第三方交易、电子支票等。其中，第三方交易是指企业和消费者协商好之后，由一家联机财务公司从消费者的账户中取款，然后再到企业的账户上存款。例如，我国利用支付宝平台的结算方式就是一种第三方交易。电子借记卡主要是利用网上银行的支付功能，消费者与企业达成协议后，直接进行支付。而网下付款结算方式主要有邮局汇款、货到付款、银行转账等传统方式。

（3）配送功能。对于网络营销中的虚体产品，如软件、视频、音频等可以直接通过网络进行购买、下载，实现快速、直接的配送。对于实体产品的配送，则涉及运输和仓储问题。我国兴起的诸多物流企业，例如 EMS、顺丰速运、申通快递、圆通快递、宅急送等，都能够提供比较专业的物流配送服务，某些公司自营的物流子公司也是比较好的例证。良好的配送系统是支持网络销售业务的基本环节，同时能够促进电子商务整体的大发展、大繁荣。

我国目前的送货方式主要有两种：一是提供上门服务，主要依赖快递公司，货到付款；二是利用邮政系统进行邮寄。

（三）网络营销渠道（分销渠道）的类型

网络营销渠道分为网络直接营销渠道和网络间接营销渠道两大类。由于互联网的信息交互特点，网上直销市场得到快速发展。

1. 网络直接营销渠道

通过互联网实现的从生产者到消费（使用）者的网络直接营销渠道（简称网络直销），不再需要传统中间商来构成通达消费者的迂回渠道，而是需要为直接营销渠道提供服务的中介机构，如提供货物配送服务的专业配送企业、提供货款网上结算服务的网上银行、提供产品信息发布和网站建设服务的互联网服务提供商和电子商务服务提供商等。网络直接营销渠道的建立使生产者和最终消费者直接连接或沟通成为现实。

2. 网络间接营销渠道

通过融入互联网技术后的中间商触达消费者就是网络间接营销渠道。传统中间商融合了互联网技术后，大大提高了自身的交易效率、专门化程度和规模经济效益。同时，新兴的中间商也对传统中间商产生了冲击，如北京王府井为抵抗互联网对零售市场的侵蚀，开始上线互联网。

传统分销渠道与网络分销渠道分别如图 5－2 和图 5－3 所示。从图 5－2 和图 5－3 的对比可以看出，网络间接分销渠道与传统间接分销渠道有较大的区别，传统间接分销渠道可能有多个中间环节，如一级批发商、二级批发商、零售商，而网络间接分销渠道只需一个中间环节。

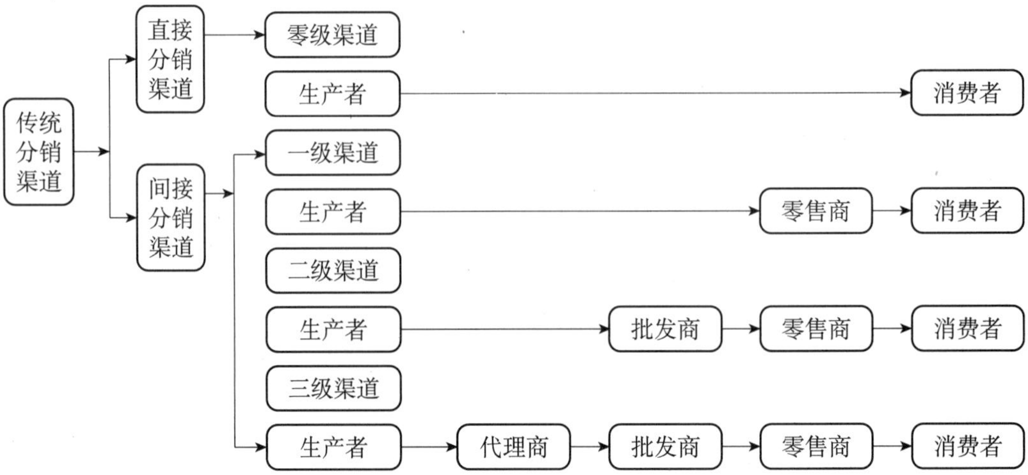

图 5－2　传统分销渠道

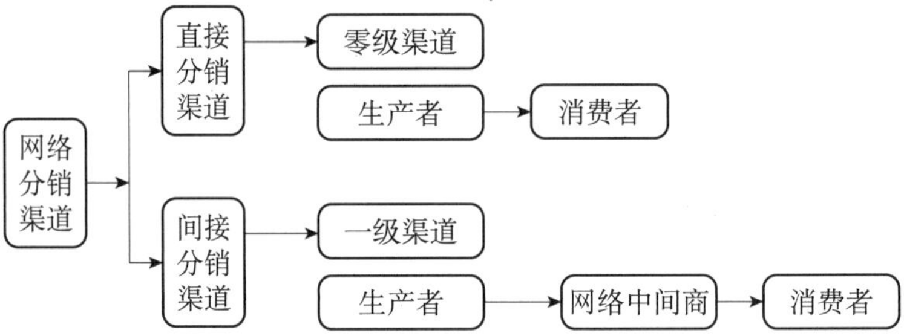

图 5－3　网络分销渠道

二、网络营销渠道策略

（一）网络直接营销

网络直接营销是指生产厂家借助联机网络、计算机通信和数字交互式媒体且不通过其他中间商，将网络技术的特点和直销的优势巧妙地结合起来进行商品销售，直接实现营销目标的一系列市场行为。

1. 网络直接营销适用条件

网络直接营销一般适用于大宗商品交易和产业市场的 B2B 交易模式，要求企业的实力比较雄厚，而且最好能进行柔性化生产，企业的业务流程必须是以顾客为导向的。企业可以提供“一对一”和“一对多”两种沟通方式，可以适应更大范围、更多品种的交易，同时完成交易的速度更快，费用更低。戴尔奉行的是面向顾客的个性化生产原则，其直接营销模式就是网络直接营销渠道的一个典型范例。

越来越多的调查表明，网络直接营销将成为未来主流的营销方式。由于网络直接营销合并了中间环节，并提供更为详细的商品信息，用户能更容易地比较商品特性及价格，从而在消费选择上居于主动地位，而且与众多销售商的联系更为便利。对于卖方而言，这种销售模式几乎不需要销售成本，而且能及时完成交易。因此，越来越多的企业开始建立自己的网站，直接面向消费者销售产品。

2. 网络直接营销的利弊

网络直接营销作为未来电子商务的一个发展方向，虽然现在成效没有预期的明显，但仍有广阔的发展空间，以下优势会得到越来越多的体现。

（1）产需直接见面。促成生产商与消费者双方直接见面，这是直接营销最根本的特点。利用互联网的交互性特点，网上营销渠道从过去单向信息沟通变成双向直接信息沟通，增强了生产者与消费者的直接联系。一方面，企业可以在互联网上直接发布有关产品的价格、性能、使用方法等信息，在与消费者接触中直接收集消费者对产品购买和使用的反馈，进行柔性化生产。另一方面，消费者也可以直接通过互联网了解产品信息，做出合理的购买决策，这符合网络消费者个性化需求的特点。

（2）买卖双方都会产生直接的经济利益。网上直接分销有效地削减了中间分销环节，为消费者提供详细的商品信息，使其更迅速、更灵活地比较商品特征及价格，占据主动地位；通过网上直接分销，企业与众多分销商的联系更为便利。该模式极大降低了企业的营销成本，而且能及时传递信息，促使交易迅速完成，加快资金流转速度。一方面企业能以较低价格分销产品，另一方面消费者也能获得物美价廉的产品，从而实现买卖双方的利益共赢。

（3）互动性增强。营销人员可以利用网络工具，如电子邮件、公告牌等，随时根据用户的愿望和需要，开展各种形式的促销活动，迅速提高产品的市场占有率。企业能够通过网络及时了解到用户对产品的意见和建议，并针对这些意见和建议提供技术服务，解决疑难问题，提高产品质量，改善经营管理。另外，通过这种一对一的销售模式，企业可以与消费者在心理上建立良好的关系。

（4）销售效率提高。网络直接营销渠道可以提供更加便捷的产品和服务，大大提高销售效率。网络营销企业不仅可以通过互联网提供支付服务，方便顾客直接在网上订货和付款，而且可以通过网络直接营销渠道为客户提供售后服务和技术支持，特别是对于一些技术性比较强的行业，如IT业提供网上远程技术支持和培训服务，不仅可以方便顾客，而且生产者可以最小成本为顾客服务。

当然，网络直接营销也存在一定的劣势。随着建立网站的企业激增，面对数以万计的企业站点，普通消费者往往无所适从。顾客要访问所有企业的主页是不可能的，而且难以用专业的眼光区分各有利弊的产品。特别是对于一些不知名的中小企业，大部分消费者不愿意在其网站上浪费时间。从网络直接营销长远发展角度来讲，要解决这个问题，必须从两个方面入手：一方面，需要尽快组建具有高水平的专门服务于商务活动的网络信息站点；另一方面，需要从网络间接营销渠道中寻找出路。而网络信息站点是未来直接营销发展的根本方向。

（二）网络间接营销

网络间接营销是指生产者通过融入互联网的中间机构把商品销售给最终用户。它一般适合小批量商品和生活资料的销售。

得益于网络丰富的资源和信息及时处理能力，网络服务极大地便捷了网络消费者对产品的搜索过程，然而其在产品（信息、软件产品除外）实体分销方面却难以胜任。目前出现许多基于网络的提供信息服务中介功能的新型中间商，也称网络中间商。

1. 网络中间商的类型

网络中间商主要包括：

（1）目录。利用互联网上的目录化的网站提供菜单驱动进行搜索。现在这种服务是免费的，将来可能收取一定费用。现在有三种目录服务。一种是通用目录（如雅虎），可以对不同网站进行检索，所包含的网站分类按层次组织在一起；另一种是商业目录（如互联网商店目录），提供各种商业网站的索引，类似于纸质的工业指南手册；最后一种是专业目录，针对某个领域或主题建立网站。目录服务的收入主要来源于为客户提供的互联网广告服务。

（2）搜索引擎。与目录服务不同，搜索网站（如百度、谷歌）为用户提供基于关键词的检索服务，网站利用大型数据库分类存储各种网站介绍和页面内容。搜索网站不允许用户直接浏览数据库，但允许用户向数据库添加条目。

（3）虚拟商业街。虚拟商业街（virtual malls）是指在一个网站内包括两个或两个以上的商业网站。它与目录服务的区别是，虚拟商业街定位于某一特定类型的生产者和零售商在虚拟商业街销售各种商品，提供不同服务。网站的主要收入来源于商业网站的租用。如新浪网开设的电子商务服务就提供网上专卖店店面出租。

（4）网上商店。网上商店不同于虚拟商业街，网上商店拥有自己的货物清单并直接销售产品给消费者。通常，这些虚拟零售店是专业性的，定位于某类产品，直接从生产商进货，然后打折销售给消费者（如亚马逊网上书店）。由于互联网上固定费用很少，虚拟零售商可以大幅降低成本并让利给消费者，消费者也可以直接从网上选购，不出家门就可以购物。虚拟零售店表明互联网可以建立有效低廉的中间商，提供低价优质服务。

（5）网络统计机构。网络统计机构指为用户提供互联网统计数据的机构，如我国的 CNNIC 和艾瑞咨询等。

（6）电子支付。电子支付指实现交易的买方和卖方之间的授权支付，是实现快速网络交易的基本条件。目前，授权支付系统主要包括信用卡、支付宝、微信等第三方平台，数字现金等现金支付，以及安全电子邮件。电子支付手段通常会对每笔交易收取一定佣金以减少现金流动风险和维持运转。目前，我国的商业银行纷纷开始提供网上电子支付服务。

2. 网络中间商的职能

与传统间接营销渠道的职能类似，网络间接营销渠道也是沟通买卖双方，帮助完成商品所有权的转移。结合整个渠道链条上的订货、结算和配送三大系统，网络间接营销渠道，尤其是网络中间商主要承担交易、物流和促进职能。

（1）交易职能。交易职能是指与网络顾客接触，利用各种营销沟通手段让购买者了解产品，包括寻找符合购买者需求的产品、商议价格和完成交易环节的各项工作。这是网络间接营销渠道最基本的职能。

1）与购买者接触。互联网为厂商提供了传统渠道之外的与购买者接触的一种新渠道。互联网可以为交易流程带来增值：首先，利用网络接触功能可以更有针对性地满足购买者的个性化需求；其次，消费者可以在网络上找到许多相关的参考信息，如搜索引擎、购物代理、聊天室、电子邮件和网页等；最后，互联网没有时间的约束，增加了交易机会。

2）营销沟通。营销沟通包括广告和其他产品的促销活动，互联网为营销沟通工作带来的增值主要表现在以下方面：第一，由计算机代替人工，更加自动、有效，如生产商对产品订购的统计；第二，分销渠道最接近客户，搜集并传播营销环境中有关潜在的和现实的客户、竞争者和其他参与者的信息，并告知生产企业，便于生产企业适时调整生产策略；第三，互联网可以通过共同的产品相关信息数据库，加强渠道中间商之间的相互协调，在第一时间更好地开展促销活动。企业可以通过电子邮件相互传递广告和其他营销资料，同时实时地浏览其他企业在网站上的促销信息，打破传统间接营销的壁垒。

3）使产品满足客户的需求。网络的特点就是满足客户的个性化需求。网络中间商根据用户独特的定制要求，为消费者提供满意的产品和服务选择策略。网络中间商还能通过数据处理和分析，帮助消费者找到与自己的需求相吻合的产品。

4）价格谈判。价格谈判是指买方和卖方讨价还价的一种双向沟通，与传统间接营销相同。一方面，网络中间商作为生产者、消费者两大利益团体之外的第三方，了解行业产品价格，便于二者达成较为公平的价格协议。另一方面，网络中间商在价格协商中常常代表消费者利益，它按照企业提供的产品和服务的综合性能进行排序，帮助消费者选出低价者。

（2）物流职能。物流职能是指产品的运输、储存、收集和拣选的工作。物流配送本身是一个全新的研究领域，在现代网络商业管理中的作用日益突出。

1）实体服务。在网络营销中，产品的生产和消费在时间和空间上分离，为了方便客户的购买与消费，分销渠道应当承担有形产品在流通过程中的运输、储存、分类、再包装甚至加工服务等功能，而网络平台使其更具吸引力。用户可以随时查阅产品的运输过程，这些服务由中间商承担更为有效。而对于一些数字化的无形产品（如文件、图片和音频等），可以通过互联网传递到消费者手中。网络递送大大降低了成本。实现商品所有权的转移是分销渠道承担的最本质功能。

2）产品的整合。对于传统生产商来说，它们生产的产品品种有限，产量较大，较容易实现规模效益。但是从网络营销角度来看，由于消费者的个性化需求，产品品种增多，所需数量却较少，难以达到规模经济。因此，网络中间商的首要任务就是从多个生产商进货，方便消费者在一个网站购得多种产品，或者是把同一家生产商的产品整合在一起分销到各零售区域进行销售，组织商品的批量订货，尽可能实现产品的规模经济效益，降低产品运输成本。

（3）促进职能。渠道成员发挥的促进职能主要包括市场调研和支付保障，是网络营销渠道不可或缺的部分。

1）市场调研和促销。作为分销渠道的主要职能，市场调研要确切地了解目标受众的规模和特征。网络中间商收集到的信息有助于生产商规划产品开发和营销沟通活动。相对于传统市场调研来说，网络市场调研借助互联网平台市场调研的免费性和及时性，更受生产者青睐。一般来说，企业的促销努力要通过中间商才能有效地作用于终端市场。

2）支付保障和风险承担。为一笔交易进行支付保障可以有效促进网络交易的进行。大多数网络消费者的交易活动要通过信用卡或其他支付保障系统，消费者担心自己的信用卡信息在网络上泄露；同时，网络经营者也担心与之交易的消费者是否可靠，其使用的信用卡是否有效等问题。

第 5 节　网络营销促销管理

一、网络促销概述

（一）网络促销的概念

促销策略是指企业通过人员推销、广告、公共关系和营业推广等各种促销方式，向消费者或用户传递产品信息，引起其注意和兴趣，并激发购买欲望和购买行为，达到销售的目的。促销策略是市场营销组合的基本策略之一。

网络促销是指利用现代化的网络技术向虚拟市场传递有关商品和服务的信息，以激发需求，引起消费者购买欲望和购买行为的活动。它具有三个明显的特点：一是网络促销是借助网络这一虚拟市场进行的；二是网络促销通过网络技术传递产品和服务的存在、性能、功效和特征等信息；三是网络促销的目标市场是全球范围。传统市场营销属于强制性营销，最能体现强制性特点的两种促销手段就是广告和人员推销。传统广告企图以一种信息灌输的方式在客户心中留下印象，根本不考虑客户是否需要这类信息，而且内容固定，信息传递和反馈隔离、滞后；人员推销根本不经过客户允许和同意，进行强势信息灌输，容易引起反感。在传统营销中，企业占主动地位；网络营销则相反，网络营销的促销充分尊重顾客的意愿，使顾客成为主动方。

（二）网络促销形式

传统的促销形式主要有四种：广告、销售促进、宣传推广和人员推销。与其对应的网络促销形式有网络广告、销售促进、站点推广和关系营销四种，其中网络广告和站点推广是常用形式。

网络广告集声、光、色、文字等多种广告媒体功能于一体，能够充分满足消费者求新、求变的心理，同时网络广告最突出的特点就是互动性。根据形式的不同，网络广告可以分为旗帜广告、电子邮件广告、电子杂志广告、新闻组广告、公告栏广告等。销售促进是指企业利用可以直接销售的网络营销站点，采用一些短期宣传行为，鼓励消费者购买，如价格折扣、有奖销售、实物奖励、赠送礼物等方式。站点推广是一个系统性的工作，是指通过对企业网络营销站点的宣传吸引用户访问，同时树立企业网上品牌形象，为企业营销目标的实现打下坚实基础。关系营销是指借助互联网的交互功能，吸引用户与企业保持密切关系，培养顾客忠诚度，提高企业收益率。

（三）网络促销与传统促销的区别

1. 时空观念的变化

传统促销受到时间和空间的限制，而在网络时代，订货和购买可以突破时间和空间的限制，随时随地进行。时间和空间环境的变化要求网络营销者调整自己的促销策略和具体实施方案，人们必须在以现实为基础的虚拟世界与各种人沟通。

2. 信息沟通方式的变化

促销的基础是买卖双方信息的沟通。在网络上，信息的沟通渠道是单一的，所有信息都必须经过有线或者无线通路传递，然而，这种沟通又是十分丰富的。多媒体信息处理技术提供了近似于现实交易过程中的商品表现形式，尤其是网络可视化的发展；双向、快捷的信息传播模式将买卖双方的意愿表达得淋漓尽致，也留给对方充分思考的时间。网络营销者需要掌握新颖的、有吸引力的促销方法和手段，撮合买卖双方的交易。

3. 消费群体和消费行为的变化

在网络环境下，消费者的概念和客户的消费行为都发生了很大的变化。相对于传统的消费行为模式，网络消费者形成了一个特殊的消费群体，具有不同于传统消费大众的消费需求。网络消费者直接参与生产和商业流通，他们更加理性、有想法，会不断扩大消费的选择范围，并进行理性消费。这些变化都对传统促销理论和模式提出了新的挑战。

4. 网络促销与传统促销手段要相互补充

虽然网络促销与传统促销在观念和手段上有较大区别，但它们的最终目的相同，都是把自己的商品推销出去，因此，整个促销过程的设计也有类似的地方。一方面，应当站在全新的角度认识到网络促销是一种新型的促销方式，理解这种依赖现代网络技术、不与顾客见面、完全通过网络交流思想和意愿的商品推销形式；另一方面，要通过与传统促销的比较发现两种促销模式的差别，在充分利用传统促销模式优点的基础上不断求新，打开网络促销的新局面。

（四）网络促销功能

网络促销功能主要包括展示、说服、反馈和创造需求等功能。

1. 展示功能

网络促销能够把企业的产品、服务、价格等信息传递给目标群体，引起他们的注意。

2. 说服功能

网络促销的目的在于通过各种有效的方式，消除目标群体对产品或服务的疑虑，说服目标群体，坚定购买决心。例如，许多同类产品只有细微的差别，用户难以察觉，而网络促销活动可以详细宣传自己产品的特点，使用户认识到本企业产品可能给他们带来特殊效用和利益，进而乐于购买。

3. 反馈功能

网络促销能够通过电子邮件等及时地搜集和整理顾客的需求和意见，迅速反馈给企业管理层。由于网络促销所获得的信息准确、可靠性强，对企业经营决策有较大的参考价值。

4. 创造需求功能

通过良好的网络促销活动，企业不仅可以诱导需求，而且可以创造需求，发掘潜在的顾客，扩大销售量。通过网络促销活动，企业可以树立良好的产品形象和企业形象，改变用户对本企业产品的认识，形成品牌偏好和忠诚，克服市场不稳定的营销风险，达到稳定销售的目的。

思政专栏 5-2

扩内需促消费提升发展动力

近年来，围绕发挥好消费的基础性作用和投资的关键作用，党中央、国务院出台了一系列政策举措，不断挖掘和释放内需潜力，消费对经济增长的贡献率持续走高。

一是要进一步提升供给动力。有效提升供给质量和供给灵活性，不断满足广大群众个性化、多元化、品质化消费需求，是扩内需促消费的内在要求。实现这一要求的核心，在于能否持之以恒地深化供给侧结构性改革。近年来的实践也证明，那些供给侧结构性改革比较彻底的行业和领域，大多能较为从容地应对外部市场的变化，复工复产的恢复程度也较好。增加有效供给、提升供给质量，仍是当前工作的重点所在。

二是要进一步增强创新动力。新冠肺炎疫情发生后，在线医疗、智能体育、线上教育等新消费蓬勃发展、逆势上涨，有力对冲了疫情对传统消费的影响。下一步，要最大限度通过数字赋能，推动线下消费加速“触网”，努力培育消费新业态新模式。同时，要因时顺势、抓住契机，通过创新发展，不断丰富线上服务产品供给，补上在线服务消费短板，进一步释放服务消费潜力。

三是要进一步加大改革动力。当前，我国消费领域还存在不少过时的、抑制消费增长的规章制度，亟须通过加快改革释放潜能。对此，《近期扩内需促消费的工作方案》明确提出要为消费领域的不合理限制松绑，加快落实诸如支持城镇老旧小区居民提取住房公积金用于加装电梯、允许有条件的地方利用地下空间建设公共停车场等改革举措，实现以较低的成本盘活存量资源、做大消费增量，让供需两端在更高水平上形成良性循环。

党的十九届五中全会也提出了明确要求，即坚持扩大内需这个战略基点，加快培育完整内需体系，把实施扩大内需战略同深化供给侧结构性改革有机结合起来，以创新驱动、高质量供给引领和创造新需求。可以预见，在全面建设社会主义现代化国家的新征程中，消费将发挥出更大、更关键的作用。

资料来源：顾阳. 扩内需促消费提升发展动力.（2020-11-06）. http://theory.people.com.cn/n1/2020/1106/c40531-31921079.html.

二、网络促销策略

在网络营销中，网络广告是目前较为普遍的促销方式，也是企业首选的促销方式，目前已经形成了一个很有影响力的产业市场。网络广告类型很多，如旗帜广告、电子邮件广告、电子杂志广告、新闻组广告、公告栏广告等。网络促销的核心问题是如何吸引消费者，为其提供具有价值诱因的商品信息。网络促销就是企业利用可以直接销售的网络营销站点，采用一些销售促进方法，通过诸如价格折扣、有奖销售、拍卖销售等方式宣传和推广产品。根据网络营销活动的特征和产品服务，结合传统的营销方法，有如下网络促销策略。

（一）网上折价促销

折价亦称打折、折扣，是目前最常用的网络促销方式之一。追求利益最大化永远是公司的最终目标，高额的折扣在一定程度上会影响公司的短期效益，但是在培育市场的阶段，打折仍然是一种非常有效的投资行为。网上商品的价格一般低于传统销售方式，以吸引人们购买。网上销售的商品不能给人全面、直观的印象，也不可试用、触摸等，再加上配送成本和付款方式的复杂性，造成人们网上购物和订货的积极性下降。而幅度比较大的折扣可以促使消费者进行网上购物的尝试并做出购买决定。折价促销主要有以下几种。

1. 直接折扣促销策略

它以正常的市场价来定价，然后给予一定的折扣。它可以让消费者直接了解产品的降价幅度以促进消费者的购买。优惠卡与折价券也是网络促销中常用的折扣方式。优惠卡也称折扣卡，是一种以低于商品或服务的价格进行消费的凭证。消费者可凭此卡获得购买商品或享受服务的价格优惠。优惠卡的适用范围由商家规定，可以针对特定的商品或服务，也可以针对同一品牌的系列商品或者所有商品，有效期可长可短。有的网上商店为了培养忠实顾客，给每一位潜在消费者发放一张积分优惠卡，该优惠卡按消费者在网上消费金额的多少打分，再按分数的多少赠送礼品。这样做不仅可以把消费者牢牢吸引在自己的网站上，而且可以加深网上商店与消费者之间的情感。折价券与优惠卡有相似之处，它是直接价格折扣的一种变化形式。有些商品因在网上直接销售有一定的难度，便结合传统营销方式，可从网上下载、打印折价券或直接填写优惠表单，到指定地点购买商品时可享受一定优惠。在实际应用中，还有数量折扣策略。

2. 变相折价促销

它是指在不提高或稍微提高价格的前提下，提高产品或服务的品质或数量，较大幅度地增加产品或服务的附加值，让消费者感到物有所值。网上直接价格折扣容易造成降低品质的怀疑，利用增加商品附加值的促销方法更容易获得消费者的信任。如节假日折价促销，传统市场中利用节假日、庆典活动开展优惠促销活动，这时促销期间的营业额可能比平时一个季度的营业额还要高。这种方式同样适用于网络营销，商业站点也可以定期推出每周一物、每月一物的活动，以优惠的价格营造购物气氛，刺激消费者的购买欲望。例如，利用世界杯足球赛、奥运会等推出的网上购物活动大都取得了很好的促销效果。总之，可以充分利用该消费特点来吸引新消费者，并使他们成为回头客。

3. 现金折扣策略

在允许买主延期付款的情况下，如果买主能提前支付，可按原价格给予一定的折扣，这种办法有利于鼓励消费者预付货款。在 B2B 方式的电子商务中，由于以往网上支付的欠缺，为了鼓励买主用现金购买或提前付款，常常在定价时给予一定的现金折扣。随着网上支付体系和安全体系的健全，这种定价策略将逐步消失。

除了上述策略，折扣促销还有功能折扣、同业折扣、季节折扣等方式。采用优惠措施的商店一般都更可能得到消费者优先的考虑。采用随采购数量增多而不断提高优惠额的措施，更可能留住一些长久客户。销售者通过向会员提供电子问卷，不但可增加商店的价值感，而且借助客户填写会员资料可建立起完整的消费者资料库。根据会员资料，可随时发送电子邮件，提供新产品信息和优惠、折扣等促进顾客消费和再次光临。

（二）网上抽奖促销

网上抽奖促销也是应用较广泛的网络促销方式之一，大部分网站乐意采用这种促销方式。抽奖促销是以一个人或数人获得超出参加活动成本的奖品为手段进行商品或服务的促销，网上抽奖活动主要附加于调查、产品销售、扩大用户群、庆典、推广某项活动等。消费者或访问者通过填写问卷、注册、购买产品或参加网上活动等方式获得抽奖机会。网上抽奖促销活动应注意以下几点：

（1）奖品要有诱惑力，可考虑用大额超值的奖品吸引人们参加。

（2）活动参加方式要简单化，由于上网费用、网络速度以及浏览者兴趣不同等原因，网上抽奖活动要策划得富于趣味性和容易参加，太过复杂和难度太大的活动较难吸引消费者。网络促销的核心问题是如何吸引消费者，为其提供具有价值诱因的商品信息。

（3）抽奖结果的公正性和公平性。由于网络的虚拟性和参加者的广泛性，对抽奖结果的真实性要有一定的保证，应该请公证人员进行全程公证，并通过电子邮件、公告等形式及时向参加者通告活动进度和结果。

（三）网上积分促销

和传统营销方式相比，网上积分促销更加简单和易操作，网上积分活动很容易通过编程和数据库等实现，并且结果的可信度很高。积分促销有以下作用：可以增加上网者访问网站和参加某项活动的次数；可以提高上网者对网站的忠诚度；可以提高活动的知名度等。积分促销一般设置价值较高的奖品，消费者通过多次购买或多次参加某项活动来增加积分以获得奖品。现在不少电子商务网站发行的虚拟货币是积分促销的另一种形式。网站通过举办活动使会员挣钱，同时用仅能在网站使用的虚拟货币购买本站的商品，实际上就是给会员购买者提供相应的优惠。

（四）网上赠品促销

网上赠品促销目前应用得不算太多，一般情况下，在新产品推出试用、产品更新、对抗竞争品牌、开辟新市场情况下利用赠品促销可以达到比较好的促销效果。网上赠品促销具有如下优点：可以提升品牌和网站的知名度；鼓励人们经常访问网站以获得更多的优惠信息；能根据消费者索取赠品的热情程度总结分析营销效果和产品本身的反应情况等。

网上赠品促销应注意：不要选择次品、劣质品作为赠品，这样做只会适得其反；明确促销目的，选择适当的能够吸引消费者的产品或服务；注意时间和时机，如冬季不要赠送夏季才能用的物品，在危机公关等情况下也可考虑不计成本的赠品活动以挽回品牌和公司形象；注意预算和市场需求，赠品要在能接受的预算范围内，不可因过度赠送赠品而造成营销困境。

（五）网络文化促销

网络文化促销指将网络文化与产品广告相融合，借助网络文化的特点来吸引消费者。例如，将产品广告融于网络游戏中，使网络使用者在潜移默化中接受促销活动。组建用户俱乐部可以吸引大批的网友交流意见，也可以实现网络文化传播的作用。企业可以将其产品和企业形象精确地渗透到每一个对产品真正感兴趣的用户，同时企业也可以通过网络交流来影响网络文化，从而制定有效的营销策略。网络俱乐部是以专业嗜好为主题的网络用户中心，对某一问题感兴趣的网络用户可以在一起交流信息。俱乐部的每一个分类项目都设有讨论区，可以吸引大批网民交流意见。不同讨论区之间的区隔十分明显，但同一个讨论区内的网民志趣则十分相投，是建立企业一对一销售沟通的一种捷径。此外，各分类项目的信息快报也可为企业提供相关的销售信息。

（六）网上联合促销

由不同商家联合进行的促销活动称为联合促销，联合促销的产品或服务可以产生一定的优势互补、互相提升自身价值等效应。如果应用得当，联合促销能收到相当好的促销效果。例如，网络公司可以和传统商家联合，提供在网络上无法实现的服务；网上汽车销售公司可以与润滑油公司联合促销等。具有非竞争关系的厂商可以组成线上促销的战略联盟，通过线上资料库联网，增加与潜在消费者接触的机会。这样做既不会使本企业的产品受到冲击，又拓宽了产品的消费层面。

延伸阅读 5－4　小型航空公司合纵抱团取暖

（七）网络聊天促销

这一方式是指利用网络聊天的功能开展消费者联谊活动，通过沟通交流增进感情，或开展在线产品展销活动和推广活动。网络聊天促销是一种调动消费者情感因素、促进情感消费的方式，对消费者吸引力较大。在这方面成功的典型是亚马逊网上书店，它在网站开设聊天区以吸引读者，使其年销售额递增34%，其中44%是回头客，这充分展示了网络聊天促销的魅力。

网络营销者在实践中探索出了一些颇有成效的促销策略，如建立会员制、一对一营销、网上竞赛、问题征答、畅销产品排行榜、事件促销、免费送货、无条件更换保证等。要想使促销活动达到良好的效果，必须事先进行市场分析、竞争对手分析以及网络活动实施的可行性分析，与整体营销计划相结合，有创意地组织实施促销活动，使促销活动新奇，富有销售力和影响力。

案例分析

时移势迁，随机应变：Lily商务时装的营销智慧

2002年1月16日，上海丝绸集团品牌发展有限公司成立，专营Lily品牌女装，目标消费者定位于25～32岁的都市女性。

2013年，Lily进一步细化定位到商务时装品类，针对年轻职业女性提出了“年轻的OL商务着装，可能太严肃，可能太时髦，或者像Lily这样正合适”这样一个新的品牌概念，打造“力度、女性化、现代、明快”的核心产品风格。但走向细分市场后，日益分散的消费流量和多变的消费者使Lily的发展一波三折，单店增长率不是很理想。因此，Lily把关注重点从渠道、门店转到客户。

2016—2018年，Lily从人、货、场方面进行了重构调整。Lily商务时装的思路很清晰，由内而外，从内部调整到外部对接。在运营上逐渐摆脱“依赖人”，在营销上逐渐走向“关注人”。

1. 人：别具一格的会员运营

终端会员招募：在线上，品牌特征突出的Lily依靠自建官方B2C商城、进驻电子商务平台占领版面和制造品牌热度吸引流量，借助天猫网购平台的多项活动如“3·8女王节”“5·29超级门店日”“6·18狂欢”等向顾客展示Lily的新颖设计和最新的折扣活动；通过数据银行可以有针对性地向一些未关注的顾客进行推送；微信公众号、天猫、唯品会等都可以开通会员卡。在线下，在智慧门店购买也可以直接扫码领取权益，获得入会礼；在地铁媒体和分众媒体投放大量品牌广告；与明星合作打造“IP”，2018年8月的16周年品牌盛典就邀请了众多明星进店分享。通过各类活动，Lily2018年8—9月的会员招募活动吸引了品牌号粉丝20万，绑卡会员10万，会员招募数环比增长近600%。

会员销售转化：在线下，店面的导购员会使用导购板工具，给客户提供更好的服务。从导购板上可以看到客户的消费偏好、消费记录、颜色偏好、尺码偏好等，这让导购员更加了解顾客；在导购板上提供开卡、积分兑换、搭配等服务，能让消费者更好地享受会员权益。在线上，消费者注册会员会获得红包，分享给好友还有额外的红包。同时，移动端的“微导购”工具全天候与客户联系，阿里巴巴也提供了很多触达消费者的渠道，包括品牌号、钉钉智能导购、手淘和支付宝的资源位等。相比过去品牌方只能通过短信、电话从CRM系统触达消费者，现在有了更多引导消费者选购的机会。

忠诚培养：Lily 会有意识地监测顾客的消费行为。比如说监测顾客在店内的停留时间，在每家店的时长比较，为什么在有的店停留时间比较长而在有的店停留时间比较短；监测顾客到店频率，顾客两个月来一次还是一个月来一次，哪些顾客频繁光顾。取得数据之后，Lily 会进行分析并对日常经营加以改进。

Lily 不仅要吸引顾客，还要培养顾客。Lily 主要应用品牌号和钉钉导购平台来运营。Lily 新零售负责人介绍：Lily 的品牌号通过手淘、天猫资源进行常态化投放，每周四次更新内容。在品牌号中，Lily 根据会员关注度的不同将顾客进行区分：对关注并绑卡的会员，做全量推送；对仅关注未绑卡的顾客，进行绑卡权益引导。钉钉导购平台的应用则是让导购员通过钉钉导购平台与顾客建立起良好关系之后，采取总部集成的方式，由总部根据不同情况定制任务，让导购和顾客进行交流，包括发放优惠券、发送生日祝福、发布上新通知等。Lily 希望通过这种方式将顾客分类，根据不同顾客的不同喜好来推送内容、发放生日礼券等会员政策让顾客获得个性化专属服务的购物体验。

2. 货：从顾客出发

随着消费升级，顾客更加注重品牌价值和消费体验，对产品的个性化需求层出不穷。Lily 为了迎合消费者需求，在产品设计和营销上做了很多工作。在产品设计上，Lily 摒弃了大众化的卡其色和黑白灰，以蜡粉色、灰豆绿、姜黄色、钴蓝色、酒红色等流行色彩代替，还在局部加入一些明亮的色彩；剪裁上采用多种材质拼接，版型更加硬朗，希望以此突出新时代独立女性的特质。在营销上，Lily 进行了很多跨界合作。除了服装品牌，Lily 还与其他产业品牌合作。比如和鲜花订购平台 FLOWER PLUS 合作出售同款花色的服饰和鲜花；与电影《神奇女侠》合作凸显女性力量等。同时与《瑞丽》《红秀》等众多时尚媒体长期合作，Lily 制作了很多精美的写真，将商务服饰这一概念具象化，通过知名博主转发激起网友的讨论。

3. 场：智慧门店

Lily 做了很多新的尝试。2018 年 5 月 29 日，Lily 商务时装举行 16 周年品牌盛典，上海南京西路上的 Lily 品牌全新天猫智慧门店“无畏出色实验室”开业，面积超过 1 000 平方米的天猫智慧门店配备了很多数字化设备，比如闪电换装可以基于人脸识别技术获取用户头像，并根据顾客特征推荐搭配，实现迅速换衣；百搭魔镜则能够读取顾客选择的衣服的价格、材质、搭配等信息，为顾客提供专业的个性化时尚服务；Lily Lab 则为顾客提供了自己动手设计的机会，顾客可以在这里印制自己想要的图案，很好地提升了顾客的参与度和互动感。除了服装本身，Lily 还在智慧门店开设 Lily supply 区，陈列与高端品牌进行合作的生活办公类杂品，营造生活中的职场时尚情景，加深顾客的体验。

顾客离开智慧门店后当日立刻被店内采集的数据标签化。Lily 利用智慧门店 RFID 技术，通过 RFID 固定读写器对服装进行实时跟踪并获取数据，电子货架的 RFID 标签可以显示顾客对产品价格、搭配等的评价，便于为后期销售提供数据。同时这些数据将汇总生成人群画像，“整合用户收藏、成交、点击、注册信息、定位以及衍生加工的标签等多份数据，全方位分析用户各种行为之间的关联性，从而更有效地设计交叉销售、营销内容、人群定向等运营策略”，完成用户线上线下消费行为数据的全抓取。利用这些数据，可以对逛店的潜在消费者进行智能化推荐，以精准化用户标签与消费者形成互动，完成线上对线下的实际导流，实现智慧门店的客流数字化、交易数字化、会员数字化、导购智能化和营销精准化。

Lily 的第一批智慧门店开业后，数字画像结果出炉。数字画像结果显示，26～35 岁有着中等消费能力的人群是消费主力，他们线上购物较少，偏好连衣裙、针织衫。这个结果着实也让 Lily 的总经理感到惊讶，他原本认为坐在 CBD 大楼里，快节奏生活，熟悉移动社交软件的白领女性更倾向于网上订购，而事实上是她们更倾向于线下购买。同时智慧门店也效果理想。

资料来源：王崇锋，王韫华，张蕾．时移势迁，随机应变：Lily 商务时装的营销智慧．（2019－05－09）．中国管理案例共享中心．

思考题

1. Lily 商务时装的营销组合策略有何特点？
2. 结合案例，试从 4C 或 4R 角度思考 Lily 商务时装的成功。

基本概念

4R 营销组合理论（the marketing theory of 4Rs）
产品组合扩充策略（product portfolio extension strategy）
使用定价策略（the use of pricing strategy）
网络促销（promotion by Internet）

讨论题

1. 营销组合理论的发展历程是怎样的？
2. 网络营销产品组合策略的主要内容有哪些？
3. 网络营销定价策略有几种类型？
4. 网络促销策略有几种类型？

课程思政要点

（1）深化“工匠精神”认识。
（2）认识促销在扩大内需中的重要作用。

第6章

网络消费者行为

引例 “精准化营销”助力非遗老手艺传承

在追求效用的商业化、市场化时代，中国传统手工艺越来越面临学徒难寻、传承乏力的境遇。在此背景下，2018 年 5 月，百度启动了“百度文化遗产守护者计划——百度匠心中国行”项目，通过互联网技术与产品，用商业营销的思路为传统非遗的传播赋能。

目前，百度已通过搜索、信息流、AR 技术，为熊氏珐琅、金氏风筝、张忠强兔儿爷、皮影、蜀绣等多个非遗文化做传播推广，帮助老手艺人在互联网时代重讲故事。

讲好手艺人的故事

计划启动前，百度已经帮助十余位老手艺人“触网”，将他们口中讲述的故事，通过百度信息流传递到有兴趣的用户眼前。数据显示，一周之内，金氏风筝的内容出现在周边 20 万人以上的百度 APP 信息流中，获得超过 2 000 个点击。

做好把关人，让优质内容胜出

百度基于自身强大的用户数据库，通过对用户搜索信息的智能分析，对用户进行精准画像，用信息流的形式精准推送给年轻群体以及对传统文化感兴趣的人，让更多的人了解传统手工艺，热爱传统文化。

AI 助力信息精准投放

“百度匠心中国行”项目充分利用 AI 识别，VR、AR 技术，帮助手工艺这一中国特色品牌实现了很好的传播和推广。百度为每一位参与调研的手艺人制作了明信片，扫描二维码可以看到他们的故事、手工作品制作的过程、手艺人的音色样貌等，这些二维码在机场、火车站等都有投放，让故事走出山川村落，以情动人。无论是帮助品牌发现目标消费者，还是通过媒体与消费者沟通，最后实现消费者的有效转化，AI 都可以贯穿其中，帮助品牌在品牌建设、品牌沟通、品牌转化中实现品效协同，实现 AI 时代的精准品牌数字化营销。

除此之外，2021 年春节之际，百度大脑更是与多位非遗和老字号传承人展开跨界合作，通过百度的自定义菜品识别技术打造的趣味活动——“百度大脑非遗年夜饭 AI 鉴定官”，让广大网友上传自己制作的菜品，与非遗经典菜品智能比对和打分，探寻年味里的非遗传承模样，为非遗的传承和传播探索人工智能技术赋能的新途径。

资料来源：百度启动匠心中国行计划，用技术助力非遗老手艺传承.（2018-05-09）. https://tech.huanqiu.com/article/9CaKrnK8lGF；百度大脑跨界非遗传承.（2021-02-10）. https://baijiahao.baidu.com/s?id=1691300460508193403&wfr=spider&for=pc.

消费者行为分析是经济学与管理学研究的重要内容，过去这方面的研究主要集中于传统的购物行为，而网上购物与传统的购物活动有着明显区别，因此，网络销售商应该多加关注网络消费者行为。

第 1 节　网络消费者概述

一、网络消费者的内涵

网络消费者是通过互联网在电子商务市场中进行消费活动的顾客人群。人类学家很早就提出，人类将有一种新科技，能够对社会关系产生革命性的影响。互联网便是这一造就社会转变的新技术，它“扰乱”了企业与顾客的关系。这一新技术降低了信息收集、处理、传播的成本，增强了顾客力量，此时传统顾客与企业间的失衡将被扭转。因此，任何有兴趣、有动机的顾客都能承担以往可能需要庞大资源和组织能力的角色。

网络营销企业的竞争是一种以顾客为焦点的竞争。顾客心理和行为的变化要求企业的营销策略必须针对这些变化而变化。具体而言，这些变化主要体现在以下几个方面。

1. 个性化消费的回归

在过去相当长的时间里，工商业都将顾客视为单独的个体进行服务。在这个时期，个性消费是主流。到了近代，标准化和工业化的生产方式使顾客的个性淹没在大量低成本、单一化的产品洪流中；同时，在短缺经济或近乎垄断的市场中，顾客可以挑选的产品不多，个性难免被压抑。

消费品市场发展到今天，多数产品无论在品种上还是数量上都极为丰富，现实条件已初步具备，使顾客能够以个人的意愿为基础挑选和购买产品或服务。在网络营销中，顾客的主导权体现得更加淋漓尽致，网络的便利性使得顾客成为数以万计选择的决策人，网络顾客足不出户，不受时间和空间的限制，就能了解与商品有关的一切信息、尽情比对，并不断发现新奇有趣或是更加匹配其需求的产品。凭借网络的极大优越性，网络顾客不仅能做出选择，而且渴望选择。从理论上说，没有哪两个顾客的心理是完全一致的，每个顾客都是一个细分市场，个性化消费正在也必将成为消费的主流。

2. 更主动地了解产品信息

在人们的日常生活中，需要的产品成千上万，顾客不可能对每一个产品都具备足够的专业知识去鉴别和评估。在传统市场中，顾客缺乏的这种知识大部分是通过销售者的专业介绍与推荐来弥补的，然而这种推荐常常使顾客产生一种不信任感，因为销售者对顾客的引导不可避免地具有其主观目的性。这种情况在网络市场中似乎有了新的解决方式。在网络市场中，销售者通常会用详细的信息对其产品进行描述，各种参数一览无余，大大提高了顾客在信息客观性和选择主动性上的满意度。网络给予人们极速获取和处理信息的“法宝”，此时的网络顾客不再满足于被介绍、被推荐，而是希望通过自己对该类产品的了解做出判断，这时，其购买行为的第一步就是学习。之所以出现这种现象，部分原因在于网络市场中备选产品的增多给顾客带来了购买的风险感。现实中尤其突出的例子就是对一些价格较高的耐用消费品（如电脑）的购买，顾客会主动通过各种可能的途径获取与产品有关的信息并进行分析比较。这些分析也许不够准确和充分，但顾客能从中获得心理上的平衡，降低风险感和购买后后悔的可能性，增加对产品的信任和心理上的满足感。

3. 顾客心理稳定性降低

现代社会科技和经济飞速发展，新生事物不断涌现。顾客心理受这种趋势影响，稳定性降低。一件产品流行十几年的现象现在比较罕见，产品更新换代速度快，品种花式层出不穷。人们结束对于一件产品的使用，不会等到其使用价值消失之时，更多是由于新功能的出现或者替代品的出现，有时甚至仅仅因为新鲜感丧失。尤其在网络时代，信息的流通速度之快使人们对流行的追求有了坚实的科技基础。这直接导致产品生命周期不断缩短，产品生命周期的缩短反过来又会促使顾客心理转换速度进一步加快。例如，电视机在中国由黑白发展为彩色经历了十几年的时间，但现在每年都有采用新技术、新功能的电视机出现，以满足顾客求新、求变的需求。

4. 追求购物的实用性和享乐性

网络消费最初吸引人们的注意力时打出的旗号是便利。在网上选择产品对很多顾客来说是对时间和劳动成本的极大节约，现代社会人们的工作压力普遍增大，对很多忙碌的顾客来说，这种节约是很大的诱惑。特别是对于需求和品牌选择都相对稳定的产品，这一点尤为突出。

另外一些可供支配时间较多的顾客，不仅需要用购物来打发时间、寻找乐趣，而且能通过购物过程减轻孤独感。这一点在自由职业者或家庭妇女中较为突出，因此该群体愿意多花时间和体力进行购物，前提是购物能给他们带来乐趣，满足其心理需求。这两种相反的心理将在今后较长的时间内并存发展。

综上所述，信息时代带来一种新的市场，权力就掌握在“握鼠标的人”手中。顾客可能在任何时候进入网站获取信息以及产品，具体的行动只不过是一次点击而已。网络营销者必须时刻关注顾客的需求与动向，许多潜在的顾客可能仅仅因为一个信息或是一张图片而离开或进入企业的网站。

思政专栏 6-1

如何全面促进消费需求

注重品牌和品质是“十四五”时期提高生活消费质量和促进消费升级的主导方向，日益扩大的中等收入群体是追求消费品质和促进消费结构升级的主力军。新型城镇化、乡村振兴计划的改革红利将有力推动农村消费需求扩张和结构升级，有利于解决消费升级城乡不平衡不充分的矛盾，推动我国经济高质量发展。国家对环境治理的重拳出击，将引导消费向低碳、绿色、环保的方式转变。人口老龄化快速发展，“银发”消费具有很大的发展空间。移动互联网、大数据、云计算、人工智能等新一轮技术革命，“互联网+”的深入推进与数字经济的进一步发展，将直接催生一批批新的消费增长点。

扩大我国消费需求也面临诸多障碍。从收入增长和收入分配来看，近年来我国经济增速减缓，收入差距依然过大，制约了低收入群体的消费需求扩大和升级，疫情的冲击进一步放大了这一影响。城市过高房价制约了消费进一步升级，对教育、医疗、文化娱乐等发展享受型消费形成挤出效应，甚至使部分群体消费水平下降。从供需两端来看，我国有效需求乏力和有效供给不足并存，供需结构失衡，中低端过剩，中高端供给不足，无法满足消费升级的需要。此外，我国正处于经济转型期，扩大消费需求仍然面临许多体制机制的障碍，如我国收入分配格局一时难以打破，地方政府对土地财政依赖与投资“饥渴症”、税制、财政投融资体制等制度性缺陷，利率管制、户籍制度的约束、社会保障体制转轨遗留的历史问题，行业垄断、市场分割与地方保护主义盛行以及与消费环境相关的其他问题，等等。这些体制机制障碍构成了扩大消费需求的重要制约因素，阻碍了消费需求的增长和消费热点的形成。

资料来源：如何全面促进消费需求?.（2020-12-30）. https://baijiahao.baidu.com/s?id=1687482033608610309&wfr=spider&for=pc.

二、网络消费者的类型

网络消费者是以网络为工具，通过互联网在电子商务市场中进行消费的人群。网络消费者不同于网民，网络消费者一定是网民，但网民不一定是网络消费者。进行网络购物的消费者可以分为六种类型：简单型、冲浪型、接入型、议价型、定期型和运动型。

延伸阅读 6-1　新冠肺炎疫情下中国网络购物发展状况

1. 简单型

简单型的消费者需要的是方便、直接的网上购物。该类消费者每月只花少量时间上网，但其进行的网上交易占了一半。零售商必须为这一类型的消费者提供真正的便利，让他们觉得在网站上购买商品会节约更多的时间。

2. 冲浪型

冲浪型的消费者在网民中所占的比例不高，但他们在网上花费的时间占很大比例，并且访问的网页数量比其他网民多得多。冲浪型消费者对经常更新、具有创新设计特征的网站很感兴趣。

3. 接入型

接入型的消费者是刚触网的新手，很少购物。那些有着知名传统品牌的公司应对这群人保持足够的重视，因为网络新手更愿意相信自己生活中熟悉的品牌。

4. 议价型

议价型的消费者有一种趋向购买便宜商品的本能，著名的eBay网站一半以上的顾客属于这一类型，喜欢讨价还价，并有在交易中获胜的强烈愿望。

5. 定期型和运动型

定期型和运动型的网络消费者通常都是被网站的内容吸引。定期型消费者常常访问新闻和商务网站，运动型消费者则喜欢运动和娱乐网站。对于这些消费者，网站必须保证自己的站点包含他们所需要的和感兴趣的信息，否则消费者会很快跳过该网站转到下一个网站。

三、网络消费者的特征

在互联网情境下，消费者群体的特征主要体现在以下四个方面。

1. 年轻且缺乏耐心

中国18～33岁的年轻人使用网络购物的比例显著高于其他年龄层。相对而言，这类人群比较缺乏耐心，在搜索信息时比较注重所花费的时间，如果某站点连接、传输速度比较慢，他们一般会马上离开这个站点。

2. 自我意识强

目前大多数网络消费者年纪较轻且具有较高的知识水平，他们大多拥有自己独立的见解和想法，对自己的判断能力也比较自信，不愿意接受决策中的过多干涉。他们的具体要求独特性强，而且变化多端，个性也越来越明显。因此，从事网络营销的企业应想办法满足其独特的需求，尊重他们的意见和建议，而不是用大众化的标准来寻找大批顾客。

3. 冷静且擅长分析

与实体店购物相比，网络的虚拟性在一定程度上减少了冲动购物的出现。网络消费者可以在数以万计的产品中比较筛选，不会轻易受舆论左右，对各种产品的宣传有较强的判断能力。影响其购买的外在因素力量减弱，更多的消费者会根据其内在需要选择产品。因此，从事网络营销的企业应该加强信息的组织和管理，加强自身文化的建设，以诚待人。

4. 求新求知欲强

由于网络的信息共享性，越来越多的网络消费者可以在网上获得所需的各类信息，这使他们的爱好更加广泛，无论对新闻、股票市场还是网上娱乐都具有浓厚的兴趣，对未知的领域也抱着不知疲倦的好奇心。

网络消费者的这些特征对于企业网络营销的决策和实施十分重要。网络营销企业要想吸引消费者，保持持续的竞争力，就必须对本地区、本国乃至全世界的网络用户情况进行分析，了解他们的特点，制定相应的对策。

第 2 节　影响网络消费者购买行为的因素

一、营销因素

（一）商品因素

1. 商品的新颖性

追求时尚与新颖是许多消费者（特别是青年消费者）进行网上购物的主要原因，这类消费者关注商品的款式、格调和社会流行趋势，讲求新潮、时髦和风格独特，力争站在时尚潮流的前面。

2. 商品的个性化

商品的个性化表现为企业根据网络客户的个性化需求对商品在功能、外观、结构上进行重新设计和组配，提供冗余功能与结构，增添新的个性化功能，并根据个性化要求优化外观结构，以实现客户追求的高度个性化效果。

3. 商品的购买参与程度

一些产品要求的消费者参与程度比较高，不仅需要消费者进行现场购物体验，而且需要很多人提供参考意见，这些产品通常不太适合网上销售。对于消费者需要购买体验的产品，可以利用网络营销推广功能辅助传统营销活动的进行，或者将网络营销与传统营销进行整合，将网上购买和线下体验结合起来，即采用所谓的 O2O 电子商务模式。

（二）商品陈列因素

传统型商店可以通过不同的商品陈列方式达到展示商品和吸引消费者购买的目的，但是在虚拟的网络空间中没有店堂货架的概念，取而代之的是网页、商品分类目录和店内商品搜索引擎，所列出的也不再是商品的实体，而是有关该商品的说明介绍和图片等，这必然会影响网络消费者的行为。

（三）服务因素

网上零售商店的信誉和服务质量等也是影响网络消费者行为的重要因素。在网络环境下，零售商提供的服务不仅包括网上服务（例如，网上提供的商品信息全面、翔实，对顾客提出的问题能够及时解答，网页的界面设计合理等），而且包括商品的配送及售后服务，这些都会对消费者的购买意愿产生重要影响。

（四）网络推广因素

网络推广是影响网络消费者购买行为的一个重要因素。在网络生活中，网络推广随处可见。网络推广是指基于互联网采取的各种手段进行宣传推广等活动，以达到提高品牌知名度的效果。与传统广告相同，网络推广的目的也是增加自身的曝光度以及实现对品牌的维护。

二、风险因素

消费者在网上虚拟环境中购买商品时，一般需要先付款后送货，这不同于传统购物的一手交钱一手交货的现场购买方式，在网上购物中时空发生了分离，交易过程中物流与资金流是相互分离且非同步发生的，消费者有失去控制的离心感。因此，网络环境下的购买者面临着交易和购买结果的双重不确定性，这些不确定性增加了消费者的风险认知，进而直接影响消费者的购买决策过程。

在传统购物环境中确定的感知风险类型，在网上的购物环境中同样存在。网上购物对消费者造成的身体风险和社会风险类似于传统购物，但是其余的风险有所不同。

1. 财务风险

在网络上，商家的身份难以确认，销售的商品也不能查看，交易过程中物流、信息流与资金流的不同步，都增加了消费者的风险感知。商家的虚拟性会使消费者担心对方不守信用或故意欺诈给自己造成经济损失。同时，消费者也会感知到在线使用信用卡的风险，不愿在网上提供信用卡信息。

2. 性能风险

产品性能风险可能源于消费者不能准确判断在线销售的产品质量而导致的错误决策。消费者在网上购买产品时，不能像在传统购物环境中那样对产品“眼看、手摸、口尝”，而主要依靠网上商家对产品的描述。不准确的产品展示、不充分的产品信息说明都会增加消费者感知的产品性能风险。

3. 心理风险

许多消费者担心个人隐私问题，当消费者的个人信息被泄露，消费者可能会失望、受挫并感到受辱。消费者的购物习惯可能被网上商家追踪，提交的个人信息可能会被擅自公开，遭受未经允许的“垃圾”邮件的侵扰。

4. 时间风险

网速、订单提交、网站搜索、送货和退换货时间过长等都可能会带来时间损失，因此网站设计、网页加载速度等都是消费者关注的问题。

三、个人和心理因素

（一）个人因素

1. 性别

在传统实体市场中，男性与女性的购买行为存在较大的差异，这种差异在网络市场中同样有所体现。比如，男性网络消费者在购物时理性成分居多，在深思熟虑之后才做出购买决策；女性网络消费者在购物时则是感性成分居多，在浏览到自己喜欢的商品时会下意识地放入购物车。另外，男性网络消费者的自主性较强，会自己去寻找关于商品价格、质量、性能等方面信息的资料，然后独立做出判断；女性网络消费者则依赖性较强，在做出购物决策时往往比较在意他人的意见和评价。

2. 年龄阶段

互联网用户的主体是年轻人，处于这一年龄阶段的消费者大多思想活跃、好奇、冲动、乐于表现自己，既喜欢追逐流行时尚，又喜欢展现独特的个性。这些特征在消费行为上表现为时尚性消费和个性化消费的趋势。因此，在网络市场中，时尚性和个性化的商品更受消费者欢迎。

3. 受教育程度和经济收入

统计数据表明，互联网用户中大多数人接受过高等教育，平均收入水平略高于总人口水平。受教育程度越高，网络消费者在了解和掌握互联网知识方面的难度就越低，越容易接受网络购物的观念和方式。因此，越是受过良好教育的网络消费者，网络购物的频率越高。

4. 购物导向

传统理论认为，购物导向在消费者的渠道偏好中扮演着非常重要的角色，它是个体对购物行为的总体倾向。消费者的购物导向可以分为四种：便利型，重视购物的便利性；体验型，重视购物前的试用与体验；娱乐型，重视购物的乐趣与社会交往；价格型，消费者对价格非常敏感。不同的购物导向对网络购物的偏好有所不同。互联网作为一种购物渠道，便利是其最大的优势，消费者可以在任何时间、任何地点搜寻并购买自己所需要的产品，避免了实体商店购物的一系列麻烦。对于便利导向的消费者而言，网络购物提供的效用比较大，比较方便，因此倾向于网络购物。然而，网络渠道也存在无法接触产品、缺乏娱乐性等缺陷。在网络上，消费者无法真正地触摸、感觉及试用产品，对于体验导向的消费者而言，网络购物十分不确定，从而更倾向于传统的购物方式；在网络购物环境下，商品的展示、买卖双方的交互及交易过程都是通过互联网与计算机等完成的，无法满足消费者购物时面对面的人际互动、社会交往等方面的需求，因此网络购物对娱乐导向的消费者的吸引力比较弱。价格导向的消费者偏向于网络渠道，因为一般而言，网络渠道比传统的销售渠道能够提供更低的价格。

5. 网络经验

网络消费者的网络经验指标可以细化为计算机使用年限、网络使用年限、平均每周的网络使用时间等。对消费者网络购物的研究发现，感知网络购物易用性、感知网络购物有用性、网络经验、收入和体验型购物导向是决定消费者网络购物决策的五个关键因素。根据这些发现，网上零售商应当重点针对收入较高、网络经验丰富的消费者制定营销策略，还应该进行资源整合，提高消费者对网络购物有用性及易用性的感知。

6. 使用互联网的熟练程度

网络消费者对互联网的熟悉或使用熟练程度同样会影响其行为。消费者刚刚接触网络时，对互联网的认识处于比较低的水平，操作应用也不熟练，对互联网充满兴趣和好奇，其行为主要是通过试验和学习力求掌握更多的互联网知识，但由于对互联网还存在比较强的恐惧心理，因此发生网络购物行为的概率较低。随着消费者每周上网时间的增加，他们对互联网越来越熟悉，操作应用也越来越熟练，同时对互联网的恐惧心理也逐渐减弱。此时的消费者把互联网当作一种平常事物，开始进行各种各样的网络购物活动。随后网络消费者的行为开始出现分化：一部分消费者刚开始时的新奇和神秘感逐渐消失，会削减每周上网时间直至某一固定水平，只在必要时上网，并且形成了固定的浏览网站（网络商店）和消费习惯，这类消费者称为喜新厌旧者；另一部分消费者仍在互联网上花费大量的时间，把网络空间看作现实社会的替代品，在互联网上学习、交流、购物、娱乐等，这类消费者称为网络黏滞者。

（二）心理因素

1. 个性心理特征

网络消费者在购买活动中所产生的感觉、知觉、记忆、思维、情感和意志等心理过程体现了人类心理活动的一般规律，但人们的购买行为实际上是千差万别的。构成这种差异的主要心理基础就是网络消费者的个性心理特征。对于网络消费者而言，其个性心理特征具体表现在一个人的能力、气质和性格等个别特征上。

能力是个体能够顺利地完成某种活动，并直接影响活动效率的个性心理特征。人既需要观察、记忆、想象、思维和注意等一般能力，也需要视听、运算、鉴别、组织、检验等特殊能力。两种能力彼此联系、相互促进，共同发挥作用。由于人的素质、社会实践、文化教育和主观努力等不尽相同，人们的一般能力和特殊能力不仅存在质量和数量上的差别，而且在发展水平上也是不对等的，这就构成了人的能力的个体差异。反映在购买活动中，由于能力的影响，如果网络消费者对商品的识别能力、评价能力、决断能力和语言表达能力等较强，则能独立自主地、迅速地做出购买决定；反之，就会犹豫不决、优柔寡断、不知所措，难以决定是否购买。

气质是人的典型的、稳定的心理特征，表现为心理活动的动力方面的特点。个体间的气质差异使人在各种活动中的心理活动表现出不同的动力型，形成各自独特的行为色彩。气质主要是由神经过程的生理特点决定的，具有较明显的稳定性和持久性。同一种气质类型的人，尽管进行活动的类型、内容不同，但在行为方式上表现出相同的心理动力特点。气质对消费者个体的购买行为影响比较深刻。网络消费者具有特殊的言谈举止、反应速度和精神状态等，会不同程度地将其气质反映出来，或急躁，或沉稳，或怯懦，或随意，等等。

性格是人对客观现实的态度和在行为方式中表现出来的稳定倾向，是个性中最重要、最显著的心理特征。性格与气质相互渗透、相互作用，气质对性格的形成和发展有影响，性格又促使气质变化。在消费活动中，个体的性格对购买行为方式起重要作用。消费者有外向的和内向的、理智的和情绪化的等，企业需要通过观察、交流等手段，认识网络消费者的个性特征，掌握其性格类型，正确了解判断不同个体的性格特征对购买态度、购买情绪、购买决策和购买方式等的影响。

2. 社会心理特征

人是生活在社会、组织和群体中的，因此，其所具有的心理状态和心理现象不可能是孤立的、个体性的，必然具有社会性。这种社会性的心理以及在此基础上发展起来的社会态度，对网络营销信息传播效果有着根本性的影响。因此，企业不仅要研究了解网络消费者的个性心理特征，更要把握其社会心理特征。

研究表明，个人在群体行为过程中往往会失去应当具有的或者在个人情境下具有的本性。在群体心理过程压力下，个人会做出在个人情境下一般不会采取的行为，这就是失个性化。失个性化并不是人的积极心理现象，也不是人的全部群体心理过程。网络消费者在接受网络信息传播时，会明显地产生失个性化的现象，受到群体心理过程的影响。在群体情境下接收网络营销信息有其特有的规律和现象，主要有相互模仿、相互感染、社会遵从等。

模仿是社会心理学的一个重要研究内容，许多社会性行为都具有模仿性，模仿行为非常普遍。从个体发展角度看，儿童幼小时模仿他们的长辈，青少年时模仿他们所能接触到的其他人。群体行为的自发产生往往依赖于参与者的相互刺激，这种相互刺激首先就是模仿。大众传媒广告可以利用模仿的社会心理特征进行促销活动，如新产品上市，通过大量列举销售的情况，说明商品或服务被消费的情景，刺激人们模仿，使更多网络消费者加入购买行列。

感染是一种群体性的模仿，即把情感或者行为从人群中的一个参加者蔓延到另一个参加者，是群体行为赖以存在、发展的另一种刺激。感染分为情绪感染和行为感染。情绪感染是指把一群人的情绪统一起来，使个人放弃平常约束其行为的社会准则，个人行动主要由自己的情绪发动。如果所有参与者的态度、信念和价值基本一致，情绪感染便容易发生，会促进个体之间的模仿过程。当所有参与者的注意力集中在一个特定的人或事物上时，会加剧情绪感染。行为感染是指行为方式从一个人向另一个人乃至许多人的传播。应用在网络营销上，需要进行整合营销传播，这样更能感染目标消费者，取得更好的传播效果。

遵从是指个人与他人或群体之间寻求意见、观念和态度一致性的倾向，这种倾向导致的行为就是遵从行为。人生活在社会、群体中，无论是否有个人主见，个人主见是否正确，终究要服从群体。遵从是影响、决定人们行为的更为深刻的社会心理现象。遵从产生的原因主要是人受到信息和规范方面的压力。

延伸阅读6-2　网购信任度影响消费者购物决策

第3节　网络消费者购买行为

一、网络消费者的购买动机

网络消费者的购买动机是指在网络购买活动中，能驱使网络消费者产生购买行为的某些内在动力。企业只有了解消费者的购买动机，才能预测消费者的购买行为，以便采取相应的促销措施。由于网络促销并不是面对面的销售，消费者的购买行为不能直接观察到，因此对网络消费者购买动机的研究就显得尤为重要。整体而言，网络消费者的购买动机可以分为两大类：需要动机和心理动机。

（一）需要动机

网络消费者的需要动机是指由需要引起的购买动机。要研究消费者的购买行为，首先必须研究网络消费者的需要动机。美国著名的心理学家亚伯拉罕·马斯洛（Abraham H. Maslow）把人的需要划分为五个层次，即生理需要、安全需要、社交需要、尊重需要和自我实现需要，这一理论对网络需要层次的分析具有重要的指导作用。网络技术的发展使现在的市场变成了网络虚拟市场，但虚拟社会与现实社会毕竟有很大的差别，因此，在虚拟社会中人们希望满足以下三个方面的基本需要。

1. 兴趣需要

兴趣需要即人们出于好奇和能获得成功的满足感而对网络活动产生兴趣。这种兴趣主要来源于两种内在驱动力：一是探索。从各种各样的信息到花样迭出的娱乐活动，可以说是包罗万象。人们出于好奇心理探究秘密，驱动自己沿着网络提供的线索不断深入地查询，希望获得更多的信息。二是成功。当人们在网络上找到自己需要的资料、软件、游戏等，自然会获得一种成功的满足感，随着个人满足感的不断增强，人们对网络的接受程度不断提升。

2. 聚集需要

人类是群居动物，聚集生存。在现代社会，人们生活节奏加快，很少有整块时间聚集在一起。网络却能够给有相似经历的人提供聚集的机会。这种聚集不受时间和空间的限制，且能够形成富有意义的人际关系。比如在特定的论坛上，人们可以对共同感兴趣的话题进行交流，并互相传递信息。通过网络聚集起来的群体是一个极具民主性的群体，在这个群体中，所有的成员都是平等的，每个成员都有独立发表自己意见的权利，使得在现实社会中经常处于紧张状态的人们在虚拟社会中得到放松。

3. 交流需要

聚集起来的网民自然会有交流需要。随着信息交流频率的增加，交流的范围也在不断扩大，从而产生示范效应，带动对某些种类的产品和服务有相同兴趣的成员聚集在一起，形成商品信息交易的网络，即网络商品交易市场。网络商品交易市场是一个高级的虚拟社区，参加者大都有自己的目的，所谈论的问题主要集中在商品质量的好坏、价格的高低、库存量的多少、新产品的种类等，人们对这些信息的需求是永无止境的。

（二）心理动机

心理动机是由人们的认识、感情、意志等心理过程而引起的购买动机。网络消费者购买行为的心理动机主要体现在理智动机、感情动机和惠顾动机三个方面。

1. 理智动机

理智动机是建立在人们对于在线商店推销商品的客观认识基础上的。网络购物者大多是中青年，具有较强的分析判断能力，其购买是在反复比较各个在线商店的商品之后才做出的，对所要购买商品的特点、性能和使用方法早已心中有数。理智购买动机具有客观性、周密性和控制性的特点。在理智购买动机驱使下的网络消费者，首先注意的是商品的先进性和质量高低，其次才是商品的经济性。这种购买动机的形成基本上受控于理智，较少受到外界环境的影响。

2. 感情动机

感情动机是由人的情绪和感情引起的购买动机。这种购买动机分为两种形态：一种是低级形态的感情购买动机，它是由喜欢、满意、快乐、好奇而引起的。这种购买动机一般具有冲动性、不稳定性的特点。还有一种是高级形态的感情购买动机，它是由人们的道德感、美感、群体感而引起的，具有稳定性、深刻性的特点。在线商店提供送货业务大大促进了这类购买动机的形成。

3. 惠顾动机

惠顾动机是基于理智经验和感情，对特定的网站、图标广告和商品产生特殊的信任与偏好，因而重复地、习惯性地前往访问并购买的一种动机。惠顾动机的形成经历了人的意志过程，从它的产生来说，或者是由于搜索引擎的便利、图标广告的醒目、站点内容的吸引，或者是由于某一驰名商标具有相当的地位和权威性，或者是由于产品质量在网络消费者心目中树立了可靠的信誉，如此一来，网络消费者在为自己做出购买决策时，心目中首先确立了购买目标，并在各次购买活动中克服和排除其他同类水平产品的吸引和干扰，按照事先计划实施购买行动。具有惠顾动机的网络消费者往往是某一站点的忠实浏览者，不仅自己经常光顾，而且对其他网民形成影响，甚至在企业的产品或服务出现某种过失时也能加以谅解。

二、网络消费者行为类型

1. 复杂购买行为

当网络消费者购买比较贵重的、不常购买的产品时，会全身心地投入购买，因为这些产品往往意义重大且有一定的风险。如果这类产品品牌很多、差别明显，网络消费者就会经历一种复杂的购买行为。他们会在网站间徘徊，收集大量有关产品质量、功能、物流、售后、价格等方面的信息，通过学习与该产品有关的知识来提升自己的选择能力，然后在不同的商家或同一商家的不同产品中挑选出合适的成交。

网络消费者的复杂购买行为类型很多，这是基于以下几个原因：网络的廉价使用性、空间无限性为网络消费者提供了良好的学习环境和充足的决策资料；通过自己对需要购买产品有关信息的了解和学习，网络消费者可以基本消除在现实世界中对销售人员的不信任感；网络消费者以年轻人为主，他们对事物存在普遍的好奇心，追求产品的新功能和新特性且购买能力有限，这时大量的信息搜索与比对往往是他们的选择。对于购买这种类型产品的网络消费者，企业必须了解其学习过程的规律；同时，制定各种策略，宣传与该产品有关的知识、产品的有关属性等；还要设法让网络消费者知道和确信本企业的品牌特征及优势，并逐步建立起信任感。

2. 简单购买行为

价格低廉而又经常需要的产品，如果各品牌之间差异很小，网络消费者比较熟悉，一般不会多花时间选择。例如，消费者想要购买一本杂志，出于其平时已经有一定的阅读偏好，只要找到该杂志就不需要再进行挑选。对于购买这类产品的网络消费者，企业可用各种价格优惠和其他营业推广方式鼓励他们试用、购买。由于消费者并不看重品牌，通常只是收集信息，企业要特别注意如何给网络消费者留下深刻印象。例如，在网络广告中突出视觉符号和形象，利用多媒体技术加强广告的效果，在网络上经常开展各种促销活动，还可以给产品加上某种特色或色彩，突出产品的文化特色。此外，购物的便利性通常可以帮助商家培育忠诚的消费者。

3. 减少失调感购买行为

失调感购买行为是指消费者不广泛收集产品信息，不精心挑选品牌，购买决策过程迅速简单，但是在购买以后会认为自己所买产品具有某些缺陷或其他同类产品有更多的优点，进而产生失调感，怀疑原先购买决策的正确性。对于这类购买行为，营销者要提供完善的售后服务，通过各种途径提供有利于本企业产品的信息，使消费者相信自己的购买决策是正确的。

4. 多样性购买行为

对于那些产品价格低、对消费者利益影响不大，而品牌之间差异较大的产品，网络消费者往往购买时采用低度投入，经常变换购物品牌，即寻求多样化的购买行为。这种购买行为在食品和家居用品的购买上比较常见。例如，消费者需要购买一瓶沐浴乳，他往往不会在挑选时花费太多时间，而是经常在再次购买时换一个品牌，这不一定是因为对上次购买不满意，而是为了寻求新产品。面对这种购买行为，企业应该生产多种风格的同类产品，甚至可以采用多品牌的产品策略；在网络销售渠道策略上，采用多渠道促销，增加产品与消费者的接触机会；为了吸引消费者，低价、免费试用、赠券、折扣及有关内容的广告等促销方式都是不错的选择。

三、网络消费者购买决策行为

根据网络消费者购买决策过程以及网络消费者行为的发展情况，现阶段网络消费者主要面临三类重要的决策行为：网络渠道选择行为、网络信息搜寻行为和网络购买行为。

1. 网络渠道选择行为

网络渠道选择是指消费者在购买决策过程中评价线上线下各种可用的渠道（如信息渠道、购买渠道）并从中做出选择。

举例来说，消费者为满足自身信息需求，需要从各种信息渠道（如参考群体、报纸、电视、宣传册、网络等）中选择一种或多种来收集和获取信息。网络渠道选择行为重点关注的是消费者如何评价、选择、使用网络渠道，也可以进一步细化到研究某个具体网站，依据的理论主要是技术接受模型（technology acceptance model，TAM）。需要指出的是，在网络渠道选择行为研究中，一般对网络是作为信息渠道还是购买渠道不做特别区分，而是把信息搜寻作为购买决策的一个组成部分，即网络渠道选择行为包括信息渠道选择和购买渠道选择。

2. 网络信息搜寻行为

网络信息搜寻行为是指消费者为完成某一购买任务而从网络市场中获取信息的行动。市场营销的本质是企业与消费者之间的信息传播和交换，没有信息交换，交易就是无本之源。在线购物的持续成功取决于消费者在其购买决策中利用网络的程度，尤其是利用网络获取产品信息的程度，因为消费者的网络信息搜寻行为能够提高其满意度并增强其在线购买的意向。

获取信息是消费者使用网络的首要目的，网络的快速发展一方面为消费者提供了低成本、快捷、丰富的信息来源，另一方面也产生了诸多问题，包括：

（1）信息质量下降。信息量快速增长且未加管理控制，使得信息提供商疲于维护资料，造成网上信息过时、不完整甚至不准确。

（2）信息过载。信息的快速扩散造成网络上充斥着海量且重复的信息，网络消费者需要花费许多额外的精力去分析、判断和过滤所找到的资料。

（3）网络迷航。互联网通过超链接的方式连接到不同的文件和页面，这种非线性的浏览方式常使网络消费者迷失在庞大的网络空间中，不但失去方向，而且不清楚所处的位置。

基于以上因素，网络消费者的信息搜寻行为已经成为网络消费者行为研究的重要课题之一。

3. 网络购买行为

网络购买行为指的是消费者通过网络购买产品或服务的过程。网络已经成为产品信息的重要来源，但是还存在一些因素阻碍消费者从信息搜寻发展为网上购买，而网络消费者的购买行为是在线销售商最关心的问题。尽管网络销售增长率非常高，但是有证据表明，很多有购买意向的消费者在搜索访问零售商的网站后，最终放弃了购买。研究网络消费者购买行为、发现影响网络消费者购买行为的因素及其作用机制，对改进网络技术和营销策略有重要意义。

第 4 节　网络消费者的购买决策过程

网络购物是指用户为完成购物或与之有关的任务而在网上虚拟的购物环境中浏览、搜索相关商品信息，从而为购买决策提供所需要的信息，并实现购买的过程。电子商务的热潮使网络购物作为一种崭新的个人消费模式，日益受到人们的关注。消费者的购买决策过程，是消费者需求、购买动机、购买活动和购后使用感受的综合与统一。

网络消费者的购买决策过程一般分为五个阶段：确认需求、收集信息、比较选择、购买决策、购后评价。这五个阶段只是消费者购买决策过程中所经历的一般步骤。需要指出的是，不是任何一个消费者的购买决策过程都会按照步骤依次进行，在某些情况下消费者可能会跳过某些阶段。比如一些购买固定品牌服装的年轻人会越过收集信息和比较选择阶段，直接对其喜欢的服装进行购买。与此同时，出于各方面的原因，消费者在购买决策过程中随时有可能放弃购买，造成购买决策的提前终止。但是这一模式依然具有重要意义，它全面阐述了参与程度较高的消费者在购买产品时所需的全部思考过程以及影响其决策的各种因素。

一、确认需求

需求的识别是消费者购买决策过程的起点。经济学理论认为，需求是在一定的时期，在既定的价格水平下，消费者愿意并且能够购买的商品数量。需求显示了在价格升降而其他因素不变的情况下，个体在一段时间内所愿意购买的某货物的数量。消费者的需求一般由两种刺激引起：一是内部刺激，比如个人的正常需要强烈到一定程度，变成一种动力，像饥饿、干渴等；二是外部刺激，比如一个人路过一家烤鸭店，刚出炉的烤鸭的香味可能刺激其购买。

在确认需求阶段，网络营销人员的主要任务包括：第一，了解引起与本企业产品有关的现实需求和潜在需求的驱使力，即什么原因引起消费者购买本企业产品。例如，了解消费者为什么购买蜂产品就可以开发出多种产品类型来满足消费者需求，如蜂蜜、蜂王浆等。第二，设计引起需求的诱因，促使消费者增强刺激、唤起需求，引发购买行为。

二、收集信息

为了满足需要，消费者要收集相关的信息。消费者的信息来源主要有个人来源、经验来源、公共来源和商业来源四个方面。个人来源是指来自亲朋好友的信息；经验来源是从使用产品中获得的信息；公共来源是从网络、电视等大众传播媒体、社会组织中获取的信息；商业来源是指从企业营销活动中获取的信息，例如，通过广告、推销员、展览会等获取信息。个人来源和经验来源的信息对消费者购买行为影响最直接，公共来源和商业来源的信息影响虽然比较间接，但诱导性强。例如，通过媒体获知与禽流感相关的信息后，很多人不敢吃鸡肉、鸡蛋，后来人们通过媒体获知，经过高温烹饪，禽流感病毒可以被杀死，才消除对禽流感的恐惧，恢复吃鸡肉、鸡蛋。

在收集信息阶段，网络营销人员的主要任务包括：第一，了解不同信息来源对消费者购买行为的影响程度。第二，注意不同文化背景下收集信息的差异性。第三，有针对性地设计恰当的信息传播策略。

三、比较选择

消费者在获取足够的信息之后，要对备选的产品进行评估。评估产品主要涉及以下几个问题。

1. 产品属性

产品属性是指产品能够满足消费者需求的特征。它涉及产品功能、价格、质量、款式等。在价格稳定的情况下，消费者对提供产品属性多的产品感兴趣。由于使用者不同，对产品属性的要求也不同，如消费者对汽车轮胎的安全性要求低于航空公司对飞机轮胎的安全性要求，正是由于安全性能高，飞机轮胎价格才更昂贵。

2. 属性权重

属性权重是指消费者对产品有关属性给予的不同权数。例如，消费者购买电冰箱时，如果注重耗电量，就更可能购买耗电量低的电冰箱。

3. 品牌信念

品牌信念是指消费者对某种品牌产品的看法。它带有个人主观因素，由于受到选择性注意、选择性曲解、选择性记忆的影响，消费者的品牌信念与产品的真实属性往往并不一致。

4. 效用要求

效用要求是指消费者对某种品牌产品的各种属性的效用功能标准的要求。如果产品能满足消费者的效用需求，消费者就愿意购买。

在比较选择阶段，网络营销人员的主要任务包括：第一，增加产品功能，改变消费者对产品属性的认识。第二，重新进行心理定位，树立新的品牌信念。

四、购买决策

购买决策是指通过产品评估，消费者对备选的某种品牌产品形成偏爱，产生购买意向，引起实际购买行为。消费者的购买决策主要有产品种类决策、产品属性决策、品牌决策、购买时间及地点决策等。

消费者的购买意向是否转化为购买行动受他人态度和意外因素的影响，也受可觉察风险的影响。可觉察风险的大小取决于产品价格、质量、功能及个人的自信心等。

在购买决策阶段，网络营销人员的主要任务包括：第一，消除或减少引起可觉察风险的因素。第二，向消费者提供真实可靠的产品信息，增强其购买信心。

五、购后评价

购后评价是指消费者购买产品以后产生的某种程度的满意或不满意。消费者对产品的期望值越高，不满意的可能性越大。企业在采取促销措施时，如果盲目地提高消费者的期望值，虽然短期内可以扩大产品的销量，但会引起消费者的心理失衡，从而导致退货、投诉的增加，从长期来看有损企业形象，影响消费者以后的购买行为。

在购后评价阶段，网络营销人员的主要任务包括：

（1）采取广告宣传等促销手段时要实事求是，最好有所保留，以提高消费者的满意度。

（2）采取有效措施减少或消除消费者的购后失调感，及时处理消费者的意见，给消费者提供多种解除不满情绪的渠道。建立与消费者的长期沟通机制，在有条件的情况下进行回访。研究和了解消费者市场的特征及其购买决策过程是企业市场营销成功的基石，是制定正确的目标市场策略的有效保证。

思政专栏 6-1

依法维护网络消费市场秩序

观看网络直播进行购物、足不出户点外卖享受美食……近年来，随着我国数字经济的蓬勃发展，网络消费成为社会大众特别是年轻人喜爱的消费方式。据统计，自2013年起，我国已连续多年成为全球最大的网络零售市场。

然而，由于网络消费具有参与交易主体多样化、交易环境虚拟化、交易空间跨地域性、合同格式化等特点，网络消费市场也伴生了一些不健康、不规范问题。比如有的商家引导消费者通过交易平台外的方式进行支付，但当商品出现质量等问题产生纠纷时，商家又以未经过交易平台支付为借口不承担责任；有的电子商务经营者利用优势地位，制定不公平、不合理的格式条款侵害消费者的合法权益；有人开发专门用来刷单、刷评、刷流量的应用程序，甚至专门替商家制造虚假记录，不仅侵害了消费者知情权和选择权，也扰乱了网络消费市场的秩序……一段时间以来，网络消费中的一些乱象不时引发关注，正说明了对其规范的必要性。

网络消费市场绝非法外之地，网络空间也不容乱象横生。2021年年底，中央网信办启动了打击流量造假、黑公关、网络水军等专项行动，有效遏制了网络消费市场乱象的滋生蔓延。今年，“清朗”系列专项行动将加强对流量造假、黑公关、网络水军全过程、全链条的治理，通过多种手段，限制水军参与，压缩刷榜空间，防止网络乱象反弹回潮，形成有力震慑。

依法保护消费者合法权益，维护网络消费市场秩序，需要有效填补相关规则的不足。网络消费市场新模式新业态不断衍生，但相关法律制度还存在时间差、空白区，相关部门正针对新情况新变化不断完善规则制度，细化规范体系、及时回应现实问题。例如不久前，《最高人民法院关于审理网络消费纠纷案件适用法律若干问题的规定（一）》施行，对网络消费合同权利义务、责任主体认定、直播营销民事责任、外卖餐饮民事责任等群众关心关切的问题做出规定，促进网络消费市场健康可持续发展。

网络消费市场的繁荣发展离不开法治的规范和护航，在此过程中也需要多方力量协同共治。监管部门要严格落实监管职责，对网络消费市场的违法违规行为加大打击力度。司法机关应充分发挥职能作用，通过公正司法助力构建诚实信用、公平公正、多赢共享、包容普惠的网络消费环境。平台和商家应严格遵守法律规定，审慎自律、诚信经营，切实履行社会责任。同时，消费者也要提高自身的风险意识和法律认知，在网购过程中认清并防范营销套路，当发现自身权益受损时，及时向监管部门举报、求助，更好地维护自身合法权益。

资料来源：魏哲哲. 依法维护网络消费市场秩序. 人民日报，2022－06－09.

案例分析

欧莱雅：如何追逐“Y 一代”消费者

基于线下传统媒体的营销策略一直是欧莱雅的优势所在，“你值得拥有”的品牌形象也早已深入人心。但近几年，以“80 后”“90 后”为主的年轻一代成为化妆品的主力消费群，他们有完全不同的消费习惯。于是，欧莱雅也开始了年轻化和数字化的营销变革。

与“Y 一代”同步数字化

欧莱雅开始探索“80 后”“90 后”这一新消费群——“Y 一代”的美妆渴望。欧莱雅发现中国人普遍喜欢粉嫩的白皙，在 2012 年推出了美宝莲粉嫩光采蜜乳。而当消费者开始习惯于网络和移动端的时候，欧莱雅的营销策略也随消费者的迁移而改变，逐渐从线下走到线上。

多渠道整合

欧莱雅与消费者的沟通方式不仅限于互联网这种单一渠道，它开设了多元平台让消费者参与、分享自己对品牌的感受。在电脑客户端，欧莱雅选择与年轻人习惯使用的问答平台“百度知道”合作，颠覆了传统的营销思维。在线下渠道中，商场专柜配合提供相应的小样申领服务，在用户领取试用装之后，欧莱雅会鼓励用户在巴黎欧莱雅官方网站和官方微博上提交试用报告，为目标受众解决更多皮肤问题提供建议。同时，欧莱雅会在商场的柜台上收集消费者的购买数据，并通过网上的客户关系维系平台和欧莱雅 CRM 系统，了解消费者的反馈和需求。微信兴起之后，欧莱雅旗下品牌都注册了自己的微信公众号，欧莱雅还为旗下的许多药妆品牌开设了“E-Skin”微信公众平台。

欧莱雅的整合营销并不仅限于集团层面，如果进入欧莱雅旗下兰蔻玫瑰社区，用户可以随时参与兰蔻开展的免费体验活动。在垂直零售业务上，如果打开科颜氏的手机客户端，就会收到系统基于消费者位置而推送的附近专卖店等信息。

当然，欧莱雅在数字领域的积极探索并不意味着会减小传统渠道的推广力度，明星代言、电视广告等传统方式也是欧莱雅一直以来的优势。

创意视频的力量

为配合 2013 年 3 月 25 日的“清润葡萄籽精华膜力水”上市，欧莱雅推出了动画版微视频《再见吧，试水年华》和《葡萄，不能不说的秘密》，不再用明星化的传统化妆品广告，表现手法更贴近年轻消费者的日常生活，用娓娓道来的方式告诉受众好的护肤品是什么样的，其中讲述的内容实际上都来自消费者对试用装产品的使用体验反馈。

年轻消费群对于美的理解和接触更加多样化，也更倾向于用自己的方式表达美。不管消费者迁移至哪个平台，欧莱雅的营销方案都会随之迁移，正如 Asmita Dubey 所说：

“欧莱雅所坚持的营销理念只有一个，就是用户在哪里，品牌就在哪里。”

资料来源：欧莱雅：如何追逐“Y一代”消费者.（2014-05-15）. http://www.tmtpost.com/499610.html.

思考题

1. “Y一代”消费者具有哪些特点？
2. 欧莱雅针对“Y一代”的特点采取了哪些网络营销措施？
3. 分析欧莱雅网络营销的优缺点。

基本概念

网络消费者（network consumer）
兴趣需要（interest need）
聚集需要（aggregate need）
交流需要（communicate need）
理智动机（intellectual motives）
感情动机（emotional motives）
惠顾动机（patronage motives）

讨论题

1. 网络消费者有哪些特征？
2. 网络消费者购买行为的影响因素有哪些？
3. 网络消费者的购买决策过程可以分哪几个阶段？

课程思政要点

（1）“十四五”时期如何促进消费？
（2）协同维护网络消费市场秩序。

03

第 3 篇

模式篇

第7章

平台模式

引例　高德易行平台上线：打造云＋端公共出行服务平台

2017年7月，高德地图上线了一站式公共出行服务平台——易行平台（1.0），接入了滴滴出行、神州专车、首汽约车、曹操专车、摩拜单车、飞猪等众多出行服务商，为用户提供了丰富的出行方式。

高德此次发布的云＋端公共出行服务平台包含云和端两个部分。

（1）在云端，高德帮助政府有关部门通过云端交通大脑对信号灯等公共交通设施和公共交通管理系统进行统一的指挥调度。

（2）在端上，滴滴出行、摩拜单车等出行服务商可以基于高德地图提供高德易行平台，实现用户基础服务优化，激发新的用户需求。而出行用户可以通过高德易行平台提供的一站式公共出行服务，自由选择从任意起点到终点的个性化规划，采用不同交通出行方式的组合，最终实现体验最优、规划最优和成本最优。

在2018未来交通峰会上，高德地图宣布易行平台全面升级，推出一站式全域出行服务平台，可以为用户提供包含“去哪儿”“怎么去”以及目的地服务在内的出行全周期服务。同时，为了让易行平台2.0更好地落地，高德地图还将推出“易行助手”，实现全程智能语音交互，提供一站式全域出行服务。

资料来源：高德易行平台上线 打造云＋端公共出行服务平台.（2017－07－27）. http://www.diankeji.com/news/38027.html；出行需求升级 一站式全域出行服务平台应运而生.（2018－07－26）. https://baijiahao.baidu.com/s?id=1607032839564615835&wfr=spider&for=pc.

随着经济与互联网的发展，企业开始寻找新的发展路线，在此背景下，企业纷纷整合各种可利用的资源，平台企业如雨后春笋般涌现，但是平台模式究竟是如何发展的呢？本章将探究平台模式背后的客户价值导向，探讨平台企业如何创造价值以及如何盈利。

第1节　平台模式概述

一、平台模式的定义

平台就是为合作参与者和客户提供一种合作和交易的软硬件相结合的环境。平台模式则是通过双边或多边市场效应和平台的集群效应，形成符合定位的平台分工。在这个平台上有众多的参与者，它们有明确的分工，可以做出自己的贡献。每个平台都有一个平台运营商，它负责集聚社会资源与合作伙伴，为客户提供良好的产品，通过集聚人气，扩大用户规模，使参与各方受益，实现平台价值、客户价值以及服务最大化。

延伸阅读7-1　腾讯云开发低代码平台

思政专栏7-1

平台企业应为创新谋、为长远计

习近平总书记3月15日在中央财经委员会第九次会议上强调，我国平台经济发展正处在关键时期，要着眼长远、兼顾当前，补齐短板、强化弱项，营造创新环境，解决突出矛盾和问题，推动平台经济规范健康持续发展。2021年的《政府工作报告》提出："国家支持平台企业创新发展、增强国际竞争力，同时要依法规范发展，健全数字规则。"

如今，无论是出行打网约车、吃饭点外卖，还是日常需求用网购、学习充电上网课，互联网平台都发挥着日益重要的作用。互联网平台经济能够精准匹配供需，通过商品、服务或货币交换为所有平台参与者创造价值。然而，不少线上商家反映"赚的钱很大一部分都给平台交佣金了"，认为当前互联网大平台正逐渐向"收租平台"转变。这种现象值得警惕。若平台收取过高佣金，甚至使得参与其中的商家状况变得更差，平台的创新价值就要大打折扣。

近年来，我国互联网平台经济蓬勃发展。《中国数字经济发展白皮书（2020年）》显示，2019年我国互联网平台服务企业实现业务收入3 193亿元，同比增长24.9%。同时，强行提高服务费率，逼迫商家"二选一"，对消费者"大数据杀熟"……平台经济领域的不正当竞争现象也引发关注。平台收取服务费用，应当在市场竞争中形成动态平衡。如果少量互联网平台抢占了绝大多数流量，一旦缺乏有效规制，其难免会因逐利而滥用市场优势地位，强行制定交易规则。在这种背景下，小微商家的议价能力非常有限。

在平台经济壮大的同时，如何避免平台参与方获得感降低？如何避免大平台形成垄断？对平台经营者来说，必须强化用户意识，善用规模效应，不能滥用市场优势。时刻牢记平台立身之本，为创新谋、为长远计，才能遏制过度逐利的冲动，实现良性发展。

从长远看，应加强平台经济领域的反垄断监管，让更多市场主体共享数字经济发展红利。平台经济具有多方面的优势，但绝不意味着平台企业可以走向垄断。2020 年中央经济工作会议明确提出强化反垄断和防止资本无序扩张，要完善平台企业垄断认定、数据收集使用管理、消费者权益保护等方面的法律规范。传递出国家引导平台经济依法规范发展的决心。加强反垄断监管，可以有效降低市场进入壁垒，形成开放包容的发展环境，从而激发包括平台企业在内的多种市场主体创新创造活力。

1994 年 4 月 20 日，中国与互联网开始“全功能连接”。20 多年后，中国手机网民规模已超过 9 亿，数字经济规模位居全球第二。当网络已经变成生活的重要基础设施，我们需要确保平台经济更好赋能产业、激活创新，让更多人共享数字红利。

资料来源：平台企业应为创新谋、为长远计.（2021－03－16）. https://view.inews.qq.com/a/20210316A0D8FK00.

二、平台模式的构成条件

从形式上看，超市就是一种交易平台，各种商品和顾客在这里集中交易，而超市提供场地、环境、收银、促销等各种服务。证券交易所也是一种平台，无数买家与卖家在这里对接，证券交易所则提供信息服务和交易服务。

平台模式要健康运营并取得成功，必须具备以下六个条件。

（1）平台模式具有开放性特征，也就是对合作伙伴开放，合作伙伴越多，平台越有价值。

（2）平台模式具有双边市场和网络外部性特征。

图 7－1 是双边市场的平台模式。平台企业为买卖双方提供服务，促成交易，而且买卖双方任何一方数量越多，越能吸引另一方数量的增长，其网络外部性的特征就能充分显现，而买家和卖家越多，平台就越有价值。商务部报道显示，截至 2018 年，中国电商巨头阿里巴巴旗下在线交易平台“全球速卖通”的交易额已达 100 亿美元，海外买家数累计突破 1.5 亿。从 2019 年开始，阿里巴巴向外国商家开放全球速卖通平台，并允许俄罗斯、土耳其、意大利和西班牙四国的中小企业在平台注册销售，以便与亚马逊等电商巨头展开竞争。

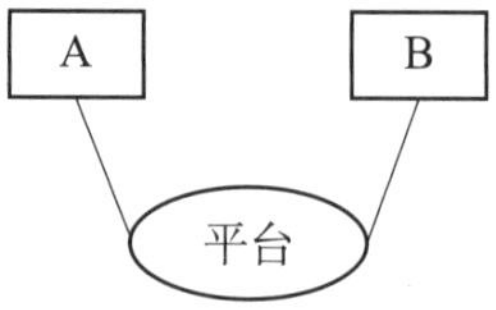

图 7－1　双边市场的平台模式

（3）市场中要有大量（潜在）买家和卖家期望得到对接，也就是说，平台需要拥有聚合力，将潜在的买家和卖家的期望进行对接。

（4）平台企业具有至少一项在行业中是稀缺的且有竞争力的核心能力或核心应用，如资金、品牌、关键技术、渠道通路、运营能力以及核心应用。

（5）平台企业与其合作伙伴不存在直接的竞争关系，而是分别具有不同的盈利模式与市场目标。

（6）平台企业通过打造开放平台、扶持合作伙伴等策略，给合作伙伴和第三方开发者带来收益。

延伸阅读 7-2 美团点亮全国小店地图

三、平台模式的分类

目前平台的竞争已逐渐形成不同的模式，可以从平台的业务属性以及产业链运营主体两个角度对平台模式进行分类。

（一）按照业务属性分类

应用型平台模式是移动互联网平台模式的主流，应用型平台模式主要有以下几种：

1. 新媒体平台模式

如新浪、搜狐、微博、微信以及各类媒体 APP 等。

2. 垂直应用平台模式

专注于某类产品或某一类目标市场而打造的平台，如阿里巴巴、优酷土豆、盛大文学、我买网等。

3. 电子商务平台模式

如京东商城、当当网、淘宝网、拼多多、唯品会等。

4. 综合服务平台模式

通过与产业链合作伙伴合作，为客户提供多种产品和服务的平台。如腾讯是综合服务平台模式的典型企业，它不仅提供即时通信服务，还向客户提供游戏、音乐、视频、安全软件、支付等各类服务。

延伸阅读 7-3 京东：综合型的电商平台

（二）按照产业链运营主体分类

按照产业链运营主体分，平台模式主要有终端商平台模式、互联网公司平台模式和移动运营商平台模式三种。

1. 终端商平台模式

智能终端本身就是一个平台，它汇聚操作系统、浏览器，内嵌各种应用和客户端。如今智能终端的功能越来越强大，消费者可以随时随地上网，使用购物、音乐、影视、阅读、游戏、交友等各种应用，当然这些应用未必是终端商平台自己开发的。

延伸阅读 7-4 HMS 新进展

智能终端在很大程度上就是操作系统之间的竞争，只有掌握了操作系统，才能获得更多的用户规模，掌握平台的主动权，终端商平台模式才能获得成功。

2. 互联网公司平台模式

互联网公司平台模式的最大特点就是基于做大核心应用提升平台价值并向其他服务延伸。专注搜索核心应用的百度，通过技术创新、商业模式创新、客户体验创新以及平台开放，将搜索信息更加精细化，“即搜即用”的实现让用户的搜索体验大幅改善。

3. 移动运营商平台模式

移动运营商拥有网络，因此其搭建的平台也必须与自己的网络绑定。移动运营商可以通过开放自己的一部分能力，例如短信、计费以及位置服务等，帮助内容开发者开发相关的应用。同时，发展移动互联网业务和打造自己的应用商店，通过提供平台，聚集合作伙伴和应用开发者，丰富平台上的应用，满足客户的多元化需求和长尾需求。移动运营商平台面向的操作系统和终端很多，但用户一般是自己网络的使用者，对于开发者和终端商而言，自由度更大，对用户控制力也更强。

目前看来，三种平台模式各有特点，差异比较大。终端商平台模式无论是操作系统还是终端都是单一的，平台是封闭还是开放由终端商决定。互联网公司平台模式是开放的，它的优势是其拥有的核心应用，以及在此基础上打造的互联网平台，互联网公司是平台的领导者。移动运营商平台模式是完全开放的，但运营商既不掌控终端和操作系统，又没有内容优势，因此，移动运营商平台模式比较脆弱。移动运营商平台模式要成功就必须做好战略定位，聚焦垂直应用，只有通过战略创新、模式创新、市场创新、机制创新才能取得成功。

四、平台模式的战略定位

平台模式的最大特点是汇聚产业链上下游企业，它的成功必将释放巨大的经济价值，对促进产业发展、繁荣社会文化经济、提高人们物质文化生活品质具有重大意义。实施平台模式，首先必须明确自身的战略定位。平台模式通常有以下几种选择。

（一）成为完全的平台中介者

成为完全的平台中介者意味着需要首先搭建一个交易平台，通过强化平台运营和管理，汇聚内容开发者以及其他合作伙伴，自己不开发任何产品和服务，所有应用均由合作者以及开发者提供，并通过合作分成、前向内容收费、后向广告收费等方式盈利。

（二）建立独特的优势，成为差异化垂直平台

如今，在移动互联网的所有领域都有市场成功者和领先者，对于进入移动互联网的企业来说，不能盲目跟风。只有立足自身，结合自身资源能力和优劣势，做好市场研究和客户需求分析，选择细分市场作为切入点，从而构建与市场领先者的差异化平台优势，企业才有立足之地。

（三）对原有平台提供支持服务，成为平台的平台

在已经具有稳定中介模式的市场中，一方面，纯粹的网络中介服务很难生存下去；另一方面，中介实体公司又不愿意过于透明地开展网络中介信息服务，从而影响到自己的线下生意。由于存在这样的问题，网络中介服务商把自身定位为衔接买家与中介、卖家与中介的中介。

（四）对现有平台提供延伸增值服务，成为综合平台供应商

平台模式的发展一般先从满足客户核心需求的垂直应用平台做起。当垂直平台规模做大、品牌做强后，在此基础上通过流量导入拓展和延伸业务服务领域，往往能取得巨大的成功。

（五）开创全新的平台

当前，在互联网领域，如果按照既有的规则行动，企业往往难以获得独特的竞争优势。因此，移动互联网企业要有勇于创新、开创全新业务领域的精神，打造全新的业务平台。其关键点在于：一要切实满足客户需求，创造对顾客有价值的产品；二要通过创新实现产业的拓展和延伸，提高竞争门槛；三要不断推行产品创新，努力开发适应客户需求的产品；四要实行商业模式的变革。全新的平台是创新的平台，甚至是颠覆性的创新平台。为适应电子商务个性化和定制化的消费趋势，C2B 模式将越来越受电子商务企业的重视，它是对现有 B2B、B2C 和 C2C 电子商务模式的突破和延伸，具有广阔的市场前景。捷足先登者，将有机会在未来电子商务市场上立足。

第 2 节　平台模式的价值主张

一、定位多边市场

平台企业建立的前提是面对不同的用户群体。因此，建立平台企业的第一步，就是确定这些不同的用户群体是谁，以及各用户群体的需求是什么。平台企业需要同时制定能够纳入多边群体的策略，为每一边使用者创造价值，这样才能吸引更多的用户群体，实现扩大市场规模的目标。

对于平台模式的分析，首先是定义双边乃至多边使用群体。许多典型的平台企业连接了两个不同的群体，也有平台企业涉足三方及以上群体的。随着平台群体的增加，平台的复杂性不断增强。即使一个平台同时连接四五个不同群体，其分析基础也是一样的。值得注意的是，当一个平台企业对某一群体采取策略性开放措施时，这一群体就将成为平台中一个独立的边；若该群体的个体完全由平台企业私有，则不能算作独立的边。“双边”是最基本的分析单位，而多边模式的核心则是以双边模式为基础构建单位，连接两方不同的群体。

二、激发正向网络效应

人们接触平台企业的瞬间便被多种精心策划的配套机制团团包围，这些机制吸引用户入驻平台，主动与平台中的其他用户互动。这种基于环环相扣机制建立的体系，更有利于实现有层次的、循序渐进的多重目标。

设计适合平台的产业与服务群体的整套机制非常困难但特别重要，而设计整套机制的关键是正确运用网络效应。平台模式中的网络效应包括两大类：同边网络效应和跨边网络效应。同边网络效应指的是，当某一边市场群体的用户规模增长时，将影响同一边群体内的其他使用者所得到的效用。跨边网络效应指的是，一边用户的规模将影响另一边群体使用该平台所得到的效用。

通常效用增加称为“正向网络效应”，效用减少则称为“负向网络效应”。一般情况下，平台企业所设的机制都是为了激发网络效应的“正向循环”。建立足以激发同边网络效应和跨边网络效应的功能机制，能大大增加用户的使用意愿和满足感，进而提高盈利水平，对平台企业的成败产生决定性影响。

思政专栏 7-2

“国字号”平台探索消费扶贫新模式

2020 年是我国打赢脱贫攻坚战收官之年。在国务院国资委指导下，国网电商公司联合国家能源集团、鞍钢、中国大唐、中交集团等央企打造央企消费扶贫电商平台。

“多年来，各央企都在开展消费扶贫行动，但各个央企彼此之间存在资源和研发重复性投入。央企消费扶贫电商平台，有效破除了央企扶贫工作各自为战的局面，央企之间形成合力、资源共享，扶贫效率大幅提升。”国网电商公司电商扶贫事业部负责人谢祥颖分析道。

甘肃省甘南藏族自治州夏河县地处青藏高原东北边缘，具有典型的高寒草原地貌，是中国海洋石油集团有限公司（下称“中海油”）对口帮扶的 6 个贫困县市之一。依托央企消费电商扶贫平台，中海油不仅在甘南地区投资千万建立扶贫车间，还将甘南地区的特色扶贫产品引入北京、上海、天津和深圳等多个城市。

甘肃省甘南藏族自治州夏河县委常委、副县长张健表示：“我们在原有牦牛肉销售的基础上，增加了奶粉、蕨麻、青稞酒等农产品，使更多的群众受益。截至上半年，夏河县消费扶贫金额达到 364 万元，已超过去年全年的 266 万元。以前当地农产品主要的购买方是中海油，如今通过平台，已经面向所有央企及社会爱心人士。”

通过央企消费扶贫电商平台构建新的生态系统，不仅撬动了扶贫产品市场，也盘活了沉淀的营销资源。

为促进业务发展，各央企建立了不同的积分业务，例如航空积分送里程、电信积分送话费、电网积分送电费等。央企消费扶贫电商平台建立统一标准，各央企平台积分互联互通，可以由用户自愿兑换成央企消费扶贫电商平台积分，直接在平台上购买扶贫产品。

“目前，各家央企平台汇集积分达万亿级，转化资金超过 10 亿元，激活央企积分资源，将大大拉动扶贫产品消费空间。”谢祥颖告诉记者。

以平台化模式造血乡村经济，以数字化手段服务乡村振兴，央企消费扶贫电商平台依托平台、技术和资源优势正在不断激发全社会参与扶贫事业的内生动力。

资料来源：“国字号”平台探索消费扶贫新模式.（2020－08－31）. http://www.ce.cn/cysc/newmain/yc/jsxw/202008/31/t20200831_35634689.shtml.

三、建立过滤机制

网络有可能呈现负效应，这就意味着，某些成员的加入会降低其他使用者的效用和意愿。而不良用户一旦被纳入平台，可能会干扰平台的正常运转，甚至出现欺诈等行为。

只要平台企业在建立的初期即拥有完善的过滤机制，便不用再惧怕用户群体规模大幅度增长可能带来的一些问题。最基本的方式就是用户身份的验证。真实身份验证不仅可以促进个体用户与平台的成长，也有利于促进交流双方的沟通、互动和评价。

因此，应当建立一套机制体系，让平台里的多个参与方能熟悉甚至评论彼此的表现。当今电子商务平台建立的用户彼此评分机制，均是为了健全交易机制、区分优劣产品、协助精确配对。

通过机制体系来过滤用户通常有以下几种方式。最基本的方式就是用户身份的验证。有些平台企业设置了实名机制，强制要求用户必须以真实身份注册账号，这有效地提升了平台服务的可靠性。此外，平台企业会设置奖励机制，让提供真实资料的用户获得更多的回报。还有一种方式就是让用户成为彼此的监督者，比如让用户彼此评分的机制往往比其他过滤方式更为有效，因为集合大众意见的结果最具公信力。

四、赋予用户归属感

平台企业在制定机制的初期往往主要关注硬性功能，忽略了用户心理的软性层面。若平台能建立一套机制体系，让用户对平台产生归属感，将产生非常可观的效果。

一旦平台企业成功唤起了用户的归属感，就可以完成两项重要任务：第一，用户黏性在无形中大幅提升，而且效果比强制性的捆绑有效；第二，这些拥有强大归属感的用户很有可能成为“意见领袖”，自发地表达自己对平台的喜爱，无形中会为平台带来更多的新用户。

一系列的互动机制打造了环环相扣的体系，促进了平台中的双边群体在与对方交流中找到各自的归属，并与对方一起扎根于此平台。尊重用户、赋予用户权限（如分享机制）、增强用户的话语权（如投票机制）是激发用户归属感的常用方法。

延伸阅读 7－5　网易云音乐的流量收割路径

第 3 节　平台模式的价值创造

一、确定付费方和被补贴方

在双边平台模式中，平台所连接的两组使用群体被视为两个不同的市场。这两个市场都可能带来收益或产生支出。补贴就是平台企业对某一边群体提供免费的服务，以吸引该群体成员入驻自己的平台，并以此为筹码，进一步吸引其他群体。

平台企业为一边群体提供费用上的补贴，借以激起该群体中的人们进驻平台的兴趣，该群体称为被补贴方。平台另一边群体带来的持续收入可以支撑平台的运营，该群体称为付费方。

设定补贴模式的目的就是在不同的市场群体之间形成一种刻意的不平衡，像倾斜的跷跷板一样引发第一股推动力，进而激发网络效应。

（一）价格弹性反应

当平台提高其费用标准（包括进入平台的会员费用、增值服务的费用等）时，价格敏感度高的群体会流失得特别严重。当平台降低其费用标准时，价格敏感度高的群体更容易引发网络效应，从而大量涌入平台。相对而言，低价格弹性代表消费者对价格的变化敏感度低。无论平台提高还是降低费用标准，低价格弹性群体的用户数量都不会出现大幅度变化。

因此，价格弹性高的群体适合作为被补贴方，因为只要平台提供折扣甚至免费的服务，就能吸引大批群体进入平台消费。价格弹性低的群体适合作为付费方。

（二）成长时的边际成本

在双边模式里，若某一边群体的用户数量增加，企业为服务这些新用户所产生的边际成本仍然能够保持在较低水平，则该群体称为被补贴方。平台企业若希望用户快速增长，会将更多的支出用于补贴。

使用者数量增长时带动了高边际成本的群体，则这一群体称为付费方。如此一来，平台企业不但能够挪出付费方所支付的部分款项来抵消所产生的较高成本，而且能在一定程度上增加被补贴方的整体数量。

（三）同边网络效应

正向的同边网络效应指的是，当越来越多的属于此群体的人加入该群体时，每位用户的效用都会增加，从而吸引更多属于该群体的使用者加入。因此，当某一边群体拥有正向的同边网络效应时，成为被补贴方是最理想的。因为一旦平台企业提供补贴，便能有效地吸引这群人以倍增式的速度加入，产生惊人的成长效果。但是如果向这一群体收费，会让使用者的数量增长趋缓，导致网络效应带来的增值性无法得到体现。

当某一边群体的同边网络效应为负向时，企业可以将这一群体中用户相斥的特性转换为获利机制，让有支付能力的使用者出钱购买排他性的地位。

（四）多地栖息的可能性

如果用户多地栖息的可能性较大，也就是在不同平台之间转换的成本低，一旦平台决定收费，该用户将转向其他平台，所以向用户收费将有相当大的难度。该用户可以很轻易地跳到费用更低的平台，这种行为甚至容易引发平台间的恶性降价。因此，这类群体适合成为被补贴方。若某个群体多地栖息的可能性较小，也就是转换平台的成本较高，那么该群体适合成为平台的收入来源，也就是付费方。

（五）现金流汇集的方便度

平台企业如果以现金流难以集中作为向某一群体收费的原因，则会发现收费行为很难持续下去。对于大多数的平台企业而言，补贴模式可以直接套用在既定的双边市场框架内。然而有时候，平台企业会发现，双边的大部分使用者都不愿付费，此时平台不能简单地将一边群体完全视为付费方，将另一边群体完全视为被补贴方，而应在两边的使用群体中找出比较愿意付费的使用者作为付费方，其他则作为被补贴方。

二、建立准入机制

在平台模式中，对于用户“边”的定义必然拥有开放性的特质。否则，即使某一群体与平台有商业往来，也不能被称为平台中的一个群体边。

然而，由于产业和市场性质不同，某些平台企业会选择设置“用户过滤系统”，拒绝将不符合要求的群体纳入平台。如此一来，应该如何定义“开放”呢？如果审核机制过于严格，甚至将众多客户成员隔离，是否无法合理地称其为平台中的一边群体呢？

一种最基础的辨别方法是，只要平台企业与该群体的关系是通过“中立的机制选择”被纳入平台的，该群体就可以称为开放的“边”。反之，若是由平台企业亲自挑选搭配的成员，则不能视其为“边”，因为平台企业已经失去其固有的中立性，这些成员顶多算是供应商或者合作企业。

三、突破引爆点

所有平台企业都必须正确认识面临的最大挑战：平台企业在创始之初，究竟该如何引发网络效应并确保其持久性？平台企业连接了双边市场后，应该先发展哪一边的群体？

平台企业在创建初期就必须认识到，在用户面前塑造良好的愿景是非常重要的。一旦人们相信该平台企业将持续发展壮大，从众效应就容易产生。因此，人们在一开始会犹豫观望。如果平台企业通过一定的手段，明确传达企业的发展前景，在正面的预期之下，这些期望发生自我应验的可能性就会增大，推动人们迅速进驻平台。这也意味着，当用户认可平台的愿景时，后续的网络效应将非常可观。

平台企业要想享受网络效应的益处，有一个关键的前提：平台的用户必须已达到存货的最低临界数量。在平台模式中，临界数量指的是平台吸引用户的规模达到一定的数量，而这一数量能让平台自行运转和维持。若平台能够推动使用者加入，使其规模达到引爆点，那么已经在平台上的使用者带来的价值效应将会自动吸引新的使用者进驻平台，促使平台继续发展壮大。突破引爆点以后，平台企业将迅速成长，企业无须花过多的钱争取用户，已有用户自行产生的网络效应就足以吸引更多人加入。

四、扩大用户规模

平台企业连接起多边市场后，补贴模式就是促使企业成长的核心战略，若实施得当则能快速促进用户规模的增长，往引爆点推进。在平台的用户规模抵达引爆点之前，通常需要平台制定更多的策略来推进发展。

初创时期，平台必须先突破缺乏网络效应的真空地带，才能切实挖掘出用户之间关系的增值潜能——这对以网络效应为核心的商业模式来说颇具讽刺意味。然而增值潜能是每个平台企业都必须面临的难题。如何将平台推向引爆点，不同的平台企业和产业需要不同的方法。总的来说有个大原则：由于平台初期的网络效应甚微，这一时期的发展策略必须侧重于为潜在用户提供其他“非网络效应的价值”，这样才有可能引导早期使用者进入。

平台企业可以为初次进入平台的消费者提供折扣，为其提供赠品甚至奖金，或者主动协助不熟悉平台服务的消费者完成初次体验。建立在免费、优惠、体验等基础上的策略都是吸引人们首次使用平台的好方法，即使在尚未引发网络效应的初期，这些举措也足以提供明确的非网络效应诱因，引导人们进一步了解平台将为其提供怎样的服务。

五、提升平台质量

并非所有的平台企业都单纯将规模扩张视为发展的主轴。对于某些平台而言，群体的质量要比数量重要。盲目追求数量的增长，很可能对平台企业的定位产生负面影响。某些类型的平台商业模式，其核心就是建立在质量的提升之上。

在建立用户过滤机制的过程中，几乎所有的平台企业都能从过滤不良用户的机制中获益，以维护平台的信誉标准。质量维度的主题是将平台的进一步发展视为战略性选择。其中，知名用户在平台中发挥着重要的作用。顾名思义，知名用户是指已在大众心目中有一定声望的用户或是使用频率高的用户，可以是个人，也可以是企业组织。对于以知名用户巩固发展基础、连接双边市场的平台而言，若能网罗到具有高度相关性的知名用户，其引发的网络效应能量将扩散迅速而且强大。知名用户的加入能够让整个平台的价值获得提升，使平台企业的品牌得到肯定、质量得到认可。这些知名用户能够吸引更多的人慕名而来，大幅增强同边或跨边网络效应。

六、精耕细分市场

平台模式的精髓在于连接多方市场，使其通过彼此来满足需求。即使是相同领域的产品或服务，每位用户所需要的细节也不一定相同，因此设立个性化机制成为满足各方需求的重要环节。只有根据平台的不同发展阶段制定合适的发展框架，才能有效引导多边市场里的用户找到其真正所需。

当今的人们重视个性化，因此市场细分机制变得格外重要。通过这样的体系，跨边网络效应将得到最完善的体现——不仅大众喜欢的项目能得到重视，其他项目也能将有相同兴趣的人聚集在一起。此外，同边网络效应也将得到提升。

大多数平台企业都是自己依照某些标准进行市场细分，最大限度地满足相关者的利益。一个成长中的企业若没有打造出细分配对渠道的框架，就很可能被新进的竞争者侵蚀掉某一部分细分市场。对于一个既有的平台而言，细分市场策略要取得成功，首先必须达到足够的规模。在规模还未达到某个水平之前，进行种类划分或许会带来负面效应。严格地说，一个健全而庞大的平台企业，本质上是可以划分为多个细分市场的，质和量相辅相成。

这正是开放的平台所能获取的优势：物以类聚，人以群分，以市场细分活化企业的发展。在平台规模大幅扩张的同时，设立精细的框架将为使用者提供精确的匹配机制，并依此筑起多元且丰富的多边互动。

七、累计双边话语权刺激增长

平台企业拥有激发跨边网络效应的潜能，但是当被连接的双边群体均选择观望时，平台企业很可能发展不起来，因此，先引入哪一方群体进驻是平台企业面临的难题。企业必须首先意识到，平台的健康发展需要依靠多边市场模式，战略灵活度在企业的发展过程中是比较缺乏的，但是自己仍然可以决定在哪个市场投入更多的资源，其中的关键便是判别哪方使用者拥有更多的话语权。

一个企业在协商、交涉过程中的影响力，取决于其话语权的大小。平台商业模式中涉及协商、交涉的关系比单向传统产业链更为复杂。存在于平台企业中的对应关系至少有两种：(1) 各边群体彼此之间的交涉关系；(2) 各边群体与平台企业的交涉关系（见图7-2)。

平台企业本身话语权的增加通常取决于其能否使一方群体吸引到一定规模的另一方群体，能否为特定用户提供好的盈利机会，以鼓励用户参与。因此，评估平台企业所连接的多边市场的相对权限至关重要。只有这样，平台企业的战略发展才能更加有效。

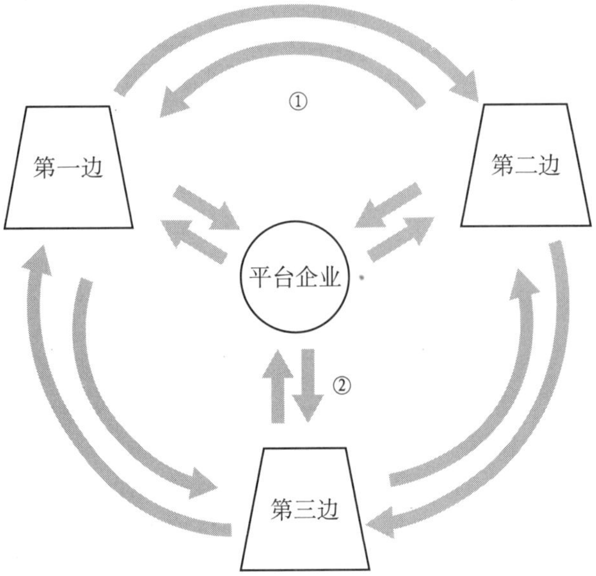

图 7－2　平台模式的话语权关系

说明：图中，①代表第一种协商交涉关系，它存在于各边群体之间，并未牵涉平台企业本身，平台企业仅需提供一个交涉场所，且负责建立起完善、中立的沟通机制、交易机制，接下来就可以让各群体自由互动。②代表第二种协商交涉关系，它是平台企业与其所服务的各边群体所进行的博弈。作为平台企业，需要与栖息在平台上的各边群体进行协商，甚至谈判利润分成原则、促销责任归属等。

单边市场只有达到足够的规模，才可能要求平台企业调整基础架构来满足它的期望。但是，该群体达到一定规模之时，往往也正是平台企业往下个阶段转型之时。该群体的规模壮大不仅提升了自己与平台交涉的话语权，同时也提升了平台企业本身的话语权。

延伸阅读 7－6　平台“二选一”能否被终结

平台企业的本质就是对话语权的操控，通过巧妙掌控双边市场的互动，在推动双方势力的同时提高平台自身的价值，因此平台企业不能拘泥于仅仅协助其中一边用户的成长。

八、拟定用户转化

从初次发现产品的存在到决定是否购买，消费者通常会经历察觉、关注、尝试、行动四个阶段。

首先，在察觉阶段，必须让一位新的潜在消费者意识到产品的存在。企业若能够简明扼要地传达产品的核心价值，便有机会将客户推往第二阶段，也就是真正关注该产品。

平台必须激起消费者对产品的兴趣，使其进入关注阶段。只有自身需求与产品价值契合的人才会愿意花时间了解产品的细节。

这时，如果平台提供试用版本或试用渠道，消费者很可能会欣然接受，进入第三阶段——尝试。若试用体验良好，再加上正确的营销手段推动，消费者将立即进入最终的行动阶段，即购买产品或成为正式会员。

许多平台所使用的战略就是为了在潜移默化的情况下让人们自愿进驻平台（在本书中，视平台为“产品”与“服务”的共同体，而客户愿意为使用平台付费就是进入行动阶段）。

发展平台的第一步，就是让潜在客户群意识到平台所提供的价值。在平台企业被人们注意到后，下一步便是引起其中部分群体的兴趣，而这些群体正是企业的潜在客户，其需求与平台所提供的价值相吻合。在被曝光并获得关注后，多数平台企业会为顾客提供免费尝试的机会，希望人们在获得良好的体验后愿意付费购买平台的服务或者产品。在如今平台企业都面临同质竞争的情况下，以免费体验吸引用户已经成为最基本的策略。

为使消费者心甘情愿地采取行动付费，其中的一个关键就是支付的可靠性和便捷度。一个具有可靠信誉的支付模式，能够避免消费者产生疑虑；一个方便快速的支付模式，则能使消费者平稳地完成消费体验。要让潜在用户最终买单，确保这一点是非常重要的。

第4节　平台模式的盈利方式

一、实施多元定价

许多平台企业提供的价值，并不是可以精确计算成本的实物产品，而是无形的服务。因此，平台企业的定价不能采用传统的“原料成本加上附加价值”的模式。每个平台企业在确定其定价策略时，必须重点考虑以下几点：群体之间是相互影响的，对每一边群体的定价策略都会对其他群体产生影响；平台的发展阶段；产业竞争格局。

实施多元定价是对不同层级的客户执行不同的产品定价。通过分级制的定价策略所赚取的盈余，有一部分必须回归到平台或者让利给其他群体。唯有如此，才能使平台连接的多边群体不断受到鼓励，促进彼此的发展。因此，平台企业必须考虑到价格对该群体付费意愿的影响，以及能够让利给其他边群体的比例。

平台企业在依靠免费或补贴策略冲抵临界数量后，该如何引导平台上的群体接受付费条款？以淘宝为例，小额但多样化的付费增值服务慢慢建构起盈利基础。这些多元增值服务包括为店家提供定制内容的“淘宝旺铺”、以广告内容呈现的“淘宝直通车”，以及店家上架费、交易佣金等。

若竞争对手提供相同的服务且同时免费，平台在市场中的定位必然会受到冲击，其中的关键在于平台企业的利润来源是多元的还是单一的。一边群体是否有“多地栖息”的现象，不仅影响平台企业对它的定价策略，也影响其对另一边群体的定价策略。

平台企业定价策略的终极目标是多元化。平台企业将产品或服务进行切割、打包，以一系列多元的价格选择提供给多边群体市场，协助需求各异的人找到自己能够接受的价位。多元定价策略可以帮助平台企业摸清市场的动向，有效捕捉用户群，最终实现成长。

二、提高用户转换成本

将用户绑定在平台生态圈中的关键是用户转换成本的大小。所谓转换成本，意指用户离开平台时所需要承担的损失。诱发网络效应的种种机制条件，往往是提升转换成本的最佳工具。阻止用户脱离平台的有效的方法之一，就是让该用户与其他用户建立起深厚的关系。

被视为平台生态圈中某个边的市场群体，大多具有开放性的特征。此群体中的人能够自由选择是否进入这个生态圈。当平台企业需要大幅补贴某方用户时，防止用户任意流失的壁垒显得更加重要，否则补贴策略产生的效益便会付之东流；一旦转换平台过于简单，补贴模式很可能导致灾难性后果。

转换成本以各种形态出现，成为人们离开平台时的一股有效阻力。这些成本包括用户学习使用平台所投入的时间成本，养成习惯所投入的精力，已花费在原平台上的沉没成本，转换到新平台所需要的费用，以及转换平台所造成的商机损失。这些转换成本的增加能够提升锁定用户的概率，使其不能轻易离开生态圈。

由于服务的市场群体和商业模式不同，平台企业用以提高用户转换成本的策略也存在相当大的差异。诱导人们购买平台设备、以机制吸引人们投入时间、提供诱因让人们进驻生态圈，仅是其中的几种方式。让用户留驻平台的最有效方法，就是让用户在平台中建立自己认为重要的身份。

平台是聚集多方群体的场所，构建多元、优良的交流系统能够让各边群体成为绑定彼此的力量，而赋予人们权利与选择是塑造归属感的基础。

三、利用关系网增值

平台商业模式的特点就是利用群众关系来建立无限增值的可能性，这种现象称为网络外部性或网络效应。传统的经济理论将消费时所获得的价值观视为个人层面的东西，与他人无关；然而在现实中存在这样一些产品和服务，当使用者越来越多时，每一位用户所得到的消费价值都会出现跳跃式的增加，这就是典型的网络效应。网络效应在平台商业模式中可以发挥极大的作用，而平台商业模式也需要利用网络效应持续增强竞争力。

大多数平台企业不仅能够拓展单一群体之间的关系规模，还能够连接双边（或多边）的使用群体，让不同的群体通过平台相连达到为彼此增值的目的。每个人在使用这些平台的产品或服务时，或许并非抱着为他人创造价值的心态，但实际结果却是整体价值的提升。

四、不断调整盈利方式

平台企业不仅商业模式千变万化，其盈利方式也逐步多元化。具体来说，付费方群体通常是平台的收入来源，他们不但可以补贴另一方群体，使其茁壮成长，而且为平台注入了足以维持其运营的资金。付费方对价格的敏感度相对较低，拥有较弱的价格弹性，因此成为平台索取费用的目标，包括进入平台的参与费用、增值服务费用等。

但商业竞争态势多变，有时平台企业必须做出战略性调整，改变补贴模式，原来的被补贴方也可能需要承担付费的责任。一种更常见的情况是，平台企业在扩大规模的过程中逐渐分散其盈利途径，以不同的方式向各方群体收费。因此，平台企业应该根据自身的发展及时调整盈利方式。

案例分析

IBA 颠覆传统商业模式，开拓新商机

在互联网商业风潮下，新兴互联网行业如雨后春笋般生长，而巨大的市场空间也吸引了各路资本纷纷布局。在这样的形势下，广州爱彼家网络科技有限公司（以下简称“IBA”）顺应潮流，打造了综合性全球商业互联网平台——IBA 全球商业联盟。这是一个集衣、食、住、行、娱乐等消费于一体的超级服务联盟，整合当前流行的 O2O、B2B、B2C 等电商模式，并基于 P2P 框架打造覆盖线上线下商业集群的全新商业模式。

今天，互联网行业竞争如此激烈，IBA 如何才能在同行中脱颖而出呢？它和传统的互联网平台有什么区别呢？

与其他从零开始做起的创业型企业不同，IBA 是有基础、有计划、有积累地投身互联网行业的，并有一套完整的独立体系。

IBA 秉承“多彩世界，多彩生活”的企业愿景，不再局限于本国的业务发展，而是致力于构建一个全球商业联盟，并整合全球千万商家资源，形成一个超级供应链，涵盖足以满足全部日常生活和个性化需求的商品交易和服务产品，为全球每一位消费者带来最优质的产品和服务。

IBA 整合全球千万商家，组成了一个从空中到地面、从虚拟到现实的超级商业平台，相当于将 eBay、淘宝、携程、美团、万达城市广场等商业集群有机结合为一体，并配套完善的国际贸易物流平台，以满足全球商业一体化带来的庞大流通需求。此外，企业的 ERP 系统可以接入 IBA 系统，实现真正的全球化。

IBA 大数据系统以用户画像的思维模式，对用户数据进行多维度深挖，分析用户个人喜好、消费习惯等特征，为每位用户定制最贴心、最具延续性和专属性的服务。比如，如果你准备去美国纽约旅游，只需要将旅游目的地选择为“纽约”并列出时间计划，接下来旅游行程所有需要准备和携带的东西以及旅行涉及的各个环节（如护照、签证、机票、酒店、景点、美食、免税购物等），甚至一些个性化的服务，都将由整个系统根据你的喜好触发，会有专门的旅行社主动协助你完成护照和签证的办理，机票系统也将自动为你购买最合适和最便宜的机票，凭借手机你可以直接到酒店扫描二维码入住，轻松享受旅程，不再为出行的各种琐碎事务而烦恼（见图 7－3）。

IBA 率先提出“全球互联”的概念，让消费者顺利实现全球免税消费而不受地域限制，也不受语言限制，消费者在全球范围内都可以购买到自己喜欢的高性价比的产品。基于移动互联网大数据，IBA 为每一位消费者提供优选推送、自主交易、电子结算等更加便捷、个性化、贴心的服务。

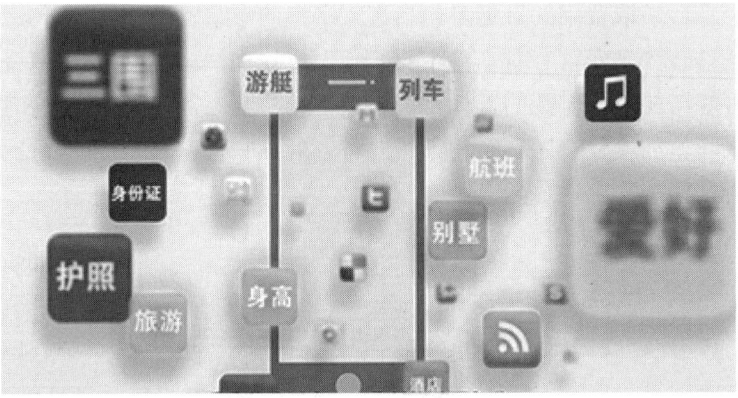

图7-3 IBA的海外旅行服务

IBA全球商业联盟采用大数据时代多维度的用户数据分析方式，势必在世界范围内掀起新经济浪潮，为创业者带来广阔的发展空间。IBA全球商业联盟这个正在构建中的移动、便捷、个性化的超级商业平台，改变了以往的商业模式，将再次开启互联网时代新的商业模式！

资料来源：IBA全球商业联盟：颠覆传统商业模式 开拓新商机.（2015-09-09）. http://cnews.chinadaily.com.cn/2015-09/09/content_21830337.htm.

思考题

1. IBA是如何将各种资源整合为平台的？
2. IBA传递给客户的是怎样的独特价值？
3. IBA与现有的OTA平台有哪些区别？

基本概念

平台模式（platform model）
过滤机制（filtering mechanism）
价值创造（value creation）
平台质量（quality of the platform）
盈利方式（profitable way）

讨论题

1. 平台模式有哪些分类？
2. 平台模式如何给客户创造价值？
3. 平台模式的盈利方式有哪些？

课程思政要点

（1）认识平台经济规范健康持续发展的重要意义。
（2）平台经济助力人民美好幸福生活。

第8章

垂直模式

引例 垂直电商崛起，大众电商让路

现在一说到电商，首先想到的是淘宝、天猫和京东等几个大众电商平台。实际上就阿里系的淘宝和天猫而言，已经一骑绝尘，遥遥领先于同行。从每年的销售额的增量来看，我们似乎有理由相信，以淘宝和天猫为主的大众电商平台正在“清洗”传统的线下产业。

当年国美和苏宁两个家电连锁平台“血洗”传统家电百货商场的时候，黄光裕似乎信心满满，认为国美一统家电市场的江湖指日可待。没想到好日子没过多久，京东电商平台侧翼出击，出奇制胜，极大地分流了家电的消费市场。因此，最可怕的竞争对手往往不在圈子里，不在你的视野范围内，不管你愿意还是不愿意，知道还是不知道，它都会悄无声息地蚕食甚至取代你。

关于未来的电商平台如何细分，不同的人有不同的想法。随着消费形态的变迁，以及移动互联网技术的升级与变革，未来电商的发展趋势是：逐渐演变和生成细分市场的垂直电商平台，它不是单纯的线上平台，而是线上线下整合交互的垂直平台。理由如下：

(1) 随着消费人群的变迁，特别是“90后”的成长和成熟，他们的消费潜能逐渐爆发出来，其消费能力不容小视。这一代人以独生子女为多，生活环境优越，多才多艺，以自我为中心，讲究个性化的消费。他们已经不满足于大众电商的同质化产品，不满足于大众电商的轻体验式服务，这就为个性化的产品、定制化的产品、需要线下重度体验和参与乃至DIY的产品提供了广阔的发展空间。而这些特点是纯线上的大众电商平台远远无法满足的。

(2) 对于移动互联网时代来说，流量在哪里，销售和推广就在哪里。我们总是简单粗暴地定义每一个APP背后的属性，比如我们说百度是搜索平台，微博是自媒体平台，微信是社交平台，天猫是电商平台，其实这些特征只是它们的核心竞争力而已。对于微信，虽然我们将其定义为社交平台，但是它在移动端的流量占到整个流量的70%以上，如果这些流量能够转化成销量，你能说它只是社交平台吗？在移动智能端，我们甚至可以这样理解，移动智能端每一款 APP 都有帮商家将关注转化为销量的潜在功能，所以电商被碎片化也在情理之中。

（3）随着细分市场垂直平台的崛起，加上许多行业都有自己独特的行业属性，这在某种程度上制造了竞争的门槛。大众电商很难满足细分市场行业的需求。比如在家居建材行业，消费者越来越趋向于自己动手制作、个性化定制，越来越看重深度体验及过程服务等。只有在这个行业沉淀了很多年而且懂互联网运营的人，才能够真正打造以行业为属性的垂直电商平台。

（4）在移动智能时代，二维码、LBS（基于位置服务）地理定位技术的普及为细分市场垂直平台的崛起奠定了技术基础。二维码作为电子标签和凭证，打通了线上和线下，实现了随时随地的交易、付费、推广与销售。而 LBS 可以精准地定位消费者的当前位置，根据消费者的需求和消费半径，随时随地为消费者提供个性化的服务。

资料来源：垂直电商崛起，大众电商让路!.（2015-09-11）. http://www.globrand.com/2015/585020.shtml；垂直电商的“减法”求生术.（2019-02-27）. https://baijiahao.baidu.com/s?id=1626564092102304907&wfr=spider&for=pc.

第 1 节　垂直模式概述

一、垂直电子商务模式的内涵

垂直电子商务模式是指在一个行业或细分市场深化运营的电子商务模式，简称垂直模式。垂直电子商务网站旗下都是同一类型的产品，这类网站多从事同类产品的 B2C 或者 B2B 业务。垂直模式的优势在于专注和专业，能够提供满足特定人群更高层次需求的消费产品，符合某一领域用户的特定习惯，因此更容易取得用户信任，从而使用户加深对产品的印象，树立良好的品牌形象和口碑，形成独特的品牌价值。

垂直模式不仅能集中展示某一类型的产品，价格更低，更重要的是能够提供专业化的服务。这里的“垂直”主要有两层含义：

延伸阅读 8-1　从特卖起家到回归特卖——唯品会的乘风破浪之路

一是商品品类的垂直。如聚焦于鞋类的 Zappos，聚焦于生鲜市场的每日优鲜、盒马鲜生等，这类垂直电商非常注重产业链上下游资源的整合，从而可以为消费者提供具有更多附加值的产品和服务，将标准化产品做出特色，将非标准化产品做出品牌。

二是目标人群的垂直。如聚焦于母婴群体的 Zulily、聚焦于军事爱好者的铁血君品行等，这类垂直电商通过挖掘特定人群的核心需求，进行品类的扩张，满足这类人群的综合购物需求。国内外都存在一些创新型的垂直电商企业，它们在垂直品类或者垂直人群的基础上又进行了多种维度的创新，不但在市场上站稳了脚跟，而且取得了很大的发展。

思政专栏8-1

细分市场撬动消费潜力

消费升级带动消费细分

《瞭望》新闻周刊2020年发布的《小镇青年消费研究报告》分析认为，消费升级表现为不论哪个消费群体，对品质的要求都更高了。在升级过程中细分市场越来越重要，未来谁把消费者画像画得越具体、越贴切，谁的发展就越快。

国家统计局数据显示，2020年上半年，全国实物商品网上零售额同比增长18.7%，增速比上年同期提高4.4个百分点。从与网购密切相关的邮政快递业发展情况看，截至2021年7月初，我国快递业务量突破500亿件，接近2018年全年业务量。

推动细分市场供需匹配

当前，我国消费市场细分群体越来越多，要满足消费者个性化、细分化的需求，供给侧的生产组织也要随之改变，聚焦细分人群需求的企业会迎来更多发展机遇。

良品铺子产品研发事业部负责人说："现在标准化生产的商品难以满足消费者的不同需求。我们一手做加法，一手做减法。针对细分人群需求增加功能性，为孕妇、产妇、儿童、老人等提供特定产品；同时减糖、减油、减盐，对香精、色素等添加剂'做减法'，更注重食品的营养健康。"

也有不少商家捕捉到来自单身群体的商机："一人食烤肉""一人食火锅"很受欢迎；小巧又兼具多种功能的小家电销量在家电市场快速增长；小户型单身公寓的租赁需求强劲；传统商家也纷纷推出小包装商品，1斤装大米、500毫升食用油等。

不过，也有一些商家把细分作为营销噱头。有些面向婴童、老人的产品只是外观变一变，却没有内在功能的差异。比如一些商品只要沾上"儿童"二字，价格便高出很多，但不一定具有针对儿童群体的特殊功能。

专家表示，新消费群体的涌现值得企业关注。但只有真正了解不同群体的消费需求，调整产品和服务，推动供需匹配，才能更好地挖掘消费潜力。制造企业可以改进供应链系统，利用大数据系统开展C2M（用户直连制造）反向定制，从产品研发、价格制定、渠道选择和广告推广等多个方面全面实现数字化、网络化，提升消费者满意度。

资料来源：细分市场撬动消费潜力.（2021-08-011）. http://www.gov.cn/xinwen/2021-08/11/content_5630599.htm.

二、垂直模式与综合平台模式的比较

与垂直模式不同，综合平台模式指聚焦各个领域、全面拓展的电子商务模式。垂直电商在产品、服务、渠道整合等方面更专业，可为消费者提供更好、更贴心的购物体验，也能有效地整合上下游供应链。但垂直电商模式存在一定的劣势，如产品种类较少、市场占有率较低等。总而言之，综合平台模式与垂直模式二者之间的区别主要体现在以下三个方面。

（一）消费者群体

综合平台电商聚焦于所有的消费者群体，让所有的购物者均能在综合平台上找到自己想要的产品与服务。而客户的专业化是垂直电商最大的特点，企业通过不断地对其专业客户群体进行分析，满足这些客户的需求来提升自身的服务质量，通过精准化营销在专业领域谋求一席之地。

（二）产品与服务

随着平台所经营产品的不断丰富，消费者可以在一家平台上使自己的需求得到满足，多种产品线与各类服务是综合平台模式最主要的特点。而依托所经营品种的专业性，通过提供专门的服务来提升用户体验是垂直电商的特色之一。如今，大多数垂直电商遭到综合平台电商的围剿，能够脱颖而出的企业往往都具有更加专业与细致的服务，通过提供专业服务来培养客户的忠诚度，进而提高重复购买率。如美乐乐通过开设线下体验馆来解决消费者在网络购物过程中存在的疑虑，并且立足于体验馆开展了一系列特色服务，大大提升了用户体验，使自己在家具网购市场赢得了良好的口碑。

此外，垂直电商的产品种类相对较少，价格处于劣势。从产品来讲，垂直电商销售的商品在综合平台上也能找到，而且综合平台产品更全，经营商家多，价格或许更便宜。另外，与综合平台电商相比，垂直电商的财力、物力和人力难以与之抗衡，这不利于垂直电商平台开展大规模的促销活动。

（三）市场占有率

从流量来讲，垂直电商需要流量，势必与综合平台电商（如京东、淘宝等）产生冲突。京东、淘宝基本上是全面布局，预算充分，平台议价能力强，而垂直电商流量的购买成本无法与综合电商平台竞争。

从转化率来讲，综合平台电商的优惠降价促销投入大，产品全，转化率大大高于垂直电商。在这种形势下，对于大众化、标准化的实体商品来说，综合电商平台必将凭借自身的供应链优势迅速扩张并占领市场。目前 3C 家电、母婴用品、服装、护理用品、食品等主要商品基本由综合平台经营，垂直电商确实很难有机会扩大市场份额。

三、垂直模式的主要类型

垂直模式的核心就是为某一细分领域的消费者提供专业化的产品与服务。主要分为垂直 B2B 模式、垂直 B2C 模式、垂直 B2B2C 模式、垂直 O2O 模式及垂直跨境模式等。

（一）垂直 B2B 模式

垂直 B2B 模式主要是在某一细分行业或市场由生产商与采购商之间专业经营批发业务的电子商务交易平台。这类平台主要是面对各种原材料、半成品等行业，比如化工原料、纺织原料、金属矿产、五金原料等。垂直 B2B 平台收入模式与其他平台相同，以广告和交易佣金为主。

（二）垂直 B2C 模式

垂直 B2C 模式是在某一细分行业或市场由生产商（品牌商）对个人开展零售业务的电子商务交易平台，主要适用于生活服务、品牌直销、虚拟产品等行业。其中比较具有代表性的有聚美优品、梦芭莎、唯品会等。

垂直 B2C 电子商务网络营销平台的特点表现在两个方面：第一，专业、专一，就是集中全部的资源和力量重点打造专业性的网络商品销售信息平台，以自身行业为发展特色，对某一类商品行业做重点的全面研究，例如鞋、衣服、电器等。第二，深入、深层次，坚持主要发展方向，具有独特的专业性。它通常在专业销售的基础之上再进行更加深层次的研究。专业、专一是垂直型网站取得发展的前提条件，深层次的进一步发展是为了提升产品的服务品质和提高商业盈利。

（三）垂直 B2B2C 模式

垂直 B2B2C 模式是在某一细分行业或市场，生产商（品牌商）与零售商之间、零售商与消费者之间、生产商与消费者之间，集批发、分销、零售于一体的综合性平台，主要适用于标准化和非标准化产品行业。

这种新兴的商业模式是适用于标准化和非标准化产品的最佳模式，可以对整个产业链进行整合，实现厂家、网商、消费者的实时对接，为厂家提供一个完整的批发分销零售平台。厂家可以把所有的仓储营销业务都利用平台网络进行管理，提升效率、降低成本，为厂家实现规模化、品牌化提供有力支撑。同时，平台为网商创造零库存运营条件，为消费者提供厂家质保产品，物流也可以与传统行业物流相结合，在砍掉所有中间商及仓储，降低物流成本后让利于消费者，形成整个产业链的产供销一条龙服务；对于需要安装等售后服务的产品，如家装及汽车售后市场，还可以形成服务一条龙，谋求厂家、网商、实体店和消费者"四赢"，而不是靠恶性的价格竞争互相损利来争夺市场；平台的主要收入依靠广告和交易佣金，后期可以通过为消费者提供增值服务进行收费。

（四）垂直 O2O 模式

垂直分为两种情况：一种是品类垂直，有些品类可以采取传统电商的形式独立存活；另一种是地域垂直，不少熟知当地市场的本地玩家借 O2O 逐渐兴起。随着移动互联网的发展，垂直 O2O 得到了迅猛发展。垂直 O2O 在某一特定细分市场或领域实现了线上

延伸阅读 8－2　波奇网：垂直类宠物行业 O2O 模式先行者

与线下的融合，可以为消费者提供更加方便、快捷的服务与购物体验。

（五）垂直跨境模式

作为电商领域的一个重要分支，跨境电商成为继PC电商、移动电商之后的又一片“蓝海”。因此，垂直跨境模式已得到极大的关注。除了专注于某个行业（如服装、婚纱等渗透式的行业）的垂直跨境电商，最近业界开始兴起专注于某个国家市场的垂直电商模式。专注于一个市场有很大的潜力，而且声誉会持久，并随着时间的推移凭借声誉拉拢更多的用户。例如，在业界声名鹊起的“日贸通”就是采用市场垂直模式的跨境电商。2015年日贸通上线了B2C外贸批发零售平台，帮助中国商家直接面对日本的中小采购商以及消费者，并且还会布局完成商务服务平台，把翻译、知识产权、物流等贸易相关企业都拉进来，一起为两国贸易企业提供更多的服务。在一个海外垂直市场中，B2B+B2C这样的布局显得更加深入，对于商家来说，效果也会更加明显和突出。

延伸阅读8-3　同仁堂打造首个健康垂直领域跨境电商平台

第2节　垂直模式的价值主张

商业模式主要回答以下三个问题：为谁创造价值？用什么创造价值？怎么赚钱？因此，价值主张是商业模式最重要的部分。相对于大众熟悉的综合平台电商天猫、京东、淘宝网等，垂直电商是在某个行业或细分市场深度运营的电子商务模式，其优势在于专注和专业地提供更加符合特定消费人群的产品或服务，满足特定领域用户的需求。

一、客户定位

客户定位描述一个企业想要接触和服务的不同人群和组织。客户构成了商业模式的核心，没有可获益的客户，企业就不可能长期存活。为了更好地服务客户，企业可能把客户分成不同的细分市场，每个细分市场中的客户具有共同的需求、共同的行为和其他属性。商业模式可以定义一个或多个或大或小的客户细分群体。企业必须做出合理的决策，到底该服务哪些客户细分群体，忽略哪些客户细分群体。要想成为独立的客户细分群体，需要具备以下特点：

（1）客户群体需要明显不同的提供物来满足需求；

（2）客户群体需要通过不同的分销渠道来接触；

（3）客户群体需要不同类型的体系；

（4）客户群体的盈利能力有本质的区别；

（5）客户群体愿意为提供物的不同方面付费。

垂直电商在定位客户群体时需要回答两个问题：企业正在为谁创造价值？谁是企业

重要的客户？一般而言，垂直电商主要是基于特定细分市场的客户群体，即为某一特定市场的客户提供价值，设计满足客户要求的产品或服务。所以，垂直电商一方面应该精准定位，找到某一细分市场，找准消费群体，了解其需求，为其提供称心如意的产品或服务；另一方面也应致力于让消费者重复购买，通过优质的购物体验把企业的品牌和口碑传播出去，吸引更多新的顾客。

二、垂直模式的价值主张

价值主张指为特定客户群体创造价值的系列产品和服务，主要回答以下四个问题：企业该向客户传递什么样的价值？企业正在帮助客户解决哪一类难题？企业正在满足哪些客户的需求？企业正在向客户细分群体提供哪些系列的产品和服务？价值主张就是企业通过其产品和服务所能向消费者提供的价值。价值主张确认企业对消费者的价值所在，是商业模式的载体。没有独特的价值主张与产品，商业模式的任何设计都会变成空中楼阁。

垂直电商模式专注于垂直行业发展。与综合电商相比，第一，在产品划分上具有单一特性，有助于产品细分，有利于服务的专业化；第二，垂直模式的物流管理更加高效、便捷，在很大程度上能满足顾客对快捷服务的要求。此外，垂直模式注重顾客的评价体系，保证售前售后的良好服务，以顾客为核心构建一个完整的服务体系。因为垂直电商聚焦于某一细分市场，满足小众消费者的需求，为其带来一定的价值，所以与较大的综合平台相比，垂直电商的价值主张应该更加清晰，即有精准的企业价值主张，从而为顾客带来更有意义的价值。

价值主张要通过迎合细分群体的需求来创造价值。价值可以是定量的，如产品价格与设计等；也可以是定性的，如客户体验等。垂直电商模式主要从定量与定性两个方面来使其价值主张精准化，为目标客户提供价值。

（一）垂直电商的定量价值主张

定量价值主张聚焦于为客户提供可量化的、可见的价值。垂直电商的主要优势在于较低的价格和定制化的产品，这是因为垂直电商聚焦于某一领域，与供应链前端和后端形成合作的关系，产品的价格相对较低，质量能够得到保证。此外，定制化产品和服务可以通过满足个别客户或客户细分群体的特定需求来创造价值。大规模定制和客户参与定制是垂直电商发展的契机。随着消费者个性化需求的产生，垂直电商能够快速地响应其需求，为消费者提供个性化、差异化的产品，给他们带来价值。

（二）垂直电商的定性价值主张

体验式消费是一种新颖的消费模式，由消费者先试用商品，通过直接体验感受商品效用，从而引领新商品的消费。垂直电商的定性价值主张就是为消费者提供良好的消费体验。体验消费模式是市场推广的创新，受到消费者的广泛欢迎，同时是线上线下整合的关键。未来电商的发展离不开消费者体验，特别是对于垂直电商而言，良好的消费者体验是线上引流的关键。

三、垂直模式价值主张创新的三大立足点

（一）用户思维

在互联网飞速发展的今天，垂直模式的价值主张创新必须适应用户思维。从产品设计、极致的用户体验到口碑传播等，都离不开用户的参与。用户参与并不是单纯的社区和论坛建设，而是需要在用户设计、用户互动、用户主导、用户体验及用户服务等方面下功夫。随着用户私人定制的比例越来越高，垂直电商迎来了发展的春天。聚焦于某一独特的市场领域能更好地体现出用户思维，为消费者提供独一无二、能形成共鸣的产品。

（二）极致单品

极致就是要求企业的产品或服务超越用户的想象，单品就是指企业要集中资源主推一个主导产品。互联网时代强调专一，只有专一才能集中力量把产品或服务做到极致。

（三）快速迭代

快速迭代是指产品创新要快。一切好的体验都源于不断的试错和改进，只有不断地更新产品或服务，聚焦于专一的产品，才能打造独特的垂直电商品牌，获得充足的流量和客户。

思政专栏 8－2

定位在社会发展中的重要性

习近平总书记在福建考察时强调，要坚持系统观念，找准在服务和融入构建新发展格局中的定位。“十四五”开局之年，在经济社会发展全局之中，找准自身位置、抓好关键环节，既是把系统观念运用于理解和贯彻新发展理念的体现，又是做好各项具体发展工作的基础。

我国幅员辽阔、国情复杂，地区间经济社会发展不平衡不协调的问题较为突出。“十四五”规划纲要提出，深入推进西部大开发、东北全面振兴、中部地区崛起、东部率先发展，支持特殊类型地区加快发展，在发展中促进相对平衡。

四大区域的最新定位给各地经济社会发展提供了遵循。全国各地找准自身发展定位，构筑既体现本地特色、又具有绿色特征，还能融入国内国际双循环新发展格局的现代化经济体系的举措。“十四五”时期，从东部到西部，从中部到东北，从长江经济带到黄河流域，从三大世界级城市群到雄安新区，都有针对性的战略部署。

“针对性，就是发挥本地优势，锻长板、补短板，走出适合本地区实际的高质量发展之路。”上海市领导科学学会会长郭庆松说：“比如在‘十四五’规划纲要中，西部大开发被赋予的重任就是形成大保护、大开放、高质量发展的‘新格局’，振兴东北的落脚点则在于‘新突破’，中部地区是‘加快崛起’，东部地区则是‘鼓励加快推进现代化’。这些最新的定位充分体现了经济社会发展的系统性，也为我们勾勒出未来中国的

美好画卷。”

资料来源：李自强. 在新发展格局中找准定位.（2021－04－13）. http://theory.people.com.cn/n1/2021/0413/c40531－32076279.html?ivk_sa=1024320u.

第3节　垂直模式的价值传递

企业向顾客供应产品和传递产品信息的渠道，是商业模式正常运作必不可少的外部价值链。产品或服务的价值传递是企业把产品和服务传递给目标客户的分销和传播活动，目的是让目标客户方便购买和了解公司的产品或服务。价值传递与客户关系是相辅相成的。有效的价值传递首先必须聚焦于客户关系，客户是其价值传递的终端，特别是对于垂直电商而言，在某一细分市场内，客户关系的维系及发展可以成为其制胜的竞争优势。同时，良好的客户关系是垂直电商价值传递的保证。此外，基于良好客户关系的精准营销是垂直电商的价值传递的助力器，可以收到事半功倍的效果。

一、客户关系

客户关系指公司与其消费者群体之间建立的联系，主要回答三个问题：每个客户细分群体希望企业与之建立和保持何种关系？企业已经建立了哪些关系？这些关系成本如何？在当今“消费者为王”的时代，良好的客户关系是决定企业成败的关键。在产品和服务高度同质化的时代，重要的不是企业有多好，而是消费者认为企业有多好。因此，通过努力，多途径、全方位地持续保持良好的客户关系非常重要。

垂直电商聚焦于差异化的品牌战略，服务特殊的小众消费者，重复购买不成问题。同时，良好的客户关系带来的传播价值也是无限的。垂直电商要做的不仅是让消费者重复购买，而且需要通过消费者一次次优质的购物体验把自己的品牌和口碑传播出去，吸引更多的顾客。

在移动互联网时代，人将取代内容成为互联网的基础单元，作为网络节点的用户，每一个人就是一个传播中心，人际关系网络成为双向的信息传播渠道。垂直电商也可以通过新产品为用户提供衍生服务，让用户创造信息并自发传播。

口碑传播是指具有感知信息的非商业传播者和接收者对于一个产品、品牌、组织和服务的非正式的人际传播。口碑传播是市场中最强大的控制力之一，因为它对影响消费者的态度和行为会起到重要作用。现代营销人士视之为世界上最低廉的信息传播工具和高可信度的宣传媒介，称之为“零号媒介”。如今，消费者之间的信任由传统的垂直信任向水平信任转变，在购物时，消费者越来越重视其他消费者的购物感受及推荐，因此，良好的客户关系是口碑传播的重要保证。口碑传播需要良好的产品特征。优购时尚商城等垂直品牌电商的成功，正是归功于用实力说话，打造属于自己的专业化的精细产品。

二、精准营销

精准营销是良好客户关系的产物，也是企业价值传递的关键一环。精准营销是以数据为导向，以客户为核心的营销方式，其主旨在于通过正确渠道，在正确的时间向正确的顾客传递正确的信息。这些信息可以加深企业对客户需求的了解，协助企业满足客户个性化需求，从而建立长期互惠的客户关系，实现投资回报率最大化。在精准定位的基础上，精准营销依托现代信息技术手段建立个性化顾客沟通服务体系，协助企业走上可度量的低成本扩张之路。

在垂直电商不断发展的今天，借助大数据、LBS及移动互联网的发展，各大垂直电商（如聚美优品、唯品会等）在精准营销方面取得了丰硕的成果。通过用户的购买记录、地理位置及对产品的偏好等，能精准地总结出消费者的特征及消费倾向，从而为他们精准地推送消息，带来贴心的服务。

第 4 节　垂直模式的价值实现

一、盈利模式

盈利模式就是企业创造价值的赚钱渠道，即企业利润的来源和方式。垂直电商的主要特征是聚焦特定的领域深度经营，而不是全部通吃。垂直领域的深度垂直是未来垂直电商转型的方向与机遇。

二、融资方式

融资方式决定了企业的成长空间。在互联网金融迅猛发展的今天，如何融资、如何获得更多的资金是垂直电商十分关心的问题。融资方式即企业融资的渠道，它可以分为两类：债务性融资和权益性融资。债务性融资包括银行贷款、发行债券和应付票据、应付账款等。权益性融资主要指股票融资。

延伸阅读 8－4　每日优鲜：9 次融资达 100 亿规模

第 5 节　垂直模式的发展

一、垂直模式的困境

垂直电商聚焦于细分市场，满足某一类用户群体的个性化需求，对行业和产品的理解更为深刻，因而也更容易做出特色。然而，在电子商务飞速成长的10多年里，垂直电商的发展一直难以令人满意，虽然有唯品会等少数几个行业明星，不如意的却是绝大多数，例如，红孩子贱卖给苏宁、麦考林逐渐枯萎、凡客经历转型之困，更有一大批曾经的明星企业（如维棉网、品聚网、初刻等）淡出了人们的视野。

（一）细分品类的高成本

垂直电商是相较于综合性电商而言的，与后者的全品类覆盖不同，大多数垂直电商聚焦于一个细分品类，也正因为如此，垂直电商在商业模式上有一些天然的缺陷需要克服。

首先，消费者对一站式购物有天然的需求，因为只有这样最方便，而这恰恰不是垂直电商的优势。垂直电商时常面临品类管理的困惑，因为一般来说20%的畅销品类占据了80%的销售额，但如果砍掉了剩下80%的品类，品类丰富度将大幅降低，会影响用户体验。

其次，流量成本高昂。线下最重要的是位置，本质上是人流量，选好了位置就会有很多自然流量。但是线上完全不一样，除了品牌效应逐渐提升自然流量，还需要去搜索引擎、门户网站或者通过联盟的方式购买大量的流量。目前互联网的整体流量价格高昂，如果花钱买来的流量没有较高的转化率，企业的营销费用就会居高不下，这是很多垂直电商都容易陷入的恶性循环。

（二）盲目追求规模化

垂直电商讲究的是更专业化的运营，通过差异化的产品或者服务与消费者产生更多情感上的交互，从而产生平台无法复制的用户忠诚度和黏性。不过现实情况是，大多数垂直电商与综合电商相比毫无差别，甚至由于物流体系的缺陷，垂直电商提供的服务反倒不如综合电商。所谓的垂直只是做到了表面货品的垂直，运营并不专业。

（三）综合电商平台的挤出效应

由于模式上的缺陷和经营上的误入歧途，大多数垂直电商并没有抓住较短的窗口期展现自己的专业化运营能力，做出特色并形成品牌。当综合电商平台涵盖的品类逐渐渗透到人们日常生活的方方面面，当传统品牌开始拥抱京东、天猫等综合电商之时，综合电商平台对垂直电商的挤出效应开始显现，而且越来越强。因为二者提供的商品一样，服务也很难体现出差异，更何况以自建物流为特色的综合电商（如京东）通常能为消费者提供更好的服务。

二、垂直模式的发展

随着社会的进步和人们消费层次的提升，对个性化产品和服务的追求将成为越来越多人的消费理念，这是垂直电商的机会。采用差异化的经营方式，寻求模式上的突破，这是垂直电商的经营逻辑，也是应该坚持的方向。需要注意以下几点。

（一）销售模式要推陈出新

目前比较典型的销售模式创新是限时特卖，这类模式的电商通常聚焦于一个品类或者特定人群，在限定的时间内提供具有较高性价比的商品，刺激冲动性购买。而且由于产品定时上新，消费者每次登录都可能有新的发现，好奇心驱使消费者不断回头，因此这类电商一般具有很高的用户黏性和重复购买率。这一模式在我国的代表性企业是唯品会，唯品会上市后的强势表现引发了各大电商竞相模仿。除此之外，近年来兴起的周期购、社会化电商等都属于销售模式创新的范畴，很多此领域的创业企业拿到了数目可观的投资。

（二）服务紧贴个性化需求

目前市场上成功的垂直电商大都在目标消费群体定位上有自己鲜明的特色，例如 Zulily 聚焦母婴群体，铁血君品行面向军事爱好者等，本书后面提到的社群电商更是一种以垂直人群为核心的电商运营模式。

找到了垂直的消费人群，垂直电商也就不局限于单一的品类了，而是围绕这类人群的特殊需求进行多品类的扩充，往往也能收到很好的效果。例如，唯品会最初以服装鞋帽为主，目前正在加大化妆品、母婴用品等品类的比例；Zulily 则同时提供婴幼儿用品、女性时装以及家装家居等品类；铁血君品行更是几乎从一开始就覆盖了包括服装鞋帽、手表、眼镜以及皮包等在内的各种各样的军品。

（三）树立非标准品类的品牌化

垂直电商的机会在于聚焦于一种非标准品类，将产品和产业链同时做深，借助自身的专业化服务水平帮助消费者简化选择流程，从而带来其购物效率和体验的提升，并由此树立品牌。唯品会的成功是限时特卖的胜利，也是精选导购模式的胜利，因为唯品会借助专业化的买手团队和自营的机制为消费者筛选出了符合其需求的高质量商品，简化了购物的流程，并实现了与阿里巴巴、京东等电商平台的区隔。Zulily 的商业模式具有异曲同工之妙，借助专业化的买手团队从大量的中小供应商手中为消费者筛选出性价比最高的商品，满足了消费者的需求，并形成了鲜明的品牌形象。

（四）提供增值服务，深耕电商品牌价值

对于很多垂直电商来说，拥有的仅仅是渠道价值，而这恰恰是最容易受到大型电商平台挤压的。但是无论在何种情况下，商品的品牌都是非常有价值的，平台依赖的也是大量的品牌商家。互联网是一个非常好的打造品牌的工具，不受地域和货架的限制，具有非常强的辐射范围和聚客能力。另外，因为垂直电子商务属于细分行业，用户的核心必然是基于二次购买率的，所以，必须要注意用户经营、服务溢价及商业模式创新，依靠服务来提高溢价能力，最终从产品盈利转变为服务盈利。

案例分析

为什么唯品会如此成功

创立于2008年的唯品会是一家专门经营大幅折扣名牌商品的B2C企业，成立多年实现了爆炸式增长。根据唯品会2012年第四季度财报，该季度净利润630万美元，是中国首家实现盈利的垂直电商。2020年第四季度，唯品会实现营收358亿元，同比增长22%，净利润26亿元，同比增长33.4%。2020年全年净收入为1 019亿元，净利润为68亿元。从上市到变身为市值百亿美元的公司，唯品会可以说是中国最令人感到不可思议的电商之一。

差异化定位，填补市场空白

财报数据显示，唯品会2012年的销售额为6.921亿美元，实现了204.7%的同比增长。如此显赫的战绩，在源头上是因为唯品会的创业团队能够发现市场空白，进行独特精准的市场定位。

唯品会定位于品牌特卖，填补了为消费者集中提供打折商品的市场空白，同时为各个品牌商提供了一个体面地处理库存的平台，解决供货商自身面临的问题，从而保证了货源的供给。2012年，中国服装品牌的库存危机浮出水面，品牌供应商和唯品会之间的互利共赢关系更加紧密——供应商提供价格低廉的商品，唯品会提供一个平台帮助供应商消化掉这些库存。有人说唯品会是搭上了服装品牌库存危机的顺风车，其实这并不准确。库存是一个常态问题，在美国，成熟且发展好的服装品牌在卖完一个季度后，一般仍有20%的存货。而且，一个品牌从设计、采购、生产到流通的时间很长，一般需要12～18个月，周期如此长也意味着库存永远存在。即使没有库存危机，品牌商也需要一个平台解决这个常态问题。

可以说，唯品会选择“品牌特卖”这片“蓝海”是其成功的关键一步。上游有品牌商持续、稳定地提供低价货源，下游是渴望能够以低价格买到知名品牌产品的消费者，唯品会充当了整个链条中长期缺失的一个重要纽带。唯品会的成功之处还在于，虽然是一个专门做特卖的网站，但不像商场甩卖那样给消费者一种非常廉价的感受，纯粹地成为一个尾货清理场，而是让消费者有更好的消费体验，让品牌商的库存消化得更为体面。帮助品牌商消除库存只是唯品会的一部分业务，唯品会现有的业务也包括销售一些品牌的当季新品以及网络特供品。

独特的经营模式，成功实践饥饿营销

与竞争对手相比，唯品会还有什么秘诀使其脱颖而出呢？在经营模式上，唯品会选择了“闪购”这种方式，更直白地讲就是限时限量的抢购模式，这种模式属于饥饿营销的一种手段。唯品会的闪购模式以低廉的价格、优质的产品吸引消费者，但只给消费者很短的时间去选择，其造成的紧迫感正是饥饿营销策略的核心点。

与传统的品牌打折特卖的方式不同，唯品会的这种限时抢购的模式能够保持产品在消费者心中的新鲜度，每天推出不同品牌进行抢购，不停地刺激消费者，甚至会让其上瘾，养成每天关注有什么品牌在进行特卖抢购的习惯。同时，对于消费者而言，限时限量抢购还意味着不是任何时候都有如此优惠的价格，让消费者以低价获取心仪商品的同时还不降低该品牌在消费者心中的高端形象，让消费者感觉物有所值。另外，这种闪购模式与淘宝网的秒杀相比也有很大的不同，在货品供应量上比秒杀活动多得多，而货品抢购也并不集中于短到一秒的时间，这样可以让消费者既有相对充裕的时间选购，又必须珍惜时间，抓住机会选购。除了给消费者带来新鲜刺激的抢购乐趣，闪购模式还为品牌商和唯品会的存货管理带来了便利。

完善的配套服务，真正吸引和留住顾客

依靠“正品低价”的口号和限时抢购模式，唯品会吸引了千万用户注册消费，然而要保证消费者的持续消费，只有这两点还远远不够。除了形式上的创新，完善的配套服务组合也成为其打造“回头客”的关键。唯品会没有采用厂商直接发货的模式，而是选择了自有仓储模式，有效地加强了对物流环节的控制力度，大大提升了发货的效率。如果依靠厂商直接发货，唯品会就无法有效地对物流环节的服务进行掌控，厂商发货慢、快递公司服务差等非平台自身的原因很有可能影响唯品会的形象，而自主管理派送则有效地降低了这种风险。除此之外，唯品会还融入 SNS 模式，为会员提供品牌订阅、购物分享、邀请朋友、积分换礼等丰富的功能，将其打造成集购物、交友于一身的新型购物网站，为顾客提供了一个舒适的购物环境。

正是因为唯品会为消费者提供了完善的配套服务，创造了一个没有后顾之忧的网络购物环境，消费者在有过一次购物经历后仍愿意在唯品会再次消费，由此顾客黏性逐步形成。唯品会拥有大量高黏性用户后，这些用户与朋友之间的口口相传成为免费却最高效的广告，SNS 平台更是提高了这种口碑营销的速度和范围，迅速为唯品会赢得了更多的顾客。

资料来源：唯品会：差异化定位下的“饥饿营销”.（2014-01-27）. https://www.tnc.com.cn/info/c-013005-d-3429677.html；解析唯品会 Q4 财报：毛利率下滑 “开源节流”挤利润.（2021-03-04）. http://www.redsh.com/ppnews/20210304/163919.shtml.

思考题

1. 唯品会的价值主张是什么？
2. 唯品会的经营模式有何特点？
3. 为什么唯品会如此成功？

基本概念

垂直模式（vertical mode）
价值主张（value proposition）
价值主张创新（innovation value proposition）
价值传递（value delivery）
精准营销（precision marketing）
价值实现（value realization）

讨论题

1. 垂直电商的运行模式与综合平台模式有何差别？
2. 垂直电商如何给消费者创造价值？
3. 在互联网快速发展的今天，垂直电商应该如何顺应潮流，寻找发展机遇？

课程思政要点

（1）市场细分撬动消费潜力。
（2）定位在社会发展中的重要性。

第9章

网络生态系统

引例 阿里巴巴的数字视频娱乐生态布局

2015年9月3日，阿里巴巴在部分特定型号的天猫魔盒对 Tmall Box Office (TBO) 在线流媒体视频服务进行小规模测试。在 TBO 服务中，90%为收费内容，用户可以包月，也可以一集一集地购买。剩下的10%为免费观看内容。其收费内容的付费标准为包月39元，包年365元。

阿里巴巴通过资本手段以收购、参股以及业务合作等方式全面渗透到以视频为核心的数字娱乐产业上下游领域，在极短时间内实现了对数字视频生态系统的完整部署。

阿里巴巴于2013年1月以期权和现金的方式完成了对虾米音乐的收购。2014年4月，阿里巴巴斥资62.44亿港元收购了文化中国60%的股份，并且更名为阿里巴巴影业集团有限公司。2014年11月，阿里巴巴参股华谊兄弟，在阿里巴巴的文化版图中增加了一位优质的合作伙伴。2015年3月，阿里巴巴斥资24亿元成为光线传媒第二大股东（股权比例为8.8%)。2016年10月，阿里影业收购 AmblinPartners 公司的部分股权，成为该公司的战略股东之一。

阿里巴巴除了不断布局内容产出的上游，对下游的渠道建设也相当积极。2014年4月，阿里巴巴斥资65.36亿元入股华数传媒。华数传媒作为华数集团旗下的控股公司，拥有上百万小时的数字媒体内容库，并且是横跨有线网络和 OTT 牌照运营的传媒集团。2014年4月底，阿里巴巴斥资12亿美元购买了优酷土豆16.5%的股权，云峰基金购买了2%的股权，二者总计18.5%。阿里巴巴为了进一步拓展视频院线的播放渠道，2015年6月，由阿里影业以8.3亿元收购了广东粤科软件工程有限公司。粤科软件目前是国内最大的影院出票系统服务商之一，它几乎涵盖了在线影院所涉及的全部软件系统。通过收购粤科软件，阿里巴巴可以进一步渗透到电影院线的核心商业数据和商业链条之中。2020年，阿里巴巴注资62亿元受让芒果超媒5.26%股份，阿里巴巴牵手芒果超媒将有利于公司自身扩大优质剧集及综艺产能，丰富内容产品层次，进一步实现用户出圈，增加会员和广告收入。

阿里巴巴自主研发的阿里 YUNOS 系统被视为阿里巴巴生态圈中最重要的一环。阿里巴巴为了实现全产业链生态建设，依靠补贴终端厂商的方法力推 YUNOS 系统，并与创维、康佳等彩电厂商以及众多白皮盒子厂商形成捆绑合作。在推广此系统的同时，阿里巴巴将其淘宝、聚划算等业务平台延伸到了大屏领域，拓展电商业务模式。2014 年底，阿里巴巴进一步与海尔达成战略合作，推出“阿里电视”，深度介入智能电视领域。在此之前，阿里巴巴已经通过搭载 YUNOS 系统的天猫魔盒试水 OTTTV 终端市场。此次推出的 TBO 在线视频服务首先也是在天猫魔盒上推广。

国内竞争对手都是大部分视频内容免费向用户开放，而 TBO 最大的优势就是内容资源，阿里影业的文化中国、光线传媒以及华谊兄弟都有着大量优质影视内容资源，TBO 还向用户提供来自美国合作伙伴狮门影业的视频内容。在自制剧方面，TBO 将借助阿里影业旗下的粤科软件的技术和数据获得观影人群的喜好内容，制作出受用户欢迎的自制剧。在支付通道上，阿里巴巴拥有支付宝，用户支付更为便捷。另外，阿里巴巴之前已经试水视频电商，将电商业务整合到视频内容中，向观众提供“边看边卖”服务，拓展新的商业模式。

阿里巴巴的数字视频娱乐生态布局如图 9－1 所示。

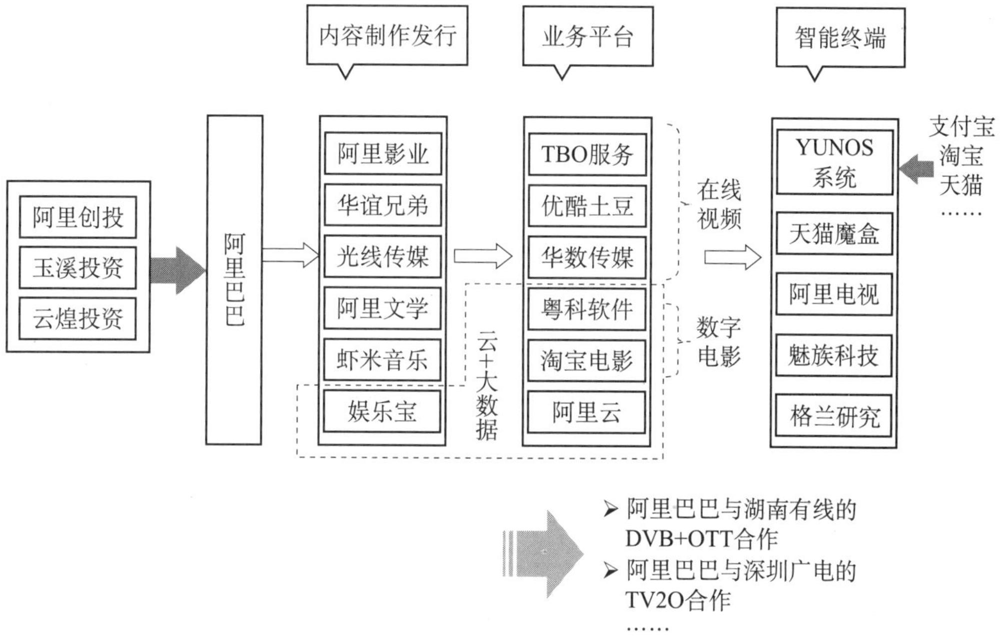

图 9－1　阿里巴巴的数字视频娱乐生态布局

资料来源：详解阿里巴巴数字视频娱乐生态布局.（2015－09－09）. http://www.ttacc.net/a/news/2015/0909/37469.html；芒果超媒获阿里 62 亿元入股.（2020－11－17）. https://finance.sina.com.cn/stock/relnews/cn/2020－11－17/doc-iiznctke1832353.shtml.

第 1 节　网络生态系统概述

一、网络生态系统的内涵

利用商业生态系统理论来分析电子商务的集群现象，可以发现，电子商务是一系列关系密切的企业和组织机构，超越地理位置的界限，将互联网作为竞争和沟通平台，通过虚拟、联盟等形式进行优势互补和资源共享，结成的一个有机的生态系统，即网络生态系统，也称电子商务生态系统。网络生态系统中各“物种”成员各司其职、相互交织，形成完整的价值网络；物质、能量和信息通过这个价值网络在联合体内流动和循环，共同组成一个多要素、多侧面、多层次的错综复杂的商业生态系统。电子商务生态系统中的“物种”成员按其定位可以划分为以下几类。

（一）领导种群

领导种群，即核心电子商务企业，是整个生态系统资源的领导者，通过提供平台以及监管服务，在电子商务生态系统中扮演资源整合和协调者的角色。

（二）关键种群

关键种群，即电子商务交易主体，包括消费者、零售商、生产商、专业供应商等，是电子商务生态系统其他物种所共同服务的“客户”。

（三）支持种群

支持种群，即网络交易必须依附的组织，包括物流公司、金融机构、电信服务商以及相关政府机构等。这些“物种”并非依赖电子商务生态系统而生存，但它们可以从优化的网络生态系统中获取远超依靠自身竞争力可得的利益。

（四）寄生种群

寄生种群，即为网络交易提供增值服务的提供商等，包括网络营销服务商、技术外包商、电子商务咨询服务商等。这些“物种”寄生于网络生态系统之上，与网络生态系统共存亡。

思政专栏 9-1

坚持系统观念，握牢发展主动权

“现在很多公司都在中国寻求增长”，一篇外媒文章发出如此感慨。在全球跨境直接投资大幅下降的背景下，2020 年 1—11 月，中国实际利用外资以美元计同比增长 4.1%，一大批大项目在华增资扩产。外资逆势增长，既是世界对中国经济发展投下的信任票，也是中国统筹推进新冠肺炎疫情防控和经济社会发展交出的成绩单。坚持系统谋划、统筹兼顾，正是中国克服疫情冲击、经济发展率先恢复的密码之一。

善弈者谋势，善谋者致远。坚持系统观念，发展地而不是静止地、辩证地而不是形而上学地、全面地而不是片面地、系统地而不是零散地、普遍联系地而不是单一孤立地观察事物和把握问题，是唯物辩证法的内在要求，也是共产党人战胜风险挑战、不断从胜利走向胜利的重要认识论和方法论。经济社会体系是一个普遍联系、多维多元的复杂系统，坚持系统观念，既是马克思主义理论的观点和方法，也是我们在实践中总结出的重要经验。

有学者总结，中国的现代化之路，与西方国家的一大区别，就在于“超大规模”。作为一个大国，中国之大，既意味着我们有规模优势、能集中力量办大事，也意味着各地情况不同、禀赋各异，需要协调各方、综合平衡。从强调“注重改革的系统性、整体性、协同性”，到要求“树立‘一盘棋’思想，把自身发展放到协同发展的大局之中”，再到提出“领导干部要胸怀两个大局，一个是中华民族伟大复兴的战略全局，一个是世界百年未有之大变局”，党的十八大以来，以习近平同志为核心的党中央坚持系统谋划、统筹推进党和国家各项事业，根据新的实践需要，形成一系列新布局和新方略，带领全党全国各族人民取得了历史性成就。习近平总书记深刻指出：“系统观念是具有基础性的思想和工作方法。”党的十九届五中全会将“坚持系统观念”作为“十四五”时期经济社会发展必须遵循的原则之一，这是党在总结实践经验基础上作出的重大理论概括。

开启新征程，扬帆再出发。“十四五”时期，我国将进入新发展阶段，开启全面建设社会主义现代化国家新征程。“全面”既是重点，也是难点。一方面，我们要建设的社会主义现代化是全面发展、全面进步的现代化，“十四五”时期推动经济社会发展，有很多系统性工作摆在我们面前。从系统观念出发，统筹推动经济社会各领域发展，才能促进人的全面发展和社会全面进步。另一方面，错综复杂的国际环境带来新矛盾新挑战，我国发展环境面临深刻复杂变化，社会主要矛盾变化带来新特征新要求，发展不平衡不充分问题仍然突出，经济社会发展中很多矛盾问题相互交织，“牵一发而动全身”。这也决定了，我们必须加强前瞻性思考、全局性谋划、战略性布局、整体性推进。如此，方能抓住“落一子而满盘活”的关键环节，把发展的主动权牢牢握在我们自己手中。

难走的路是上坡路，难开的船是顶风船。习近平总书记强调，“今后一个时期，我们将面对更多逆风逆水的外部环境，必须做好应对一系列新的风险挑战的准备”。越是逆风逆水，越是风急浪高，越要坚持系统观念。对于每一名党员干部而言，坚持系统观念，善于运用系统方法抓改革、谋创新、促发展，既是时代的客观要求，也是提高工作本领的题中应有之义。把“坚持系统观念”贯穿工作实践各方面全过程，锚定远景目标、系统谋划推动，我们就一定能不断攻坚克难，谱写事业发展的新篇章。

资料来源：坚持系统观念，握牢发展主动权.（2020-12-28）. https://dangjian.gmw.cn/2020-12/28/content_34498718.htm.

二、网络生态系统的类型

对网络生态系统可以从不同视角进行分类。

根据网络生态系统生态层次的不同，可以从宏观、中观、微观三个视角对网络生态系统进行分析。宏观层面主要研究电子商务与政治、经济、文化、技术等外部环境之间的关系，中观层面主要研究以核心要素为中心的子生态系统之间的相互关系，微观层面主要研究个人、企业以及其他物种之间的相互关系。

此外，网络生态系统按生态核心的不同，可以划分为以客户为核心的网络生态系统、以网商为核心的网络生态系统、以电子商务服务平台为核心的网络生态系统等；按生态关系的不同，可以划分为网商与电商之间的网络生态系统、网商与平台之间的网络生态系统、平台与平台之间的网络生态系统、平台与行业之间的网络生态系统、行业与环境之间的网络生态系统等。

三、网络生态系统的演化

商业生态系统的发展过程通常分成四个阶段：第一阶段，有特殊生存能力的新商业生态系统逐渐诞生并初具规模；第二阶段，商业生态系统通过抓住可利用的元素及相关产品和服务，吸收新增加的顾客和风险承担者，扩充其范围和消费资源；第三阶段，随着商业共同体结构和协议变得稳定，共同体内部对领导权和利润的争夺日趋激烈，角色和资源在该阶段会进行再定位和再分配；第四阶段，为了避免商业生态系统被新系统替代，逐渐走向衰退和死亡，系统开始持续更新。

网络生态系统也要经历形成、发展、成熟及衰退的演化过程。考虑到网络生态系统的特点，我们在传统商业生态系统的生命周期分析基础上，重新定义了网络生态系统的演化路径，将其分为开拓、扩展、协调、进化四个阶段（见图 9－2）。

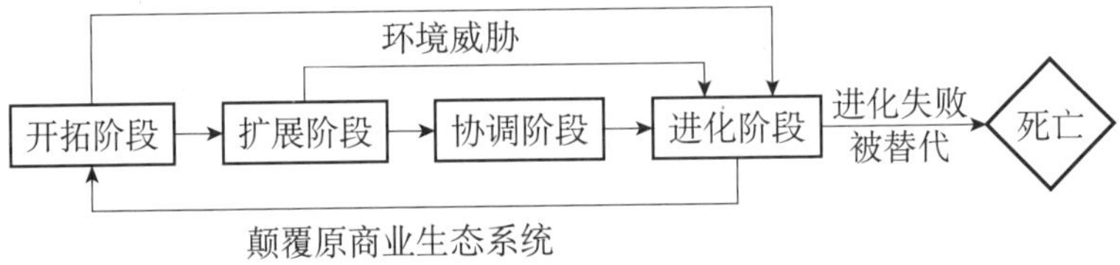

图 9－2　网络生态系统的演化

（一）开拓阶段

开拓阶段是指核心电子商务企业以某一特定群体为客户，通过创新的运营模式或高附加值的服务吸引必要的参与者，共同创建并形成新兴网络生态系统的过程。生命力顽强的网络生态系统将在这一阶段生存下来并发展到一定的规模。

（二）扩展阶段

随着系统核心种群的不断成长，以及关键种群的繁殖与支持种群的强大，系统规模在扩展阶段不断变大，寄生种群的物种也逐渐涌现。同时，以不同领导种群为核心的同质网络生态系统之间的竞争开始升级，并将在这一阶段基本确定竞争格局。

（三）协调阶段

扩展阶段物种的快速增长导致协调阶段各物种之间的利益关系越来越复杂，特别是关键物种之间以及寄生物种之间争夺利益的竞争和冲突日益明显，领导种群为维持系统的健康发展需要对系统规则进行一定的调整与完善。如商家认证体系、平均成交价格的公布等，都是领导种群抑制系统内恶性竞争、完善系统规则的重要手段。

（四）进化阶段

当生态系统受到新模式、政策规定等外界环境变化的致命威胁时，系统将进入进化阶段，需要颠覆性地改变原有的模式，并进化为全新的网络生态系统。需要说明的是，由于受到电子商务产业不成熟造成的环境威胁，网络生态系统在开拓阶段、扩展阶段和协调阶段都可能由于外界环境的突然变化而直接进入进化阶段。

明确商业生态系统当前所处的阶段，可以帮助成员更好地预测潜在的变化并采取适当的行动。就核心电子商务企业而言，它在网络生态系统发展的每个阶段都起着不可替代的作用。表9-1总结了网络生态系统不同发展阶段的特征，以及核心电子商务企业在各阶段中的角色和应采取的策略。

表9-1　网络生态系统的演化过程

发展阶段	特征	核心电子商务企业角色
开拓阶段	生态系统的创建	理解和把握关键种群的需求，探索有特殊生存能力的新网络生态系统，促使它诞生并初具规模
扩展阶段	生态系统的膨胀	不断吸收可利用的资源，推出各种有价值的产品或服务，扩充其覆盖的范围，加快其他种群的成长。同时还要应对由于领地争夺与其他系统发生的正面冲突
协调阶段	生态规则的完善	针对系统内种群利益的冲突越来越明显的问题，通过规则的完善，监管协调系统内各成员的关系，使系统朝健康、和谐的方向发展
进化阶段	生态系统的颠覆	应对由于新技术、新模式或者外界环境变化而导致的致命威胁，为系统寻求各种可能的出路，颠覆原来的网络技术、交易模式、盈利规则、消费方式，使生态系统进化成一个全新的系统

思政专栏9-2

唯品会企业社会责任战略的演进

多年来，特卖电商唯品会一直在努力突破传统互联网公益的思维，创新公益形式，实现从单纯创造社会价值，到社会与经济双重价值，再到生态圈共享价值的转变，为企业社会责任战略的转型提供了非常好的破题思路。

2008年8月，国内电商行业蓬勃发展之际，唯品会敏锐地洞察到品牌特卖这片“蓝海”，创造性地推出了“名牌折扣＋限时抢购＋正品保险”这一商业模式。唯品会上线不到两年，就冲上国内最大特卖电商的宝座。

2011年6月，成立仅三年的唯品会率先成立了中国电商首个慈善基金会——广东唯品会365爱心基金会。基金会针对失学儿童、贫困重疾、孤寡老人等弱势群体开展了一系列救助类公益项目。截至2013年12月，基金会已向社会捐助资金360多万元，累积捐赠物资3.3万余件，救助人数达3万人，开展的项目覆盖区域涵盖广东、广西、江苏、云南、贵州、四川、江西、新疆等地。

2013—2014年，随着移动互联网的发展和智能手机的普及，PC电商模式步入成熟期，移动电商的红利时代正式开启。2013年，唯品会成立了移动事业部，专注于移动端的技术、产品与运营。接着，唯品会借助移动端的技术优势以及沉淀的庞大用户群，开启APP公益创新。

2016年10月，唯品会APP推出"我的公益"平台，号召用户将自己的运动里程转化为善款，用以支持各类公益项目。用户仅需在手机端轻点几下，便可为自己感兴趣的公益项目提供支持。"我的公益"平台上线仅一年就吸引了超过250万会员的爱心里程捐赠，捐赠善款近2 200万元，营造了人人公益的良好氛围。

随后，唯品会借助"我的公益"平台升级企业传统的助学项目，推出"你提名，我资助"的公益助学计划，向社会广泛征集贫困学子提名。学生本人以及各界人士均可以通过唯品会APP提名品学兼优的贫困学子，在"我的公益"里将自己的运动里程捐赠到所支持的助学项目，共同参与善款的筹集。"你提名，我资助"的公益助学计划仅在2017年便筹集了3 400万元，帮扶近12 000名贫困学子。

"我的公益"平台将企业业务与公益紧密结合，其"运动+公益"的模式让捐助者能够以捐步的形式主动参与到善款的筹集中。公益不再是简单的企业捐赠行为，而是企业、消费者、受助者三方积极互动、互相受益的活动。此时，企业公益实现了社会和经济双重价值。

2017年，唯品会已拥有超过3亿会员，与2万余家品牌商合作，成为在线销售服饰、母婴家居、家电数码等全品类的全球最大特卖电商。唯品会一直深耕女性时尚用品，女性会员占比超过80%，形成了在服饰品类特卖领域的护城河。

取之于"她"用之于"她"，唯品会意识到，公益应该与企业业务更加紧密地结合起来，并且更多地赋能女性群体，帮助她们摆脱困境。2017年，唯品会推出"唯爱工坊"电商扶贫项目，体现了其公益理念。

2017年5月13日，唯品会联手中国妇女发展基金会在青海成立了第一家非遗扶贫试点——"妈妈制造·土族盘绣合作社"，为绣娘提供知识技能培训。同年5月27日，唯品会上线唯爱工坊电商扶贫平台，并推出"东方盘绣—扎染手工艺制品"专场，上线仅12个小时，华东、华南两个仓库就宣布售罄。每一件非遗产品的销售收入中，有30%～60%直接作为手艺人的劳动报酬，剩余部分用于唯爱·妈妈制造合作社的后续运营，以确保项目的可持续发展。

此外，唯品会还与多家品牌方、中国妇女发展基金会、友成企业家扶贫基金会等专业机构达成战略合作，从生产组织建设、文化研究梳理、产品创新开发、产品销售、非遗传播推广等多方面发力，实现非遗的传承与活化，打通了集产、学、研、售、秀于一体的非遗新经济链条，共同打造了非遗公益生态圈（见图9-3）。

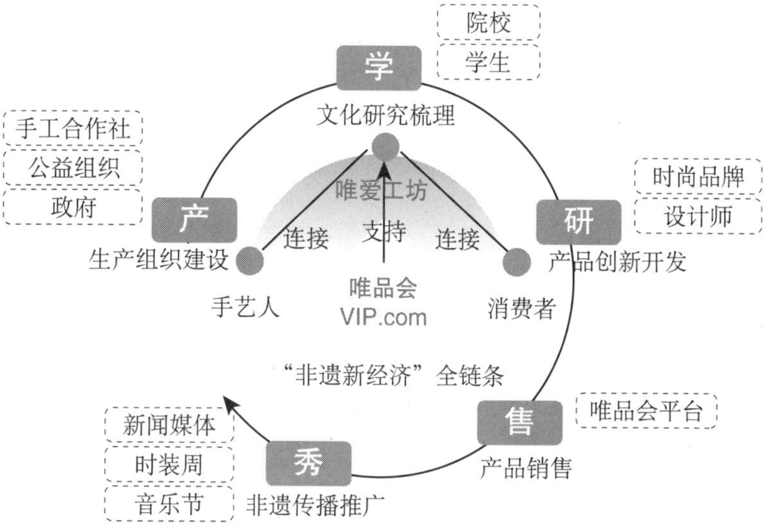

图9-3 唯品会非遗公益生态圈

在生产组织建设方面，唯品会捐建非遗手工合作社并联合院校开展研培计划，为手艺人提供系统培训，升级其知识和技能水平，增强现代生产与市场意识。

在文化研究创新方面，唯品会联合专业院校和学者进行非遗研究和梳理，为非遗创新转化提供支持；发起大学生非遗奖学金，吸引了131所高校参与。

在产品创新开发方面，唯品会撬动时尚品牌和设计师的力量，将传统美学和现代时尚碰撞融合，联合手艺人打造200余款非遗时尚产品。

在电商平台销售方面，唯品会提供包装设计制作、商品质检、线上营销运营、物流配送等支持，连接平台3.3亿会员并通过消费大数据将公益产品精准推送给用户。

在非遗传播推广方面，唯品会为非遗策划年轻化、趣味化的线上新媒体传播实践；在城市商圈、音乐节、文创基地开展跨界联合活动；将非遗带到更广阔的舞台——唯爱工坊带着绣娘们制作的非遗产品走进伦敦时装周、巴黎时装周等国际时尚秀场。

截至2019年12月，唯爱工坊已在全国捐建11家唯爱·妈妈制造合作社，联合20多个品牌方及各方参与者，为30种非遗工艺打造了200多款非遗产品，为5 000余名手艺人带去1 000多万元的劳动报酬。

唯品会的企业社会责任战略的转变，是唯品会顺应时代发展趋势的体现，也是公益与企业战略不断深入融合的结果。只有将利益相关者的关键期望纳入企业发展战略的考量，充分了解企业当前的能力优势及局限，整合资源、升级能力，企业才有可能真正实现商业与社会的双重价值。

四、网络生态系统的特点

（一）系统的开放性

网络生态系统是一个开放的系统，主体和外界不断交换物质、能量和信息，比如企业的观念、商务信息、资金、人才、知识、装备、货物等。正是这种无时无刻的流动和交换，使得整个系统不断学习、不断优化、不断适应，也使得整个系统生机勃勃，充满活力。系统主体的开放性和整个网络系统的开放性，保证了网络生态系统的新陈代谢和茁壮成长。

（二）系统内部的相互作用

主体和主体之间、主体和环境之间、子系统和子系统之间相互适应、相互作用。主体在自身演化升华的同时，推动了整个系统的发展。这种共同演化的方式有很多。如 B2B 企业之间的激烈竞争，这种竞争会促进企业不断学习其他企业的长处，并优化内部管理和产品结构及市场策略，结果是企业的竞争优势增强了。企业之间的竞争促进了整个系统主体质量的提高，系统也因此向更高级发展。阿里巴巴平台聚集了 500 万个中小企业会员，平台会员之间形成互动，整合的力量非常强大。会员企业在阿里巴巴平台上每天能够发布 10 万条以上的信息，这不是阿里巴巴自身能够做到的。阿里巴巴的系统和会员一起为这个平台创造价值；反过来，平台的价值也带来了更多的会员和商机。会员和平台相互促进，实现双赢，以价值共同体的方式共同发展。

（三）非线性关系

网络生态子系统相互之间的作用是非线性的。网络生态系统由大量非线性的、相互作用的部分组成。子系统之间的影响不是简单的累加，系统中每一个部分的行为和行为模式都依赖于其他部分的行为和行为模式。各部分根据自身的行为规则、其他部分的情况和全局的规划进行局部的交互作用。同时，这种非线性作用来源于内因，归之于主体或子系统的主动性和适应能力。

（四）自主均衡性

网络生态系统的主体之间不断学习，并根据环境的变化不断调整自己的行为，适应环境。这种不断的变化和调整，本质上就是远离平衡态。系统中的任何主体都不存在唯一的稳定状态，而适应复杂系统的活力就在于非平衡。

（五）自组织和自适应性

在一定范围内，网络生态系统具有自组织、自学习、自适应和进化的功能。系统内部所有个体不仅共处在一个大环境中，还处在各自的局部小环境中。每个个体并行地、独立地进行有目的、有意识的适应性学习和演化。处于演化过程中的个体，为了更好地适应周边环境，需要不断调整自己的行为，修改自身的规则，以求得更好的生存。众多个体的适应性行为反过来又不断影响和改变环境，如此反复，个体与环境就处在一个相互影响、相互作用的进化过程中。当然，内部结构的不合理和外部环境的恶化也会造成系统的崩溃。例如，在电子商务刚出现时，受巨额商业利润的驱使，投资人百般追捧，各种各样的电子商务网站如雨后春笋般涌现。电子商务的虚假繁荣也带动了通信、软硬件等行业的发展。电子商务泡沫破灭后，留存下来的网站痛定思痛，冷静下来主动寻找可行的商业模式，踏踏实实地为用户提供服务。同时，国家政策也开始对电子商务的发展做出宏观调控，民众对电子商务的认识更加客观，电子商务的发展越来越理性，快速走向成熟。

网络生态系统较之自然生态系统具备自身特点，主要体现在如下三个方面。

第一，协同进化性。网络生态系统的进化动力源自主体成员通过不断的竞争合作实现共同进化。在网络生态系统的协同作用过程中，相互依存的各个子系统通过相互作用、相互影响，进行不断的自我调整和平衡，导致系统中出现新的结构顺序，即出现了各个子系统的协调作用，产生了整体系统协同进化的结果。

第二，生态平衡性。当网络生态系统处于稳定状态时，系统中的各个子系统，甚至整个系统的信息流的流向和流量都处于稳定畅通的状态。所以，网络生态系统需要保持与整个生态系统的整体平衡。避免信息超载、信息垄断、信息侵犯、信息污染、信息综合征，保持整个网络生态平衡。

第三，生态核心性。在网络生态系统中，连接各元素的核心是消费者的需求，这种需求集中表现为对某种产品或服务的需求。

延伸阅读 9 - 1　中国目前的互联网生态环境

五、网络生态系统的优势

传统的商业生态系统已经具备了系统的特征和功能，但是这种系统的功能还不够完善。从严格意义上说，网络生态系统仍然是商业生态系统，但是由于有互联网和现代物流的技术支持，它又不同于传统的商业生态系统。网络生态系统的优势主要表现在以下几个方面。

（一）新商业生态系统加深了各行业间的联系

传统商业生态系统在跨地区、跨行业的整合协调方面往往作用有限。网络生态系统具有广泛性、多元性，区域的限制被打破。随着新系统的建立，传统的竞争格局改变了，旧的商业生态系统解体了。在新系统中，竞争依旧存在，但是这种竞争不同于以往的无序竞争，而是更具良性循环的效果。在电子商务环境下，针对企业发展战略的复杂性，新商业生态系统不仅是一种实施电子商务的战略途径，而且是一种管理理念的创新。

延伸阅读 9 - 2　邮储银行与美团签署战略合作协议 共建金融服务生态系统

（二）网络生态系统的系统特征更加明显

新系统具有自我协调、自我修复的功能。系统的最大效用就是使整个组织能够正常运转，保证每个部分都发挥其功能并使产出或效益最大化。与传统商业生态系统相比，新商业生态系统的危机处理能力更强，成本也大幅度降低，这得益于电子商务的沟通能力和现代物流的运输能力。这种协调内部冲突的功能类似于市场经济对资源配置优化的作用，而互联网和现代物流是网络生态系统得以运行的最根本的物质保证。

（三）信息沟通，尤其是信息反馈、立体流动的能力增强

这是系统功能的一个方面，是传统商业生态系统所不具备的。信息反向流动的外在表

现就是市场反应快，反馈成本低，对处在最底层的消费者的需求和期望反应更及时、更准确。传统系统的信息沟通是直线形的，而新系统的信息沟通是立体网状的。这种新式信息沟通是全方位的，涵盖了各地区、各行业。

例如，淘宝网在技术和模式上做了多方面的努力，保证其商业生态系统对外界是开放的。如淘宝网开放平台将提供淘宝网 C2C 电子商务平台的 API 接口（应用程序可编程接口）、开发环境以及商务应用环境。任何人都可以免费、平等地利用 API 进行产品开发，构筑各类商务应用，如卖方营销平台、买方浏览工具等。

不同的行业、不同的地区可以信息共享，借鉴经验，优势互补。在新系统条件下，信息能够更有效地在管理机构与企业之间流动。过去，政府根据经验和预测来制定经济政策，信息的限制使政府很难及时准确地获得实际的经济数据，而企业只能被动地接受和适应政策。如果制定的政策在现实中不适用，待发现并改正时往往已经错过了最佳时机。新环境下，企业可以和政策的制定者进行沟通，政策制定者可以让企业知道政策的意图，企业也可以让政策制定者比以前更了解企业的实际情况和市场环境。

六、网络生态系统的影响因素

随着电子商务的规模和影响不断扩大，我国的电子商务环境已经趋于成熟，不仅各方面的问题得到了改善，而且在某些方面已经开始表现出网络生态系统的一些特性。由上述网络生态系统的构成要素、演化阶段和特点可知，以下几项因素对网络生态系统的演进产生了重大影响。

（一）种群的多样性有利于分工协作

一般来说，在异质性适当的情况下，种群多样性程度越高，这个生态系统就越健康。网络生态系统中存在商品展示、谈判沟通、安全支付、物流配送、信用评价等交易流程，在各环节中都有在生态系统中发挥不同功能的企业集群，这些企业集群形成了一个电子商务链条。这个生态系统的种群多样性对分工协作更加有利，由此也增强了网络生态系统的稳定性。衡量多样性的标准是该生态系统是否有能力通过创造有价值的新功能，即缝隙市场，增加有实际意义的多样性。

（二）领导种群的能力促进生态系统的迭代

生态系统节点企业都具有独立法人地位，它们本无必然联系，有的甚至分属不同的封闭系统，但领导型企业（电子商务核心企业）指出的共同利益将它们凝聚成了新的系统整体。例如，交易平台淘宝网和阿里巴巴发挥着领导者的作用，它们提供网络交易所需的基础设施和支付、沟通等软件服务，为买家和卖家提供基本的服务，自己却不直接参与交易。生态系统集成化程度的高低很大程度上取决于核心企业的能力。

（三）群落间布局的合理性协调了群体竞争

群落间布局的合理性是指价值链中上游及下游群落间在空间布局上的合理性和生产时

间上的衔接性，在网络生态系统中就是指个体商户、交易平台、供货商、消费者之间的相互制衡、相互促进的平衡关系。群落间布局的合理性协调了群体竞争，群落间除了竞争还有更加广泛的合作关系，达到了一种协同竞争的状态。

（四）系统的生命力增加了共同进化的可能性

衡量生命力最简单的标准，就是生态系统成员的存活率。网络生态系统需要形成其成员与整个系统网络同呼吸共命运的模式，系统中成员的命运是连在一起的，这样系统中的企业、个人都会朝着使生态系统发展更完备的方向努力，实现共同进化。系统的生命力是指系统所需自然资源的富集程度以及系统从破坏和干扰中恢复的能力，充足的资源使企业的经营得以顺利进行，良好的自然环境能吸引大量的资金投入。

第 2 节　网络生态系统的协调机制

一、网络生态系统的构成

（一）技术生态

1. 大数据技术

从 B（Byte）、KB、MB、GB、TB，到 PB、EB、ZB、YB……数字宇宙的边界不断扩大。2014 年，人类使用的计算设备增加了 24 亿台。IDC 指出，2017 年大数据市场规模达 324 亿美元。麦肯锡认为，大数据会带动其他产业每年的规模从 3 万亿美元增长至 5 万亿美元，具有巨大的乘数效应。

大数据将成为商业创新的基本时代背景。在大数据时代，网民和消费者的界限正在消弭，企业的边界变得模糊，数据成为核心资产，并深刻影响企业的业务模式，甚至重构其文化和组织。

由于天然具有的互联网属性，网商与数据技术（DT）的直线距离更近，大数据给网商带来的机遇和挑战也更加明显和直接。

2. 移动互联

蓝牙、WiFi、NFC、1G、2G、3G、4G、5G……自移动通信技术出现以来，人们工作与生活之间的界限变得模糊，需要不分时间、地点地访问重要的信息。手机用户上网时长显著增加，而与电视、报纸和电台的接触时长则明显减少。发生在用户身上的这种改变将成为驱动商业发展的重要因素。

延伸阅读 9－3　移动互联的新动态

3. 多屏、跨屏、转屏

随着移动通信技术的不断发展，多屏、跨屏技术日渐成熟。人们面对的不仅仅是传统互联网上连接的个人电脑一种终端，而是不同智能终端设备（如手机、掌上电脑、平板电脑、电视，甚至智能手表、智能眼镜、智能汽车等）。多屏互动技术应运而生，它可以实现不同设备之间的互联互通，在满足客户在不同场景的使用习惯的同时创造出新的需求。

4. 物联网、智能硬件

从以手机为中心到万物互联，产业价值和发展价值都非常大，物联网技术极大地扩展了商业世界的想象空间。

在物联网技术中与消费者接触最为密切的应用，当属近几年兴起的智能硬件应用。智能硬件是继智能手机之后的一个科技概念，通过软硬件结合的方式，对传统设备进行改造，进而让其拥有智能化的功能。智能化之后，硬件具备连接的能力，可以实现互联网服务的加载，形成“云+端”的典型架构，具备大数据等附加价值。目前，智能硬件已经从可穿戴设备延伸到智能电视、智能家居、智能汽车、医疗健康、智能玩具、机器人等领域。

无论是物联网还是智能硬件应用，都是建立在庞大的嵌入式系统生态中的。这些应用的繁荣带动的是嵌入式技术的蓬勃商机。

（二）服务生态

随着电子商务应用的快速发展、规模的急剧扩大、模式的不断创新、分工的不断细化，电子商务服务市场也不断扩大，在为网商提供服务的同时也为传统服务业的提升和改造提供支持，已成为未来商业生态发展的保证（见图 9－4 和图 9－5）。

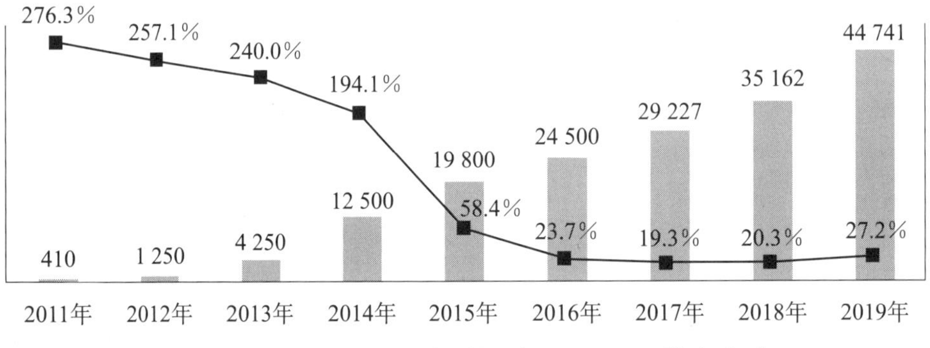

图 9－4　2011—2019 年中国电子商务服务市场规模

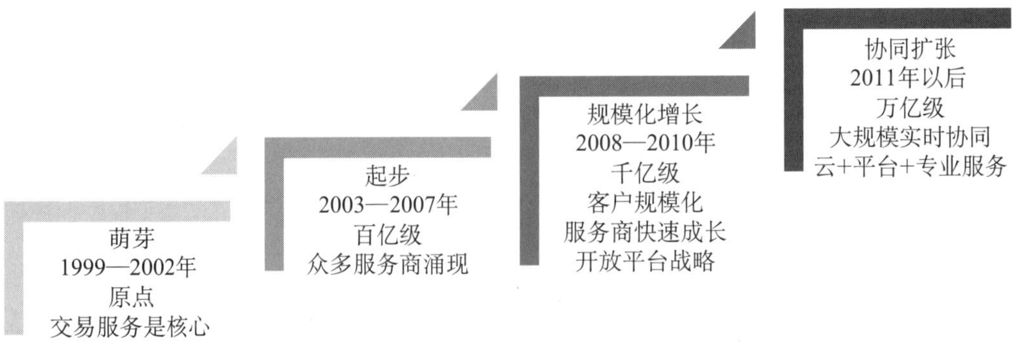

图 9－5　中国电子商务服务市场的发展阶段

1. 物流

物流业近些年实现了爆发式增长，效率持续提升，缓解了网商发展遇到的最大制约。

2. 互联网金融

互联网金融打破了传统金融行业的地域局限，低成本地扩大了金融服务的覆盖面，缓解了金融资源可获得性不够的问题。根据长尾理论，当商品储存流通展示的场地和渠道足够宽广，生产和销售成本急剧降低时，以前看似需求极小、销量不大的产品所占据的共同市场份额与主流产品的市场份额相当，甚至更大。面向网上的小额信贷借助互联网平台实现了长尾经济效应，由于这种信贷几乎不受时空的限制，小企业可以随时随地借款，解决了长期以来对小企业发展影响最大的资金瓶颈问题。同时，传统的交易模式与新的场景结合起来之后，衍生出诸多新的金融产品，比如网络借贷就是民间借贷与互联网科技结合的产物，很好地契合了众多网上的金融需求。

3. 跨境电商

跨境电商服务体系正在快速发展，成为跨境电商发展的重要支柱。外贸综合服务（一站式、单一窗口）成为最大亮点，通过提供“通关＋结汇＋退税”的基础服务以及物流、金融增值服务为跨境网商的出口便利化提供帮助。这种服务方式通过互联网对接各个政府监管部门以及商业机构，使得网商如同面对同一窗口、享受一站式服务。目前，“发展外贸综合服务”已经写入了政府工作报告，未来前景十分广阔。

跨境物流服务提供了海外仓、电商保税仓以及多种运输方式。随着跨境支付服务的发展，跨国信用卡支付、国际第三方支付工具担保交易等逐步成熟，为跨境电商提供了有效的支付途径。

延伸阅读 9－4　政策监管跨境电子商务

二、网络生态系统的关键因素

网络生态系统的效益体现在系统各物种成员之间的集成性。各成员各司其职，相互交织，形成完整的价值网络，物质、能量和信息通过这个价值网络在联合体内流动和循环，产生“1＋1＞2”的效应。可以说，网络生态系统通过各物种成员的密切合作达到协调运作的效果，从而提高整体效率和效益。

然而，网络生态系统中的各成员分属不同的经济实体，各自独立运转，它们都将以各自的利益最大化为目标进行决策。各成员为了追求自身利益，不仅互相之间可能产生冲突，而且会影响系统的总体效益。各成员间的协调问题已经成为制约网络生态系统进一步发展的主要因素，这些协调问题主要可以总结为以下四个方面：

（一）信任问题

信任可以使网络生态系统内各成员更好地实现资源优势互补，提高整体的敏捷性和灵活性，任何成员一旦出现不诚信行为将对系统内所有成员造成损失。各成员需要在信任的基础上共享技术、经验与能力。如果各成员间能建立一种共享数据的高度信赖关系，就可以达到一体化活动的要求，即实现销售数据、库存数据、货运状况数据等的共享。成员之间的信任关系对于网络生态系统整体效率、绩效及竞争力的提高具有十分重要的作用。解决信任问题是解决网络生态系统其他协调问题的基础。

（二）利益争夺问题

当物种成员的种类和数量增加到一定程度之后，网络生态系统的资源将无法满足所有成员的需要。如果每个成员都以自身利益最大化为前提，那么成员之间必然产生激烈的利益争夺。各成员都希望通过把握自身的资源和能力，争夺可获得的各种利益。

生态系统内各成员对利益的争夺很容易导致低水平恶性竞争，使各成员的利润下降，必然会影响生产创新、营销创新和开发研究创新等所需要的资金支持，甚至会导致生态系统内出现破坏性行为，使整个生态系统处于不稳定状态，从而扰乱系统演进的步伐，对生态系统造成严重的负面影响。

（三）信息不对称问题

商品信息的不对称是网络生态系统中信息不对称问题的主要部分。网络的出现为信息的交流提供了极大便利，在一定程度上减少了信息不对称。然而，主要依靠网络运行的电子商务市场却出现了比传统市场更严重的信息不对称问题。零售商或生产商通过网络将商品信息传递给消费者，消费者在拿到商品之前无法验证这些信息的准确性，商品信息在关键种群内部的交易主体之间存在严重的不对称。

如果信息不对称现象非常严重，买者无法事前知道商品的实际质量，那么买者将只愿意根据预期的平均质量支付价格。随着价格的下降，质量高于平均水平的卖者只能退出生态系统，越来越多低质量的商品进入生态系统。这将再次降低买者对平均质量的预期，最终导致网络生态系统内的商品质量不断下降。

（四）协作问题

网络生态系统内各成员作为独立的单元，有自己的管理目标，不同成员之间的目标冲突不可避免。然而，各成员之间的合作与竞争同等重要，根据其所处的位置和面对的问题，成员之间在同一时刻既是竞争对手又是合作伙伴。如果能成功地把成员间的竞争关系从胜利者、失败者、讨价还价的关系改变为协作关系，就可以消除系统中不必要的成本、库存和物资储备，从而提高整个生态系统的反应能力和效率。

在电子商务交易过程中，交易双方各种形式的冲突和矛盾也会给成员间的协作带来负面影响。这些冲突和矛盾可以分为两类：一类是硬冲突，如财务和技术上的冲突；另一类是软冲突，如文化和个人冲突。交易中的冲突可能限制生态系统功能的发挥，降低交易效率。

一个健康的、有竞争力的电子商务生态系统，需要建立一定的协调机制，把不同的物种成员集合在一起，展开良好的合作，最终实现电子商务各物种成员的生态共建、生态共生以及在此基础上的价值创造、价值共享和共同进化。

三、网络生态系统的协调机制

领导种群作为网络生态系统的核心企业，既为电子商务提供交易平台，也是整个生态系统的领导者和管理者，对生态系统资源整合和成员协调起到不可替代的作用。领导种群不仅需要协调网络生态系统中各成员之间的信任关系，调整与完善系统规则以及共同体内部结构，而且需要为生态系统各成员的合理利益分配模式的逐渐形成做出贡献，并且尽可能模糊组织边界，实现各成员、各种群间的信息共享和有效合作。因此，领导种群可以从关系、利益、信息、运作四个方面建立网络生态系统的协调机制。

延伸阅读 9-5 华为携手合作伙伴共筑会员生态

（一）关系协调机制

各成员间信任关系的建立是关系协调机制最主要的部分。建立各成员间的信任关系主要有三种方法：一是建立基于契约的信任关系，即基于利益目标建立的一种契约关系，私自违反契约将会受到惩罚；二是建立基于信誉的信任关系，即系统成员间的信任建立在成员的信誉或者关键种群作为第三方权威机构的声望之上，任何不诚信的行为都将以信誉受损作为惩罚；三是建立基于知识共享的信任关系，即建立在一定时间内相互作用的成员的信息和知识共享基础之上的信任关系。

关键种群应该根据不同网络生态系统的类型和发展的不同阶段，选择最合适的一种或几种信任机制。基于契约的信任关系是最基础的一种信任机制，适合成员之间相互拥有较少经验和信息的情况；基于信誉的信任关系适用于结构化较强的交易活动，并且需要对关键种群和其他成员的信誉进行一段时间的培养；基于知识共享的信任关系更适用于交易频繁的成员之间，对不确定性的适应能力比另两种机制更强，而且可以鼓励高水平的知识共享，但建立这种信任关系需要较长的时间。

（二）利益协调机制

领导种群对网络生态系统各成员的利益协调，主要从利益分配机制和激励约束机制两方面着手。

在利益分配机制的构建方面，首先，领导种群应有长远的发展眼光，不能因为眼前利益而偏重自身利益，忽视生态系统中其他种群的利益；其次，更多地从物种成员在生态系统中的地位，以及生态系统与其他商业生态系统的竞争状况出发，形成生态系统各成员合理公平的利益分配模式，使各成员按此规则和协议采取相应的行为。在激励约束机制的构建方面，领导种群应对整个生态系统的利益进行再分配，对那些对整个系统贡献很大但在利益分配时处于弱势的成员，给予适当的奖励；相反，对破坏网络生态系统整体利益的行为，做出相应的处罚。

（三）信息协调机制

针对网络生态系统内不同成员间严重的信息不对称现象，领导种群可以从多个方面协调成员间的信息沟通和共享。首先，领导种群要大力推进相关产品或服务质量等标准的制定，解决信息不对称问题中的技术问题；其次，领导种群应为生态系统中的成员打造方便信息沟通的平台，并大力加强信息网的建设，为信息协作的顺利进行提供激励约束机制，创造一个让所有成员愿意并且能够共享信息的环境；再次，领导种群可以通过建立保障体系、身份认证机制等，以第三方的身份对信息不对称情况进行监控管理；最后，领导种群需要提供更便捷的信息发布平台，帮助交易者甄别高质量与低质量的产品或服务，必要时提供必需的信息，例如对产品或服务的分类等。

（四）运作协调机制

运作协调机制旨在解决网络生态系统内不同成员间的协作问题，主要包括种群培育和环境培育两个方面。网络生态系统成员之间有效的运作协调，必须建立在系统内物种丰富、完善的基础之上。作为核心电子商务企业，领导种群应通过各种手段，吸引更多电子商务发展所依附的各物种加入生态系统，如电子支付、物流等，加快系统的自我繁殖和进化，扩大生态系统的范围。同时，促使更多的主体，如寄生的增值服务商等进入生态圈，进一步改善电子商务的生存环境。在此基础上，通过对网络生态系统协作环境的创建与培育，加强成员间的合作协调。领导种群要成为联系其他种群合作的纽带和基础，为成员间协作提供便利条件，并合理解决成员之间的冲突。另外，应定期聚集生态系统成员，提供成员间集中交流的平台，增进互相之间的了解，增加合作机会。

第3节　网络生态系统的盈利基础

一、协同创新

网络生态系统的每一个组成部分都应该发挥各自的主体优势，促进集群式的协同发展。英国著名经济学家阿尔弗雷德·马歇尔（Alfred Marshall）最早总结了产业集聚现象，并提出了产业区理论。他认为，外部经济是产业集聚的重要原因，集聚可以使企业因技术溢出、专业技术人员和中间产品投入的共享而获得外部经济和范围经济。法国经济学家弗朗索瓦·佩鲁（Francois Perroux）提出的增长极理论同样有助于解释产业集聚现象的发生。他指出，在产业集聚区内，以主导产业为核心，可以发挥其对其他产业的关联效应和波及效应，吸收其他资源在区内聚集，带动区域经济增长。

（一）供应链协同创新

随着信息技术的发展，企业越来越难以通过纵向一体化或横向一体化策略适应市场竞争，基于供应链的分工和合作逐渐成为企业间相互协作的重要内容。供应链的合作是指企业间具有共同的目标，追求特定利益，为达到共赢目的，将供应链的部分内容让渡给其他企业。基于供应链的合作可以获得新的技术或市场，拓展产品和服务的范围，实现规模经济，降低企业单独经营可能出现的因市场失灵或企业一体化行政机构臃肿的低效管理带来的风险。

在平台上，电子商务企业的供应链合作相当活跃，几乎所有的网商都将物流业务外包给第三方物流公司。这种基于供应链的分工与合作不仅提高了电商的经营效率，而且促进了生态圈的良性循环。物流公司的优势就体现了协议性分工的要求，也是分工初期自利决策的结果。随着平台物流标准经验的积累和第三方物流公司实践技能的改进，平台和物流商的生产效率都得到了提升，电子商务物流供应链的发展与创新进入了良性循环。“云仓储”和“云物流”更是体现了专业化分工的比较优势和在物流方面的再次创新。要素禀赋理论直接指出了比较优势的来源，交易双方专注于相对要素丰裕的产品或服务，并相互交换，可以发挥专业化分工的优势，获得比较利益。在网络生态系统中，平台企业在数据方面拥有优势，它利用自身数据优势与物流方合作，并交换相关服务。“云仓储”和“云物流”正是在这一基础上解决电子商务供应链中物流链问题的新举措。

云计算中的“云物流”可以满足电商企业、物流企业和普通用户等对物流信息的要求，围绕从生产要素到消费者之间时间和空间上的需求，处理在制造、运输、装卸、包装、仓储、加工、拆并、配送等各个环节中产生的各种信息，使信息能够通过物流信息平台快速准确地传递到现代物流链上所有相关的企业、物流公司、客户及代理公司手中，更好地促进电子商务企业供应链管理体系的完善和创新。

（二）创新服务

电子商务运营的服务包括日常运营、客服接单、品牌推广、发货等。服务外包的经济发展潮流反映了碎片化生产的时代背景。而碎片化生产思想的核心是将企业生产活动进行碎片化分解，并配置到不同的位置空间，以获得成本优势和经济效益。在阿里巴巴的平台上，众多电商将供应链中的相关服务外包给第三方服务商，也是权衡交易成本与生产成本的结果。一直以来，分工是决定生产力发展和社会进步的重要因素，而交易费用对分工水平有决定性的影响。如何降低内生费用对分工而言意义重大，因为外生费用缺乏柔性，一般难以更改，而内生费用是由人为因素引起的。随着科技的进步，一些人类行为引起的内生交易费用可以通过先进技术以及制度的创新、改进和完善来减少。

作为中国最大的网络销售平台，阿里巴巴在 2010 年正式对外宣布向全球开放数据，商家、企业及消费者可以分享到其海量原始数据。鉴于数据本身的复杂性以及数据使用的安全性，阿里巴巴有原则、分层次地推进有关数据的开放工作，并将这种服务命名为“数据魔方”。毫无疑问，数据开放的服务对象为商务企业，其设计和经营的指向性十分明确。根据数据开放整理出来的数据可以帮助商业企业进行战略分析，为商品调整、市场营销提供数据上的支持，为企业的决策提供依据。与此同时，通过数据魔方的各项数据，也能基本判断市场的流行风尚，从而对具体的经营提供方

延伸阅读 9－6　电子商务信息技术服务

向性指导，并促进供应链中的服务商和物流商提供更好的服务。

二、支付革命

电子商务需要有与其相匹配的金融业态，它首先要求的是支付革命。网络支付的笔次快速达至天文数字，网络账户及其交易呈现出“宇宙大爆炸”的能量。在中国，这凸显为第三方支付体系的快速扩张。支付革命带来商业革命，网络经济解决了一个大萧条时期始终没有解决好的问题——突破产销瓶颈，超越市场边界，有效扩张交易。根据麦肯锡咨询公司的研究，中国网络经济新增了40%以上的内需消费。不断刷新纪录的“双11”销售奇迹，更彰显出网络经济所带来的是一场如火如荼的商业变革。

网络数字经济带来了支付革命，由此带来了消费革命，也势必形成金融革命。从“滴滴打车”到“三七”促销，网络账户以各种各样的方式实现快速扩张，账户扩张与消费扩张结合在一起，产生巨大的叠加效应，从而带来消费革命和投资革命。小额交易、小额储蓄、小额投资正在大规模地、“季节性”地、快速地向网络迁徙。动物世界中的大迁徙、经济社会中的民工潮，甚或工业经济时代的任何一次经济繁荣都无法与这样一场巨大的经济变革相比拟。这场变革终会将居民家庭部门推升到决定经济运转成败的中心位置，而且将全面走出工业经济时代的桎梏，进入消费经济时代，并创造一个与其相匹配、相适应的金融体系或金融时代。

案例分析

苏宁深耕自建物流构建供应链生态

电商之间的竞争早已不再是单纯的价格战，围绕消费者体验的服务竞赛愈加激烈。在这一转变的背后，物流的地位凸显无疑。持续建设物流20多年的苏宁在当今低价、速度、服务为王的时代，真实地感受到了自建物流给发展带来的强大助力。借助物流能力的强力支撑，苏宁正在致力于电商生态圈的构建。

深耕物流25年

苏宁最初是一家传统零售企业，在电商蓬勃发展后便加快了向互联网转型的步伐。无论是实体零售的传统路子，还是线上电商新方向，物流一直在苏宁的业务布局中占有重要地位。数据显示，苏宁建成的物流仓储及相关配套总面积达到1 105万平方米，拥有4个航空枢纽、12个自动化分拣中心、60个区域物流中心、660个城市配送中心、1万个快递点，配送范围覆盖全国90%以上的区县。形成仓储配送的规模优势，也是苏宁在行业角逐中拔得头筹的核心优势之一。

从投入方面来看，苏宁1995年开始投入建设物流系统，从买地到建设物流仓储，折旧后的物流资产净值超过100亿元。对于新兴企业和垂直类电商，高成本是难以承受之重，而对于苏宁、京东等巨头而言，尽管依旧是一笔高额支出，但为了在消费者服务竞赛中取胜，这是不得不割的“一块肉”。

物流升级角逐赛

从“谁送得更远”“谁送得更快”到“谁送得更准”，物流配送的评价标准正在逐步升级，这一方面反映出消费者的诉求，另一方面对物流企业提出了更高的要求。将自建物流引以为傲的京东于2012年推出次日达服务，三年之后次日达服务覆盖全国151个城市。而苏宁其实更早一步便开始发力。来自电子商务研究中心的数据显示，2011年苏宁云商的前身苏宁易购便已实现在83个城市半日达、220个城市次日达的目标。在长久积累的供应链资源支撑下，苏宁在极速送达的范围和形式上又做了补充。据了解，苏宁已具备了除新疆、西藏、青海地区以外，90%以上国内地区次日达的能力。伴随O2O的兴起，苏宁在北京、南京、上海等55个城市的社区、写字楼和商业中心布局1 200个自提柜服务站，提供人性化快递服务。

随着普通消费者对跨境网购认识的逐渐深入，跨境物流成为电商物流新的角逐点。苏宁海外购业务已覆盖日本、美国等多个国家和地区，并在海外建有几十家实体门店和独立仓储，拥有多个大型海外自营基地。据了解，苏宁已开通美国、日本等国际物流航线，未来还将布局美国、日本、韩国等的海外仓。此外，苏宁已开通杭州、广州、郑州、上海、天津、宁波等口岸，并设立保税仓。进口零售电商的市场渗透率和市场规模仍会在未来几年快速上升和扩大，跨境物流将成为物流企业发展的重要战略之一。

开放平台建生态

自建物流对于零售企业来说始终是一种成本，苏宁围绕供应链、物流和O2O服务等零售核心能力，向上游供应商和平台商户开放入口，向平台合作伙伴开放接口，向零售末端的中小微企业开放出口，全面开放物流业务。物流投资建设耗费资金多，且周期长。电商企业自建物流体系需耗费大量资源，苏宁通过资源共享向第三方物流转型，既能满足自身的物流需要，也能降低固定资产成本，是打通产业链上下游的重要一环。

重新布局跨境业务

伴随国内消费者对境外商品的热情逐渐升温，以及国家对跨境电商发展不断推出政策红利，苏宁易购将物流布局伸向国外。据悉，苏宁易购在跨境电商物流方面主要从两个支点着手：一是高效的运输通路，即商品从海外到国内，物流供应链实现无缝对接，顾客从下单到收货最快可在72小时内完成；二是海外仓和国内保税仓两端仓储布局，苏宁借助“自建＋平台”的模式，无缝对接国际运输的两端。为确保跨境购物快速、高效，苏宁易购在国内开通了杭州、广州、宁波、郑州等口岸。

此外，在海外仓建设方面，除了在美国、日本等自建仓库，苏宁还集中精力拓展欧洲、大洋洲的海外仓，逐渐实现全球商品的直采直邮。

加速拓展国内三、四级市场

深耕自建物流让苏宁易购在一、二线市场赚得金银满钵。不过，伴随电商渠道下沉，物流成本也在不断增加，尤其是三、四线城市对电商物流体系带来的挑战是前所未有的。据了解，虽然一、二线城市的网购已经常态化，物流配送服务也较为完善，但目前国内部分欠发达地区及偏远地区依然是大多数B2C电商的销售禁区，配送难、快递费用高、时间长的弊端在相当程度上制约着网购的普及。

一方面，因苏宁易购长期坚持自建物流，它带来的服务、效率水平明显高于第三方物流。另一方面，面对颇具诱惑的三、四级市场，苏宁在自有成熟供应链的基础上，持续加大拓展力度。据悉，苏宁计划在全国开设1 500家自营的苏宁易购服务站、1.2万家加盟服务站并拓展3万名乡村联络员，全面渗透乡镇市场。

北商研究院的观点认为，苏宁易购加码发力三、四级市场实现了对城市和乡镇地域的覆盖，甚至在很多西部省份，苏宁易购配送范围覆盖的县镇市场也都在80%以上。这种无限制地域销售能力是对传统苏宁电器实体销售网络的巨大补充。广阔的三、四级市场对整个苏宁体系来说潜力巨大，对上述潜力市场的挖掘将使苏宁体系的整体实力得到很大的提升，这也是苏宁商业模式虚实结合的威力所在。

资料来源：苏宁深耕自建物流构建供应链生态.（2015-10-29）. http://www.bbtnews.com.cn/2015/1029/125137.shtml.

思考题

1. 苏宁为什么要自建物流？物流在苏宁生态系统中扮演怎样的角色？
2. 苏宁是如何建立自身的物流供应链生态的？
3. 未来苏宁的生态系统可以如何强化？

基本概念

网络生态系统（network ecosystem）

电子商务生态系统（e-commerce ecosystem）

协调机制（coordination mechanism）

自组织（self-organization）

支付革命（payment revolution）

讨论题

1. 网络生态系统如何区别于普通的商业生态系统？
2. 如何协调网络生态系统中的各要素？
3. 网络生态系统如何盈利？

课程思政要点

（1）深化系统观念。

（2）认识企业社会责任，实现经济价值与社会价值的统一。

04

第 4 篇

实务篇

第10章

网络营销推广

引例 《乘风破浪的姐姐》网络营销三部曲

2020年6月12日，《乘风破浪的姐姐》（以下简称《姐姐》）一登场便打出标新立异、打破“偶像团体选秀”藩篱的旗帜，镜头瞄准一群已过而立之年、重新焕发青春的女艺人。《姐姐》开播上线仅9小时播放量便破亿，随后霸屏微博、朋友圈，而芒果传媒股票上涨近7个百分点，估值突破千亿大关。一夜之间，人人都在谈论《姐姐》。

除了节目立意“重新审视对女性的定义”引起观众共鸣，《姐姐》能够迅速爆红离不开芒果TV的差异化营销推广策略在话题热度发酵过程中发挥的重要作用。

1. 不走寻常路，前期“冷启动”

《姐姐》开播之前，节目组并没有过多官方宣传，甚至迟迟未定开播时间。在微博上，也只是由参与节目的女艺人和知情的圈内人发布几条暗示节目录制的动态，利用这种“犹抱琵琶半遮面”的方式制造“悬念营销”，引起了观众的好奇心。

2. “内容制造机”，粉丝二次创作再传播

节目开播后，节目组开始进行即时、新鲜又有趣的内容与形式互动，既满足了粉丝多维需求，又不断生产传播内容，为节目造势。比如，每位姐姐都各自在不同时间段，在自己的社交账号上传了《无价之姐》舞蹈的视频内容。除此之外，还有大批粉丝自发二次创作再传播，这为节目在传播上打开了新局面，并具备了突破圈层的可能，比如微博上的海报、抖音上的《无价之姐》舞蹈应援等。粉丝玩梗的内容也能让节目在更多的圈层中形成深度讨论。

3. “综艺IP+直播带货”的联动新模式

2020年6月19日，在芒果战略发布会上，芒果TV副总裁方菲公布《姐姐》与抖音的独家合作，联手打造《乘风破浪的姐姐》官方直播间，并进行12期的独家直播带货。姐姐们的直播带货首秀于6月26日正式开播，由此开创了“综艺＋直播带货”的联动新模式。《姐姐》与抖音的合作使得节目的商业价值不再局限于播放量、点击率、周边购买，在更大的曝光下，变现渠道更加多元。另外，此次抖音与芒果TV联手打造的综艺IP官方直播间，不仅是《姐姐》从大屏到小屏的跨越，更是传统媒体在自媒体领域营销宣传的新模式。

从《姐姐》的热播不难发现用户对需求升级、体验革新、效率优化的渴望。越是身处“碎片化”的环境，就越需要重聚用户的注意力。与此同时，对内容营销推广的要求也变得更高——在内容广覆盖、高质量，做到高精准、强记忆地捕捉精准用户的同时，要为用户提供正能量的精神食粮。

资料来源：《乘风破浪的姐姐》如何“兴风作浪”营销?.（2020-06-23）. https://www.163.com/dy/article/FFQA31660519VFBH.html.

第1节　网络营销推广概述

一、网络营销推广的含义

网络营销推广是以互联网为媒介的一种推广方式，是企业以现代营销理论为基础，利用互联网技术和功能把产品或服务推广出去的过程。其目的是增加企业自身的曝光度以及对品牌进行维护。

思政专栏10-1

向世界展示新时代的中国形象

国家形象是一个国家的性质、实力、地位和影响的总体外在呈现，是一个国家的历史底蕴、现实行为和政策主张在国内外民众心里所产生的总体性评价和综合性印象。

国家形象是内在建构和外在呈现的统一。塑造我国国家形象需要在以下几个方面作出努力。

不断丰富完善国家形象塑造和对外传播机制。国家形象需要依托媒介得以呈现、推介。习近平总书记指出：“展形象，就是要推进国际传播能力建设，讲好中国故事、传播好中国声音，向世界展现真实、立体、全面的中国，提高国家文化软实力和中华文化影响力。”这就要求我们创新对外传播的方式方法，增强国家形象宣传的时效性和准确性。具体来说，要坚持以主流媒体引领传播方向，主动讲好中国共产党治国理政的故事、中国人民奋斗圆梦的故事、中国坚持和平发展合作共赢的故事，让世界更好地了解中国。一方面，通过经典影视剧作、形象宣传片向国外推介我国的政治主张、制度优势；另一方面，可以依托公共外交、国际论坛展现当代中国在推进全球治理和全球合作方面的中国智慧和中国方案。

坚持把塑造大国形象与大党形象结合起来。就中国而言，国家形象与党的形象是内在融通的，党的形象集中反映了国家的形象。习近平总书记指出："中国共产党是为中国人民谋幸福的党，也是为人类进步事业而奋斗的党。"我们应该从中国共产党百年辉煌历程和历史性成就中展现社会主义大国形象，从中国共产党带领中华民族实现伟大复兴的宏伟蓝图中展现中国特色社会主义的制度优势和发展前景。中国已经进入新的发展阶段，踏上了全面建设社会主义现代化国家新征程。在前进的道路上，我们要通过讲好我们党一以贯之践行以人民为中心的发展思想、接续推动全体人民实现共同富裕的故事，促进我国国家形象的提升。

旗帜鲜明反对抹黑我国国家形象的言行。国家形象是一个国家向世人呈现的外在特征，它归根到底是由国家的内在特质决定的。在现实中，由于各国所秉持的治国理念和所遵循的发展道路的不同，同一种国家形象往往在不同的国家形成不同的认同度。就当代中国而言，我们在国际上有时还处于有理说不出、说了传不开的境地，存在着信息流进流出的"逆差"、中国真实形象和西方主观印象的"反差"、软实力和硬实力的"落差"。为此，我们必须以事实为依据，坚决反对抹黑、歪曲、丑化我国国家形象的各种言行，抵制无端诋毁我国国家性质、对外政策的言行，维护我国国家形象。

资料来源：向世界展示新时代的中国形象.（2021－09－14）. https://m.gmw.cn/baijia/2021-09/14/35161281.html.

二、网络营销推广的分类

（一）按范围分类

1. 对外推广

对外推广就是指针对网站外潜在用户的推广。主要是通过一系列手段针对潜在用户进行营销推广，以达到增加网站访问量、会员数或收入的目的。

2. 对内推广

对内推广是专门针对网站内部的推广，比如通过一系列手段增加用户浏览频率、激活流失用户、增加频道之间的互动等。

（二）按投入分类

1. 免费推广

免费推广是指在不用额外付费的情况下就能进行的推广。这样的方法很多，比如论坛推广、资源互换、软文推广、邮件群发等。

2. 付费推广

付费推广就是需要花钱才能进行的推广，比如各种网络付费广告、竞价排名、广告联盟等。

（三）按目的分类

1. 品牌推广

品牌推广是指以建立品牌形象为主的推广。这类推广一般都用非常正规的方法进行，而且通常会考虑付费推广。

2. 流量推广

流量推广是指为了吸引用户、增加网站访问量、提高曝光度而进行的推广。

3. 销售推广

销售推广是指以提高产品或服务的知名度、促进销售、增加销售收入而进行的推广。

4. 会员推广

会员推广则是指为了增加网站或网络平台的注册量、增强用户黏性而进行的推广。

第 2 节　典型网络营销推广模式

一、搜索引擎营销

1994 年，雅虎（Yahoo）等分类目录型搜索引擎的出现标志着搜索引擎营销（search engine marketing，SEM）的诞生，而 2000 年点击付费模式的产生让搜索引擎营销获得了长足发展，之后随着互联网的发展及互联网使用人数的增加，搜索引擎市场迅速扩张。在当今的网络经济时代，消费者的行为模式发生了一系列显著变化，搜索成为互联网时代消费者行为模式中的重要环节。搜索引擎技术的不断完善大大降低了人们的搜索成本。一旦消费者输入关键词进行搜索，就意味着由消费者驱动的需求已生成，搜索引擎正好符合现代拉式营销理念。同时，搜索引擎营销在控制成本、推广品牌、挖掘潜在用户、针对目标客户群等方面拥有得天独厚的优势。在此背景下，搜索引擎营销成为企业产品营销的重要方式和渠道。

搜索引擎营销概念最先由 GoTo 公司提出。从用户的角度来说，搜索引擎营销是指根据用户使用搜索引擎的方式，利用用户检索信息的机会，尽可能地将营销信息传递给目标用户。从企业的角度来说，搜索引擎营销是指企业通过企业网站采取提升自然排名、推出付费搜索广告等与搜索引擎相关的行为，来使企业网站在搜索引擎上显著列示的营销手段，其目的是吸引目标受众访问企业网站。实务界一般将搜索引擎营销视为网络营销的重要组成部分，通过页面优化和做广告来提升企业网站在搜索引擎结果页面中被关注的概率。当今主流的搜索引擎营销模式有两种，即搜索引擎优化（search engine optimization，SEO）和付费搜索广告。

（一）搜索引擎优化

搜索引擎优化就是让企业的网站更容易被搜索引擎收录，并且在用户通过搜索引擎进行检索时，网站能在检索结果中获得好的位置，从而达到推广的目的。搜索引擎优化可以细分为网站内容优化、关键词优化、外部链接优化、内部链接优化、代码优化、图片优化、搜索引擎登录等。通过这些方法，企业不需要向搜索引擎提供商付费就能使企业的网站链接收录在搜索结果页面中自然搜索区域靠前的位置。

通常搜索引擎优化被认为是提升网站排名最根本、最有效的方法。应当注意，搜索引擎优化对于搜索用户满意度的影响是模糊的。一方面，搜索引擎优化技术可以通过搜索引擎帮助企业更容易地抓住和引导潜在用户；另一方面，搜索引擎优化技术也可以利用搜索算法的漏洞来操纵自然排名，从而扰乱自然搜索。一般认为，搜索引擎优化在给互联网市场带来机遇的同时，也给市场和网页的搜索引擎排名带来了巨大挑战。

（二）付费搜索广告

在付费搜索广告模式下，作为广告主的企业根据自身产品和服务的特点向搜索引擎提供商购买关键词。如果用户在搜索时输入的关键词与广告主购买的关键词相符，搜索结果页面的推广链接区域就会出现广告主的网页链接。付费搜索广告根据收费机制分为定价排名和竞价排名两种。定价排名根据时间段固定收费，前面位置的固定价格较高，后面位置上的企业链接会依次轮换显示。定价排名机制现在在业界已基本被竞价排名机制替代。竞价排名是指广告主通过关键词拍卖来就其网页链接在推广链接区域出现的位置展开竞争。在广告主针对某一关键词出价之后，搜索引擎提供商主要根据竞价和关键词相关度来决定广告主网页链接的位置。广告主支付的费用由实际点击量和价格两个因素决定，即采取点击付费广告模式。

搜索引擎优化和付费搜索广告都是现今主要的搜索引擎营销模式，二者各有优劣。一方面，对于搜索引擎优化，广告主一般花费较少且多为一次性花费，而对于付费搜索广告，广告主需要为搜索用户的每一次点击付费，花费较多，同时付费搜索广告还要面临无效点击的风险。另一方面，尽管不同的关键词费用不同，但付费搜索广告在支付费用后往往在搜索结果中表现出较高的稳定性，而且位置保留时间更长。搜索引擎优化受搜索引擎算法的影响较大，要确保在每个关键词下都出现在排名靠前的位置，不确定因素很多，当搜索引擎采用新的参考算法时，已有的优化成果会变得毫无价值。此外，在竞争对手也采取优化策略的情况下，排名的保持时间较短。

二、 DSP 广告

随着互联网行业的飞速发展，网络广告的需求越来越大，广告的形式也越来越复杂。广告主希望自己广告的每一次展现都能以最合理的价格投放给需求人群，广告网站也希望能更加充分地利用网站的流量给自己带来利润，于是 DSP 广告应运而生。DSP（demand side platform）即需求方平台，指将分散在各个媒体上的资源进行整合，通过人群属性分析、实时竞价（real time bidding，RTB）展示，为广告主提供跨平台、跨终端的精准广告投放，并且可以实时进行广告的监控和优化。基于大数据分析处理的DSP广告平台采用最先进的实时竞价模式并与数据管理平台（data management platform，DMP）连接，让互联网广告的每一次曝光都更加合理，充分利用网站的长尾流量给网站带来利润。

DSP广告平台涉及七大角色：广告主、代理商、广告媒体、受众网民、广告交易平台（AD exchange）、数据管理平台和供应商平台（supply side platform，SSP）。其中，广告交易平台就像一个交易市场，广告主和广告位拥有方通过这一平台进行买卖。但是双方之间的买卖不直接进行，广告主先向平台出价，然后发生曝光时，广告交易平台根据实时竞价原则在广告位拥有方的广告位上进行展示。数据管理平台的主要功能是数据管理分析，将网民进行受众分析和人群标记，用来支持精准客户投放。它能够帮助所有涉及广告库存购买和出售的各方管理其数据，更方便地使用第三方数据，增强它们对所有数据的理解，或者将定制数据传入某一平台以进行更好的定位。供应商平台对应的是互联网媒体，连接无数网站的广告位。DSP广告平台通过人群定向技术，智能地管理媒体广告位库存、优化广告投放，帮助网络媒体实现广告资源优化，提高广告资源价值。

三、网络广告

（一）品牌图形广告

品牌图形广告作为传统的网络硬广告方式，虽然其市场份额因富媒体广告等形式的兴起有所下降，但仍是网络广告不可或缺的重要组成部分，也在网络营销技巧中占有举足轻重的地位。品牌图形广告主要包括按钮广告、鼠标感应弹出框、流媒体广告、画中画、摩天楼广告、通栏广告、全屏广告、对联广告、视窗广告、导航条广告、焦点图广告、弹出窗口和背投广告等形式。

（二）网络视频广告

网络视频广告指的是企业把产品或品牌信息植入视频，以达到营销产品或品牌目的的营销手段。视频广告的主要模式有视频贴片广告和视频植入式广告两种。

1. 视频贴片广告

视频贴片广告是指在视频片头、片尾或插片播放的广告以及背景广告等。作为较早的网络视频营销方式，视频贴片广告可以看作电视广告的延伸。

2. 视频植入式广告

视频植入式广告是指把代表企业产品及服务的视听品牌符号融入视频内容之中，以达到潜移默化的宣传效果的一种广告形式。

（三）富媒体广告

在互联网发展的初期，由于带宽的原因，网站的内容以文本和少量低质的GIF、

JPG 图片为主。随着技术的进步以及消费市场的成熟，出现了具备声音、图像、文字等多媒体组合的媒介形式，人们把这些媒介形式的组合叫作富媒体，以此技术设计的广告叫作富媒体广告。

2002 年，新浪和互动通公司共同推出新浪视窗第一代产品——iCast 弹出视频广告，取得了卓越的广告效果。当时弹出的视频广告就是富媒体广告。2005 年，富媒体广告全面开花，各种新颖的富媒体广告产品相继出台，富媒体广告形式得到最大化发展。

（四）文字链广告

文字链广告即只有文字的广告，是一种对浏览者干扰较少的广告形式。相比图片、动画等广告，文字链广告文件体积小，传输速率快。由于只是文本，广告受众更容易捕捉广告内容，特别是信息量很大的页面，文字链广告直截了当、开门见山，使浏览者一目了然。

思政专栏 10－2

规范网络电商广告用语

“全网仅一家”“史上最低价”“销量总冠军”“行业领导者”……打开互联网平台的商品页、直播间，广告极限词并不鲜见。一些消费者被类似广告吸引，购买商品或服务后却发现名不副实，既影响体验又面临维权难题。

滥用广告极限词属于违法行为。我国广告法明确规定，不得使用“国家级”“最高级”“最佳”等用语。由于语言词汇的复杂性，列举所有极限词并不现实，因而在具体实践中需要把握立法本意。参照广告法对虚假广告的界定，商品或服务的质量、价格、销售状况、曾获荣誉等信息与实际情况不符的，即属违法。那些动辄标榜“唯一”“独创”“问鼎”“极致”却又拿不出有效证据的商家，其广告用词明显不适当。有的商家耍小聪明、打擦边球，采用异体字、谐音等方式变相使用极限词，实质上也涉嫌违法。

滥用极限词的虚假广告，其危害值得警惕。商家使用极限词发布广告，实际上是利用了信息不对称，损害了消费者的知情权。从长远来看，这种行为也是在透支商家自身的品牌信用，无异于竭泽而渔。如果助长类似行为，就会形成“破窗效应”，导致“劣币驱逐良币”，最终影响的是行业的良性发展。实际上，有的商家也自食苦果。据媒体报道，某地公安部门侦破一起案件：有不法分子在电商平台搜索包含“最”“永不”等词的广告，以广告用词违法、要投诉举报为由，向商家敲诈勒索。

互联网时代，当滥用极限词的虚假广告搭上技术的便车，其负面影响更不可小视。起起伏伏的价格、稍纵即逝的福利，常令人眼花缭乱、无暇思考。销售渠道的丰富多元、广告形式的灵活多变，也对监管的覆盖面、精准性、灵敏度提出了更高要求。广告极限词虽被明文禁止，但仍有商家铤而走险，究其原因，在于相关做法成本低廉、屡试不爽。商家以极限词为卖点，吸引消费者掏腰包，往往只重售前不管售后，让消费者直呼上当受骗。由于维权成本较高，不少顾客没有时间和精力去找商家讨说法。在这种背景下，对于网络电商广告的失范行为特别是广告极限词等乱象，亟待有针对性地加强治理。

规范网络电商广告用语、整治滥用极限词乱象，需要多措并举、久久为功。在技术层面，应当与时俱进、加强创新，更好运用现代信息技术进行监管。互联网的普及，让商品更容易被消费者检索到，也方便了对极限词使用的捕捉、筛查；让商家可以随时做广告、发文案，也有利于监管部门及时存储数据、留存证据。在机制层面，不妨畅通渠道、充实力量，让媒体、用户、志愿者等发挥更多作用，进而延展监管触角。同时，还应加强引导，帮助广大消费者提高警惕，积极辨识、揭露虚假广告。此外，采取有力措施加强管理，让不法平台、商家、代言者付出应有代价，也有利于激发警示效应，推动行业加强自律。

资料来源：人民日报：规范网络电商广告用语.（2021－12－15）. https://baijiahao.baidu.com/s?id=1719195397718477046&wfr=spider&for=pc.

四、广告联盟

广告联盟通常指网络广告联盟，即集合中小网络媒体资源（又称联盟会员，如中小网站、个人网站、WAP 站点等）组成联盟，通过联盟平台帮助广告主实现广告投放，并进行广告投放数据监测统计，广告主则按照网络广告的实际效果向联盟会员支付广告费用的网络广告组织投放形式。主要的广告模式有以下几种：

（一）CPM（cost per mille）（每千人成本），弹窗形式广告

根据独立 IP 用户访问广告联盟旗下合作媒体的网站时弹出广告商的目标页面来计费，相同 IP 用户 24 小时内反复弹出只计费一次，如果弹窗被浏览器拦截则不计费。

（二）CPC（cost per click）（每点击成本），点击形式广告

根据用户访问广告联盟旗下合作媒体的网站时点击页面上用户所感兴趣的广告商广告条到达相应的广告页面来计费，相同 IP 用户 24 小时内反复点击相同广告商广告条只计费一次。

（三）CPA（cost per action）（每行动成本），注册形式广告

根据用户访问广告联盟旗下合作媒体的网站时点击页面用户所感兴趣的广告商广告条到达相应的广告页面并完成相应的注册或者信息提交要求来计费，相同 IP 用户 24 小时内反复注册或提交信息只计费一次。

（四）CPS（cost per sales）（每销售成本），销售提成形式广告

根据用户访问广告联盟旗下合作媒体的网站时点击页面上用户所感兴趣的广告商广告条到达相应的广告页面并完成购买行为来计费。

五、社交媒体营销

（一）SNS营销

SNS（social networking services）即社交网络服务，指旨在帮助人们建立社交网络的互联网应用服务。SNS营销随着网络社区化而兴起，指利用SNS网站的分享和共享功能，在六维理论的基础上实现的一种营销。

（二）IM营销

IM（instant messaging）营销也叫即时通信营销，是企业通过即时通信工具推广产品和品牌，以实现目标客户挖掘和转化的网络营销方式。

（三）微博营销

微博营销就是借助微博进行营销策略推广，具有灵活性高、成本低、快速吸引眼球、互动性强、针对性强、可信度较高等特点。微博营销对选定的消费者投放企业的营销刺激因素，将品牌、产品信息等直接传达给消费者，并借助网络环境使这种传达显得不具备威胁性，在潜移默化中吸引受众注意，影响受众的感知、认知和行为，以便推动现实中的消费。同时，微博营销注重双向沟通和挖掘消费者心理，以便针对其心理制订吸引其注意力的营销方案，例如制造、策划话题，吸引用户参与其中，并借助微博自身的特性扩大影响。

（四）BBS营销

BBS（bulletin board system）营销也叫论坛营销，就是利用论坛这种网络交流的平台，通过文字、图片、视频等方式发布企业的产品和服务信息，让目标客户更加深入地了解企业的产品和服务。论坛营销具有目标群体大、受众精准、成本低廉、传播迅速、便于引导等优势。

思政专栏10-3

工信部规范电商平台“6·18”短信营销行为

据工信部网站2021年6月15日消息，“6·18”年中商业营销活动期间，部分电商平台违规发送营销短信扰民问题开始呈现上升态势。工信部信息通信管理局高度重视，于2021年6月11日召开行政指导会，警示电商平台企业规范营销短信发送行为，强化行业自律。阿里巴巴、京东、拼多多等主要电商平台企业，以及相关基础电信企业和短信息服务企业参会。

工信部信息通信管理局指出，严控垃圾短信，保障人民群众合法权益是践行以人民为中心发展思想的重要举措，也是企业应当履行的社会主体责任。相关企业务必高度重视，提高认识，落实各自主体责任，主动从事前审核、事中监测和事后处置等各环节采取有效措施，把好通信资源关，尽快遏制垃圾短信蔓延趋势，营造良好的通信环境。

会上，相关企业郑重承诺将严格落实垃圾信息治理相关要求，全面自查自纠，并完善管理制度、优化用户服务，确保在短期内取得实效，不断提升广大用户的获得感、幸福感、安全感。

资料来源：遏制垃圾短信蔓延 工信部规范电商平台“618”短信营销行为.（2021-06-16）. https://baijiahao.baidu.com/s?id=1702710083792678361&wfr=spider&for=pc.

六、软文营销

软文是基于特定产品的概念诉求与问题分析，对消费者进行针对性心理引导的一种文字模式。从本质上来说，软文营销是企业软性渗透的商业策略在广告形式上的体现，通常借助文字表达与舆论传播使消费者认同某种概念、观点和分析思路，从而达到企业品牌宣传、产品销售的目的。软文之所以叫作软文，精妙之处就在于一个“软”字，好似绵里藏针，收而不露，克敌于无形。等到消费者发现这是一篇软文时，已经掉入了精心设计的广告“陷阱”。它追求的是一种春风化雨、润物无声的传播效果。

七、二维码营销

二维码的应用已经渗透到消费者生活的方方面面，如地铁广告、报纸、快餐店、电影院、团购网站、自动售货机以及各类商品外包装。二维码营销是指企业通过对二维码图片的传播，引导消费者扫描二维码，以推广相关的产品、服务或活动信息，刺激消费者产生购买行为的新型营销方式。二维码营销能轻松实现线上和线下的有机结合，通过二维码将客户从线下引导到线上。

八、数据库营销

数据库营销（database marketing service，DMS）是为了实现接洽、交易和建立客户关系等目标而建立、维护和利用顾客数据与其他顾客资料的过程。它不仅仅是一种营销方法、工具、技术和平台，更是一种企业经营理念，改变了企业的市场营销模式与服务模式，从本质上讲是改变了企业营销的基本价值观。

企业收集和积累消费者大量的信息，经过处理后预测消费者有多大可能购买某种产品，并利用这些信息给产品以精确定位，有针对性地制作营销信息以达到说服消费者购买产品的目的。通过数据库的建立与分析，各个部门都对顾客的资料有详细全面的了解，可以给予顾客更加个性化的服务支持和营销设计，使一对一的顾客关系管理成为可能。

第 3 节　网络营销推广组合

一、事件营销

事件营销是企业通过策划、组织和利用具有新闻价值、社会影响以及名人效应的人物或事件，吸引媒体、社会团体和消费者的兴趣与关注，以提高企业或产品的知名度、美誉度，树立良好品牌形象，并最终促成销售产品或服务的营销推广方式。简单地说，事件营销就是通过把握新闻的规律制造具有新闻价值的事件，并通过具体的操作，让这一新闻事件传播，从而达到广告的效果。事件营销的关键在于迅速抓住公众的眼球，实现冲击力、注意力、辐射力、赞美力、转化力等的统一。

二、口碑营销

口碑营销是企业在调查市场需求的情况下，为消费者提供所需产品和服务，同时制订一定的口碑推广计划，让消费者自动传播公司产品和服务的良好评价，从而让人们通过口碑了解产品、树立品牌、加强市场认知度，最终达到销售产品或服务目的的营销推广方式。

与以往相比，网络营销的主体、对象和方式都在发生变化，企业“填鸭式”灌输与自我标榜的时代已经结束，消费主体在企业营销中的地位已逐渐由被动转为主动，消费者拥有了更多的发言权。同时，消费者希望能迅速有效地得到自己所需的真实可靠的信息，为了迎合消费者的这种迫切需求，以双向互动为特征、以真实可信为基调的网络口碑营销应运而生，成为既受企业青睐又受消费者喜爱的一种网络营销新模式。

三、病毒营销

病毒营销（viral marketing）也称为病毒式营销，是企业通过消费者的社会人际网络，使营销信息像病毒一样传播和扩散，利用快速复制的方式传向广大受众，从而达到提升品牌知名度或者其他目的的营销推广方式。病毒营销在于找到营销的引爆点，如何找到既迎合目标客户口味又能宣传企业的话题或事件是关键。

病毒营销和口碑营销都以人为渠道，充分发挥人在信息传播中的主动性。但是，病毒营销是为了赚取知名度，知名度高并不一定有口碑，通过高曝光率只能达成广泛认知，不代表一定能获得消费者的认可；而口碑营销是为了提高产品或者品牌的美誉度，消费者之间通过推荐、现身说法达到对企业产品和品牌的认可。

四、饥饿营销

饥饿营销是指商品提供者有意调低产量，以期调控供求关系、制造供不应求假象、维持商品较高售价和利润率，最终为品牌带来高附加价值的营销策略。商家通常在产品或服务发布前做大量广告宣传，勾起顾客购买欲，然后采取饥饿营销手段，让用户苦苦等待，结果更加提高顾客购买欲，为产品提价销售或未来大量销售奠定客户基础。

饥饿营销与市场竞争程度、消费者成熟度和产品的替代性三大因素有关。也就是说，只有在市场竞争不充分、消费者心态不够成熟、产品综合竞争力和不可替代性较强的情况下，饥饿营销才能较好地发挥作用，否则厂家就只能是一厢情愿。

五、借力营销

借力是一种大智慧，是智者的行为。在古代，“草船借箭”和“借东风”就是借力的完美体现。借力营销就是指在内部资源或条件不足的情况下，利用各种手段，将外部力量和资源为己所用的一种营销手段。这里的借力可以是借资金、借人力、借热点、借品牌、借渠道、借智慧等。相对于广告等传播手段，借力营销能够起到以小博大，花小钱、办大事的作用，往往能起到四两拨千斤的效果。很多公司都会采用此种营销推广方式来达到销售目标，只不过借力的途径有所不同。

案例分析

老乡鸡：用营销，在疫情中翻盘

老乡鸡原名“肥西老母鸡”，2012 年完成品牌升级，正式更名为“老乡鸡”，现有 800 多家直营店，曾在 2019 年中国快餐产业大会上拿下“全国中式快餐第一品牌”的称号。

往年，春节前后的两个月，都是老乡鸡生意最火的旺季，预计可带来 8 亿元营收。可是新冠肺炎疫情改变了这一切。自从 2020 年 1 月 23 日武汉封城后，为避免疫情扩散，老乡鸡第一时间主动关闭了武汉的 100 多家门店，公司业务按下了暂停键。随着疫情的暴发，老乡鸡剩下的店面主要以配合当地政府保障民生食品供应为主，仅有打包外带和外卖。日常开支还在继续，但老乡鸡的总体营业额在疫情暴发后的短短几天里就下降了 85%。

之后，当众多餐饮企业宣布员工降薪时，老乡鸡董事长束从轩却撕了员工自愿申请降薪的联名信。

2020 年 3 月 18 日，一场“老乡鸡战略小会”在社交媒体上热传。在这次发布会上，将近 60 岁的束从轩妙语连珠。发布会结束后在业界引起了不错反响。

在乡下举办的发布会没有大城市的喧嚣与繁华，首先映入眼帘的是那些“灰土土”的画面：大喇叭、村民、大茶缸等，董事长也是穿着普通的农家衣服。一股浓厚的乡土气息扑面而来，与消费者对发布会“高大上”的传统认知截然不同，这样的反差引起了广大受众的选择性关注。

总成本只要 200 元的发布会，不仅选址接地气，会议形式与内容也与产品高度契合。老乡鸡在会议中借助小黑板、粉笔来发布企业即将进行的战略，还将企业的明星产品——肥西老母鸡直接徒手捉到台上，这种别样展示产品的方式只有在这样的环境下才显得不突几，也很自然地让消费者认识企业的产品，增加了消费者对产品的信赖。除此之外，此次发布会采用短视频的方式，在各大媒体以及视频平台迅速传播。

2020年4月10日晚，束从轩再次发布一条视频火爆全网，100万份鸡汤免费送，并规定进店后不洗手不准吃饭。

疫情期间，老乡鸡每天将数万份爱心餐送达武汉当地的十几家医院，老乡鸡的员工还细心地用便利贴附上了许多暖心图画，鼓舞一线的医护工作者与病毒战斗。老乡鸡的送餐行为登上微博热搜榜，获得大量网友的关注、点赞、转发，这使得全国不太了解此品牌的网友开始关注这个暖心的企业。

从手撕联名信到免费送鸡汤活动，几次营销事件塑造了一个“土味”的老乡鸡，也让人们感受到了一个有人情味的老乡鸡。人们可以感受到该企业对每位员工的考虑，董事长说“即使卖房卖车，也要让员工有饭吃，有班上”，越是在危难的时刻越能够看出一个企业的抗打击能力以及抗风险能力，这让消费者对这样一个有责任感的企业有了好感。

资料来源：刘祯，汪苗苗．老乡鸡：用营销，在疫情中翻盘．清华管理评论，2020（72）：135－139．

思考题

1. 老乡鸡品牌采用了哪些网络营销推广策略与方式来实现疫情中的逆风翻盘？
2. 危急时刻，企业如何通过营销获得转机？

基本概念

搜索引擎营销（search engine marketing）
网络广告（online advertising）
事件营销（event marketing）
口碑营销（word-of-mouth marketing）
病毒营销（viral marketing）
饥饿营销（hunger marketing）
借力营销（gain marketing）

讨论题

1. 简要分析饥饿营销的利与弊。
2. 分析事件营销、口碑营销、病毒营销和借力营销的异同。

课程思政要点

（1）数字经济背景下，讲好中国故事。
（2）网络电商广告用语规范新要求。

第11章

网络营销服务

引例 尚品宅配：IT逆袭出家具王

尚品宅配是一家集云计算、个性化定制、免费设计等于一身的家居企业。它的商业模式不仅受到业界的学习和模仿，而且被阿里巴巴的高管推崇为“C2B模式样板”，它的个性化定制无疑成为行业标杆。

作为定制家具品牌，尚品宅配个性化定制的深度前所未有。尚品宅配根据顾客的身材和喜好，从款式设计到构造尺寸全方位开展个性化定制。其拥有的高度智能化的生产加工控制系统，也能满足消费者个性化定制所产生的特殊尺寸与构造板材的切削加工需求。同时，通过其强大的3D设计软件及云端设计资源整合能力，尚品宅配在设计端让消费者不仅能体验到单个产品，还能体验整体家居设计，可以最大限度地减轻消费者家具与家装设计不搭的忧虑。将用户体验照顾到无微不至，无怪乎尚品宅配能创造辉煌的销售业绩。

免费量尺设计　打通线上线下

尚品宅配的官方网络商城新居网应用了业内最前沿的三维虚拟现实技术，为消费者提供免费上门量房和免费方案设计服务，并按照消费者的个性化需求打造真实的家具“试穿”效果。尚品宅配副总裁、新居网总经理胡翊补充说，免费的量尺设计是新居网在整个购买环节里面找到的一个必需的点，通过它就能把线上线下连通起来。

随着电商的发展，新居网顺应消费者的消费习惯，主动出击，将家居咨询服务前移到网络，在网上为消费者提供家具选购的咨询，提前拦截网络上有家居用品购买需求的客流。现在，尚品宅配通过线上的SNS、论坛、微博、微信等社交媒体与消费者初步沟通确认后，线上推广与运营部门便将消费者转给线下门店设计师，从而开创了尚品宅配的O2O模式。

资料来源：沈伟民. 尚品宅配的数据竞争力. 经理人，2019（11）：28－30.

第1节　网络营销服务概述

一、网络营销服务的兴起

网络强大的通信能力和电子商务系统便利的交易环境对企业的信息传播产生了深远的影响。在网络环境下，不仅市场上时间和空间的概念、消费者的概念和行为等发生了深刻的变化，而且基于信息技术的计算机网络正在引发一场网络营销手段的革命。

从信息时代到网络经济时代，企业从社会利益和消费者的长远利益出发，注重企业的生产经营与社会、市场和消费者的适应性，注意研究消费者需求的多样性和变化。现代顾客需要的是高质量的服务，企业为了更好地满足顾客的需求，致力于研究如何提高服务质量。越来越多的企业将网络顾客服务整合到公司的营销计划之中，在网络营销界掀起了顾客服务的浪潮。

当今，服务营销已受到人们的高度重视。要搞好服务营销就应该从产品营销思路的束缚中解脱出来，把为顾客服务的观念贯彻到企业所有的经营活动中去，而不是仅仅将服务视为依附于产品的售前或售后服务。服务的观念应贯穿从产品设计到产品销售的整个过程，乃至产品生命周期的各个阶段。随着服务经济时代的到来，服务营销已经成为企业树立形象，吸引新顾客、留住老顾客，更好地满足顾客多种需求的最有效途径之一。

思政专栏11-1

习近平在2020年中国国际服务贸易交易会全球服务贸易峰会上致辞

习近平强调，当今世界正在经历百年未有之大变局。新冠肺炎疫情全球大流行使这个大变局加速变化，经济全球化遭遇逆流，保护主义、单边主义上升，世界经济低迷，国际贸易和投资大幅萎缩，给人类生产生活带来前所未有的挑战和考验。同时，我们也要看到，近年来新一轮科技革命和产业变革孕育兴起，带动数字技术强势崛起，促进了产业深度融合，引领了服务经济蓬勃发展。这次疫情全球大流行期间，远程医疗、在线教育、共享平台、协同办公、跨境电商等服务广泛应用，对促进各国经济稳定、推动国际抗疫合作发挥了重要作用。放眼未来，服务业开放合作正日益成为推动发展的重要力量。

习近平提出三点倡议。

第一，共同营造开放包容的合作环境。纵观人类社会发展史，世界经济开放则兴、封闭则衰。服务业因其独特的轻资产、软要素等特点，更加需要开放、透明、包容、非歧视的行业发展生态，更加需要各国努力减少制约要素流动的“边境上”和“边境后”壁垒，推动跨境互联互通。中国将坚定不移扩大对外开放，建立健全跨境服务贸易负面清单管理制度，推进服务贸易创新发展试点开放平台建设，继续放宽服务业市场准入，主动扩大优质服务进口。中国将积极顺应服务贸易发展实际需要，推动多边、区域等层面服务规则协调，不断完善全球经济治理，促进世界经济包容性增长。

第二，共同激活创新引领的合作动能。我们要顺应数字化、网络化、智能化发展趋势，共同致力于消除“数字鸿沟”，助推服务贸易数字化进程。中国将拓展特色服务出口基地，发展服务贸易新业态新模式。中国愿同各国一道，加强宏观政策协调，加快数字领域国际合作，加大知识产权保护，积极促进数字经济、共享经济等蓬勃发展，推动世界经济不断焕发生机活力。

第三，共同开创互利共赢的合作局面。经济全球化背景下，各国经济彼此依存，利益交融前所未有，以诚相待、普惠共享是根本之计。各国要加强服务贸易发展对接，创新合作方式，深化合作领域，积极寻求发展利益最大公约数，不断做大“蛋糕”。中国将充分利用中国国际服务贸易交易会、中国国际进口博览会等各类平台，推动开展政策和经验交流，建立和培育政府间、国际组织、商协会及企业间多样化伙伴关系，支持组建全球服务贸易联盟，不断形成更多务实合作成果，使各国人民共同享有服务贸易增长成果。

资料来源：习近平在 2020 年中国国际服务贸易交易会全球服务贸易峰会上致辞.（2020－09－04）. http://www.gov.cn/xinwen/2020－09/04/content_5540725.htm.

二、网络营销服务的含义

美国市场营销学会在 20 世纪 60 年代给服务下了一个定义：服务是用于销售或者同产品放在一起进行销售的活动、利益或者满足感。营销大师菲利普·科特勒（Philip Kotler）将服务定义为：服务是一方能够向另一方提供的基本上是无形的任何功效或礼仪，并且不导致任何所有权的产生，它的产生可能与某种有形产品密切联系在一起，也可能毫无联系。服务是不可触摸的无形产品，其目的是满足顾客需求，让顾客满意。网络营销服务和服务的本质是相同的，只是借助互联网手段来实现。

网络营销服务就是以互联网为基础，利用数字化的信息和网络媒体的交互性来辅助营销目标实现的一种新型的市场营销服务方式。简单地说，网络营销服务就是以互联网为主要手段进行的，为达到一定营销目的而开展的一系列服务活动。

三、网络营销服务的特点

服务区别于有形产品的主要特点是不可触摸性、不可分离性、可变性和易消失性。同样，网络营销服务也具有上述特点，但其内涵却发生了很大变化。具体体现在以下五个方面。

（一）增强顾客对服务的感性认识

服务的最大局限在于服务的无形性和不可触摸性，因此在进行服务营销时，经常需要让服务有形化，通过一些有形的方式表现出来，以增强顾客的体验和感受。

（二）突破时空不可分离性

服务的最大特点是生产和消费的同时性，因此往往受到时间和空间的限制。顾客为得到服务，往往需要花费大量时间去等待和奔波。基于互联网的远程服务则可以突破服务的时空限制。如远程医疗、远程教育、远程培训、远程订票等服务都可以通过互联网实现，避免消费方和供给方的空间分离所带来的不便。

延伸阅读 11-1 迪士尼 MyMagic+的智慧旅游服务系统

（三）提供更高层次的服务

传统服务的不可分离性使得顾客寻求服务受到限制，而互联网的出现突破了传统服务的限制，顾客可以通过互联网得到更高层次的服务。顾客不仅可以了解信息，还可以直接参与整个过程，最大限度地满足自我消费需求。

（四）顾客寻求服务的主动性增强，服务质量更高

在利用网络进行顾客服务时，不仅企业与顾客间的沟通是双向的，顾客与顾客间的互动沟通也十分频繁。这种多向即时互动沟通可帮助企业深入了解顾客的服务需求与服务期望，可向顾客预先提供从整体到局部具有良好可视性和互动性的服务表现，还可对服务表现进行适当的定制，以满足顾客个性化的服务需求和偏好。在服务过程中，可对服务进程和服务效果进行持续跟踪和检验，合理、实时地改进服务或进行服务补救。服务结束后也能从顾客那里或网上其他渠道获知顾客对服务的真实体验，为进一步改进服务质量提供信息基础。

（五）服务成本效益提高

一方面，企业通过互联网实现远程服务，扩大了服务市场范围，创造了新的市场机会；另一方面，企业通过互联网提供服务，可以增强企业与顾客之间的关系，培养顾客忠诚度，减少企业的营销成本费用。

四、网络营销服务的分类

根据企业可提供的产品和服务的比例、类型和内容，可将服务分为以下五种类型。

（一）纯有形货物的伴随服务

这是与企业以网上销售产品为主相伴随的对客户的免费服务，包括销售前的产品信息咨询介绍、销售中的某些代办事务、销售后的技术支持等。例如，网上灯具商店帮助客户设计室内灯光效果，指导购买，免费上门帮助安装等。

（二）伴随服务的有形货物

这是一种以服务为主的网络销售形式。例如，顾客异地网上购买鲜花，然后由网上

花店送达并代为问候顾客指定的亲朋好友，就是这种网络营销服务方式的典型。

（三）主要服务伴随的小物品和简单服务

这是一种以网上服务产品为主，在服务的过程中伴随提供给客户馈赠性质的小礼品或额外的简单服务的网络营销服务形式。例如，在网上求医问药，然后得到该网站赠送的医药小册子或代为联系就医等服务。

（四）纯无形货物的服务

这是一种纯粹的网上服务产品的营销，不附带任何有形的商品。例如，网络公司定期代替研究经济的学者收集和整理经济领域的信息和资料，然后以电子邮件的方式发给该学者，就属于该种网络营销服务类型。

（五）网络营销信息综合服务

这是随着电子商务的快速发展而兴起的一种新的网络营销服务，带有一定的网络营销渠道推广的性质。其表现形式已经不再是仅仅利用网络为客户提供一般的售前、售中和售后的各种传统性质的服务，而是更注重及时为企业提供客户联络、产品推广、市场分析、销售等网络营销信息综合服务，以及企业网站的建立和维护代理等传统的一揽子网络服务。

第 2 节　网络营销服务实施管理

一、网络营销服务内容

互联网作为一种新工具，使企业能够给顾客提供更多、更好的服务。这些服务通常包括以下内容。

（一）企业信息发布

企业信息发布包括产品和服务介绍、优惠服务以及产品技术支持与培训等。

（1）产品和服务介绍。指通过互联网，企业可以向顾客及所有感兴趣的网民、潜在顾客提供全面、详尽和及时的产品和服务介绍。

（2）优惠服务。指公布企业目前的产品销售政策、正在举办的各种活动以及提供的优惠和服务，如数量折扣、现金折扣、安装服务、保修规定、产品使用或维修培训等。

（3）产品技术支持与培训。许多企业经常抱怨顾客不识货、冲动购买多于理性购买，然而非专家性、非营利性是消费者市场的固有特征，消费者教育始终是从事消费者市场营销的企业的重要职责。为此，企业应充分利用互联网的交互功能，开展在线消费者培训，使消费者了解产品的工作原理，学会科学地识别和选择产品；开展在线技术支持与培训，及时解决消费者在产品使用过程中遇到的问题。

（二）信息咨询

信息咨询是指通过互联网建立的类似于传统营销中电话咨询的服务项目，企业被动接受来自消费者的咨询并做出反应。它可以同传统的电话咨询配合使用，因为有些消费者更喜欢与人直接打交道，并及时得到反馈。不过网上的信息咨询对企业而言成本更低，服务范围更广。企业要致力于网络信息咨询业务的发展，应用现代信息技术，提供更及时、互动性更好的服务。

（三）会员注册

通过注册，来访者可以成为企业的会员。企业一方面可以获得一定的顾客信息，另一方面可以有针对性地开展营销活动。需要注意的是，注册过程不要太烦琐，使来访者失去耐心，中途放弃注册。另外，会员将更多地光顾谁的网站，不在于谁经常“打扰”该会员，而在于谁能经常提供更具吸引力的网上活动或信息，谁能更及时地对会员的问题做出答复。

（四）在线调研

在线调研具有便捷、经济、经常和及时的特点。企业可以常年开展以顾客满意度为核心的在线调查。这种满意度调查可以向顾客传递企业对用户的关爱以及一种负责任的态度。同时，调查还可以及时了解顾客对产品的需求动态，为企业及时改进产品提供有效帮助。

（五）在线投诉

任何企业都难免遇到消费者的投诉，这并不可怕，可怕的是企业对投诉者的反应不及时，令消费者不满意。互联网提供了在线投诉的功能，使顾客能够迅速把产品在使用过程中遇到的问题及时反馈给企业，这实际上是给顾客一个发泄的渠道，有利于降低他们向其他渠道投诉或抱怨的概率，能够暂时缓解顾客可能的不满，一定程度上维护了企业信誉。如果企业能够给予及时有效的答复并解决问题，就能将消除顾客可能的不满并提高顾客对企业的信任。

（六）网络导购

网络营销企业可以在站点为消费者提供产品价格比较、分析工具以及网络导购目录等服务，帮助消费者在网上选择商品，并帮助消费者做出正确的购买决策。

（七）在线交易

在线交易的完成使信息服务、网络营销、各种在线支持一气呵成，大大提高了交易效率和交易的可靠性、安全性。互联网强大的信息功能又使企业和顾客双方能随时查询交易情况，必要时还可以迅速做出调整。

（八）安全确认

安全问题是制约电子商务发展的一个重大障碍。从熟悉的现实世界的可见交易转变为互联网上的不可见交易，加上黑客活动等一系列因素，导致消费者对网上交易安全和产品安全产生顾虑。为消除顾客的安全顾虑，企业应当提供各种相关的安全措施，例如利用互联网的超链接功能向顾客提供访问数字签证机构、产品审批监测机构、金融机构等相关机构的便利，这样还可以起到防止假冒伪劣产品出现的作用。

（九）顾客论坛

企业提供一个供顾客自由交流的空间，让顾客自由发表对产品的看法、使用体会等。

二、网络营销服务工具

（一） FAQ 工具

网上顾客服务的重要内容之一是为顾客提供有关企业产品和服务等各方面的信息。面对众多能够提供的信息以及顾客可能需要的信息，企业最应该做的就是在网站上建立顾客常见问题解答（frequently asked questions，FAQ）网页。它既能引发那些随意浏览者的兴趣，又能够帮助有目的的浏览者迅速找到需要的信息。作为用户，在提出问题之前最好先看一下 FAQ，问题的答案很可能就在其中。FAQ 有时还能为用户解答其他重要却未曾想到的问题。

（二）电子邮件

电子邮件是用户或用户组之间通过互联网收发信息的服务，是网络用户之间快捷、渐变、可靠且成本低廉的一种现代化通信手段，也是互联网上使用最多的服务之一。电子邮件是一种重要的交流媒体，也是网络营销服务中的重要一环。

（三）新闻组

产品或服务出现问题时，通过新闻组可以得到及时解决，大家在此交流也会感到很愉快。为了更有效地通过新闻组回应用户关心的问题，并将企业的市场信息发布出去，企业需要安排代言人，从而更恳切地、积极地、有效地为客户服务，避免负面效果，同时也可以通过代言人让企业了解客户关心的问题。

（四）呼叫中心

呼叫中心是一种基于计算机电话集成技术的服务工具，它通过有效利用现有的各种通信手段，为企业顾客提供高质量的服务。目前，呼叫中心在企业的网络营销服务中发挥着重要的作用。

（五）网络社区

网络社区有论坛、讨论组等形式。企业设计网上虚拟社区就是让客户在购买后既可以发表对产品的评论，又可以提出针对产品的一些建议，还可以通过与使用该产品的其他客户交流提高产品的使用和维护水平。营造网络社区不但可以让客户自由参与，而且可以吸引更多潜在客户参与。

（六）在线表单

在线表单一般是网站事先设计好的调查表格，可以用来调查顾客需求，也可以用来征求顾客意见等。顾客在线填写并提交表单，可以帮助企业进一步了解顾客需求，提高服务质量。

（七）即时通信工具

以微信、QQ、阿里旺旺等聊天工具为媒介提供服务，已经成为最受消费者欢迎的几种在线顾客服务方式。

（八）推送技术

推送技术能够使企业向订阅客户推送信息而无须客户发出请求。对于网络市场营销来说，推送技术有好处也有坏处。好处是订阅了频道的用户可以定期获得最新的信息。坏处是用户收到的也许只是些商业广告信息，并没有什么实际价值。

（九）网上客户服务中心

在企业营销站点开设客户服务中心栏，详细介绍企业服务理念、组织机构，开通顾客登记、服务热线、产品咨询、在线报修等服务，为客户提供系统、全面的服务。

三、网络营销服务管理

网络营销服务管理包括网络营销服务战略计划、网络市场调研、网页策略、网络广告策略与技巧、网络公关策略、网络渠道策略等。

（一）网络营销服务战略计划

网络营销服务战略计划是网络营销服务首先要关注的内容，也是企业网络营销服务的方向。企业要引入网络营销服务，首先要弄清楚网络营销服务通过何种机制达到何种目的，然后可根据自己的特点及目标顾客的需求特性，选择一种合理的网络营销模型。目前，有六种有效的网络营销管理模式。

（1）顾客服务→增强与顾客的关系→留住顾客→增加销售。

（2）有用信息→刺激消费→增加购买。

（3）购买方便→折扣→直接销售→减少管理费用。

（4）新的娱乐→促进顾客参与→重复购买。

（5）提高品牌知名度→获取顾客忠诚→更高的利润。

（6）数据库营销。

企业在制订网络营销服务战略计划之前必须认真考虑以下几点：网络营销服务的目标；网络营销服务的管理部门和财务预算；反馈信息的管理；保持企业网上形象的一致性；网络服务商的选择。除此之外，在制订网络营销服务战略计划的过程中还需要注意以下问题：网络营销服务是否与公司营销管理的其他内容保持一致；如何实现网络营销的互动性；负责管理具体操作的人选；需要哪些支持网络营销的资源与信息。

（二）网络市场调研

细致周密的市场调研是策划营销服务方案的坚实基础。完善的市场调研计划包括对消费者、竞争者以及整个市场情况的及时报道和准确分析。

（三）网页策略

借助网页设计及组织把企业服务目标形象地展示出来是开展网络营销服务的前提。访问者如何在信息海洋中准确地找到所需要的信息是企业进行网页制作应该解决的问题。网页策略包括网页设计的原则、网上企业站点的结构、网页的内容及设计实务、网页推销。

（四）网络广告策略与技巧

掌握网络广告的特点和策略技巧是提高网络营销服务的质量、增加网络广告受众的有效途径。如何选择网站进行广告投放是网络广告决策的重要内容。企业在做出决策前可以重点关注以下几点：收视率、网站访问量，出版者如何报道广告活动，改变广告的内容是否会引起额外费用等。

（五）网络公关策略

与网络广告策略相比，网络公关策略具有两大优势：一是公关能以广告无法采用的方式提高产品/服务的知名度、可信度和美誉度；二是公关费用可能是广告费用的一部分，还能在一定程度上降低这种费用，因此，网络公关策略的成本较低。

（六）网络渠道策略

由于互联网的特性，与传统渠道相比，网络营销可能面临新的挑战。主要表现在以下几个方面。

1. 订货系统与订货信息管理

网上订货系统设计应该遵循的最重要原则是让消费者获得最大的便利。最好能让顾客自主选择物流方式，明确告诉顾客收货的具体时间等。订货信息管理必须重视顾客的订单信息，它不仅要收集订单的必要信息，而且要收集顾客提供的附加信息，这些数据信息有助于企业进行市场分析、促销安排、客户关系维护、库存控制等。

2. 网上运货与库存、订单跟踪

在网络营销服务中，货物的运送主要有两种形式：一种是直接通过网络交付产品，如将软件、图像及咨询服务等送达顾客手中；另一种是通过传统物流渠道配送实体产品。在货物配送中，可能由于库存不足或尚未到货、运输过程包裹丢失等原因使得订单无法兑现，造成企业声誉受损等影响。因此，企业必须做好库存跟踪和订单跟踪这两项工作。

3. 库存跟踪

网络营销通过记录表跟踪销售的产品，大致推断产品的需求，根据实际销售情况补充或减少库存，确保库存大体维持在能够满足需求的水平上，减少库存维持的成本。同时，通过数据库与站点之间的链接不断更新数据库，以显示市场现状；还可以通过程序检查库存水平和报表，列出已满足需要或未满足需要的产品以及必要时应补充和减少库存的货物。

4. 订单跟踪

通过创建跟踪订单信息的数据库以快速提供订单及其状态的信息，确保订单能尽快处理和发货。

第 3 节　网络营销个性化服务

消费者个性消费的回归与网络个性化营销方式的结合宣告了定制化时代的到来。正如一位数据库营销专家所言：“过去 30 年，大众营销使企业远离了顾客，我们在用大众产品向大众消费群体做广告。消费者受到太多广告信息的狂轰滥炸，几乎难以承受。面对如雪片飞来的信息，他们越来越具有选择性。所以，我们渴望顾客对营销信息做出反馈，与我们建立个人联系。”

一、网络营销个性化服务的含义

网络营销个性化服务也叫定制服务，即按照消费者的要求提供特定的服务。网络营销个性化服务包括三个方面的内容。

（1）服务时空的个性化，在人们希望的时间和希望的地点提供服务。

（2）服务方式的个性化，根据个人爱好或特色进行服务。

（3）服务内容的个性化，不再是千篇一律、千人一面，而是各取所需、各得其所。

二、网络营销个性化服务的优劣势

（一）网络营销个性化服务的优势

网络营销个性化服务体现了企业以人为本的经营理念，是现代企业提高核心竞争力的重要途径，其优势体现在以下两个方面。

1. 对于企业而言

首先，在个性化时代，企业根据顾客的实际订单进行生产，真正做到了以需定产，因而几乎没有库存积压，大大加快了企业资金周转速度，减少了资金占用；其次，网络个性化服务减少了中间环节及其支持费用，缩短了供求双方之间的距离，强化了企业与顾客之间的沟通；最后，在网络营销个性化服务中，由于产品是在切实了解顾客实际需要的基础上设计和生产出来的适销对路的产品，因而只要质量可靠、定价合理，这些产品就能很顺利地销售出去，大大减少了广告、促销等销售成本。

2. 对于顾客而言

首先，顾客可以及时反映对产品的个性化需求，从专业人士那里得到及时、有针对性的服务，从而获得预期利益的满足或使不合理的预期利益得到纠正，降低购买风险，提高顾客总价值；其次，顾客通过各种信息渠道及时与产品提供者进行沟通，节省了寻找、挑选产品时消耗的时间和精力；最后，个性化服务可以使生产者与顾客之间建立起良好的学习型合作伙伴关系，提高顾客的忠诚度。

（二）网络营销个性化服务的劣势

1. 加大了工作的复杂性

个性化服务把每一位顾客视作一个单独的细分市场，对企业来说，庞大的消费者群体往往让营销人员力不从心，顾此失彼的现象难免存在；企业若要兼顾所有的顾客，必然会使工作变得非常复杂，营销服务网络将受到严峻的考验。

2. 加大了企业经营的风险

在个性化服务情况下，产品具有很强的个性，一旦顾客对产品不满意而退货，这件产品将很难再卖出去。因此，对企业来说，制作的差错率只能为零。

3. 降低了企业的经济效益

在网络个性化服务实施初期，因为有些条件尚不具备，可能会增加企业的生产成本和交易成本，导致总成本上涨。同时，过于分散的网络个性化服务增加了企业的服务成本和管理的复杂程度，会在一定程度上影响企业的经济效益。

三、网络营销个性化服务的策略

面对扑面而来的个性化消费浪潮，针对如何把握网络定制的商机，企业可从以下两个方面考虑。

（一）不断创造消费者参与的机会

企业可以凭借多种开放的形式，让消费者参与产品的设计、生产、营销等环节。一方面，为消费者提供异质性的消费体验；另一方面，通过消费者自助服务满足其个性化的消费需求。

（二）采取多样化的产品策略

采取多样化的产品策略，比如，将标准化产品与个性化服务相结合。有许多网店卖保健品，但某保健品网店设有几位高级营养师为网络客户提供专业服务，为每位顾客建立健康档案，使每位顾客都有一位“私人营养师”基于其身体情况提出有针对性的保健建议，于是这个网店与其他众多的保健品网店就有了明显的差异。也可以将商品模块化与消费者自助服务相结合。淘品牌“植物语”推出的“N＋1”护肤模式一度成为顾客和媒体关注的热点。在这个创新模式中，护肤品的成分被分为两种，一种是主料“1”，另一种是配料“N”，其中配料有 40 余种，功效包括美白、保湿、控油、抗皱等，顾客可以根据自身的护肤需要自主调配主料和辅料。

四、网络营销个性化服务应注意的问题

网络营销个性化服务是一种非常有效的网络营销策略，同时，网络营销个性化服务也是一项系统性工作，它需要从方式上、内容上、技术上和资金上进行系统规划和配合，否则个性化服务很难实现。对于一般网站来说，提供个性化服务要注意以下几个问题：

（1）个性化服务是众多网站经营手段的一种，是否适合企业的网站应用，应用在网站的哪个环节，需要具体情况具体分析。

（2）应用个性化服务首先要做的是细分市场、细分目标群体，同时准确地把握不同群体的需求特点。这几个方面的因素决定了个性化服务的具体方式，也决定了个性化服务的信息内容。

（3）市场细分的程度越高，需要投入个性化服务的成本就越高，对网站的技术要求也越高，网站经营者要量力而行。

（4）重视顾客的长期价值。对于一个营销人员来讲，思维方面应该做的一个重大改变是重视顾客的长期价值。网络提供了相关的工具，使营销人员可以方便地创建个性化的销售信息，记住每个顾客的喜好、购买模式、最好的说服技巧，并以此来开展个性化的营销活动。因此，企业应该利用网络营销工具的优势，建立与顾客的长期联系，从而使企业获得长期的价值。

案例分析

京东，打造完整的客户服务生态体系

京东现已快速成长为中国最大的自营电商平台，除了物美价廉，优秀的客户服务也发挥着重要作用。客服人员作为京东与客户直接接触的人员，肩负着保障优质服务体验的重要使命。因为客服非常重要，所以京东在客服上投入了大量的资源。2021 年，京东的日订单量高达 40 万，而客服人员数超过 1 万人，是互联网行业中规模最大的客服团队。从数据可以看出，为持续保障客户体验，京东采取的策略是增加资源。资源的增加意味着成本的增加，面对持续的高增长，京东应采取什么样的策略来控制成本的无限增长，同时继续为客户提供优质的服务体验呢？

1. 站位更高

在京东的订单中，自营订单占比 75%，开放平台 POP 类订单占比 25%。目前京东客服处理 POP 类问题的流程为：京东客服受理→京东客服发工单给商家→商家回复工单→京东客服外呼告知客户结果。每一次处理，京东将至少投入 2 次客服资源。那么如何优化流程，将处理 POP 类问题的客服资源释放出来，并继续让消费者感受到京东贴心的服务呢？这就要求京东客服在商家-客户的关系链中，站在最高的位置，扮演裁判的角色。在此基础上，通过将 POP 订单的咨询向商家分流，实现商家自主服务。这样一来，只有客户在商家的服务过程中遇到纠纷，才会找京东客服。这时京东客服资源才会投入进来，帮助客户解决问题。

2. 知识转移

如何让客户知道自己的订单是 POP 类的订单？POP 类的订单出现问题如何联系商家？商家服务不好如何找京东客服仲裁？这就需要京东在用户可能会遇到问题或者需要帮助的时候，告诉客户京东的服务是什么，服务流程是什么，客户应该怎么做。让客户了解、学会解决问题的办法，这就是知识转移的过程。例如京东的“211”限时达服务，通过广告、商品详情页、帮助中心的宣传，使客户知道京东的服务内容：上午下单，下午送达。

3. 自助服务

当客户了解京东的服务政策和流程后，就可以开始培养自己动手解决问题的能力了。京东在提供丰富的自助服务的基础上，引导客户自己去操作、去解决问题。如自己申请退换货，自己取消订单，自己提交补开发票申请。通过自助服务，客户不必找到客服就能解决问题。

4. 社会化资源利用

当客户没有学会京东的自助服务，要寻求人工帮助时，可以让云客服来帮助客户解决问题。云客服人员不是京东员工，而是愿意帮助他人的京东用户或合作高校的大学生。京东通过一定的激励，将社会化资源利用起来。云客服可突破地域、时间限制，不仅使京东拥有了充足的客服资源，而且使客户服务成本更低。

5. 智能机器人客服

除了让客户自助，利用社会化资源帮助客户，京东还可以让智能机器人帮助客户。京东现已拥有在线机器人 JIMI 和语音机器人智能 IVR。JIMI 可帮助客户解答基本咨询类问题，智能 IVR 可引导客户完成回电预约。上述两种机器人在智能上还有很大进步空间。真正的智能机器人应该在收到客户的服务请求后，引导客户完善服务请求，然后满足客户的服务请求。例如：客户对机器人说“我要退货”，此时京东不应该告诉客户售后服务政策，而是要询问客户“请问您的订单号是多少”，在客户表明订单号后，机器人应该判断是否符合退货条件，如果符合，应自动为客户提交售后服务单。

知识转移、自助服务、云客服、智能机器人等至少可以帮助京东释放 50%的客户服务资源。在 2020 年“双 11”期间，京东云智能客服累计服务 6 552 万人次，同比提升 181%；在“双 11”当日服务破 547 万人次，累计提供咨询与导购服务 8 432 万人次，同比提升 200%。

6. 非即时性服务

虽然京东客服的整体处理量降下来了，但是在“6·18”和“双11”大促期间，服务请求量会成倍增长，处理日常服务工作的资源肯定不够用。这就需要京东采取一定的策略，使客户服务请求量在大促期间依然保持有序和均衡。这个策略就是将即时性服务转变为非即时性服务。继续完善京东的预约服务，预约服务可以将集中的事件分拆，使京东更加灵活地调度资源。目前，京东的电话预约服务效果非常理想，可通过阈值控制服务资源的投入时间。未来，京东可以将预约理念融入更多的服务，如客户打电话遇到忙音后，为其预约回电的时间等。

7. 主动式服务

上述讲的都是客服在受理客户的服务请求，是被动的。如果系统自动识别出异常后能主动向客户提供服务，这对客户体验的提升将是质的飞跃。如客服在知道货物出现异常不能及时送达时，主动联系客户告知情况，并提供相应的解决方案。久而久之，客户可能就不会打电话给客服了，因为在客户的认知里，没有收到客服电话说明订单肯定是正常的，如果订单出了问题，客服会第一时间告知。主动式服务还可帮助京东改善流程，避免问题的出现。

8. 社群式服务

相对于机械的问答式服务，社群式服务更能拉近客服与客户的距离。客服将拥有忠诚的粉丝，客户会为客服的服务点赞。这样的服务氛围建立起来后，客服和客户之间将打破公司与个人的关系，他们将变成再熟悉不过的朋友，变成一起玩耍的小伙伴。

以上就是京东的客户服务生态体系，京东期望它可以让公司以有限的资源去支撑无限增长的订单量，为客户提供更加优质的服务，让客户成为京东的朋友。但京东不会让客户感受到如此复杂的服务生态，上述所有方面将会被打包成一个类似亚马逊MAY-DAY的产品，在PC端、移动端、智能电视等终端上，只有一个入口。无论客户需要何种服务，只需对它轻声说“Hey JOY”。

资料来源：京东产品经理规划干货：打造完整的客户服务生态体系.（2015-08-26）. http://www.chanpin100.com/article/19991；首批通过“数字化可信服务”评估，京东云智能客服再次引领行业.（2021-04-09）. https://baijiahao.baidu.com/s?id=1696546315958393455&wfr=spider&for=pc.

思考题

1. 京东为提升客户服务质量采用了哪些营销服务工具?
2. 京东的客户服务生态体系应该如何改进与完善?

基本概念

网络营销服务（network marketing service）
网络营销服务工具（network marketing service tools）
网络营销服务管理（network marketing service management）
网络营销个性化服务（network marketing personalized service）

讨论题

1. 你认为在网络营销服务实施过程中应注意哪些问题？
2. 企业怎样有效使用网络虚拟社区来加强客户服务？
3. 大数据背景下，企业的个性化服务如何成功落地？

课程思政要点

（1）数字经济、共享经济背景下的服务贸易。
（2）坚持服务创新。

第12章

网络用户体验

引例 苏宁云商O2O体验式营销

苏宁云商是国内率先成功转型互联网零售并践行O2O模式的企业，也是国内同时拥有线上线下强大优势的企业。它开创了“渠道＋商品＋服务”的体验式营销模式。这是一种集全域、全需、全智于一体，线上线下相互融合，随时随地提供随心所欲用户体验的互联网零售模式。

1. 互联网＋门店融合统一

苏宁将已有传统大家电门店和苏宁易购合并，线上线下完全融合，优势互补。在这种模式下，电商可以凭其选购方便、选择空间大、价格亲民的优势为门店吸引流量，同时门店也可以为顾客提供真实体验，以弥补电商产品体验度低的问题。

2. 打造极致体验式营销

苏宁将云店定位为“卖产品、卖服务、卖生活、卖体验”。“以顾客为本”的营销理念便于消费者在购买过程中充分了解产品而非急于推销产品。此外苏宁电器有4 000多个售后服务网点，售后服务便捷。这种完善的服务体系带给消费者最贴心的购物感受，有助于提高顾客的心理预期，进而拉动线上销售流量。

3. 吸引流量合作共赢

苏宁打造开放平台，线上线下联合招商，为消费者提供更全面的产品和服务。此外，强化业内合作，共谋发展。2015年8月10日，苏宁与阿里巴巴以相互投资的方式合作。苏宁可获得阿里巴巴在数据化技术方面的支持和线上流量入口，而苏宁云商庞大的线下门店系统和便捷的自营物流也将方便阿里巴巴的线下服务。

4. 完善的物流建设

苏宁设有自营物流，在配送过程中遵循“就近原则”，线上购买线下门店就近派送。此外，苏宁还推出了“去前电联、送货上门、可视化配送、来电秀、白手套验机、代扔垃圾、包装回收”等特色物流配送服务。这种完善的物流服务将线上线下完美地融合在一起，极大地满足了顾客的物流服务体验。

资料来源：林会靖，陈丹. O2O 体验式营销模式与对策研究：以苏宁云商为例. 消费导刊，2017（16）：68-69.

第 1 节 网络用户体验概述

一、网络用户体验的概念

体验的概念来源于体验经济理论。美国经济学家约瑟夫·派恩（Joseph Pine）和詹姆斯·吉尔摩（James Gilmore）在《体验经济》一书中提出：在激烈的市场竞争压力下，经营者为了不断追求独特的卖点，一种新的经济形态——体验经济正从服务经济中分离出来，它是继产品经济、商品经济、服务经济后的第四个经济阶段。随着“体验”一词被引入互动设计，用户体验也被赋予新的含义。用户体验是用户在使用产品或者服务的过程中建立起来的一种纯主观的心理感受。从用户的角度来说，用户体验是产品在现实世界的表现和使用方式，渗透到用户与产品互动的各个方面，包括用户对品牌特征、信息可用性、功能性、内容性等方面的体验。不仅如此，用户体验还是多层次的，并且贯穿人机互动的全过程，既有对产品操作的互动体验，又有在互动过程中触发的认知、情感体验，包括享受、美感和娱乐。

派恩和吉尔摩从体验与人的关系的角度进行考察，将体验划分成四种类型：娱乐体验、教育体验、逃避现实的体验和审美体验。娱乐体验是最古老的体验之一，是通过感觉而被动进行的体验。与娱乐体验相比，教育体验要求体验者有更高的主动性，运用大脑思考和身体行动来增进个人的知识和技能。逃避现实的体验要比娱乐体验和教育体验更加令人着迷，用户会完全沉浸其中，积极参与整个体验的塑造过程。审美体验则是让人感觉最丰富的体验。这四种体验综合起来，形成了独特的个人体验。

营销专家贝恩德·施密特（Bernd Schmitt）借助认知心理学和大脑功能分区模型将体验分为以下五种。

（1）感官体验：诉诸视觉、听觉、触觉、味觉和嗅觉的体验。

（2）情感体验：内心的感受和情感创造。

（3）思考体验：创造认知和解决问题的体验。

（4）行为体验：影响身体体验、生活方式并与产品产生互动的体验。

（5）关联体验：包含了感官、情感、思考与行为体验的很多方面，超越了个人感情和个性，使个人与自我、他人或文化产生关联的体验。

体验不是单一的、静止的感受“点”，而是多维的、动态的感受“面”。网络互动中的用户体验是用户在实现目标的过程中所经历的一系列生理和心理变化，并随着时间的推移和互动的深入而变化。

思政专栏12-1

高速网络提升网络用户体验，赋能数字生活

电子商务快速融入中国生产生活各领域，成为提升人们生活品质和经济社会发展的重要力量。消费者对线上购物的习惯已经养成，实物商品网上零售额对社会消费品零售总额增长贡献率持续提升，与此同时，网络购物正在形成新的业态模式，带动快递、直播电商市场加快发展。中国互联网络信息中心发布的第48次《中国互联网络发展状况统计报告》显示，截至2021年6月，中国网络购物用户规模达8.12亿。电子商务交易额保持快速增长，2020年达到37.2万亿元，比2015年增长70.8%，网上零售额达到11.8万亿元，年均增速高达21.7%。

中国电子商务繁荣背后，得益于信息通信行业的跨越式发展。信息网络不仅为数字经济发展提供“硬”支撑，也让更多的人畅享高速网络生活。近年来，中国大力推进以5G为代表的新型基础设施建设。工信部先后印发《“双千兆”网络协同发展行动计划（2021—2023年）》《5G应用“扬帆”行动计划（2021—2023年）》等文件，各地政府从站址规划、资源开放、用电优惠等方面给予新型基础设施建设大力支持。目前，中国已建成5G基站超过115万个，占全球70%以上；5G终端用户达到4.5亿户，占全球80%以上。

《“十四五”信息通信行业发展规划》（以下简称《规划》）明确提出“十四五”发展目标，让通信网络基础设施保持国际先进水平。到2025年，建成全球规模最大的5G独立组网网络，实现城市和乡镇全面覆盖、行政村基本覆盖、重点应用场景深度覆盖。其中，设置了每万人拥有5G基站数26个的预期目标，千兆光纤网络实现城乡基本覆盖。此举将推动中国电子商务进一步提质增效、迈向新台阶。

中国信息通信行业发挥支撑引领作用，使得数字经济质量日益提升，创新动能更加强劲。2021年3月，国家发改委等部门联合印发《加快培育新型消费实施方案》，指出鼓励和培育新零售、数字文化和旅游等消费新模式新业态，促进线上线下消费融合发展，对保障居民日常生活需要、全面促进消费、培育完整内需体系和构建新发展格局具有重要意义。

资料来源：推进信息通信行业高质量发展 高速网络让数字生活更美好.（2021-12-06）. http://www.hg.gov.cn/art/2021/12/6/art_7103_1531118.html?isappinstalled=0.

二、网络用户体验的要素

（一）五个层面

很多人都有在网上购物的经历，这种购物过程几乎是相同的：访问购物网站，用站内的搜索引擎或者分类目录寻找想要的商品，选择付款方式并填写邮寄地址，然后网站保证将商品送到消费者手里。

这一清晰、有条不紊的体验，事实上是由一系列完整的决策组成的：网站看起来是

什么样的？它如何运转？它能让用户做什么？这些决策彼此依赖，告知并影响用户体验的各个方面。如果去掉这些体验的外壳，就可以清晰理解这些决策是如何做出来的。用户体验包括五个层面，即表现层、框架层、结构层、范围层和战略层（如图 12 - 1 所示）。

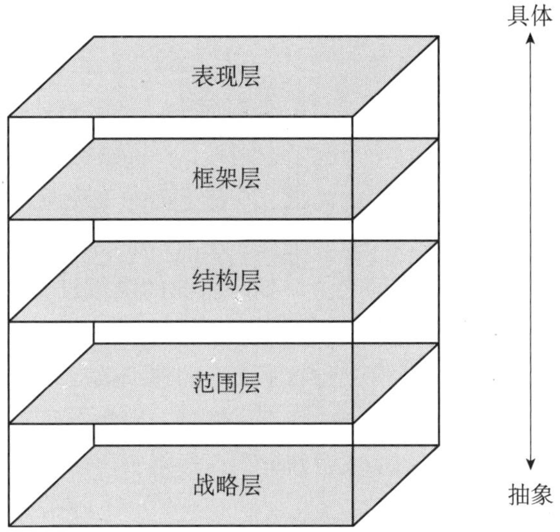

图 12 - 1　用户体验的五个层面

1. 表现层

在表现层，用户看到的是一系列的网页，这些网页由图片、文字以及音乐等元素构成。有些图片是可以点击的，具备某种功能，比如点击购物车的图标就会把用户带到购物车的页面。而有些图片可能只是图片而已，比如网站的标识或者商品的说明图片等。文字信息也是如此，有一些可能是超链接。

2. 框架层

在表现层下面的是框架层，框架层利用按钮、控件、照片以及文本区域位置等元素来优化网站的设计布局，增强这些元素的使用效果，并确定详细的界面外观、导航和信息设计。

3. 结构层

在框架层下面的是结构层，框架是结构的具体表现方式。框架层设定网页上交互元素的位置，结构层则设计用户如何到达某个页面，以及访问结束后能去哪里。框架层定义了导航栏上各要素的排列方式，允许用户浏览不同的分类，结构层则确定哪些类别应该出现在哪里。

4. 范围层

结构层确定网站各种特性和功能最合适的组织方式，而所有这些特性和功能构成了网站的范围层。比如，在线购物网站提供了一个功能，用户可以保存以前的收货地址，以便今后再次使用，这个功能就属于范围层要解决的问题。

5. 战略层

成功的用户体验，其基础是一个被明确表达的战略。网站的范围基本上是由网站的战略决定的。这些战略不仅包括网站经营者想从网站中得到什么，而且包括用户想从网站中得到什么。以网上购物为例，一些战略目标是显而易见的：用户想要买到商品，企业想要卖出商品。而另一些目标可能并不那么容易说清楚，比如促销信息，或者用户填写的内容在商务模型中扮演的角色等。

在战略、范围、结构、框架和表现这五个层面中，每层要处理的问题既有抽象的，也有具体的。在最下面的战略层，不需要考虑网站、产品或者服务最终的表现形式，只需关注网站如何满足企业自身和用户的需求。在最上面的表现层，则只需关心产品所呈现的具体细节。随着层面的上升，要做的决策会逐渐从抽象变得具体。

每个层面都建立在其下面的层面之上。如果企业的决策没有和上下层面保持一致，项目往往会出问题，即便产品最终完成，也往往不会获得用户的认可。层面之间的这种依赖性意味着在战略层上的决定具有某种自下而上的连锁效应，也就是说，每两层中企业可用的选择都受到下一层面所做决定的约束。但是，事物有两面性，在较高层面的决定有时也会促成对较低层面决策的一次重新评估，在每个层面所做的决策，其可能产生的连锁效应是双向的。

（二）要素模型

被誉为“AJAX 之父”的加勒特（Jesse James Garrett）在《用户体验的要素》（*The Elements of User Experience*）一书中提出了用户体验的五层要素模型。该模型把用户体验的五个层面从中间分开（如图 12－2 所示）。在左边，这些要素用于描述功能型的平台类产品；在右边，这些要素用于描述信息型的媒介类产品。

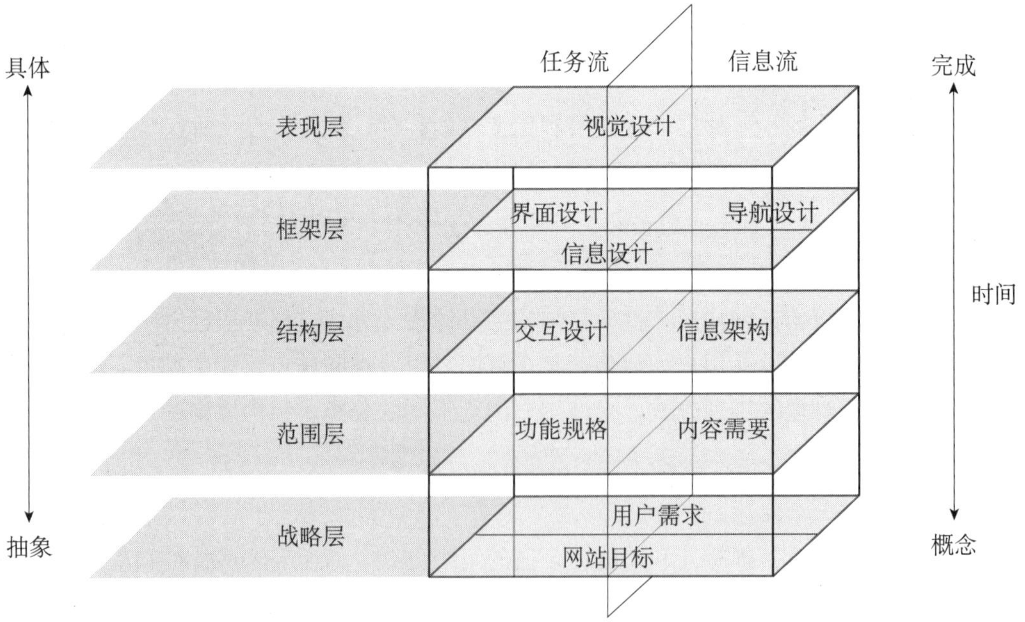

图 12－2　用户体验的五层要素模型

在功能型产品一边，主要关注的是任务，所有的操作都被纳入一个过程，设计者要考虑人们如何完成这个过程，网站被看作用户用于完成一个或者多个任务的一种工具。

在信息型产品一边，关注的是信息，即网站应该提供哪些信息，对用户有何意义。设计者要创建一种信息丰富的用户体验，提供给用户能够理解且有意义的信息组合。

第 2 节　吸引用户阶段的体验创造策略

一、产品体验设计

产品体验设计，本质上是使产品符合用户的心理模式和行为习惯，满足用户的需求与期望，以实现良好的用户体验。产品设计，尤其是互联网产品的设计，本质上都是设计一套能影响、控制甚至操纵用户的机制，其目的是潜移默化地改变用户的心理与行为。

（一）心流设计

心流体验（flow experience）是用户体验理论中被引用最多的概念之一。其定义为个体完全投入某种活动的整体感觉。当个体处于心流体验状态时，完全被所做的事深深吸引，心情非常愉快并且感觉时间过得很快。心流体验是最佳体验，也是最值得的体验。人们在进行活动时，如果完全投入情境当中，集中注意力，并且过滤掉所有不相关的知觉，即是进入一种心流的状态。心流是一种暂时性的主观体验，也是人们愿意继续从事某种活动如持续玩网络游戏的原因。

心流取决于对自身能力以及即将到来的挑战的认知。用户会“一时感到焦虑，接下来感到无聊，立马进入一个心流中”。心流激发用户挑战自我。人们倾向于重复喜欢的活动，这也是人们倾向于回到其喜欢的网站的原因。

一个好的用户体验产品必定会使用户产生心流，一个产品的用户体验值越高，用户产生的心流就越高，因此用户会持续努力以继续求得这种感受，从而会对产品产生巨大的依赖和黏性，产品的用户体验必然取得巨大的成功。设定清晰目标、提供即时反馈、最大化效率和允许发现，可以帮助设计师培养用户的心流体验。

（二）交互设计

交互设计作为一门关注交互体验的新学科在 20 世纪 80 年代产生，是由比尔·摩格理吉（Bill Moggridge）在 1984 年的一次设计会议上提出的。比尔一开始给它命名为“软面”（soft face），后来更名为“交互设计”（interactive design）。交互设计用于定义与人造物的行为方式（人工制品在特定场景下的反应方式）相关的界面。

在使用网站、软件、消费产品及各种服务时（实际上是在同它们交互），使用过程中的感觉就是一种交互体验。随着网络和新技术的发展，各种新产品和交互方式越来越多，人们也越来越重视交互体验。

从用户角度来说，交互设计是一种如何让产品易用、有效且让人愉悦的技术，它致力于了解目标用户和其期望，了解用户在同产品交互时彼此的行为，了解人本身的心理和行为特点，同时，还包括了解各种有效的交互方式，并对它们进行增强和扩充。通过对产品的界面和用户的行为进行交互设计，在产品和它的使用者之间建立一种有机联系，从而有效达到使用者的目标，这就是交互设计的目的。

（三）情感化设计

随着消费需求的提高以及市场竞争的日益激烈，人的感性心理需求得到了前所未有的关注，人们已经不再满足于单纯的物质需求，人的需求朝情感互动层面的方向发展，同时它又是一种开放式互动经济形式，强调商业活动给消费者带来独特的审美体验。

在目前的互联网设计中，情感化设计越来越多地被人提及，它是旨在抓住用户注意力、诱发有意识的或无意识的情绪反应以提高执行特定行为的可能性的设计。例如，通过影响唤醒水平（生理刺激），一个色彩明亮的按钮能够无意识地抓住用户的注意力，而随后的行为可以是任何动作，比如点击按钮、注册，或进行网上购买。

一个互联网产品光简单是远远不够的。让一个用户对一款产品无法割舍的原因不是单纯的功能易用性，而是用户与产品之间所建立的情感关系。设计师不能只沉醉于酷炫的视觉效果，而要更多地去思考怎样通过设计来拉近产品与人的距离，让产品触及用户的内心，使其产生情感的变化，从而增强用户对产品的黏性。

二、品牌体验

品牌体验是顾客对品牌的某些经历（包括经营者在顾客消费过程中以及在品牌产品或服务购买前后所做的营销努力）产生回应的个别化感受。也就是说，品牌体验是顾客对品牌的具体经历和感受。当然，体验的内涵要远远超出品牌旗下的产品和服务，它包含了顾客和品牌或供应商之间的每一次互动——从最初的认识，到选择、购买、使用，再到坚持重复购买。品牌体验是品牌与顾客之间的互动行为过程，是通过令人耳目一新的品牌标识、鲜明的品牌个性、丰富的品牌联想、充满激情的品牌活动来让顾客体验到“快乐”“酷”“爽”，从而与品牌建立起强有力的关系，达到高度的品牌忠诚。

品牌体验可以分为五种类型。

（一）品牌感官体验

人与外界互动时依靠的是感官，因此，感官体验是人最基本的反应，是其他体验的基础。它是眼、耳、口、鼻、手与外界进行接触的过程中所体会到的愉悦感。比如看好看的色彩与形状、听悦耳的声音、吃可口的饭菜、闻香味、摸手感好的物体，都会给人带来愉悦感。在与外界接触过程中形成的快感、痛感、质感都属于感官体验的范畴。

延伸阅读 12－1 QQ音乐×喜茶“灵感音乐公司”

（二）品牌情感体验

人有七情六欲，人的感官体验会在心中引起其他反应，如看到红色的火焰或灰暗的天空，随之感到的就是一种愉快的或阴沉的情绪，这是感官体验基础上的情感体验。人的情感会对感官所感知到的对象进行投射并赋予其本身没有的属性，如花草树木、流水白云本身并没有什么情感，但由于特定的情感作用，人们会把某种主体的联想赋予它们：树木的呻吟、花瓣的飘零、风的怒吼、水的低语、白云的来去匆匆，这是人的情感体验的具体表达。当然，人的情感不仅仅表现为情与物的融合，还表现为人与人之间的互动，追求爱与被爱，追求亲情、友情和爱情。这些情感都会在心中形成体验，都属于情感体验的范畴。

延伸阅读 12 - 2　喜马拉雅打造“超级情感节”

（三）品牌成就体验

按照马斯洛的需要层次理论，人除了基本的生理、安全和社交需要，还有尊重和自我实现的需要，这种需要是人的社会性的一种表达。人的心理、行为与社会价值观念密切相关。人在满足情感需要的同时，还要得到社会的认可，要通过拼搏奋斗来获得社会成就，因此，人在追求或享受成功的过程中会产生成就体验。社会认可是广义的概念，可以通过多种方式实现，所以成就体验也有多种表现形式。

（四）品牌精神体验

名利的满足并不足以让所有人感到快乐。现代心理学研究表明，人的幸福感更大程度上是精神的满足而不是物质的满足。在满足了物质和名利之后，精神需要愈加凸显。精神不同于物质，它超越了物质和名利。比如我们沉浸于画的美感与意境，通过吟诗作赋来言志，通过养花或读书来陶冶情操，这些都是精神生活的表现，在这一过程中产生的体验属于精神体验。它表现为我们对世俗名利的舍弃，对高雅情趣的追求。精神体验不是人们日常生活中体验的主体，但人一旦有机会超越名利的羁绊，这种体验就会显现出来。精神体验与精神寄托是密不可分的。缺少精神寄托的人精神体验也会相对较少。在追求精神寄托的过程中，精神体验会在不同的时空以不同的形式实现。

（五）品牌心灵体验

精神体验超越了物质和普通情感的束缚，使人得到精神的放松与满足，但精神满足并非人追求的最高境界。日本著名佛学大师阿部正雄在《禅与西方思想》一书中指出，人是一种形而上的动物，对真善美的追求和终极关怀的产生是植根于人性之中的。每个人都面临生死的问题，人到底从何而来，又到哪里去？心灵深处有一种力量使我们不断追问类似的问题，对这些问题的回答属于形而上本体的范畴，它超越了普通的精神体验，与形而上本体存在某种融合。人对心灵归宿的追求是最深层最本质的追求，也是最难达到的追求。人在追求心灵归宿过程中产生的体验就是心灵体验，比如心理学巨匠荣格所说的超级体验以及马斯洛所说的高峰体验。这种体验只可意会不可言传，它不可捉摸，却又无处不在。

三、体验式营销

体验式营销是指在销售过程中，让用户参与其中，亲身体验产品的功能性，在不同产品的对比下体现产品的优点，从而进行一系列产品销售的行为。体验式营销不仅考虑产品的功能和特点，而且考虑用户的需求，考虑用户从消费产品和服务的经历中获得的切身体验，考虑用户对与产品相关的整个生活方式的感受。用户的体验来自某种经历对感觉、心灵和思想的触动，它把企业、品牌与用户的生活方式联系起来，赋予用户个体行动和购买时机更广泛的心理感受和社会意义。

在全面用户体验时代，体验式营销不仅要对用户有深入和全方位的了解，而且要把对用户的全方位体验和尊重凝结在产品层面，让用户感受到尊重、理解和体贴。出色的体验式营销已经成为企业成功吸引用户的重要手段。

第 3 节　拓展用户阶段的体验创造策略

一、体验中心

体验中心或者体验店是最贴近消费者的终端店面种类之一。常见的体验中心以展示最新技术、产品和服务为主，不定期地联合一些合作伙伴举办专题活动，鼓励观众积极置身其中，参与互动。企业通过鼓励观众的参观和参与，与消费者建立有效的沟通渠道，收集他们的意见，以改进产品和服务。在企业发展用户阶段，建立线下体验中心无疑是提升用户体验的直接且高效的方式之一。体验中心的作用主要表现在以下几个方面。

（一）体验产品

消费者在专门的有形体验店中免费体验产品，通过感觉体验来感知产品的真实性和价值，从而对产品的品质和价值建立起因亲身体验而产生的信赖。

（二）服务用户

用户在体验产品的过程中享受企业专业化、标准化和人性化的服务，这种服务贯穿整个营销流程。用户通过情感、思考和行动来感知产品的无形价值和企业使命，逐步建立起对企业的诚信和品牌的信赖。

（三）创造需求

在用户体验产品和接受服务的过程中，企业发现用户对产品的潜在需求，然后使其由潜在需求变成显性需求。实际上，这是一个创造新市场的过程。

（四）提升权益

用户参与和分享体验营销真正获得的利益，不仅包括价廉物美的产品，还包括参与营销推广的事业机会，享受全程服务，实现消费投资的理想，甚至包括获得全面的学习和提升、永久享受产品的优惠等。

二、流程设置

借助行为科学理论，企业可以更好地策划体验创造和传递的流程，从而改善和提高用户在接受服务过程中的切身体验，强化其在接受服务之后形成的美好回忆。

（一）细分愉悦的体验，整合痛苦的感觉

以下发现已被反复证实，即当人们全神贯注于某一事件或者从事某项活动时，不太注意究竟用了多少时间。当人们刻意地注意一段时间时，往往会高估流逝的时间。

第一，影响用户最终体验感知的重要因素是其在整个过程中体验到的令人愉快的内容以及内容是如何安排的，而不是它实际用了多长时间。据此，在进行用户体验设计时，企业无须一味地追求缩短用户等待的时间、加快服务或者体验传递的速度，而是可以另辟蹊径，考虑如何通过合理安排服务的内容来提升用户的体验。

其次，细分愉悦的体验，强化用户的正面体验感知。对于一些用户比较感兴趣、能够全身心投入并且能够给其留下深刻印象的美好体验，企业可以将其分解为多个片段，从而加强用户的认可，给用户留下深刻记忆。

最后，整合痛苦的感觉，弱化用户的负面体验感知。对于那些可能给用户带来不愉快体验的事件或者活动，企业可以通过删减不必要的环节，或者对其流程进行重组，来整合用户不愉快的体验，弱化用户的负面体验感知。

（二）为用户节省时间

随着生活节奏的加快，消费者的时间越来越宝贵，对便利性的要求越来越高。为了给用户提供便利的体验，企业不仅需要从时间、空间等方面多加考虑，如加快配送速度、方便用户的营业时间安排等，而且应该进一步关注交易的流程，避免不必要的等候以及效率低下的付款方式等。

（三）合理安排，尽早消除不好的体验

行为科学家认为，在一系列结果有好有坏的事件中，人们更愿意让不愉快的事件先发生，因为这样就可以尽早避免担忧。同时，一连串的痛苦和愉悦感觉的走势，也将决定用户最终的体验感知。只有尽早消除坏消息、痛苦、不舒服、长时间的排队以及其他令人不愉快的事情，用户的整个体验才不会因此受到影响。

（四）结束流程设计：出色的收尾

通常情况下，事件的结尾远比开端重要得多。行为科学家的“结果影响”理论认为，当人们回忆一项服务的感受时，并不记得每一单个时刻的细节（除非体验时间很短或者有精神损害），反而会生动地回忆起少数重要时段。而且，在一系列的事件中，人们更愿意令人满意的事件在结尾时发生，因为这样可以欣赏、回味它们。

因此，在用户体验的创造过程中，企业如果不能每一个流程、每一个细节都做到完美无缺，给用户留下美好的回忆和难忘的体验，那么以一个极好的形式来结束不失为明智之举。

三、渠道建设

（一）多样化渠道时代的来临

随着信息技术和网络技术的发展，以及客户服务水平的提升，企业可以为用户传递服务和体验的渠道越来越多。例如，商业银行的服务渠道不仅包括传统的营业厅柜台、ATM（自动取款机）、CDM（自动存款机）、CRM（存取款一体机），而且出现了电话银行、网上银行、手机 APP 等，它们都是商业银行传递服务、创造体验的重要渠道。

生活在一个高技术、多渠道的时代，企业面临的挑战便是设计无微不至的服务体验并通过适当的渠道传递给客户。哪里有客户，企业的服务渠道就应该延伸到那里。

（二）多样化的渠道供用户自由选择

第一，多渠道能带给用户选择和自主掌控体验。在随时随地通信迅速成为一种普遍生活方式的时候，用户不再满足于仅仅通过营业厅与企业保持联系、发生交易，而是喜欢有多种方式可供选择。通过给用户提供多样的渠道，例如信息获取渠道、业务配送渠道、售后服务渠道等，企业不仅可以更好地满足用户的差异化需求，还能为其提供选择和自主掌控的体验。第二，企业在为用户提供多样化渠道供其选择的同时，也为他们提供了不同的便利体验。总之，在体验经济环境下，为了给用户创造全方位的体验感知，企业面临的真正变革便是建立新的模式、提供更多的渠道供潜在用户选择。不管用户选择实体商店还是网络购物，都应该为其提供便利的渠道。保证用户选择自己喜欢的方式，在任何时间、任何地点，以各种途径和各种方式与企业进行接触，正是渠道设计的目的所在。

（三）传统渠道与网络渠道的整合

企业必须为用户提供尽可能多的渠道供其选择，但不能到此为止，如果各个渠道之间不能实现有效整合，用户体验仍会大打折扣。做好渠道整合，当务之急是解决好传统渠道与网络渠道的整合问题。

实现多渠道营销策略的企业，可以充分发挥网上业务和网下业务各自的优势。网络平台不受时间限制，可以灵活地触及更多的消费者；基于零售业态发展起来的网下业务，则拥有丰富的供应商资源和强大的物流配送体系，拥有商品展示、客服系统以及经营零售业的专业知识和人才。二者的结合，更有利于全方位满足消费者的需求。

（四）多种体验渠道的管理

渠道的整合当然不限于实体商店和虚拟商店之间，所有渠道都面临着整合的过程。在整合的过程中，企业还需要重点关注以下几个方面。

（1）避免让用户在一件事上对企业重复描述两次或者更多次。许多企业目前存在的问题是各个渠道相互隔离、信息不能共享，使得用户面对不同的服务人员要无数次地重复。因此，企业应该建立统一的数据库存储和管理用户信息，便于内部信息同步和共享。

（2）通过记录用户在各个渠道的交互轨迹，整合形成统一的视图，实现各个渠道间的知识共享，确保用户在各个渠道上获得一致的体验。

（3）实现跨渠道的用户认知。用户必须能在所有具有互动数据的公共平台上被有效认知，以增加用户的认知体验。例如通过不同渠道，对用户施加个性化的关怀，如生日问候、节日祝福等。

（4）实现渠道整合并不是说所有渠道都同等重要，要考虑每个渠道的独有特点以及它们将如何影响用户。

（5）渠道的设计不应该只追求高技术，还要考虑与用户的人性化接触。生硬的技术手段只会把用户赶走，企业应该代之以更加人性化的方法，最大限度地发挥技术的潜力。

总之，如果企业不仅能为用户提供多种渠道，而且能够实现各个渠道间的畅通无阻，就能为用户传递一种整体的体验。至少应让用户觉得自己在跟同一个品牌、同一家厂商、同一种体验打交道，无论走到哪里，都可以通过各种渠道得到企业的帮助。

第 4 节　保留用户阶段的体验创造策略

一、用户参与

体验的本质特征之一就是用户的参与性，用户不仅是体验的被动接受者，而且是用户体验的积极创造者。因此，如何鼓励用户积极参与用户体验的创造，不仅是吸引和拓展用户阶段需要考虑的问题，而且是保留用户阶段——企业为了维系与用户之间的关系、进一步增强用户的体验感知——需要关注的重要内容之一。

在吸引和拓展用户阶段，企业可以鼓励用户参与到产品的设计和生产过程中，通过个性化的设计帮助用户获得与众不同的体验。在保留用户阶段，企业努力的核心是维系和挽留与之发生过一次或者数次交易的老用户。在这个阶段鼓励用户参与体验的创造，不仅有助于客户关系的维护，而且对于一般的、长期的体验创造来讲也更具现实性和可操作性。

（一）共创体验

当今的消费者为了追求独特的体验，力求对企业交互过程的每一个部分产生影响，而不仅仅是作为价值的被动接受者，再加上体验创造的独特属性，这些见识广泛、积极主动的消费者逐渐趋于在与企业进行交互的过程中，参与自身体验的设计和创造，与企业共同创造价值。

鼓励用户参与，与企业共创价值也是体验经济时代的必然要求。当体验连同其内在的价值被共同创造时，尽管企业生产的仍然只是物理产品，但重点已转向为用户提供全面体验的环境特征。

（二）鼓励用户参与体验的创造

对于一些制造过程花费时间较短、工艺流程较为简单，并且是以给用户创造体验为核心的企业，体验的创造过程可能同时伴随着用户参与过程。对于这些企业来讲，离开了用户的参与，它们将无法正常运转，或者经营的思路会发生变化，无任何特色可言。

（三）鼓励用户参与体验的设计

对于一些制造过程花费时间较长、工艺也相对复杂的企业而言，可以鼓励用户参与产品的设计，由企业来负责产品的制造。其主要目的是让用户有机会直接参与产品的设计过程，使其获得与众不同的体验。

二、售后服务

无论企业与用户交易的是产品还是服务，抑或是体验，交易的完成都并不意味着整个用户体验流程的终结。如果仅仅是完成了一笔订单就觉得大功告成，显然会遗漏关键的用户体验环节——售后服务。企业对售后服务的承诺与兑现的忽视，很可能使用户原本积极的体验瞬间化为乌有，最终只能获得负面的体验和评价。

（一）兑现服务承诺

让顾客忠诚于企业的首要前提就是要兑现对用户的种种承诺。也就是说，如果企业做出了承诺，不论是直接给用户的还是通过其他渠道向用户声明的，都必须认真践行，否则将会给用户带来不可信的感觉。为了给用户提供并传递承诺的体验，企业必须从两个方面多加关注：一是体验承诺的设计要根据企业能够达到的水平向用户传递信息，避免夸大其词，同时要加强与广告代理商的协调与控制，使广告代理商的宣传与企业保持一致；二是在交易结束后，企业必须认真履行给予用户的各种承诺，致力于满足他们的各种需求。

（二）解决用户问题，提供完整的解决方案

企业在为用户提供产品和服务时，不能仅仅局限于产品和服务本身，还应该考虑基

于这些产品和服务能够帮助用户解决什么样的问题。体验的价值在于，一方面，通过给用户提供必要的知识体验和成套的解决方案，拉近与用户的情感距离，增进用户对企业的信任；另一方面，对企业的长期用户来讲，在产品使用周期的各个阶段都希望能够得到企业的帮助。因此，企业可以对用户进行跟踪管理，根据用户不同时期的特殊需求为其提供成套的解决方案。

（三）认知用户，提供量身定制的体验

企业若能对老顾客加以有效识别，为其提供量身定制的体验、产品和服务，不仅可以迎合用户独特的需要，而且会给用户带来一种个性特点受到重视的感觉。这就是用户的认知体验，即根据用户的特殊需求提供量身定制的体验。

为用户提供量身定制的产品和服务会给用户带来一种积极的体验。当然，量身定制只是一种手段，其根本目的是为公司创造一种独特的客户价值。当一种产品满足以下条件时，基本上可以认为提供了独特的客户价值：(1) 特别针对某一顾客——在需要的时间为顾客提供需要的服务。(2) 针对顾客的特点——设计符合顾客需求的产品，尽管其他顾客会因为有相同的需求而购买相同的产品。(3) 只为某一顾客——不试图去提供过多或者过少的服务，提供的正好是顾客需要的。

当一个公司能提供这种独特的客户价值时，它就比那些强加给顾客一成不变的产品和服务的公司多迈了一大步，就能从为数众多的同类竞争者中脱颖而出，也就提升了相应的价值，与此同时，公司可以向顾客索取相应的高价。想要借体验经济领先的公司必须着手展开为用户量身定制产品和服务的工作。

然而，大多数公司仍不愿意大规模量身定制产品和服务，而是通过供应链管理，借多种分销渠道提供多样化的产品，让顾客自己去判别。多样性并不等于量身定制。多样性是指先生产出多种类的产品，然后多渠道地推向顾客，让顾客来挑选产品，以满足潜在的但不确定的需求。量身定制是指根据顾客的特殊需求来生产。要提升经济的价值层次，不管从产品到服务还是从服务到体验，公司都必须利用互动工具来获取顾客的特殊需求信息。

三、投诉处理

（一）用户投诉与用户体验

为维系用户，企业通常都会进行服务补救。如果企业出现服务失误导致用户不满意，不满意的用户将会向 10～20 人讲述其遭遇的不好的服务经历，即使是抱怨或投诉得到解决的用户也会向 5 人讲述他的经历。如果再考虑信息扩散的影响，这将是一个呈几何级数变化的过程。在现实中，即便是最好的公司，在与用户交互的过程中也难免会发生错误，不可避免地给用户带来一些不愉快的体验。因此，如何看待用户投诉，为用户提供方便的投诉渠道，并针对投诉的问题采取积极的补救措施等，将成为企业降低用户负面体验，为用户创造和传递积极的正面体验的核心内容之一。

1. 用户抱怨和投诉是用户获得负面体验的信号

为了对用户体验创造和传递结果的有效性进行验证，必须借助对用户体验的测量。也就是说，用户体验是否得到切实的满足与提升，必须用测量结果来证实；如果不能进行测量，企业既无法确定自己以往旨在向用户传递及提升特定体验的措施是否有效，也不能发现影响用户体验创造的关键点。要知道，用户抱怨就是没能给用户创造和传递积极体验的一个信号。

在投诉时，用户对企业是心存不满的：或者是由于企业没有兑现先前的承诺，让用户大失所望；或者是由于企业未能提供高质量的产品、积极方便的售后服务等，辜负了用户对企业的信任，因此影响了用户信任体验的获得；再或者是用户在与企业交互的过程中没有得到应有的尊重，致使用户所渴望的尊重体验受损；也可能是因为便利体验做得不够好，例如产品包装难以打开或者打开包装过程中给用户带来了伤害，网上支付频繁出错；等等。

2. 用户抱怨和投诉为企业创造正面体验提供新的契机

针对用户的抱怨和投诉，企业应该尽快采取积极的补救措施。原因在于，这一问题如果处理不当，用户体验将会变得更糟糕，并且用户有可能会因此选择永远远离该企业。相反，如果这一问题处理得好、补救及时，则不仅能够化解用户先前的不满、降低用户的负面体验感知，而且能够给企业为用户创造和传递积极的体验创造新的契机。

以便利体验为例，假设问题属于便利体验的范畴，那么根据用户抱怨和投诉，企业可以发现问题的根源，就能积极有效地采取有针对性的补救措施。只有经过改进的企业，才能被认为真正站在用户的角度给用户提供便利，这也才是用户真正想与之交往的企业。当然，如果问题是企业没有兑现承诺而造成信任体验受挫，那么企业通过积极的补救也可以传达一种信息，即企业并非有意为之，企业仍是值得用户信赖的。

（二）用户投诉渠道的建立与畅通

用户投诉渠道的建立与畅通是以给用户创造和传递便利体验为出发点的。调查表明，绝大部分不满意的用户不投诉的原因是不知道怎样投诉和向谁投诉，因此，企业必须给不同类型的用户提供便于投诉的渠道，比如设立免费投诉电话、设立呼叫中心用户投诉热线、开通网上投诉渠道、定期安排用户投诉接待日等。

（三）积极的服务补救程序

1. 服务补救与服务补救悖论

服务具有无形性、并发性、异质性和不可储存性等特征，所以服务失败不可避免。西方的服务企业目前已通过服务补救来对服务失败进行有效管理，以减轻其不良影响，重新获得顾客的信任。服务补救是指这样一种管理过程，它首先要发现服务失误，并分析失误原因，然后在定量分析的基础上，对服务失误进行评估并采取恰当的管理措施予以解决。

服务补救悖论是 20 世纪 90 年代西方学者提出的一个概念，指服务企业先故意制造或放任服务失误，然后主动给顾客提供高水平的服务补救，以增加顾客满意度和建立顾客忠诚，进而获得更多利润。服务补救悖论是建立在“高水平的服务补救能使顾客更满意”这一基础上的。20 世纪 90 年代初，西方国家一些服务营销专家凭直觉认为，良好的服务补救可以在更大程度上增加顾客满意度，使顾客甚至比那些没有经历过服务失误的顾客对企业更忠诚。服务补救悖论充分说明了服务补救对于企业的重要意义。

虽然服务补救悖论通常被认为是一种假设和推断，但企业可从服务补救悖论中得到启示：一次非常优秀的服务补救努力能使顾客的满意度水平比失误前更高。那些不满意的顾客在经历了高水平的、出色的服务补救之后会比那些第一次就获得满意的顾客有更高的满意度。因此，服务补救策略和步骤的确定对服务企业的顾客满意度提升具有重要作用。

2. 服务补救运作策略

（1）及时向顾客解释服务失误发生的原因。服务失误发生后，顾客会对服务失误的原因进行主观推断，通常情况下不会将自身原因考虑在内，而是将责任完全归咎于企业。企业应该及时对服务失误的原因进行合理的解释，使顾客考虑到外部因素或员工个体因素，避免顾客主观地将失误原因归咎于企业整体，这将有利于维护企业形象并降低服务补救成本。

（2）培训并授权一线员工进行及时有效的服务补救。发生服务失误时，无论顾客对服务失误的归因如何，考虑到服务补救的及时性将影响顾客的程序性公平感知，企业必须第一时间解决服务失误问题。因此，企业应该注重培训并授权给一线员工，使其具备进行服务补救的能力并及时解决服务失误问题，如给予折扣或免费、纠纷发生后当事人的撤换和对顾客的补偿等。

（3）认真了解顾客期望，实施恰当的补偿方式。企业的补偿方式包括道歉、折扣、免费赠送优惠券等，对于在何种情况下采取何种补偿方式并没有通用的标准。企业只有真正了解顾客的期望，使顾客参与补救决策过程并及时给出恰当的补偿方式，使得补偿与顾客期望水平相匹配，才能有效消除顾客的不满情绪，重新获得顾客忠诚。

（4）以真诚的态度面对顾客。在处理服务失误的过程中，顾客希望被诚实、细心和有礼貌地对待。服务人员应该对顾客表示同情和关心，对顾客的失望和愤怒表示理解，这会使顾客感到企业对他们的处境十分敏感和关心，有助于顾客获得良好的互动性和公平性感知。

（5）企业应注重同顾客之间良好关系的培养与维护。

四、客户关怀

随着客户管理体系的不断完善，客户关怀的门槛逐步降低。在互联网十分发达的今天，越来越多的公司开始花费较少的成本更细致地管理自己的客户，一系列店铺管理软件、会员管理软件直接推动了客户关怀的普及。

（一）记录客户信息

客户关怀建立在数据库营销的基础之上，需要记录的数据包括顾客的姓名、手机号码、生日等重要纪念日、消费记录、最后一次消费距今时间等。

最快速的方法就是将普通顾客变成会员。会员如同储蓄罐中的钱币，是一个长期积累的过程，积累得越多，商家的财富就越多。

（二）生日关怀

在生日这样重要的日子，如果能够收到一条来自商家的祝福短信，无疑会加深客户对该商家的印象。特别的纪念日对每个人来说都是特殊的，如果商家能够抓住时机送上祝福，无疑会被划分到“亲朋好友”之列，客户自然更加忠诚。

（三）短信营销

找一个足够吸引眼球的主题策划一场活动，用短信通知所有会员，可以是直白的告知，也可以通过短信发放电子代金券，甚至告诉会员邀请朋友一起购物就可以享受折扣。

（四）积分管理

积分是商家评估客户价值的重要依据，根据积分对客户进行奖励，或者让拥有高额积分的客户享受更优惠的价格，可以有效提升客户黏性，同时刺激客户的消费积极性。

（五）流失客户挽留

如果对客户的消费记录进行分析，很快就能找出正在流失的客户。企业应该有的放矢地向客户发送挽留短信，针对客户开展与众不同的活动，打回访电话，倾听客户的建议并做出改进，让客户感受到企业的重视与关怀。

思政专栏12-2

共筑网上美好精神家园——我国加强网络文明建设成就

网络文明是伴随互联网发展而产生的新的文明形态，是现代社会文明进步的重要标志。加强网络文明建设，成为加快建设网络强国、全面建设社会主义现代化国家的重要任务。

党的十八大以来，我国扎实推进网络文明建设，网络空间正能量更加充沛，法治保障更加有力，生态环境更加清朗，文明风尚更加彰显，全社会共建共享网上美好精神家园的新格局正在形成。

2018年8月，中国互联网联合辟谣平台上线后，受到网民广泛关注。这个多部委指导、地方和主要网站参与、权威专家支持、群众举报监督的网络联动辟谣机制，成为我国互联网辟谣的主阵地，为全面治理网络谣言、建设清朗网络空间发挥了重要作用。

坚持“正能量是总要求、管得住是硬道理、用得好是真本事”，有关部门密切配合、协同发力，实施网络内容建设工程，丰富网上内容供给，在亿万人民群众中凝聚起强大的精神力量。

深入推进中华文化新媒体传播工程，连续举办“五个一百”网络正能量精品评选活动等，在网络空间掀起宣传正能量、唱响新时代主旋律的浪潮。

启动“把青春华章写在祖国大地上”网络主题宣传和互动引导活动，推动更多优质思政资源触达年轻一代，激扬青春梦想。

推出“阳光跟帖·阳光主播”优秀视频作品征集展示活动，汇聚抗疫正能量；策划“牵妈妈的手”等网络主题宣传活动，在全社会弘扬真善美。

互联网通达亿万群众。网信事业要发展，必须贯彻以人民为中心的发展思想。

针对人民群众反映强烈的突出问题，中央网信办、公安部、全国“扫黄打非”工作小组办公室等部门持续开展网络专项整治行动，坚决打击各类网络犯罪活动，集中整治网上各类违法和不良信息，重点清理网上对未成年人具有不良影响的负面内容，网络生态治理取得显著成效。

从“清朗”专项行动在全网开展“大扫除”，为管网治网长效机制建设积累经验，为构建清朗网络空间打下坚实基础；到“护苗”专项行动坚决清理危害青少年身心健康的不良内容，有效提高中小学生自我保护意识和网络安全意识；再到“净网”专项行动依法严厉打击网络黑客、电信网络诈骗等违法犯罪行为……

聚焦重点问题，回应百姓关切，在各方共同努力下，亿万人民群众在网络空间享有更多获得感、幸福感、安全感。

资料来源：共筑网上美好精神家园：我国加强网络文明建设成就综述.（2021－11－18）. https://baijiahao.baidu.com/s?id=1716773922281230478&wfr=spider&for=pc.

案例分析

京东大脑，为用户体验而思考

随着国内电商市场的成熟，电商行业的竞争逐渐从价格战转向了服务战，也就是说，谁能提高用户体验，谁就能在竞争中赢得市场。在 2015 年“双 11”大促活动中，“京东大脑计划”曝光，引发了业界的普遍关注，其核心是通过大数据等手段，全面提升用户体验，提高运营效率。

京东研发总监杨光信这样总结：“基于京东在用户、商品和运营等方面长期积累的高质量数据，利用人工智能的方法和技术，深入准确地理解电商运营中的各类实体、环节及它们之间的相互联系，缩短用户与商品、商品与商家之间的距离，为用户和商家提供更加个性化的服务，同时不断提高电商平台自身的运营效率，以达到最佳的用户体验。”依循这样的目标，“京东大脑计划”旨在进一步提升京东在机器学习、数据挖掘、高性能计算、实时计算等方面的技术实力，实现京东大数据价值的充分发挥。

如果说线下商业在面临互联网竞争压力下尚存优势，那么可以直接地看到、摸到、试到商品是优势的一方面，那些店铺里对用户脾气秉性、潜在需求摸得门儿清的金牌导购也绝对是优势之一。与互联网稍显千篇一律的界面相比，如果能碰到一个好导购，会让购物变得愉快很多。好导购的秘诀在于动脑子，一方面努力琢磨用户的需求，一方面对商品了如指掌。但如果谈到数据处理和思考的速度，京东大脑可以秒杀任何现实中的导购和服务。

首先，思维能力强需要学习基础好，对电商服务领域而言就是数据质量。基于自营的特色，京东拥有中国电商领域最完整、最精准、价值链最长的数据。通过分析这些数据，京东建立了用户画像、小区画像、商品画像，也就是说，京东大脑知道用户的购物习惯、兴趣爱好、购物心理、关注产品，还知道用户所在居民区的品牌倾向、购物风格，甚至会从用户与客服人员的沟通中了解用户的性格特点。

其次，脑子好需要擅长逻辑分析，挖掘出数据背后的线索。传统客服长于察言观色，而京东大脑凭借的是高超的数据处理和分析能力。例如，谈到北京北大、上地、望京这三个地方的购物风格，京东大脑"掐指"一算，三个区域的图书选择倾向、手机品牌倾向、购物心理倾向等立刻浮现出来，例如望京地区集中了追求生活质量的高消费人群，北大用户喜欢物理、社科和法律类图书……比算星座靠谱多了。

那么，京东大脑究竟能给用户带来什么价值呢？

首先，京东大脑的思考能提升用户体验，京东大脑会根据用户画像和小区画像为用户提供更个性化、更多元化的贴身服务。例如目前京东网页上的"猜你喜欢"、京东APP上的"为你推荐"等板块，都将从京东大脑的思考中受益，为用户呈现更适合的产品。想想看，打开京东、搜索起来，看到的就是自己想要的产品，甚至是潜意识里一直蠢蠢欲动但还没有决心下手的商品，这购物该有多爽！

其次，京东大脑的思考可以提升服务效率。小区画像可用于京东到家、自提柜、移动商店、大篷车、京东派等，利用京东渠道、仓储、物流方面的优势，在线下做好"最后一公里"的服务。此前iPhone 6s首发时，借助京东大脑的分析，移动商店按照预测将新机送到热点小区附近，让用户拥有了下单后10分20秒就收到商品的出色体验。据说，有朝一日用户会感受到下单就收到京东自提柜取货通知的惊喜，因为京东大脑已经算出来用户该买这个商品了，便提前把商品送到附近的自提柜等用户下单。

杨光信说，对于京东而言，京东大脑并不是一个用于"炫技"的技术游戏，而是切实提升用户体验的有效方案。随着京东大脑对数据的进一步挖掘和在京东的更广泛应用，京东所拥有的真实性极高的数据将充分发挥它的价值，用户会以更加个性化的服务体验感受到电商带来的便利，拥有一个"比自己更了解自己"的电商服务平台。

资料来源：京东大脑计划曝光 双11为用户体验而思考.（2015－11－05）. http://news.sohu.com/20151105/n425349691.shtml.

思考题

1. 京东是如何提升用户体验的？
2. 京东大脑在帮助提升用户体验方面有哪些突出特点？

基本概念

网络用户体验（web user experience）
吸引用户阶段（attract user phase）
交互设计（interactive design）
品牌体验（brand experience）
拓展用户阶段（development user phase）
保留用户阶段（retention user phase）

讨论题

1. 网络用户体验对于网络营销的意义是什么？
2. 大数据时代企业如何提升网络用户体验？
3. 列举你认为用户体验做得最好的三家互联网企业，并说明原因。

课程思政要点

（1）高速网络赋能数字生活。
（2）共建共享网络文明。

05

第 5 篇

移动篇

第13章

移动互联网

引例 Keep：依托移动互联网的健身运动社交平台

自2015年2月4日正式上线以来，Keep借助精准的营销方式积累了第一批核心用户——“0～70分”的健身“小白”，为他们提供随时随地健身的可能性，打造了“数据＋内容”的创新商业模式。2019年初，Keep已经积累了1.85亿用户，并且常年盘踞在健身类APP排行榜前五。

Keep重视产品内容，上线了大量有针对性的课程。例如，DIY专业增肌课程、HIIT燃脂课程、跑步基础课程、办公室健身课程、家庭塑形课程等，确保用户一旦使用Keep，就能非常轻松地找到自己需要的东西。

为了吸引更多的目标用户，Keep从训练工具切入，结合减脂课程做了一系列的延伸，将减脂贯彻到运动的多个场景，如跑步、瑜伽、行走、骑行等，满足用户在不同场景下的需求。在每一个场景下，Keep还配备了详细的专业健身视频进行指导。视频中有每一个动作的详细展示，帮助用户领悟动作精髓。针对处在不同健身阶段的用户，Keep还根据动作的难易程度提供了进阶或者退阶的训练方式：如果动作太难，会有较为简单的动作去替代；如果动作太简单，也会出现较复杂的动作。此外，在Keep上还拥有关于每个部位较完整的动作库，将训练某个部位的所有运动进行整合，更加方便用户直接进行动作训练，同时根据用户的反馈及时进行动作的调整。

与一般的健身软件相比，Keep更加强调运动的陪伴感。在Keep的健身视频里，健身教练会详细讲解动作该怎么做、每一个动作的精华是什么，使用户完全沉浸在运动健身之中，仿佛健身教练在现场教学。

不仅如此，在每个动作的结尾，健身教练会鼓励用户：“再坚持5秒钟就好啦！”而当用户完成全部课程以后，会再次告诉用户：“你真棒，已经完成全部动作啦！”在用户完成打卡的时候还会出现一句标语：“表扬你的每一次运动。”Keep里处处存在的表扬和陪伴，成为许多用户不断坚持的动力。

目前 Keep 的用户成长体系主要包括六大模块：得分记录、坚持指数、成长值、等级、升级报告和等级特权。每完成一次课程，除了能够得到 Keep 的表扬，还会体现在用户的成长值上。用户通过完成 Keep 的训练，不仅可以明确看到自己成长值的变化，还可以感受到成长值带来的专享特权，让用户更加有了坚持下去的动力。

资料来源：杨文明，陈鸣珠．Keep：健身“小白”的创业之路．清华管理评论，2020（3）：104－111.

第 1 节　移动互联网产业链

一、移动互联网的内涵

移动互联网是桌面互联网与移动通信网各自独立发展后互相融合的新兴产物。桌面互联网与移动通信网各有特点，如图 13－1 所示，融合后的移动互联网集合了二者的部分特点，并形成一个新兴产业。

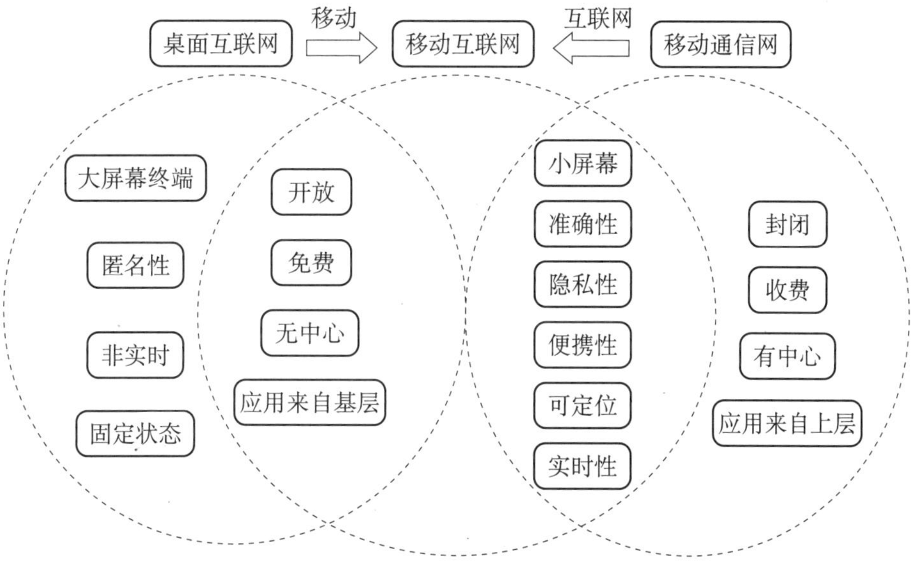

图 13－1　移动互联网的特征

首先，从移动通信网的角度来看，移动互联网具有相对封闭、收费为主、终端屏幕小的特点，可满足用户隐私性、便携性、可定位、准确性和实时性等需求。因此，移动通信网是个性化、随时随地的信息服务的体现。用户通过任意移动终端可随时按需获取信息产品或服务。其次，从桌面互联网的角度来看，移动互联网具有模式开放、免费为主、网络无中心、应用来自草根和终端屏幕大的优点，可满足用户匿名性、经济性和对丰富内容的需求。桌面互联网彻底改变了传统的信息交互方式，丰富了人们获取资料、信息沟通和交流互动的方式，移动通信网则进一步延伸了桌面互联网的服务范围。从固定不动的桌面互联网到随时随地的移动互联网体验，融合后的移动互联网既有桌面互联网的内容优势，又有移动通信网的便携性。

与传统互联网相比，移动互联网最显著的特点是移动性。移动性就是指用户可在移动场景中访问互联网，并接入相关业务。移动互联网和互联网在技术、使用场景、使用时间、连接方式上都有很大的区别，如表13-1所示。

表13-1　互联网与移动互联网的区别

	互联网	移动互联网
技术	以Web 2.0为主，主要是网站	以早期WAP和现在主流的APP为主
使用场景	使用场景单一，住宅、公司、网吧……	基本上在任何场景都可以很好地体验使用，公交车上、家里、公司、电影院、咖啡馆、路上……
使用时间	连续化	碎片化
连接方式	基于大网络，连接整个世界，用户虚拟化	基于位置、基于熟人关系的真正社交网络，用户身份真实，带有情感

所谓移动互联网，就是通过移动通信技术和互联网技术的结合，凭借移动终端设备，借助移动通信网络，使用终端应用实现特定终端功能这一系列过程的新兴产业。移动互联网的概念中描述了其进行的四个过程。相应地，移动互联网的形成也需要四个要素：一是移动终端设备；二是移动通信网络；三是终端应用；四是通过终端应用实现的内容。

思政专栏13-1

没有网络安全就没有国家安全

万物互联的时代，机遇与挑战并存，便利和风险共生。

党的十八大以来，习近平总书记深刻把握信息化发展大势，高度关注网络安全挑战，多次在不同场合就网络安全发表一系列重要论述，把党对网络安全的认识提升到了新的高度和境界，为树立正确的网络安全观、做好网络安全工作提供了根本遵循和强大动力。

从老百姓衣食住行到国家重要基础设施安全，互联网无处不在。一个安全、稳定、繁荣的网络空间，对一国乃至世界和平与发展越来越具有重大意义。如何治理互联网、用好互联网是各国都关注、研究、投入的大问题。没有人能置身事外。（2015年9月23日会见出席中美互联网论坛双方主要代表时的讲话）

我们一定要认识到，古往今来，很多技术都是“双刃剑”，一方面可以造福社会、造福人民，另一方面也可以被一些人用来损害社会公共利益和民众利益。从世界范围看，网络安全威胁和风险日益突出，并日益向政治、经济、文化、社会、生态、国防等领域传导渗透。特别是国家关键信息基础设施面临较大风险隐患，网络安全防控能力薄弱，难以有效应对国家级、有组织的高强度网络攻击。这对世界各国都是一个难题，我们当然也不例外。（2016年4月19日在网络安全和信息化工作座谈会上的讲话）

网络犯罪已成为危害我国国家政治安全、网络安全、社会安全、经济安全等的重要风险之一。（2020 年 11 月 16 日在中央全面依法治国工作会议上的讲话）

资料来源：习近平：没有网络安全就没有国家安全.（2021－10－10）. http://www.qstheory.cn/zhuanqu/2021－10/10/c_1127943608.htm.

二、移动互联网产业链参与者

移动互联网作为一个产业链，有不同类型的参与者争夺市场份额。设备制造商、网络运营商、互联网企业以及终端厂商共同构成了移动互联网产业，在互相合作的同时形成了一定的竞争机制。

（一）设备制造商

设备制造商处于移动互联网产业链的源头位置，负责网络设备的生产制造以及提供技术支撑。然而，由于设备制造环节的附加值不断降低，硬件的利润越做越薄，仅靠设备生产已经无法支撑公司长远的发展计划。阿尔卡特与朗讯合并、诺基亚与西门子合并、摩托罗拉遭遇经营危机，一系列事件不断表明设备制造商的日子越来越艰难。移动互联网良好的发展前景以及产业链上浮现出来的机遇，为设备制造商的转型指明了方向。设备制造商向下游环节的扩张是以合作、互利共赢的形式展开，没有触及相关企业的核心利益。

（二）网络运营商

传统通信业务需求的日趋饱和、网络传输管道市场价值的不断降低、通信互联网化趋势的加强，众多因素迫使网络运营商进行业务转型，重视电信增值业务和移动互联网的发展。在桌面互联网时代，网络运营商仅提供网络接入服务，沦为产业链中价值含量最低的管道提供者。在移动互联网时代，全产业链竞合以及企业沿产业链的交叉进入，削弱了网络运营商的核心地位。但由于有着对基础网络服务的垄断经营权和庞大的用户群资源，网络运营商可以采取多方面的战略举措，妥善处理全产业链竞合带来的机遇和挑战。网络运营商向产业链下游的延伸，核心在于充分利用自身优势，控制用户第一接触点，并通过重点应用内容吸引用户，实现在移动互联网时代的价值提升。

以中国移动为例，其已经向下游全面布局移动互联网的应用内容领域，并介入终端环节。如飞信、139 邮箱、139 社区、MM、MDO 以及游戏等，从目前已经开展的应用内容来看，除了移动搜索等少数业务，中国移动俨然已经成为移动互联网全业务运营企业。在终端方面，大多数网络运营商包括中国移动的最初做法是以定制手机的方式实现内置自有应用内容。之后在全产业链竞合的趋势下，网络运营商力推自主操作系统和浏览器，提升手机的“定制性”。移动互联网的普及率和应用率虽有大幅的提高，但是很多用户仍然是低成熟度用户，尚未形成使用习惯，此时其需求的可导向性较强。用户打开终端首先面对的就是操作系统桌面，网络运营商在系统中嵌入自有业务应用程序，可实现较好的导流作用。而浏览器是用户进入互联网世界的第一窗口，且随着浏览器开始集成流媒体播放、社区、即时通信、邮件、安全防护等应用内容，其平台化趋势不断加强，浏览器的第一窗口地位将更加巩固。

（三）互联网企业

互联网企业除了加快传统互联网应用内容的移动化步伐，也在推进向上下游产业链环节的渗透。桌面互联网时代的领跑者——谷歌，在移动互联网领域的动作具有相当的典型性和行业导向意义。在终端环节，谷歌首先发力手机操作系统安卓，联合多家企业成立了开放手机联盟。自基于安卓系统的 GPhone 手机推出以来，其市场份额不断攀升。同时，谷歌也开始加紧推进 Chrome 浏览器向手机终端的渗透，2015 年 6 月，谷歌官方发布了 Chrome 手机浏览器的安卓版浏览器。谷歌建立开放手机联盟，进而控制移动互联网入口的战略逐渐显现。

2015 年，在一年一度的巴塞罗那世界移动通信展（MWC）上，谷歌发布了自己向移动无线网络进军的计划，让全球运营商惊出了一身冷汗：将蜂窝网络与 WiFi 无缝切换，这才是真正的狼来了。新服务将会在 Sprint 和 T-Mobile 美国提供的蜂窝网络连接以及 WiFi“热点”中，锁定信号最好的连接，用以传输语音通话、短信和数据。也就是说，谷歌将运用一种新的技术，让手机信号可以在 3G、4G 网络与 WiFi 之间无缝切换。

事实上，早在 2011 年，谷歌就在日本成田机场 1 号航站楼铺设了 5 个 WiFi 热点，提供免费的无线上网服务，但用户必须接受部分商业广告，这正是谷歌向产业链上游延伸的意图表现。通过 WiFi 热点的运营，谷歌可以吸引大量用户，并实施基于位置的搜索和广告业务。此外，谷歌还推出 VOIP 服务，能够将个人所用的众多电话号码集成为一个号码，并提供免费的语音通话和短信功能，这将极大冲击网络运营商的传统通信业务。

互联网企业全产业链扩张的真正目的并不在于占领每一个产业链环节，而是通过对上下游产业链环节的扩张，充分利用一切可引导并吸引用户的关键点。

（四）终端厂商

开发出功能强大、简单易用且用户体验优异的移动互联网终端是终端厂商的核心职责和追求。然而随着移动互联网浪潮的到来，应用内容领域巨大的潜在市场和利润空间愈发显现，许多领先的终端厂商纷纷向上游应用内容环节扩张。

随着全产业链竞合态势逐渐形成，终端厂商的战略重点不再是考虑如何与其他终端厂商竞争，而是如何进行全产业链布局，以及如何与各产业链环节企业竞争和合作。终端厂商具有掌握终端和移动互联网入口的优势，可以通过内置应用服务的方式推广自有业务，使用户免去“下载—安装”的步骤，这是终端厂商向应用内容领域渗透的重要资本。

在运营商领域，终端厂商目前仍未有进入的意图，这主要有两方面原因：其一，终端厂商都面对网络运营商的无形压力，特别是在欧美以运营商定制为主的手机销售方式下，终端厂商对网络运营商的依赖性非常强。其二，网络运营商之间的竞争已经非常激烈，网络运营环节逐渐趋向管道化、低值化，在没有切实可行的商业模式或利益补偿点的前提下，终端厂商不会贸然进入。

由四个产业链参与者的情况可以总结出，移动互联网良好的发展前景以及自身主营业务发展的需要驱动企业采用纵向多元化战略，向产业链的上下游扩张，开拓新的业务领域。这一举措导致了企业与产业链上其他企业之间的矛盾，形成新的市场竞争关系。此外，由于企业自身能力和资源的限制，以及共同做大市场、促进业务发展的考量，企业需要与产业链上的其他企业进行合作。以上两方面的因素促使移动互联网产业的市场态势，逐步由同类企业的行业内同质竞争向全产业链的竞争合作关系转变。因此在移动互联网领域，企业不仅要面对来自同质企业的竞争，而且要与异质企业进行竞争。

第 2 节　移动互联网的盈利模式

企业盈利模式是指企业赖以获取经济利益的结构和方式。不同的行业和企业，盈利模式各有不同。由于处在产业链不同位置的移动互联网企业所拥有的盈利模式有所差异，其蕴含的商业价值亦有所不同。

一、设备制造企业的盈利模式

对于以设备制造为主的企业，其传统的盈利模式是通过销售终端设备获取销售收入，与其他制造类企业相似。在移动互联网时代，这种盈利模式正朝着多元化的盈利模式转变。

移动商店盈利模式是通过吸引应用开发商与其合作，并将所获得的终端应用销售额进行分成。目前，由设备制造企业构建的移动商店包括苹果公司 App Store 以及华为 AppGallery 商店等。品牌代理模式指由品牌代理商以较低的折扣向品牌拥有者购进产品，并按照区域统一价格进行销售。“山寨”盈利模式也是依赖终端手机产品来获取收益，但方式与正规品牌有所不同，扩大收入和控制支出是这种盈利模式的特有现象。首先，控制研发支出，降低商场门店开销，以低成本走进市场；其次，以低价格、多功能迅速吸引低端消费者，回笼资金。

二、网络运营商的盈利模式

在移动通信业的发展过程中，网络运营商是行业的主宰，也是国家经济产业的支柱。其盈利模式多种多样，并且这些模式在移动互联网时代到来之后逐渐发生变化。

在移动通信业和互联网业尚未结合的年代，网络运营商的业务收入来源主要是通话和短信收入，它们是网络运营商最传统的盈利模式。随着移动设备中语音聊天应用以及微信等即时通信软件的普及，通话业务和短信服务收入遇到了增长的瓶颈。现在的发展趋势是平台业务模式，目前网络运营商已经广泛开展了移动商店业务模式，如中国移动的移动应用商场（Mobile Market）、中国联通的沃商店、中国电信的天翼空间，以及中国移动的短信定制平台、移动梦网平台等，都属于平台盈利模式。一方面，依靠与 CP/SP 服务商进行彩铃、游戏等终端娱乐业务收入分成来实现盈利；另一方面，依赖其他厂商在平台上投放广告实现获利。除了平台模式，网络运营商一般情况下都会提供多种移动终端内容，如铃声、手机刊物定制等，这是内容提供业务模式；数据业务模式则是指通过提供移动网络，收取用户所使用的流量费。在移动互联网时代，数据业务收入占运营商主营业务收入的比重将越来越高。

三、互联网企业的盈利模式

互联网企业在产业链中的主要职能是完成移动终端应用程序的开发过程。这些应用程序包括游戏、各种工具软件等，其盈利模式主要包括以下几种。

（一）游戏盈利模式

游戏盈利模式主要是指经营游戏开发程序的企业，通过一系列流程从使用者处获得收入的过程。一般情况下，常见的游戏实现收入的过程见图 13－2。

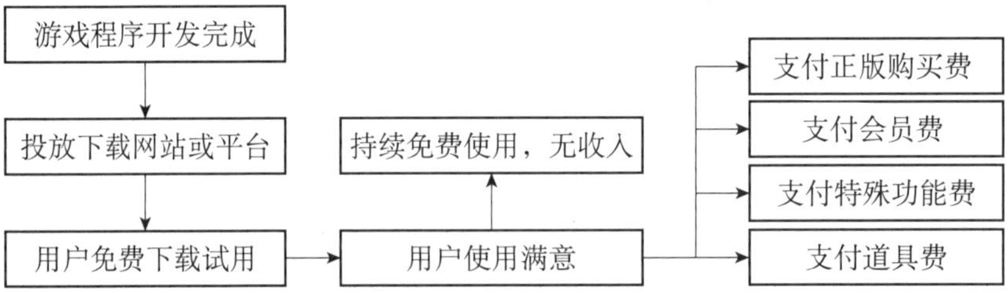

图 13－2　游戏盈利模式收入实现流程图

（二）软件使用费模式

移动终端的一些常用软件对于消费者基本是免费开放的，但专业的工具软件一般情况下都是有偿使用的。消费者通过试用的方式使用了一款收费软件，如果想要继续使用或者使用更多功能，则需要进行支付。

（三）装机费模式

对于非智能手机来讲，由于内存、存储等方面的限制，用户不能从互联网上直接下载并安装应用程序。因此，对于某些已经具有很高普及率的功能软件，设备制造企业为了增加移动终端的市场价值，会支付给开发终端应用的互联网企业常用软件的装机费用。如手机 QQ 由于普及面非常广，就曾经采用向手机制造商收取装机费用的收费手段。目前，这种盈利模式已经逐渐为其他模式所取代。

（四）电子商务模式

随着移动互联网时代的到来，以手机电子钱包为主导的新型电子商务模式逐渐形成。这种电子商务模式涉及多个产业链条的企业，包括电子商务平台提供企业、零售商、金融机构、第三方硬件提供厂家、物流公司等。其中，电子商务平台提供企业以收取手续费、广告费等为主要盈利模式。

（五）广告模式

许多热门应用程序拥有一定的用户群数量，因此很多广告商希望在这些程序的客户端投放广告，开发应用的互联网企业能以此获取广告费。一些移动广告公司，如谷歌的 AdMob 等，充当了应用开发者与广告商的中介，使更多企业能涉足广告模式。该模式下的广告常按点击量收费，广告形式多种多样，包括插屏广告、推广链接等。

（六）搜索排名竞价模式

搜索排名竞价模式是搜索企业广泛采用的一种盈利模式，是指依据在搜索引擎中的排名位置，收取网站运营企业一定费用的方式。

（七）会员模式

对于某些应用程序，用户支付一定的会员费升级为会员，就可以取得该应用的更多功能。如手机 QQ 的超级 QQ 服务，就是一种典型的会员模式。

（八）微博盈利模式

微博盈利模式是一种新型的盈利模式，主要利用微博的快速传播性和广泛的用户群，为某类产品和活动进行宣传，从而获取相关费用。现阶段，无论是桌面互联网还是移动互联网，微博都已经发展成为一种新型的信息传递工具，如腾讯微博、新浪微博等。

四、内容提供企业的盈利模式

内容提供企业主要是指提供移动互联网数据信息内容，而不依靠开发应用程序的企业。这类企业的典型代表有 3G 门户网、手机腾讯网等。这类企业的盈利模式包括如下两类。

（一）广告盈利模式

广告盈利模式是内容提供企业最常见的盈利模式，利用网站每日大量的用户点击率，提供诸多广告，从而获取收入，尤其是门户网站、视频网站、拥有广大用户群的 SNS 社交网站。大型的论坛网站更是以此种盈利模式为生存之本。

（二）虚拟产品盈利模式

虚拟产品盈利模式即移动互联网内容提供企业依赖于多种多样的丰富的虚拟产品进行盈利，虚拟产品包括音乐、手机铃声、图片、视频、各种虚拟道具等。例如在 SNS 网站上，各种虚拟货币、腾讯公司的 Q 币服务就属于这类盈利模式。

按照移动互联网的四大要素可将移动互联网企业分为四类，表 13－2 对这四类企业的盈利模式进行了总结与比较。

表 13－2　移动互联网企业的盈利模式对照表

企业种类	盈利模式	盈利模式特征	典型代表
设备制造企业	传统的盈利模式	以销售移动终端获利	华为公司销售华为品牌手机
	移动商店盈利模式	移动终端中内置移动商店	iPhone 手机中的 App Store
	品牌代理模式	出售品牌，从代理中获利	各品牌手机的代理模式
	“山寨”盈利模式	低成本，高收入，面向市场	国内各种“山寨”型手机
网络运营商	语音、短信业务模式	以通话和短信为收费来源	中国联通的通话和短信收入
	平台业务模式	提供平台，获取分成收入	中国移动的移动应用商场
	内容提供业务模式	提供移动终端内容服务	中国移动每日的手机报
	数据业务模式	移动网络数据流量收入	中国移动 GPRS 流量收入
互联网企业	游戏模式	终端游戏的各种收费	各类收费手机游戏
	软件使用费模式	通过收费软件获取收入	各类收费专业软件
	装机费模式	通过内置软件收费	手机 QQ 向部分手机制造商收费
	电子商务模式	提供电子商务平台进行收费	手机淘宝网
	广告模式	利用客户端投放广告	UC 浏览器在起始页投放广告
	其他模式	搜索排名竞价、会员、微博等模式	超级 QQ
内容提供企业	广告盈利模式	在网站页面投放广告	手机人人网页面广告
	虚拟产品盈利模式	音乐、图片、各种虚拟道具等	Q 币

第 3 节　移动互联网服务应用

移动互联网最大的一个特点就是开放，而开放带来的后果就是原来封闭的传统模式被打破，产业链的各个环节逐步被互联网、终端企业替代。在功能手机时代，运营商是产业链的主导，而到了智能手机时代，除了通信网络及部分收费功能，其他环节被其他企业蚕食殆尽。尤其是苹果、谷歌等通过智能手机的发展，占领了操作系统、门户、浏览器等制高点，甚至开始向收费平台扩张，进一步增强其在产业链中的控制能力。

移动互联网服务应用主要包括移动电子商务、移动搜索、移动支付、移动广告等。

一、移动电子商务

（一）移动电子商务的内涵

移动电子商务就是利用手机、平板电脑等无线终端进行 B2B、B2C 或 C2C 的电子商务。它借助移动互联网提供交易平台，以中介费、交易费为主要收入来源。

移动电子商务将互联网、移动通信技术、短距离通信技术及其他信息处理技术完美结合，人们可以在任何时间、任何地点进行各种商贸活动，实现随时随地、线上线下的购物与交易以及各种商务活动、金融活动和相关的综合服务活动等。

移动电子商务从本质上属于电子商务和信息商务的类别，是随着技术发展与市场变化而出现的新商务模式。移动电子商务一般具有方便、简单、灵活的特点。移动电子商务不但可以为人们提供网上订购功能，还可以进行电子支付和消费。移动电子商务能完全根据消费者个性化需求定制，设备的选择以及提供服务与信息的方式完全由用户自己控制。

相比于传统电子商务，移动电子商务具有以下优势：第一，移动电子商务交易不受地点和时间的约束，通过无线技术可以随时随地进行。第二，办事效率极高，可以为交易者节约大量的时间。第三，移动电子商务更具安全性，主要是因为移动电子商务有一个强大的内置认证。其中，手机所采用的 SIM 卡对于移动商务就像身份证对于社会生活一样，SIM 卡上存有用户所有的信息，能够对用户的身份进行唯一有效的确定。

（二）移动电子商务的方式

根据定义，移动电子商务有以下几种主要方式。

1. B2B2C

以 B2B2C 为基础的电子商务模式，是以移动客户的管理为中心，将移动电子商务的产品延伸至消费客户的客户。这种类型的移动电子商务的实质是具备一定高科技的生产性企业将其生产的产品延伸至其本身客户的客户，从而在一定程度上延长企业本身的价值链。这种电子商务模式需要先进的技术以及高端营销模式的支撑。

2. B2B2M

以 B2B2M 为基础的电子商务模式，是通过电子商务的手段将企业与企业之间的制造、合作等流程与公司的内外部管理模式结合起来，同时通过采集系统、智能监控系统等建立一个有效的营销渠道，以便更好地服务于企业的自动化生产管理。

3. B2B2P

以 B2B2P 为基础的电子商务模式，是指通过传统的互联网或者其他现代电子信息管理技术来进行电子商务的营运，对企业的数据进行挖掘和分析，从而确定客户的需求及需求的基本特征，进而更好地细化市场，使得公司将营销延伸至客户的营销活动，使移动电子商务供应链更完备。

4. B2B2B

以 B2B2B 为基础的电子商务模式，体现为两个电子商务企业共同构建网上信息交流平台，从而使得企业之间能够在不同的时间和地点更有效地得到所需的实时实地的供需信息。

二、移动搜索

（一）移动搜索的内涵

移动搜索是指在移动通信网络中，用户利用各种移动终端，通过多种接入方式（SMS、WAP、IVR 等）查找 Web 或 WAP 站点上网页内容的一种信息搜索方式，是移动互联网的重要组成部分。

移动搜索业务从实现方式上可以分为基于短信的搜索、基于 WAP 的搜索和其他搜索方式。从搜索内容上可以分为网页搜索、音乐搜索、视频搜索、图片搜索、位置搜索、生活搜索等。移动搜索的特点包括移动性、精准性和个性化。

（二）移动搜索与互联网搜索的区别

与传统的互联网搜索相比，移动搜索拥有自身的特点。表 13 - 3 列举了移动搜索与互联网搜索的区别。

表 13 - 3　移动搜索与互联网搜索的区别

	互联网搜索	移动搜索
搜索方式	目录检索、关键字检索	关键词检索、自然语言检索
搜索需求	准确性、海量性	准确性、便捷性、个性化
搜索渠道	移动搜索、搜索门户	WAP 搜索、短信、语音
搜索内容	网站、信息、图片等	移动增值服务、生活信息
搜索终端	计算机	手机
搜索限制	存在网络接入限制	无
搜索目的	搜索需要的信息	搜索需要的内容、定制的信息
搜索费用	免费	流量费、服务定制费

（三）移动搜索的商业模式

传统的广告收费模式是移动搜索的第一种商业模式。在这种模式下，移动搜索服务商在提供搜索服务的过程中，向投放者收取广告费用，向所服务的用户投放广告，以达到帮助投放者推广的目的。这种商业模式的最大优点是搜索服务商可以有针对性地向消费者提供广告。由于操作终端手机的特点，服务商可以通过搜索用户提交的信息准确地获取用户信息，包括用户的所在区位、兴趣爱好等，从而有针对性地在其搜索结果页面投放广告。

第二种商业模式是竞价排名模式。搜索服务商通过人为干扰搜索结果，根据客户所提供的费用多少来对搜索结果进行排序。在这种模式下，手机屏幕相对于电脑屏幕普遍较小，每页显示的结果非常少，当前手机上网流量费用偏高等不利因素的存在，使得企业竞价的位次显得尤为重要。

第三种商业模式是向搜索用户收取费用。在这种商业模式下，不同类型的用户根据需要定制个性化服务，搜索服务商根据不同的需要提供相关的搜索服务，并向搜索的对象收取费用。提供搜索服务的服务商将客户市场进一步细分，大众化和个性化的趋势明显，服务商通过个性化的服务获取高收益。

（四）移动搜索的发展趋势

移动搜索目前已经进入了 4G/5G 直接搜索 Web 内容的阶段。和传统 PC 端搜索相比，移动搜索受制于电池、带宽、屏幕尺寸等多种客观因素。PC 端搜索引擎让用户在一堆搜索结果中寻找目标结果的方式已不再适应移动用户的需求。移动用户更加迫切地需要一种更好用的移动搜索服务。

首先是用户界面（UI）设计。由于手机屏幕的限制和触摸屏的一统天下，搜索引擎的用户界面要适应用户对触摸屏的使用习惯。其次是搜索结果，直接给用户提供想要的答案已经成为移动搜索服务的趋势。将搜索结果与产品、服务相结合，成为移动搜索的一大特色。特别是苹果推出的 Siri，其通过语音搜索并返回语音和文字结果的方式，对用户极具吸引力。可以预计，在未来的很长一段时间里，将语音搜索、数据库查询、云计算应用和智能分析等多种技术融为一体的智能搜索引擎将极大改变我们的生活。

三、移动支付

移动支付是指使用者通过移动电话、无线设备、电脑或 PDA 等方式实现货币与产品和服务的价值交换。移动支付是货币价值的无线交易，包括支付价值确认、支付授权和支付实现等步骤。

移动支付具有方便、快捷、安全、低廉等优点，消费者只需一部手机，就可以完成整个交易。移动支付分为近场支付与远程支付。近场支付是通过带有 NFC 功能的手机，把手机当卡刷，实现购物、签到、公交卡或门票等功能，或者直接通过手机完成与别人交换名片、传输文件、联机玩游戏等功能。远程支付是指通过手机 APP 上的支付宝、网银等支付工具直接支付的功能。远程支付与在 PC 端上的支付过程类似，都是通过软件输入账号密码来完成。

移动支付涉及电信运营商、金融机构、第三方支付企业、应用开发商、设备制造商等。目前我国第三方支付企业可分为六类：第一类是互联网类，如支付宝、财付通、盛付通等，它们依托阿里巴巴、腾讯、盛大等互联网巨头，近年发展迅速；第二类是电信运营商类，三大运营商均有自己的电子支付企业，如中国联通支付有限公司、中国移动电子商务有限公司、中国电信天翼电子商务有限公司等；第三类是银联和银行类，典型的有银联商务、北京银联、上海银联等；第四类是有地方国有资产背景的企业，如首信易付、通联支付以及各地公交 IC 卡公司；第五类是独立的第三方支付运营商，如汇付天下、易宝支付等；第六类是发卡公司，如资和信、福卡等，主要发行多用途的预付费卡。

虽然移动支付的前景不可限量，但还有诸多问题需要解决。一是电信运营商所采用的近场支付 NFC 技术适配的手机还比较少，启动产业链需要较大的前期投入；二是移动支付的商业模式不清晰，如何降低成本、扩大收益等仍是移动支付需要面临的问题；三是移动支付的安全性与用户习惯等问题还需时间逐步改善；四是行业竞争激烈，各方利益团体都想争夺移动支付市场，市场的健康情况令人担忧；五是移动支付国标还未出台，支付标准仍存变数，可能会抑制移动支付的健康发展。

延伸阅读 13-1 我国移动支付市场现状

四、移动广告

移动广告是通过移动通信网络传输，以手机为显示终端及发布平台的广告营销活动，主要向企业类广告收取费用。由于手机这一新型媒体平台所特有的私密性及互动性，无线营销相比于其他传统媒体的营销行为具有更好的互动性和精准性。

（一）移动广告的优势

移动广告实际上就是一种互动式的网络广告，它由移动通信网承载，具有网络媒体的一切特征，同时比互联网更具优势，因为移动性使用户能够随时随地接收信息。总的来说，移动广告作为广告市场的新兴媒体，其强大的竞争力主要表现在个性化、移动性、互动性、低成本、情境性、精准性、复制性、实时性。

（二）移动广告的类型

1. 植入式广告

植入式广告是指广告主将产品及其服务中具有代表性的视听品牌符号融入手机的一种广告方式，在用户浏览新闻、看视频、玩游戏的过程中刻意地插入投放主计划，投放产品信息或商品广告，从而达到潜移默化的宣传效果。

此类广告突破了技术瓶颈，用户可以通过手机视频观看广告。视频广告相比文字广告和图片广告更直观形象，感染力更强，传播效果更好。植入式广告目前也是很多广告投放主所青睐的投放方式。但是手机的视频广告时间明显短于电视和互联网，因此要在较短的时间内和较小的屏幕上成功展现出产品的诉求点，这对广告的创意和制作提出了新的要求。

2. 直接投放性广告

由于手机的即时通信性，用户一般长时间随身携带手机，因此，广告可直接到达目标群体，用户可随时随地接收广告。另外，由于手机广告明确了广告的具体受众类型，可以将广告直接送达目标人群，通过跟踪记录用户消费信息，甚至直接同消费者通信，准确获知广告效果。

进入 5G 时代以后，各种智能手机的兴起预示着未来手机将成为融通信、互联网应用、娱乐等功能于一体的多媒体移动掌上终端，这将极大提高手机广告的表现能力和应用能力。随着移动互联网、手机电视的大范围使用，广告媒体主战场将会转移，新的模式也将出现。

3. 第三方应用程序中的广告

随着智能手机和平板电脑等移动终端设备的普及，人们逐渐习惯了使用 APP 客户端上网的方式。不仅如此，随着移动互联网的兴起，越来越多的互联网企业、电商平台将 APP 作为销售的主战场之一。手机移动终端的快捷、简便为企业积累了更多的用户，再加上一些用户体验不错的 APP 使用户的忠诚度、活跃度都得到了很大的提升，这对企业的创收和未来的发展起到了关键作用。

第 4 节　移动互联网与社交媒体

社交网络（social networking）是指个人之间的关系网络，即基于社会网络关系系统的网站。

社交服务网站的发展验证了六度分隔理论，即在人际关系脉络方面，可以通过不超出六位中间人间接与世上任何一个人相识。个体的社交圈会不断地扩大和重叠并最终形成庞大的社交网络。

移动社交是指用户以手机等移动终端为载体，以在线识别用户及交换信息技术为基础，按照流量计费，通过移动网络来实现的社交应用功能。移动社交不包括打电话、发短信等通信业务。与传统的 PC 端社交相比，移动社交具有人机交互、实时场景等特点，能够让用户随时随地创造并分享内容，让网络最大限度地服务于个人的现实生活。随着定位系统科技的发展，移动终端已基本实现定位功能，从而延伸了移动社交网络的功能。

中国移动社交网络起源于 2000 年前后，此阶段的移动互联网受国内外环境的影响，发展较为缓慢，商业模式更是无从谈起。2006 年前后是社交网络快速发展的时期，以人人网和开心网为代表的社交网站发展迅速，形成了初步的商业模式。这一阶段社交网络的应用更加广泛，用户体验更加丰富，但当时的信息传播与应用模式无法满足人们日益增长的社交网络需求。2009 年以后，结合现代移动通信技术，各大社交网站不断开发新的应用模式，实现了多人游戏与视频互动，商业模式不断完善。

一、我国移动社交应用类型

我国移动社交应用按照用户社交关系不同，以及能否在移动终端构成新的移动社交关系，可分为传统移动社交应用和新型移动社交应用。如表 13－4 所示，传统移动社交主要是熟人社交，而新型移动社交根据产品定位和参与者目的，可以分为陌生人社交和多维化社交。

表 13－4　中国移动社交应用类型

类型	模式	目的
传统移动社交应用	熟人社交	维持现有的朋友关系
新型移动社交应用	陌生人社交	结交和认识周围的陌生人
	多维化社交	在维持现有朋友关系的基础上认识周围的陌生人

新型移动社交应用和传统移动社交应用的对比如表 13－5 所示。

表 13－5　新型移动社交应用和传统移动社交应用的对比

	新型移动社交应用	传统移动社交应用
社交关系	基于手机通讯录或移动互联网	主要基于互联网
终端要求	高，一般要求智能手机、平板电脑	低，功能手机即可满足用户需求
网络标准	3G/4G/5G 和 WiFi	2G/2.5G
内容形式	文字、图片、语音、视频	文字为主
应用举例	微信、米聊	手机 QQ、飞信

二、移动社交的价值

移动社交服务是移动互联网中最受瞩目、发展最快的服务之一。移动社交网络产品对用户有巨大的号召力，并且能够通过各项增值服务促进其他移动互联网服务收入的提高。

移动社交的作用主要有图片、视频分享，私密关系的维护和自我表达的需要。据统计，超过 70%的拍客常把自己的动态通过手机及时发布到网上，个人状态发布也成为他们最常用的手机社交功能。在手机社交族中，年轻化趋势十分明显，他们习惯于通过互联网完成自己的大部分生活与工作。有些人因为工作变动、闲暇较少等逐渐减少与朋友面对面的沟通，但仍想维系这份关系，而社交网站很好地满足了他们对人际交往的需要，手机则提供了一个更加便捷的渠道。

随着社交平台的日益火爆，越来越多的商家开始进驻。通过自营或者托管运营，依靠社交媒体的力量，品牌的价值被放大，消费者也体验到了更为优质的服务。同时，移动社交日益细分，私人社交网络成为热点。随着移动社交网络服务市场的快速发展，一些垂直领域的细分社交网络不断涌现，成为市场的新兴热点。

目前，移动社交网络服务成为最常用的移动互联网服务之一。一些具有较大影响力的主流移动社交网络服务提供商积极与开放平台、终端厂商、电信运营商、互联网服务提供商开展合作，构建出用户关系、应用、通信服务和终端合一的新型业务模式，在提升用户体验的同时进一步扩展用户范围。

三、五大社交要素

对于品牌来说，好的产品就是最好的营销方式，因为它们真正代表着品牌本身，可以把它们发布到网上，跟踪评论，或者利用技术工具收集有关产品的反馈信息。在社交网络上，产品就得符合社交媒体的传播规律。有创意的品牌会将产品形象人格化，并让产品的社交媒体具备下列特征。

1. 简单

网络消费行为以快速决断且容易跟风为特点。型号复杂的系列产品很难在网上形成很大影响，那些有着各种颜色、型号和价格的商品很少被分享或者关注。

例如，饿了么网站。其名字贴切顺口，让人倍感亲切，且和其外卖网站主题相符；网址简短易记，用户登录方便。这两个特点满足了网络消费的快速和便利原则，能够有效促进其在社交网站上的营销。

2. 有情感

情感化的产品体验更有可能在网络上受到追捧。社交产品应该具有令人过目不忘的鲜明特点和良好的产品体验。

3. 漂亮

分享是一种自我表达的方式，用好看的图片比用文字表达来得更直接。

例如，迪奥（Dior）作为奢侈品品牌，其推出的每个系列都注重从产品本身到广告宣传的整个过程，包括产品本身设计的奢华抢眼，广告效应借助美女、图片、效果等的辅助衬托，引起消费者的向往和消费欲望。而这些图片在社交网站中，一个“分享”按钮即可实现传播，其视觉冲击足以引起极大的关注。

4. 有价值

从字面意义看，有价值意味着具有某种用处。在社交网络上，人们会相信自己朋友推荐的某款产品是好的，而这些正面的意见正是产品价值的体现，由此带来的销售增长要比打折的效果好得多。

例如，微盘分享。微盘作为一种文件存储工具，其在提供文件上传下载的同时，还特别设置了一个“分享”，并自动生成相关的分享微博，以期利用人们的惯性心理达到传播宣传的效应。另外，其还推出类似“签到送礼”的活动，并让使用者在参与后自动发布推广微博，以达到在使用者的朋友圈中宣传的目的。这种朋友推荐式的营销方式更容易被人们接受，从而获得较好的效果。

5. 个性化

在社交媒体上受到追捧的产品大都有一个令人印象深刻的传奇故事。

以海底捞为例。这家火锅连锁店以其极致的服务让消费者折服，如顾客等待期间的免费美甲、娱乐和食品供应、折纸鹤抵现金等活动。在现如今的微博热潮中，顾客习惯性地将其作为新鲜事发布到微博上或通过微博坦言自身的感受，海底捞因此获得了隐性宣传的效果。

思政专栏 13 - 2

加快推动媒体融合发展 构建全媒体传播格局

传统媒体和新兴媒体不是取代关系，而是迭代关系；不是谁主谁次，而是此长彼长；不是谁强谁弱，而是优势互补。从目前情况看，我国媒体融合发展整体优势还没有充分发挥出来。要坚持一体化发展方向，加快从相加阶段迈向相融阶段，通过流程优化、平台再造，实现各种媒介资源、生产要素有效整合，实现信息内容、技术应用、平台终端、管理手段共融互通，催化融合质变，放大一体效能，打造一批具有强大影响力、竞争力的新型主流媒体。

人在哪儿，宣传思想工作的重点就在哪儿，网络空间已经成为人们生产生活的新空间，那就也应该成为我们党凝聚共识的新空间。移动互联网已经成为信息传播主渠道。随着 5G、大数据、云计算、物联网、人工智能等技术不断发展，移动媒体将进入加速发展新阶段。要坚持移动优先策略，建设好自己的移动传播平台，管好用好商业化、社会化的互联网平台，让主流媒体借助移动传播，牢牢占据舆论引导、思想引领、文化传承、服务人民的传播制高点。

从全球范围看，媒体智能化进入快速发展阶段。我们要增强紧迫感和使命感，推动关键核心技术自主创新不断实现突破，探索将人工智能运用在新闻采集、生产、分发、接收、反馈中，用主流价值导向驾驭“算法”，全面提高舆论引导能力。

推动媒体融合发展，要统筹处理好传统媒体和新兴媒体、中央媒体和地方媒体、主流媒体和商业平台、大众化媒体和专业性媒体的关系，不能搞“一刀切”“一个样”。要形成资源集约、结构合理、差异发展、协同高效的全媒体传播体系。

没有规矩不成方圆。无论什么形式的媒体，无论网上还是网下，无论大屏还是小屏，都没有法外之地、舆论飞地。主管部门要履行好监管责任，依法加强新兴媒体管理，使我们的网络空间更加清朗。

资料来源：加快推动媒体融合发展 构建全媒体传播格局.（2019 - 03 - 15）. https://www.ccps.gov.cn/xtt/201903/t20190315_130410.shtml.

案例分析

今日头条：继 BAT 之后的“超级玩家”

“信息爆炸时代，传统的人工编辑已经无法可靠地筛选出热门、高质量的新闻信息，而且你想看的信息和我想看的肯定也不同。未来在智能手机上，信息的获取方式将不再是传统的媒体渠道采用的人工编辑模式，而是更加智能和个性的自动化推荐模式。”

在此战略定位的指导下，张一鸣带领创业团队于 2012 年 8 月研发并上线了今日头条个性化推荐的第一版代码。而今日头条基于个性化信息推荐的高效的内容分发模式，很快便吸引了庞大用户群，迅速超越网易、搜狐、新浪，成长为国内仅次于腾讯的第二大内容分发渠道商。

相对于传统媒体及老牌门户网站，今日头条一无内容上的优势，二无用户优势，它是如何在这片红海中脱颖而出的呢？

运营模式：个性化推荐系统

今日头条是一款基于数据挖掘的推荐引擎产品，运转的核心是一套由代码搭建而成的算法，这也是与传统媒体最本质的区别。今日头条搭建的算法模型会记录用户在今日头条上的每一次行为，据此计算出用户的喜好，然后推送其最有可能感兴趣的内容。

盈利模式：广告的精准化营销体系

第一，广告信息化。以前的互联网广告都是以干扰用户阅读为手段达到广告效果，比如正文上飘着对联、Banner 或者 Demo。但今日头条将这种模式进行了彻底颠覆，它希望广告本身具有可阅读性，将广告变成信息，通过设置更好的机制，让广告与用户的兴趣、爱好、需求相结合，实现商业变现与用户体验二者的平衡，这才是其最终目标。今日头条上的每一条广告都不是强制观看，而是用户主动获取的有效内容。

第二，广告分发自动化。今日头条认为未来广告势必是走向个性化的，广告分发会更灵活，不同的人会看到不同的广告。据了解，今日头条现在可以根据大数据给同一个广告做几十版素材，真正做到为不同的人提供不同的需求。系统还会根据用户阅读记录、点赞、收藏行为形成兴趣标签，继而推荐相关的广告信息。比如说一个人喜欢滑雪，就为其推送新的雪具或者促销活动。在内容推送方面，今日头条仍有很大的探索空间。

第三，广告信息视频化。随着 4G 和 WiFi 技术的普及，未来视频广告会顺势成为新主流。在今日头条平台上，用户观看短视频量呈现出非常快速的增长，不到 1 年时间就赶超了图文流量。

但是，个性化推荐如今不再是一个独门秘诀，一点资讯、ZAKER、澎湃新闻、网易新闻、搜狐新闻、凤凰新闻、百度新闻、新浪新闻等，也都意识到为用户量身定做新闻和个性化新闻是未来新闻的发展方向，并开始与今日头条抢夺资源客户与广告商。未来，今日头条能否持续保持其技术上的竞争优势，如何持续提高自身的核心竞争力，如何利用平台优势提高传播内容的质量、塑造更好的品牌形象，是其面临的最大挑战。

资料来源：张维宁，李梦军. 今日头条：继 BAT 之后的“超级玩家”. 清华管理评论，2017（6）：95－105.

思考题

1. 你认为今日头条成功最关键的一点是什么？
2. 请结合实例举一个跨平台或者跨产业的例子并加以分析。

基本概念

移动互联网（mobile Internet）
企业盈利模式（enterprise profit model）
移动电子商务（mobile electronic commerce）
移动支付（mobile payment）
社交网络（social networking）

讨论题

1. 移动互联网产业链包含哪些环节？分别起着怎样的作用？
2. 关于互联网营销现在有哪些正在发展的新的盈利模式？
3. 移动电子商务正面临怎样的机遇与挑战？
4. 移动电子商务发展日新月异，请分别举出成功和失败的例子，并总结成功的条件。

课程思政要点

(1) 数字经济时代，网络营销的机遇与挑战。

(2) 传统媒体和新兴媒体的融合。

第14章

微营销

引例 完美日记营销的“制胜宝典”

2016年广州逸仙电子商务有限公司（完美日记母公司）成立，2017年推出“完美日记”品牌，并开设天猫旗舰店。2018年天猫“双11”期间，第一次参与该活动的完美日记，仅用90分钟就突破1亿元销售额。此后，完美日记品牌在彩妆领域的市场占有率迅速提升，从1.7%增至5.0%，并且连续两年“双11”领跑彩妆类目。据2019年天猫“双11”全天数据显示，完美日记取得天猫彩妆销售第一名，成功超越了美宝莲、雅诗兰黛、兰蔻等一众国际一线品牌。

完美日记是如何在众多品牌的激烈竞争中突出重围的呢？

1. 针对目标群，推出定价“极致性价比”的产品

完美日记彩妆产品主要定位于为“95后”提供极致性价比的彩妆。这类群体以学生和职场新人为主，更适合均价在100元左右的美妆产品。完美日记产品线覆盖底妆、唇妆、眼妆、卸妆和化妆工具五大主要品类，拥有近百种产品的SKU，单价在40～150元之间，很快便成为消费者所接受的平价替代品。

2. 确定目标人群，聚焦新媒体渠道传播推广

完美日记在社交平台的品牌营销策略也很清晰，可以说年轻人在哪里，它就去哪里。

从2017年开始，完美日记就在小红书上做文章，邀请了很多关键意见领袖（KOL）撰写“种草笔记”。完美日记在小红书的官方账号坐拥百万粉丝。通过明星负责“种草”，美妆KOL负责引导，头部达人和腰部达人对产品进行测评、试色和对比，分享使用心得进行二次传播，完美日记加大了品牌曝光，刺激了销售转化。

在微博上，完美日记构造了一个白胖子的卡通形象，这是美妆行业首个IP化的品牌。完美日记通过生动化的卡通形象的设计，使得品牌形象具体、鲜活，更容易被消费者记住，更容易抢占消费者的心智，与消费者产生情感共鸣。同时，完美日记邀请周迅作为品牌代言人，话题一跃成为微博热榜，吸引众多用户特别是周迅的粉丝关注完美日记，刺激用户购买明星同款口红和眼影。

在微信上，完美日记投入了朋友圈广告。微信平台通过大数据的筛选，帮助完美日记找到潜在用户——一是曾经对美妆广告点赞、评论、转发的用户；二是搜索过品牌的用户，实现了完美日记广告的精准投放。2020年1月，完美日记开展“小完子”个人微信号IP营销，4天总交易额为1 000万元。通过搭配私域运作，打造微信个人号＋微信公众号＋小程序的矩阵营销路径的方式与用户互动，让用户持续留存，提高产品的复购率。

资料来源：范小军，彭铭浩，周阳. 完美日记：新国货之光的上市密码. 中欧商业评论，2021（1）：56－65；营销案例｜完美日记营销的“制胜宝典”.（2020－06－11）. https://www.jianshu.com/p/dc99bf3cbe68.

第1节　微营销概述

一、微营销的内涵

网络技术的快速发展推动了社交媒体的不断演变，从早期网络论坛、博客到豆瓣网、开心网、人人网等社交网站，再到现今微博、微信，结合智能手机、平板电脑等移动终端的更新升级，社交媒体将触角伸到人们生活的每一个角落，其拥有的得天独厚的营销传播载体属性受到极大关注，微营销也因此诞生。

从狭义上说，微营销是指通过微博、微信、微电影等一系列特定的带“微”字的社交媒体开展的营销。从广义上说，只要是满足“内容由用户主导生成”的Web 2.0这一基本准则的社交媒体营销都可以称作微营销。

思政专栏14－1

以诚信建设守护网络家园

习近平总书记强调：“网络空间是亿万民众共同的精神家园。网络空间天朗气清、生态良好，符合人民利益。网络空间乌烟瘴气、生态恶化，不符合人民利益。”诚信犹如空气和水，“受益而不觉，失之则难存”。谁都不愿生活在一个充斥着虚假、诈骗、攻击、谩骂的空间。互联网既不是法外之地，也不是失信之所，只有让网络空间充满信任、积极健康，才能使正能量充沛、主旋律高昂。

互联网越是向前发展，“双刃剑”效应越是引人注目，就越需要扬长避短、兴利除害，把互联网的正向效应发挥到最大。就诚信建设而言，网络带来了信息传递的便捷性、即时性和互动性，但同时虚拟空间的匿名性和隐蔽性也容易产生“负外部性”，为失信行为提供了客观上的可乘之机。比如，一些网络媒体、公众号、客户端不惜通过哗众取宠、传播谣言引来流量，一些电商通过售卖假冒伪劣产品追求利益，一些数据技术公司甚至通过倒卖个人信息牟取私利……这些问题都说明，无论在技术、利益还是机制层面，擦亮互联网的诚信底色，让守信者处处受益、让失信者寸步难行，才能用良好的诚信环境护佑互联网健康发展。

如果网络空间失去信任，那么每个接入网络的个体都将是受害者；网络空间信任度高，每个人都能从中受益，也会降低经济社会运行的交易成本。因此，加强网络诚信建设也需要坚持共建共享的原则，让政府部门、网络媒体、社交媒体和广大网民形成强大合力。从政府部门来看，应该坚持依法治网，用法治划定诚信的红线；从网络平台来说，应该承担起企业社会责任，兼顾经济效益和社会效益，尤其是在大数据时代，平台型企业如同数据蓄水池，更应成为加强诚信自律的表率；从个体来说，当每个人都能坚持依法上网、诚信上网，虚假信息就会失去土壤，网络诚信建设就会拥有强大的内生动力。

凡益之道，与时偕行。从中国发出的第一封电子邮件曾这样写道，“越过长城，走向世界”。如今，中国从网络大国迈向网络强国，人人都是受益者，人人也应该成为贡献者。以诚信为帆，以实干为桨，就一定能让网络之舟驶向造福人民的彼岸。

资料来源：以诚信建设守护网络家园. 人民日报，2019-12-04.

二、微营销的特征与优势

（一）微营销的特征

1. 社交媒体是微营销的传播平台

社交媒体亦称社会化媒体，国外 Facebook、Twitter、Myspace 与国内微博、微信等社交媒体都是基于 Web 2.0 技术，提供用户撰写、发布、评论和分享等社交应用，由用户创造内容。社交媒体的出现终结了只有社会经济地位较高的个人或组织依托传统媒体独享发声权的历史，社交媒体的广泛应用使其迅速成为用户言论的集散地。

社交媒体具备人际传播和双向互动的特性，拉近了企业与消费者的距离。企业可以针对消费者偏好和诉求进行平等的交流、信息的分享。只要企业能够充分挖掘和利用社交媒体的优势，就能大大增强企业和消费者之间的黏性，进而提高消费者的品牌忠诚度。

2. 服务本地是微营销的制胜关键

微营销突出 LBS（location based services），即“基于位置服务”的运用，是指通过提供各种定位和签到（check-in）来开展营销活动。企业或商家为吸引用户到其经营所在地签到，采取徽章领取、积分升级等具有象征意义又不失个性的荣誉激励（如“购物达人”），增加了商家或品牌的曝光率。

LBS 更深入的运用是将用户导引至实体店，协助开展产品促销和活动推广，如对拥有一定积分累计层级或相应徽章的用户提供折扣或其他优惠（如兑换商品）。为产生优质内容以供分享，企业或商家还鼓励用户对光顾地点（门店）进行评价。可以说，LBS

是通过确定用户所在地理位置来提供各类与该位置相关的生活信息，以达到线上线下互动整合的目的。

3. 移动终端是微营销的动力引擎

数据显示，截至 2021 年 12 月，我国网民规模达 10.32 亿，数量庞大。移动终端方便快捷且能很好地填补用户的零碎时间，无论是等候用餐还是上下班途中，移动互联网用户无处不在。

伴随国内 4G/5G 技术的普及，智能手机将推动微营销强劲发展。具有较高可信度的人际传播是智能手机的优势所在，出于对人际圈的信任，企业产品或品牌信息能够快速扩散，同时目标消费者更易于接受并进行转发分享。通过层层辐射，企业借助智能手机成功驱动口碑营销。此外，智能手机结合 LBS 大规模应用，能很好地连接从用户消费需求萌发到用户购买行为产生之间的通道。

（二）微营销的优势

1. 精准定向

社交网络掌握了用户大量的信息，如年龄、工作等，还可以通过对用户发布和分享内容的分析，有效判断出用户的喜好、消费习惯及购买能力等信息。此外，随着移动互联网的发展，社交用户使用移动终端的比例越来越高，移动互联网基于地理位置的特性也将给营销带来极大的变革。通过对目标用户的精准人群定向以及地理位置定向，社交网络的广告获得了比传统网络媒体更好的效果。

2. 互动性强

在传统媒体时代，企业和用户持续沟通的渠道是不顺畅的，企业从官方网站或是博客上获得的用户反馈是单向的、不及时的，往往企业发布了广告或者新闻后，看到用户的评论和反馈却难以继续深入互动。微博、微信等社会化媒体的发展及其平台的互动特性使得信息传递的交互性、双向性更强，企业和用户之间能够实现及时的信息互动。

微信的一对一传播特性与微博的广播特性使得企业与用户的沟通相较传统网络营销更具即时性和有效性。先天的平等性和社交网络沟通便利的特性使得企业和用户能更好地互动，有利于企业树立良好的品牌形象。

此外，微博等社交媒体是一个天然的客户关系管理系统，通过寻找用户对企业品牌或产品的讨论或者抱怨，企业可以迅速做出反馈，解决用户的问题。

3. 降低成本

社会化媒体中的沟通主要以对话、互动的形式进行，具有广泛的公开性、参与性，这种沟通打破了口碑传播的时间、空间和关系界限，使得企业只需要以较低的成本发起一个话题或者一个活动，便可以获得市场数据、进行企业宣传。

4. 高速传播

与传统媒体、网络媒体相比，企业通过社交媒体可以积累数量庞大的粉丝团队。当企业发布新产品或新活动时，粉丝团队能够第一时间获取最新的信息，并且进行一键转发，此时每一个粉丝都将成为企业的宣传大使，为企业的新动向进行宣传，达到与以往完全不同的速度和广度，实现高速传播。

此外，社会化媒体的公开信息也可以使我们有效地找到意见领袖。微博、微信等社会化媒体容易聚集熟人和有共同关注点的人群，人们更愿意与那些跟自己有着共同背景、个人爱好与品位的人交往，并且更信任他们。成功的营销内容能够通过社会化媒体平台达到快速传播的效果。通过对意见领袖的宣传攻势，自然可以收获比大面积撒网更好的效果。

三、微信营销与微博营销的比较

目前，新浪微博和腾讯微信是中国移动互联网规模最大、活跃度最高的两款社会化媒体产品，虽然二者具有许多相似之处，但是它们在功能属性上存在明显差异。这种差异主要体现在平台属性、用户关系、信息内容以及时间同步性四方面。

1. 平台属性

微信属社会化关系网络，而微博属社会化信息网络。

2. 用户关系

微信普通用户之间，需要互加好友，这构成了对等关系；微博普通用户之间则不需要互加好友，双方的关系并非对等，而是一对多的关系。

3. 信息内容

微信的信息内容在用户间私密闭环地交流，而微博的信息内容则在用户间公开扩散传播：一个向内，一个向外；一个私密，一个公开；一个注重交流，一个注重传播。

4. 时间同步性

微信具有同时性，而微博不具有。微信用户主要是双方同时在线聊天，而微博则是差时浏览信息，用户发布自己的微博，粉丝刷新查看所关注对象此前发布的信息。

通过微博和微信的比较我们认识到，相较于微博，在微信上做客户服务会更加人性化和多元化，微信的粉丝更加精准，更适合加强关系，然后将与目标相关的强关系转化成流量和订单数。而微博这样的弱关系平台更适合做推广营销，宣传产品，发展新的客户。企业可以微博、微信两手抓，用微博做品牌推广及发展新客户，并顺势把弱关系转变成强关系，用微信作为客户关系管理的一环可以更好地维护这些强关系，并将这些强关系用户转化成订单等。

延伸阅读 14-1　SoLo-Mo 的营销模式

第 2 节　微博营销策略

微博即微型博客，它短小精悍，长度限制在 140 个字以内，无须考虑标题、文章构思以及写作格式，可通过微博网页、手机或其他终端设备将自己即兴的想法记录下来并在微博平台上全网发布。这种简单直接的信息表现方式适合现代人生活时间碎片化的特点，满足人们随时随地交流沟通的愿望，因而广受欢迎。

企业的微博营销即是利用微博建立起自媒体平台，及时发布各类营销信息，宣传企业文化理念、促销产品、提供服务、收集市场信息、与消费者近距离互动，进而不断扩大品牌影响力，获得低成本高传播的理想效果。

一、微博营销的方式

（一）微博活动营销

活动营销是指企业通过介入社会活动，或整合企业资源、策划大型活动，迅速提高企业品牌知名度、美誉度和影响力，促进产品销售的一种营销方式。简单地说，活动营销以活动为载体，围绕活动展开营销，使企业获得品牌的提升或销量的增长。

1. 转发＋评论＋加关注＋@

转发、评论、加关注是目前企业微博营销活动中运用最多的手段。企业通过制定参加活动的规则来进行营销活动，通常的规则是要求参与者关注企业微博，转发、评论企业的活动微博，并@数名好友，即有可能抽得奖品。

延伸阅读 14－2　支付宝在微博上推出锦鲤活动

这类活动是迅速增加企业微博关注者（粉丝）数量的利器，但粉丝质量和人气持续时间未必理想。活动结束后，如果企业不能保持活动频率，粉丝数量就会迅速衰减。因此，引导粉丝发表活动感想、邀请中奖粉丝晒奖、发布迎合粉丝口味的微博、与粉丝互动对话，是活动后企业微博营销操作的重点。此外，企业要对微博活动进行效果评估，尽可能形成可视化数据分析，为企业今后的活动营销提供借鉴。

2. 公益转发

公益转发是指企业发布一个公益主题微博，并且设置“每转发一次，为某公益机构或公益活动捐赠一定善款”的活动规则。

此类活动一般由捐赠方发起，以公益的方式提升企业品牌知名度。公益转发活动传播迅速、影响较广，短期内即可提高微博人气。但是，此类活动吸引的粉丝不一定是企业的潜在消费者，而且需要后续维护以保持人气和粉丝活跃度。最重要的是，企业捐赠必须真实可信，如若欺骗，就可能酿成网络信任危机。因此，企业组织微博公益转发活动必须真心实意，最好在微博发布真实捐赠的相关证明，这样才能给网友留下好的印象，获取信任和赞赏。

（二）微博事件营销

事件营销是指企业通过策划、组织和利用具有新闻价值、社会影响及名人效应的人物或事件，吸引媒体、社会团体和消费者的兴趣与关注，以提高企业或产品的知名度、美誉度，树立良好的品牌形象，最终促成产品或服务的销售。这种营销方式具有突发性强、受众面广的特点，在短期内使信息达到最大范围、最优传播的效果，为企业节约大量宣传成本。近年来，事件营销成为国内外流行的一种公关传播与市场推广手段。

企业若想使用该策略，就必须关注近期热门事件，并找出该事件与本企业之间的联系，发掘一切可以利用的资源，精心策划，以达到宣传的目的。企业微博团队必须具备犀利的眼光、丰富的想象力、及时的策划力，才能完成有效的事件营销。由此可见，高效微博团队的组建十分重要。

（三）微博互动营销

微博互动营销主要指企业利用微博平台即时性、互动性的特点，回复粉丝的评论和私信，多组织活动让粉丝参与进来，通过积极互动调动粉丝的积极性，吸引更多的粉丝，提升企业人气，提高企业品牌知名度。在互动营销过程中，一方是消费者，一方是企业，只有抓住双方的共同利益点，找到巧妙的沟通时机和方法，才能将双方紧密结合起来。互动营销尤其强调双方要采取共同的行为。

在互动营销中，企业要注意以下几点：第一，微博账户在不断发布营销信息的同时，要保持与粉丝的高频互动，且要谨慎表现，注意语气与措辞。第二，企业发布信息要适量，并把握好节奏，不能狂轰滥炸，以免引起消费者的反感。第三，企业在微博上发布的内容要经过严格审核，消息必须准确，防止产生网络舆论危机。第四，微博内容要富有阅读价值与传播价值，多发一些新颖、有特色的信息，并及时就这些新鲜话题与粉丝展开讨论，以获得更高的转发量和关注度。第五，要意识到意见领袖的重要性，他们是广大粉丝的代表，企业不可忽视。

（四）微博情感营销

在微博平台上，消费者可以充分表达自己的想法，自由参与企业的活动，并展现自己的真实情感。如果企业的微博能够引起消费者的情感共鸣，那么企业和消费者之间的情感鸿沟就会逐渐消失，消费者自然就会接受企业的营销方式。

在微博营销过程中，企业需要持续投入大量的情感。比起官方口吻的微博，注重人情味的企业微博更受消费者青睐。关爱粉丝、以情动人，有时比降价促销广告更能打动消费者，更能获得持久的关注与支持。企业微博的粉丝大多是现实或潜在的顾客，他们对企业的产品、服务和品牌文化已有一定的了解和认同，而微博吸引他们的，正是关于企业文化和价值观的共同话题，以及情感的体验和娱乐互动。

（五）微博植入营销

微博植入营销是将产品或品牌及其他相关信息融入微博内容，通过微博的快速传播、深度影响，让用户对企业产品或品牌产生印象，从而达到营销目的。

与传统植入式营销一样，微博植入营销对载体要求较高。首先，植入的微博必须具备一定的传播价值，内容吸引用户，并拥有被转发的潜质。其次，广告最好能与微博融为一体，植入广告太生硬会遭人反感，产生负面影响。还要注意的是，发布植入广告的微博最好不要用企业的官方微博，官方微博是权威、专业的信息发布窗口，不适合发布此类植入信息，避免引起反感。相比之下，利用普通微博账号发布微博，可信度更高。企业官方微博可以戏剧化地转发、评论，可能会收到更好的传播效果。

当然，微博植入营销信息的风险也很大，操作恰当可能带来大量的人气，提高曝光率，但一旦犯错，微博的瞬时破坏力也是不容小觑的。企业策划微博植入营销时要考虑的因素非常多，需要微博团队的整体谋划，任何一个环节都不能出错，期间还要注意监测和引导舆论，这样才能保证营销效果。

（六）微博代言营销

代言营销指以代言人的方式为企业进行微博营销。

相比于各企业重金聘请代言人拍摄成本高昂的电视广告，微博代言营销能够以较低成本为企业获取更多的粉丝与社会关注度。微博代言营销与传统代言的另一个不同是，它对代言人的选择不再局限于文体明星，企业的管理者、经营者甚至普通员工都可能成为合适的代言人。盛大文学有限公司的 CEO 侯小强经常亲自发布微博信息，解答关于企业和产品的各种问题，被网友笑称为“CEO 级客服”，此举不仅打出了公司的品牌，而且拉近了与消费者之间的距离。

二、微博营销策略

微博营销是一个需要企业整体联动、共同行动的中长期过程。在这个过程中，策略能够指导企业选择合适的微博内容定位，确立微博营销在整体营销矩阵中的位置，指导微博营销团队的行动，从而实现微博营销的价值。

1. 恰当的形象定位（right image positioning）

恰当、清晰的形象定位是企业运营微博成功的前提，其中包括确定企业在市场中的位置、在同行中的位置、在公众心目中的位置和在社会中的位置。企业在开通微博之前，就应该确定官方微博的功能与形象，是品牌微博、产品微博、客户服务微博还是官方粉丝团，是俏皮可爱、机智幽默还是严肃谨慎。无论是何种形象定位，都应该让微博具有人的特性和本质，富有亲和力，而不是机械地回复和转发。粉丝一般不会要求官微 24 小时都待命服务，但是绝对不会喜欢机器语言。

2. 恰当的目标受众（right target audience）

品牌宣传首先要做的是目标客户群体的定位，只有找准了目标才能避免低效率的营销。微博的受众来自社会各界，年龄、性别、行业背景、教育环境、家庭条件各异，但是他们被共同的沟通工具集合在一起。通过用户之间的交流互动和关注相关的话题，潜在的消费者有可能从参与对话中获得企业品牌信息，并被推荐成为现实的受众。

企业在微博平台上可依据人口统计特征、兴趣爱好、受众心理进行市场细分，获得较为精准的数据支持，进一步明确企业的目标受众，使得目标用户愿意主动关注和支持自己感兴趣的品牌微博。

3. 恰当的内容（right content）

价值主张是客户选择一个公司或产品的原因之一，它能够满足客户的心理需求。普通客户成为某个企业微博的粉丝，主要是认同了该企业品牌所传递的价值观和生活方式。因此，企业进行微博营销时，应该考虑为每条微博赋予其独特的价值主张，创造更多高水平的微博，以迎合特定客户细分群体的需求，吸引更多粉丝的互动。

4. 恰当的方式（right way）

有不少人认为趣味性强是微博营销取得成功的关键因素，但不是每一个风趣幽默的微博都能取得良好的传播效果，因为其中还少了一个关键因素——与企业品牌的关联度。与企业的形象、产品没有任何联系的微博不管被转发的次数有多少，热度有多高，都与微博营销没太大的关系，普通受众也不会因此而买账。

5. 恰当的时机（right moment）

传播力大、传播范围广的微博很少是偶然的，往往是经过了微博运营人员精心的分析、策划造就的，比如选择合适的节日、节点性事件或突发新闻等时刻进行微博推广，往往可以取得很好的效果，而这对微博运营人员的眼光、策划能力、灵敏的嗅觉等都是一种考验。同时，除了微博事件的营销、节日的活动，企业对日常微博的发送也要遵循规律，把握时机。

三、微博营销的风险

在网络时代，通过微博与客户进行沟通是企业营销的重要手段之一。尽管很多企业的微博营销取得了不错的效果，但是由于微博本身的局限性和不完备性，再加上企业认识上的不足与使用上的随意性，企业在微博营销中不可避免地存在一定的风险。

（一）微博营销风险的类型

企业微博营销风险是指企业在微博营销活动过程中，由于各种无法预料的不确定因素带来的消极影响，从而使企业在声誉或经济上蒙受损失的可能性。

1. 信息虚假带来的道德风险

企业官方微博的账号一般由负责宣传和公关工作的人员负责，而这些从业人员水平参差不齐。大部分官方微博的发布人能够很好地履行工作职能，但不免有一些职业素养不够、自律意识差的人员在工作时马虎大意，发布了影响企业形象的微博信息，给企业造成一定损失。

2. 制度缺失带来的法律风险

我国对网络传播要求较为严格，但针对微博营销出台相关的法律法规还有所欠缺。微博营销的传播者和受众范围非常广，许多微博营销活动无法找到现成的法律条文作为依据或保护，导致用户与企业双方都存在风险。另外，由于网络传播不受空间限制，微博营销突破了传统的地域限制，能够在全球范围内传播，但是在管辖权和利益连接点等方面还存在一定的争议。

3. 技术难控带来的安全风险

在网络时代，用户名及密码泄露事件时有发生。2011 年，包括 CSDN 在内的多家互联网公司的客户注册信息库被黑客公开，超过 5 000 万用户账号和密码在网上公开扩散。微博账号的丢失也是企业营销的风险之一。如果账号或密码安全管理不当，则有可能被他人盗取，以用户之名发布虚假的或有损企业形象的信息。

（二）应对微博营销风险的策略

在微博成功运营的基础上，企业只有合理规避微博营销的风险，才能深入开发出微博营销的商务价值，充分发挥微博营销的优势。

1. 建立制度，做好风险监测

对微博进行监测，可以分为对外监测和对内监测。

对外监测主要是通过微博观察媒体、消费者和其他人是怎么评说企业品牌和产品的。为了解消费者的谈论内容，公司需要随时关注微博上关于产品与品牌的讨论，了解人们对产品的态度。使用这种监测方法，企业可以监控信息传播，在第一时间采取相应措施防止风险的发生。

对内监测是指企业应做好内部沟通。企业应建立良好的内部沟通机制，使员工能有渠道提出自己的意见和看法，甚至不满，以免员工将内部无法解决的问题通过微博这一渠道发泄出去。

2. 设定岗位，培养专业人才

在微博营销领域，企业可以培养专业的网络“推客”。这里的推客是指企业在利用微博营销时，要找懂得微博应用技术、懂得营销技巧的专门人员对微博进行专门的维护。推客的工作主要就是发帖、转帖、回答客户的问题、与客户交流，充当把关人、发言人的角色。

在微博时代，信息的传播往往是不可控的，企业如果想通过“堵”的办法来处理危机，效果甚微，只有“疏导”才是合适有效的方法。一旦微博上出现负面信息，推客应及时进行维护和监控管理，以便及时发布信息，并做出积极的正面回应。如果处理得当，发挥危机公关效能，就可以将负面形象转化为正面形象。

3. 增强意识，做好安全防范

面对网络安全风险，我国率先迈入商业运作的新浪微博推出了登录保护和账号锁定功能。设置登录保护，可有效防止他人盗取账号、发送恶意微博，保护好友不被恶意骚扰。新浪微博还通过@微博小秘书、@微博客服、@系统管理员多次发布公告，为网友支招。

同时，企业应该在保护好自己的账号和密码的基础上，加强自律意识。发布微博信息是一种自由度非常高的个人行为。员工可能会有意无意地发布关于公司的一些信息，如市场活动、商业策略、收购信息等。这其中可能会涉及企业的商业机密，从而给企业的信息安全带来很大风险。另外，员工擅自在微博上发泄不满或怨恨情绪，也会影响公众对企业形象的认知。因此，企业应该引导员工合理使用微博，从而有效地控制微博带来的风险。

第 3 节　微信营销策略

微信是腾讯公司于 2011 年 1 月 21 日推出的一款通过网络快速发送语音短信、视频、图片和文字，支持多人群聊的手机聊天软件，同时还具有强大的 LBS 定位功能及完善的二维码扫描功能。用户可以通过微信与好友进行更加丰富的类似于短信、彩信等方式的联系。

微信这种迎合移动互联网快速发展趋势而生的即时通信工具，具有零资费、跨平台沟通、显示实时输入状态等功能，其本身完全免费，使用时产生的上网流量费由网络运营商收取。与传统的短信沟通方式相比，微信更灵活、更智能，且节省资费。截至 2020 年 8 月，微信月活跃用户数达 12.06 亿。

延伸阅读 14－3　指尖上的世界——微信

一、微信营销的方式

（一）微信营销影响因素

1. 微信的用户群体

自 2011 年微信诞生，其用户量的增长显著且迅猛。目前，微信已开发简体中文、繁体中文、英文、泰语、印度尼西亚语、越南语、葡萄牙语等多种语言。如图 14－1 所示，微信现有的用户群体主要分为个人用户和机构及组织两大类，其中个人用户中的普通用户是微信营销的目标群体，其具有年轻化的特征。从职业分布来看，拥有大量碎片时间的大学生是主体。这类用户共同的特点是年轻、学历高，有丰富的互联网使用经历。目前，微信公众号也越来越受普通用户的关注和推崇，这部分群体具备一定的消费意识及品牌关注意识，希望得到产品的信息并且喜欢个性化的、有趣的推送形式，拒绝纯图片或者纯文字的推送方式。根据用户行为分析，通过使用微信，企业用户完全可以让消费者进一步了解它们的产品和品牌，建立起一种更为密切的联系。

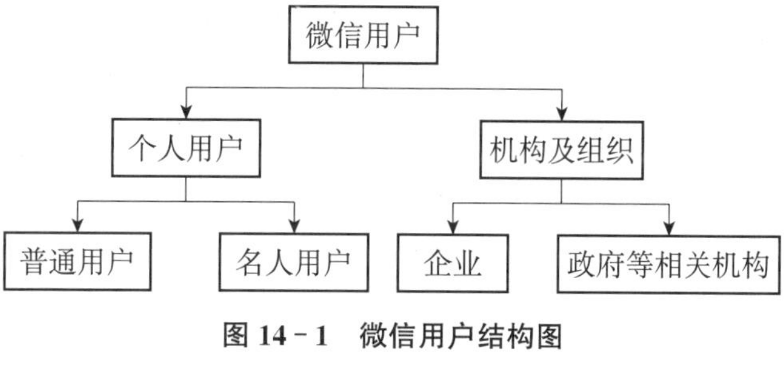

图 14－1　微信用户结构图

2. 微信的有效传播

微博的有效传播主要体现在其转发数及评论上，微信的有效传播则主要体现在 QQ 系列的插件、软件推荐到微信，外部内容分享到微信，官方微信号内容的分享等方面。

QQ、邮箱、微博、新闻等腾讯类重要产品可以通过安装插件在微信上，每日推送消息给用户，从而达到有效精准传播。此外，将 APP 或者微信号直接发送给微信好友也可以进行推荐，如手机 QQ 音乐的推荐项目里有推荐给微信好友和分享到朋友圈链接，好友点击链接就可以打开相关页面。手机 QQ 浏览器的使用者则可以将当前网页或生成的二维码一键分享到朋友圈。官网通过微信认证的微信号可以将该微信号推荐给微信好友，也可以将该微信号发布的内容分享到朋友圈。与微博传播率相比，通过微信传播到达率几乎是 100%。但是与微博企业可以每天刷屏相比，微信只允许公众号每天发送 1～3 条信息，因此企业必须精选信息，用户对该信息也更为专注。

（二）微信营销具体方式

微信营销有七大利器：漂流瓶、位置签名、二维码、语音信息、公众平台、开放平台，以及小程序。

1. 漂流瓶——品牌活动式

漂流瓶是移植自 QQ 邮箱的一款运用，其使用方式是把信息放进瓶子里，用户主动将瓶子捞起来得到信息并传播出去。其实质是采用随机方式来推送消息。微信官方可以通过对漂流瓶参数的更改，使得合作商家推广的活动在一段时间内抛出的漂流瓶或者摇动用户的数量增多，被用户"捞"到或"摇"到的频率也会增大，加上漂流瓶、摇一摇形式上的多元化，如语音、小游戏、精彩图片等，会增加用户参与的真实感，从而产生一定的营销效果。

虽然漂流瓶具有简单、易用的优点，深受广大用户的喜爱，但也存在针对性不强的缺陷。很多用户使用漂流瓶是为了排遣无聊，如果在这里做营销，使用的方式不正确，极易造成负面影响，使用户对品牌或者产品产生厌恶之情。此外，每个用户每天只有 20 次捡漂流瓶的机会，捡到特定企业的瓶子的机会是比较小的。已经有较大知名度的产品或者品牌适合做漂流瓶推广来扩大品牌的影响力。

2. 位置签名——草根广告式

该模式主要基于腾讯的品牌特色"签名栏"。企业随时在签名栏更新自己的状态，在签名栏上放广告或者促销的消息，然后基于微信中 LBS 的功能插件，当用户查找附近的人或者使用摇一摇的时候，就会看见这种强制性的免费广告。品牌商点击"附近的人"后，可以根据地理位置查找到周围的微信用户，然后将相应的促销信息推送给附近用户，进行精准投放。该模式实质上类似于高速公路的路牌广告，属于强制收看。

这种营销方式的优点是可以很有效地拉拢附近用户，如果方式得当的话，则转化率比较高。其不足之处是覆盖人群可能不够大，因此营销人员必须在人流最旺的地方后台 24 小时运行微信，当"附近的人"使用者拥有一定的基数时，广告的传播效果会更好。随着微信用户数量的上升，这种简单的签名栏已经越来越趋向于"黄金移动广告位"。

此方式非常适合类似肯德基这种位置决定生意的店铺。

3. 二维码——O2O 折扣式

微信用户可通过扫描识别二维码来添加朋友、关注企业账号、读取商家信息等。企业可通过设定自己品牌的二维码，利用折扣或者优惠等方式吸引用户关注，开拓 O2O 的营销模式。这种模式表面是用户添加，实质是得到忠实用户。用户主动扫描的行为至少证明用户对企业的产品是感兴趣的，因此，可以有针对性地诱导用户产生消费行为，但必须促使用户主动扫描。此方式适合与用户关联比较紧密的产品。

4. 语音信息——对话式微信

用户偶尔会厌倦发短信打字，发视频又过于耗费流量，因而用微信发送音频信息自然成为省时省力又省钱的信息传递方式。根据用户的这一特点，中国南方航空着力将其微信公众平台建成一个便捷周到的服务平台。在中国南方航空的微信公众平台上，用户通过语音输入查询信息，便会得到相应的智能文本回复，这让公众平台与普通用户之间进行便捷的互动成为现实。利用“说”这种最便捷的信息输入方式，中国南方航空与顾客可以轻松地进行沟通和互动，顾客不用费力就能迅速获得相应的服务，这对维系良好的客户关系很有帮助。

5. 公众平台——互动式营销

2012 年 8 月微信公众平台华丽亮相，企业通过微信发布自己的公众号二维码，微信用户根据自身需求订阅公众号，企业则可以通过公众平台的群发功能有效地将所拍的视频、制作的图片或者文字等群发到微信好友，实现用户的一对一关注及精准推送，还能完成咨询及客服等功能。这种品牌商一对一的信息发送给予消费者“专享”的感觉。此外，用户还可以通过聊天模式与企业进行沟通与交流，强化企业客户关系管理。

公众平台下的微信营销首先需要开通微信公众号，而微信公众平台最大的优点是无门槛，每个人都可以用一个 QQ 号码打造自己的微信公众号。然后，要定制符合企业风格特点的内容承载网站，并进行内容的运营，开展品牌营销活动及定制化接口开发与维护升级，在微信平台上实现和特定群体的文字、图片、语音的全方位沟通与互动。

微信公众号可以通过后台的用户分组和地域控制，实现精准的消息推送。普通公众号可以群发文字、图片、语音三个类别的内容。认证的账号则有更高的权限，不仅能推送单条图文信息，还能推送专题信息。其信息推送功能的实现，可通过发布公众号二维码让微信用户随手订阅，也可以通过用户分组和地域控制实现精准的消息推送，直指目标用户，还可以借助个人关注页和朋友圈，实现品牌的大范围传播。

通过一对一的推送，品牌可以与粉丝开展个性化的互动活动，提供更加直接的互动体验，其实质是专属的推送信息渠道。这种方式的优点在于推送的对象是关注企业的用户，关系比较亲密，到达率 100%。但也有不足之处，如果用户关注了 20 个品牌，每个品牌每天推送 3 条信息，那么这些信息就显得有些“扰民”了。

6. 开放平台——多元链接式

社交分享按钮在移动互联网时代几乎无处不在，微信开放平台开启了社交分享新时代。应用开发者通过微信开放接口接入第三方应用，可将应用的标识放入微信附件栏中，让微信用户方便地在会话中调用第三方应用进行内容选择与分享，将其在 APP 中看到的某个精彩内容（如一篇文章或一首歌曲）分享给好友。通过微信，好友收到信息只要轻轻一点便可以查看详情，还可以使用 APP 来查看内容，没有安装 APP 的用户将会被提示去下载安装。如车托帮是最早一批接入微信开放平台的企业级公众账号之一，车托帮上线“微信路况”，将近 30 个城市的路况查询、违章查询等 APP 中的主要功能移植到微信账号中。微信路况上线仅 5 个多月，就积累了近 50 万用户。一名广州的白领在傍晚 6 点给微信路况的公众号发送了“番禺洛溪大桥”六个字，得到“路段拥堵，车行缓慢”的回复，他把消息分享给妻子并附上“既然已经堵上了，我晚点从公司出来，不用等我一起吃饭了”的语音信息，从而达到相互之间的沟通。

微信用户彼此间具有某种更加亲密的关系，因此当产品被某个用户分享给其他好友，相当于完成了一个有效到达的口碑营销，其不足之处是产品扩散比较困难，因此此方式更适合做口碑营销的产品。微信 4.0 版本开发了“朋友圈”的新功能，为分享式的口碑营销提供了更加便捷的渠道。如用户在 APP 中看到一篇精彩的文章想要分享给微信朋友圈的好友，只需要点击“分享到微信朋友圈”，待其完成授权后，内容就会发送到微信服务器，好友就可以在朋友圈中看到这个分享，并且支持以网页链接方式打开。

微信是一个移动业务生态圈，其开放平台及朋友圈的功能给企业提供了简单快捷的营销环境，方便企业以较低的成本吸引更多的用户。

7. 小程序——经济适用式

小程序属于轻应用，不同于 APP 的下载和注册以及公众号需要关注，小程序以微信为依托，以微信号为登录号，即用即走，免去了 APP 给手机带来的负担以及 APP 和公众号无穷无尽的通知。

小程序根植于场景的特性有助于线上和线下融合。通过扫描二维码，消费者可以了解商家信息和商家的活动信息，可以跳到某一产品了解具体的产品信息，可以对体验店和实体零售店进行定位，可以对中意产品或服务进行分享，可以查看用户的体验评价。小程序的应用侧重于场景性高但人群密度低、使用频次低的服务，比如美容美发预约服务、口腔检查预约服务等。

当前微信用户已突破 10 亿，小程序以微信为依托拥有庞大的用户基础，通过小程序可以实现对零售商客户的有效聚集，并通过微信的社交属性和小程序的分享功能满足新零售模式下消费者的社交需要。

小程序的定位并不适合作为平台主流存在，因为小程序针对的是低需求客户群体。小程序在线上只能好友分享和群分享，不能转发朋友圈，不能推送消息，不能获得粉丝和关注，因此需要把握好 APP 和小程序的服务界限，将小程序作为 APP 的有益补充，使小程序成为商铺引流的有效工具。

二、微信营销策略

（一） 4I 模型概述

在营销理论从 4P（产品、价格、渠道、促销）、4C（消费者、成本、便利、沟通）

发展至 4R（关联、反应、关系、回报）的过程中，营销的理念中心已逐步由企业转向目标消费群体，开始关注企业与消费者之间的关系。最早的 4P 理论以满足市场需求为目标，4C 理论开始重视客户的满意度，4R 理论则是以建立顾客忠诚为主要目的。但是这些营销方式仍然是粗放型的，不能够进一步细分目标客户。4G/5G 的普及加快了移动互联网的发展，移动营销理论的开创者、手机媒体专家朱海松提出了基于移动营销的 4I 模型来探析这种精细化的营销策略。4I 模型结构如图 14－2 所示。

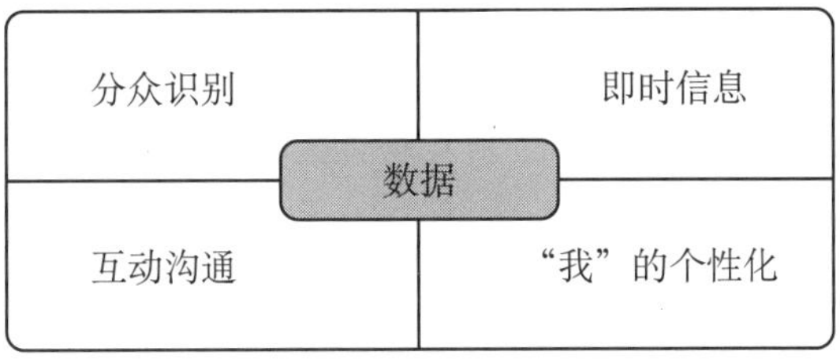

图 14－2　4I 模型结构

1. 分众识别（individual identification）

传统的营销理论只能识别客户是否属于企业的目标消费群体，即使进一步细分，也只能划分出老客户、新客户和潜在消费群体这几种模糊的大类。分众识别则是将群体细分到个体，强调建立一对一的亲密关系。分众识别包括不同消费者之间的个性化需求识别，以及同一消费者在不同地点、不同时间段的特定需求识别。

2. 即时信息（instant message）

手机和互联网的普及使得移动营销可以即时与消费者进行沟通，反馈所需的信息，加快市场反应速度，这就是移动营销的即时性。在动态变化的市场中，企业除了要控制、不断调整计划，还要站在顾客的角度倾听顾客需求并及时答复。当企业对顾客的消费习惯有所察觉时，还可以主动发布广告，满足这种潜在的消费需求。

3. 互动沟通（interactive communication）

数字媒体技术的进步已经允许用户以极低的成本与极大的便捷性让互动在营销平台上通过各种丰富的方式呈现。消费者不再仅仅单纯地接收信息，而是可以参与到营销的互动与创造中来。消费者亲自参与互动与创造的营销过程，会留下更深的品牌印记。

4. “我”（I）的个性化

随着时代的发展，人们对个性化的需求越来越强烈，那些充满个性化的产品也因此更容易俘获消费者。这使得营销也应与时俱进，根据不同品牌的特点进行有特色的营销。传递的信息不管在内容还是方式上，都要个性化、可识别，才能在众多竞争者中脱颖而出。

（二）基于 4I 模型的微信营销策略设计

1. 收集客户数据完善企业 CRM

（1）开通微信公众平台，收集客户数据。

4I 模型的核心是海量的大数据。数据是分众识别的基础，而微信作为中国目前用户量最多的即时通信软件，每时每刻都在产生文本、图片、视频、地理位置等各种数据，而且没有网络水军等干扰信息，数据的数量和质量都非常高。通过对这些数据的处理分析，企业要从不同维度对消费者进行细分是有可能的。

对于很多中小企业来说，开通微信公众平台是一个门槛较低的搜集客户信息的方法。目前微信公众平台开放的接口，包括获取用户地理位置、基本信息、关注者列表、用户分组等，可以帮助企业得到客户的性别、年龄、联系方式、居住地、好友列表等基本信息。2014 年世界杯赛事期间，腾讯通过和 IBM 合作，对微信用户在朋友圈所发的文本进行语义分析，就刻画出了不同球迷的特征。要想获取更多有价值的数据，还有待微信更高级接口的开放。

（2）完善企业 CRM，进行再营销。

基于微信的消费者数据，企业可以完善原有的 CRM 系统。微信的 CRM 系统主要包括客户、销售、营销、会员和服务这五个模块，还有一些附属功能，如知识库、统计报表等。传统 CRM 中的顾客管理是撒网式的，重在通过广告和市场活动宣传企业自身品牌和提高产品知名度。而微信 CRM 是养鱼式，强调基于不同客户的交易特点和消费习惯进行有针对性的二次营销，建立一种互动、持续沟通的关系。对于新客户，推送的信息可能以企业品牌介绍、产品促销为主；对于老客户，则可以开展会员服务、积分兑换等。

2. 创建即时高效的客服系统反馈客户需求

（1）动态跟踪和反馈客户需求。

很多企业在做微信营销时存在一个问题，那就是对企业自身需求和客户需求的理解有偏差。更确切地说，是对营销精准性的理解不到位。站在企业的角度，精准是指通过客户细分，推送广告的对象有了更明确的群体。但是，这种营销方式是单向的，没有从客户需求出发，容易造成信息干扰。站在客户的角度，精准是指向用户推送他想要的信息。以中国传媒大学的一个公共平台——“中传人生活圈”为例，假如用户回复说“饿了”，这个时候就可以告诉用户学校周边有哪些外卖；又如用户回复平台说“小圈儿，我好无聊”，这个时候后台值班的客服就可以提供陪聊服务。如果能够做到这些，用户在享受良好服务体验的同时自然会增加对企业公众平台的依赖感。因此，企业要正确理解客户的真正需求，进行动态跟踪和及时反馈。

（2）建立人工和机器相结合的高效客服系统。

显然，要做到及时反馈用户需求，对客服的需求必然是极大的，尤其是旅游等服务行业。例如，艺龙旅行网的公众平台在高峰时段会有几千个用户发送客服方面的信息，如此大的客服需求对呼叫中心是个不小的挑战。如果还用传统的客服系统，会产生极高的人力成本。而微信开放的高级客服接口，可以帮助企业建立起一套科学高效的客服系统。根据现实中企业运营的实际情况，设计了微信公众平台客服系统，如图 14－3 所示。

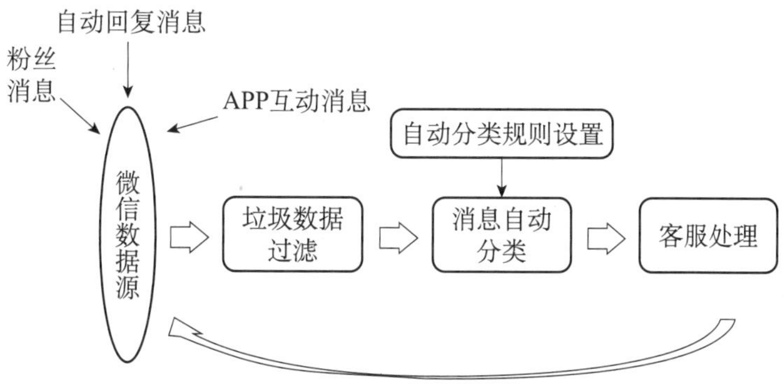

图 14-3　微信公众平台客服系统

当客服系统接收来自微信粉丝消息、自动回复消息、APP 互动消息等用户反馈信息时，先进行垃圾数据过滤，然后按照一定的规则自动分类，最后根据信息类别分发给不同的客服代表进行处理，并把处理结果反馈给提出问题的用户。

在这个流程中，自动分类规则需要每个企业根据自身的粉丝数量和互动情况来制定。这一点聚美优品的微信客服做得非常优秀。用户每天在 9：30～21：30 的时间段发送来的消息，均会第一时间被审核并得到及时回复。客服规则要求 40%由机器回复，60%由人工回复。微信客服系统具有自动回复功能，可以根据用户发送的不同关键字自动回复不同的内容。但是，谁都不愿意和冷冰冰的机器进行互动，而花费太多的人力成本在微信上提供人工客服又不太现实。因此，在制定消息自动分类的规则时，如何协调好高昂的信息回复人工成本和较好的客户服务体验是个非常重要的问题。人工客服和机器客服相结合的方式可以帮助企业在保持一定人工成本的前提下，尽可能地提高客户服务体验。

3. 利用多平台进行线上线下互动

（1）线上线下的互动闭环。

加强企业与用户之间的互动，除了要多策划活动，还要携手线上线下的资源一起进行互动。随着微信支付功能的推出，线上线下真正实现了闭环。线下的二维码和 LBS 可以为线上活动引流，增加企业的粉丝。用户在线上可以得到更多关于商家的信息，使用微信支付后，再回到线下活动享受服务。这种线上与线下的互动闭环对于餐饮、酒店、旅游等服务行业尤其适用。

（2）结合微博等其他媒体进行多平台互动。

线上的互动平台除了微信，还有微博、人人网等 SNS 网站。SNS 网站和微信并不是对立的，各个平台之间可以互相宣传和互动。线下，企业微信营销可以与电视、报纸、杂志等传统媒体相结合，如提供企业二维码便于客户扫描等。企业在开展营销活动时，前期可以利用微博、电视、户外移动广告等方式进行推广和宣传，获取关注度。在活动过程中，用户可以随时分享感受和活动战果到朋友圈和微博，从而引来更多的人参与活动。

4. 自我定位和功能的个性化

（1）自我定位：以一个人的角色和用户说话。

企业开通微信公众平台的第一步就是要有清晰的自我定位，包括角色风格和内容风格两个方面。当今个性化的时代要求企业在微信营销中根据自身定位去设计一个符合品牌特点的人物性格，如奢侈品品牌可以采用一种高冷的风格，母婴类产品可以设计成以流行元素“萌”为主的风格等。

（2）利用第三方服务商进行代运营和功能深度开发。

随着微信营销的蓬勃发展，微信生态圈除了微信官方、企业或自媒体、用户，还衍生出了另一个重要角色——第三方服务商。由于微信营销发展时间短，目前企业仍然缺乏专业的运营人才。因此，把微信营销外包给第三方服务商是个不错的选择。

第三方服务商主要提供第三方代运营和深度开发这两种功能。微信官方公众平台只能提供基本的模块化服务，缺乏个性，无法满足各行各业的营销需求。而第三方服务商正好弥补了这个不足，它致力于为企业提供更多功能的运营平台，同时也可以根据企业的要求进行功能的深度定制开发。最早涌现出来的第三方服务平台具备微菜单、微官网、微会员、微统计等功能，现在已经开发出了微商城，支持商品交易、订单管理、线上支付、店铺设置、购物车等。由此可见，为了使微信平台的功能更加个性化，企业可以寻求专业的微信第三方开发团队来获得为企业量身定制的解决方案。

延伸阅读 **14－4** 优衣库：数字化转型进行时

案例分析

疫情危机下，西贝餐饮的“自救”之路

2020 年己亥和庚子交替之际，武汉暴发新冠病毒肺炎疫情，十几亿人被动开启超长假期模式。闭门禁足的宅家日常，让中国移动互联网日活跃用户规模、日均用户时长均创下历史新高。易观千帆的数据显示，2020 年 1 月全网活跃人数高达 10.2 亿人，环比增长 0.12%；工信部发布的数据也表明，与 2019 年相比，2020 年春节移动互联网流量达 271.6 万 TB，远超去年的 195.7 万 TB。

与线上的火热形成鲜明对比的是，线下传统业务模式异常惨淡。其中，西贝莜面村作为餐饮行业的龙头企业，在疫情冲击下，面临经营困境。

西贝餐饮涵盖了“西贝西北菜”“九十九顶毡房”“超级肉夹馍”等多个品牌，直营门店 400 余家，遍布全国 21 个省的 60 多个城市，有员工 2 万多名。但在疫情冲击之下，西贝遭遇了“滑铁卢”。2020 年 1 月 31 日，董事长贾国龙对外表示，在疫情期间，西贝只保留了 100 多家外卖业务，2020 年春节前后一个月，预计损失 7 亿～8 亿元的营收。在不营业的情况下，难以发放 2 万多名待业员工的工资，账面资金也只够撑 3 个月。这对每年服务顾客 5 000 万人次，2019 年营收高达 40 亿元的西贝餐饮来说，无疑是一场可怕的“灭顶之灾”。

困局之中的西贝焦虑着如何解决多方危机，但真正的核心难题只有两个：一是消费者骤减的线下需求，二是西贝难以发展的传统业务。

于是，西贝迅速反思并调整了已有的商业模式，从“用户（C）端需求”和“商家（B）端技术”两方面入手，开启战略创新的“自救”模式。一是积极铺开线上外卖业务，2/3 的

门店积极参与，使得西贝的外卖营收占比超过了整体营收的 80%。为了满足 C 端用户的基本生活需求，米面粮油、蔬菜、零食等上百种食材均在线销售。二是开启企业团购订餐模式。针对复工后的员工用餐不便，西贝及时推出“团餐”服务，创造应对 B 端业务的机会。已有 9 万多顾客加入西贝的企业微信，日均订单可达 1 万份。三是建立互联网信息服务平台。西贝组织了 200 多家门店的管理人员，通过微信群发消息，建立起属于西贝的线上食客平台。员工通过跟顾客一对一交流，分享商城及产品信息，提供外卖配送及食材订购服务。

西贝基于 C 端发力，借助 B 端互联网技术，在线上外卖业务、企业团餐等方面都取得了明显成效，成功在 B 端和 C 端用户之间建立起业务联系。

在供应链中上游，西贝与银行信用卡中心合作，将食材作为开卡/回馈礼赠送给用户，在菜箱标注西贝 Logo，挖掘潜在消费者，减轻库存压力。在中下游，利用线下员工的闲置价值，转而触达线上海量用户，建立西贝会员微信群，连接并创造顾客终身价值。同时，西贝利用技术性小型应用插件，将商城、微信外卖小程序连接到门店人员资料页里，方便顾客找到购买入口，顺利完成线上预订等一系列操作，这一系列低成本手段有效提高了营业收入，使得西贝转危为机。

资料来源：王玮. 疫情危机下，数字化转型助力西贝餐饮“自救”. https://zhuanlan.zhihu.com/p/112027555.

思考题

1. 微信营销如何助力西贝度过疫情危机？
2. 西贝的“自救之路”对其他企业有什么启示？

基本概念

微博（microblog）

微信（WeChat）

位置签名（location signature）

4I 模型（4I model）

分众识别（public recognition）

微信 CRM 系统（WeChat CRM system）

讨论题

1. 如何充分利用微博、微信平台来增强企业竞争力？
2. 请举一个企业案例，分析其是如何成功进行微博或微信营销的。
3. 在微博或微信平台上，企业可通过哪些手段、方式来增强与消费者的互动，从而达到营销目的？

课程思政要点

（1）数字社会与诚信。

（2）社交媒体营销的以人为本理念。

第15章

视频营销

引例 三大央媒携手淘宝直播公益带货

2020 年 4 月初，央视新闻携手淘宝发起“谢谢你为湖北拼单”媒体公益活动，呼吁全国网友下单购买湖北农副产品，引发百万粉丝下单。

2020 年 4 月 13 日，人民日报新媒体与淘宝合作的“为鄂下单”系列直播开播，由主播和艺人组成“带货天团”，创下 5 款“鸭货”秒售 51 万单，单品价值近 1 000 万元的佳绩。

2020 年 7 月 15 日，新华社联手淘宝发起“家乡的宝藏”助农系列直播活动，淘宝主播和演员携手几位县长代言好货，淘宝直播观看量逾 420 万，销售件数超 10 万。

至此，人民日报、新华社和央视三大央媒均与淘宝开启了公益助农直播，探寻了直播带货“热”语境下的新模式。

1. 传播上产生强大的情感动员力量

“三大央媒+淘宝”公益助农直播从两个方面满足了受众需求、触发受众情感，创造出巨大的流量优势。一是关系认同。在直播中，除了可以通过主播或主持人介绍了解产品信息，也可以通过私信、评论、弹幕等方式与之互动，还可以看到其他受众的购买和反馈，创造了一种有强烈社交体验的虚拟购物社区，给受众带来归属感和认同感。二是情感共鸣。三大央媒对公益助农直播的视觉营造、打赏、对话等有着特殊的考量与设计，增加了情感因素作用的比例，让受众产生一种集体围观感，更容易实现对带货行为的“响应”。

2. 商业上让“受众—消费者”的转化更加顺畅

通过公益、营销、零售的结合，搭建了一个人性化、媒介化的消费场景，让“受众—消费者”的转化更加顺畅。首先，助农直播的公益属性使原本的销售活动获得更具价值的行动意义，当受众知道自己的购买、围观将惠及更多人，就更容易减轻疑惑、直接下单。其次，直播销售的并非价格昂贵的奢侈品，而是能够拿到较低价格、可以快速消耗的快消品，相对于以往砸钱做广告的营销模式，这种促销很容易让受众买账。最后，有更具临场感的消费场景，在直播中传统购物中的“买方—卖方—商品—周边”的场景被完整地继承下来，再加上主播、主持人充满激情的表述，给受众带来抢货的紧张感，成为价值变现的催化剂。

帮产品找到销路是“三大央媒＋淘宝”公益助农直播的短期效用，随着直播的持续化以及与受众的不断连接，最终会倒逼商家进行数智化、人性化升级，转向快速回应受众需求的智能商业模式，真正实现“造血式”助农。

资料来源：李修远. 公益助农直播的实践路径与价值分析：以三大央媒携手淘宝直播公益带货为例. 传媒，2021（10）：37-38，40.

第1节 视频营销概述

一、视频营销的含义

中国互联网络信息中心（CNNIC）发布的第49次《中国互联网络发展状况统计报告》显示，截至2021年12月，网络视频用户规模达到9.75亿，占网民整体的94.5%，其中短视频用户规模达到9.34亿，占网民整体的90.5%。随着视频用户的增多，以网络视频为介质的营销活动的影响力正在不断扩大。

视频营销是指具有营销需求的各类企业、组织机构或个人，从目标人群的需求或偏好出发，选择合适的视频营销平台和主题，以内容为核心，以创意为导向，通过精心策划视频内容，进行拍摄、编辑和投放，从而快速聚集粉丝群体，实现品牌传播、产品销售转化等根本目标的营销活动全过程。

思政专栏15-1

网络扶贫新模式助力全面乡村振兴

近年来，网络扶贫作为新的扶贫模式在脱贫攻坚中发挥了重要作用，自国家2016年网络扶贫行动计划实施以来，网络覆盖、农村电商、网络扶智、信息服务、网络公益五大工程取得了明显成效。

其实，网络扶贫并不是一成不变的，这一模式的产生与演化伴随的是互联网在农村社会中的不断发展。纵观农村互联网的发展历程，我们可以将其划分为三个阶段。

第一个阶段是城市商品通过互联网向农村单向输入阶段。早期由于城乡之间存在巨大差距，农村互联网的发展解决的是连通和接入问题，互联网在农村社会从无到有。但是刚开始无论是地方政府还是农民都还没有学会使用互联网，这一阶段虽然各个村建立了电商服务网点，但是在互联网的使用上并不是平等的。城市中的各种市场主体（企业等）相较于农民来说在利用互联网方面存在先天优势，很多农民通过互联网购买低价商品，这虽然一定程度上改善了农民的生活，但主要还是城市中的商品单向输入到农村。很多偏远农村的淘宝服务站中基本都是农民网购的物品，而很少有农民卖出的产品。

第二个阶段是在脱贫攻坚期间，网络扶贫模式正式确立和得到初步发展。这一阶段主要是贫困地区的产品通过互联网卖出去。为了完成脱贫攻坚任务，各级政府大力组织网络扶贫，企事业单位在对口扶贫中通过网络购买了很多贫困地区的产品。这样一方面解决了农村地区农产品难卖的问题，增加了贫困地区农民的收入，另一方面为城市地区提供了高质量的特色产品，满足了城市居民的生活需求。欠发达地区通过网络扶贫模式由之前的商品输入地变为产品输出地，从消费市场转变为生产基地。尤其是在国家倡导之下所建立的消费扶贫与网络扶贫模式相结合，全国各地掀起了购买贫困地区特色农产品的高潮，我们现在在大城市各个超市、商场中经常见到的扶贫产品和扶贫专柜就是在此阶段建立起来的。由此，网络扶贫正式确立并在全国范围内得到了广泛推广。

第三个阶段就是在乡村振兴战略实施之后，网络扶贫模式进一步向纵深发展。这一阶段直播助农作为乡村振兴和网络扶贫深度融合发展的新兴产物，引领了农村电商模式不断创新。《2020 年网络扶贫工作要点》中特别将网络扶贫中推进农村电商、农产品线上线下出村进城工程等作为网络扶贫行动和乡村振兴的重点，形成推进直播助农新模式背后的政策动力。

资料来源：网络扶贫新模式助力全面乡村振兴.（2022－02－07）. https://baijiahao.baidu.com/s?id=1724072952355150202&wfr=spider&for=pc.

二、视频营销的特点

1. 传播更高效、范围更广

视频营销可以借助互联网超链接的特性快捷地将信息传播开去。不仅发布信息快，而且网民通过社会化媒体分享、转发视频，也让网络视频传播的速度更快。一方面，社会化媒体拓宽了视频的传播渠道，浸入用户社交关系链中形成裂变式传播，使视频内容获得更多的曝光机会；另一方面，视频丰富了社交平台上的内容形式，两类平台互相促进，形成不断融合的视频传播闭环。

2. 互动性强且更便捷

视频营销不仅可以实现即时互动，而且具有更高的效率。几乎所有的视频网站都开通了弹幕、评论等功能，受众可以在观看视频内容的同时，及时发布自己的感想和反馈。互联网又可以传输多种媒体信息，如文字、声音、图片、影像等，通过多媒体信息的交换，视频营销的互动性更强，更好地实现了双向沟通。反馈的及时和互动的便捷在一定程度上可以提升营销的效率。

3. 助力精准营销

视频广告是网络广告的一种，通过视频营销可以统计出用户的停留时间和次数，还有视频点击数量、转载数量和评论数，以及这些用户查阅的时间分布和地域分布，这有助于商家正确评估广告效果，制定广告投放策略，实现精准营销。

4. 成本相对低廉

随着移动互联网技术的发展和智能手机等终端设备的普及，制作视频的成本和门槛越来越低。与直接投入电视广告拍摄或者冠名一个活动、节目等方式相比，视频营销投入的成本低得多，因为视频营销的方式多种多样，一个小小的贴片广告都可以取得一定的营销效果。此外，视频网站的种类繁多，企业可以根据自身情况，选择投入成本更低的、针对性更强的视频平台。因此，比起传统的营销方式，企业选择视频营销能够节省不少营销成本。

三、视频营销的理论模型

利用视频进行营销活动的开展，需要了解一个经典、高效的营销模型，即“AISWS”视频营销模型（见图 15－1）。该模型有五个步骤，即注意、关注、搜索、观看、分享。该营销模型有两个特点：一是在前四个环节，用户人数会随着进程的层层推进而减少，最终真正观看视频的用户成为精准的目标用户；二是在最后的分享环节能形成传播声量，为视频的进一步传播起到良好的推动作用，最终形成有效地传播推广视频的良性循环。

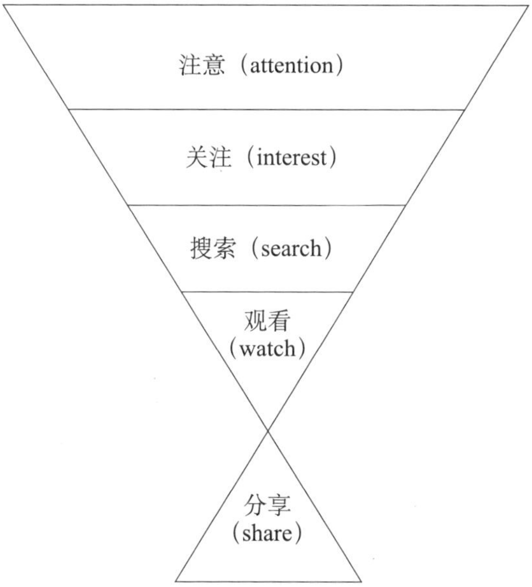

图 15－1　“AISWS”视频营销模型

（1）注意（attention）：该步骤的主要任务是吸引用户目光，通过线上线下的手段引起广泛的注意，为下一阶段提供大量的用户。

（2）关注（interest）：在引起大量用户注意的前提下，通过制造热点话题、紧跟社会趋势等方式，有效地引起目标受众的关注。

（3）搜索（search）：目标用户关注后，会产生自然的搜索行为，达到让用户主动在网络上对视频内容链接进行搜索的效果。

（4）观看（watch）：通过与影响力大的平台合作，设置专题页面、采用置顶方式等手段，促进最终留存的目标用户观看视频。

（5）分享（share）：在最终观看的目标用户中，鼓励其参与制作类似视频或者将视频分享出去，形成广泛传播，使视频营销的效果最大化。

第 2 节　视频营销类型

一、按视频时长分类

（一）短视频营销

短视频是指在各种新媒体平台上播放的、适合在移动状态和短时休闲状态下观看的、高频推送的视频内容，几秒到几分钟不等。内容融合了技能分享、幽默搞怪、时尚潮流、社会热点、街头采访、公益教育、广告创意、商业定制等主题。

根据具体的时长不同，短视频又具体分为 15 秒以下的短视频、1 分钟左右的短视频和 2～10 分钟的短视频等不同类型。其中，人们习惯性地将 1 分钟以内的短视频统称为小视频。具体如下：

（1）15 秒以下的短视频。一般为用户自我表达所拍摄，美拍、抖音等平台上此类内容较多。

（2）1 分钟左右的短视频。内容比较完整，侧重对故事情节的表达，秒拍、快手上此类内容较多。

（3）2～10 分钟的短视频。专业性更强，有专业的编排和剪辑，媒体属性较强，梨视频、西瓜视频上此类内容较多。

短视频时长较短，这就要求短视频营销在视频内容的安排上有较强的节奏感。为了能够牢牢吸引住用户的注意力，短视频营销的创意点必须密集。在极短的时间内使用户的情绪点能够获得多次爆发，这样才能保证用户的感官被内容所掌控，形成良好的用户获取模式。

（二）长视频营销

长视频一般是指电影、电视、综艺节目、晚会等具有丰富表现形式的超过半个小时的视频。长视频主要是区别于众多视频分享网站主打的短视频，与后者多由用户自己制作不同，长视频主要由专业公司制作。

延伸阅读 15－1　中国互联网络长视频发展现状

由于长视频的时间较长，在视频营销内容上，企业有更充足的时间构思、设计营销内容，使故事更完整，内容更有新意。同时，对视频制作者的要求相应较高，需要其使用专业的设备完成长视频的制作。长视频所针对的受众是对某一内容感兴趣的群体，用户相对于短视频较为稳定，因此在吸引用户观看视频内容、最终产生购买需求上，长视频营销策略的目标会更明确。

（三）直播营销

“网络直播”或者“互联网直播”指的是用户在手机上安装直播软件后，利用手机摄像头对发布会、采访、旅行、产品等进行实时呈现，其他网民在相应的直播平台可以直接观看与互动。

直播营销指的是企业以直播平台为载体进行营销活动，达到品牌提升或相邻增长的目的。2016 年起，互联网直播进入爆发期，截至 2020 年 12 月，直播平台超过 700 家，用户超过 6 亿人。

思政专栏 15-2

直播营销也是信任营销

直播带货有了“行规”。2020 年，中国广告协会发布并实施《网络直播营销行为规范》（以下简称《规范》）。这将进一步规范网络直播营销活动，为营造良好市场环境、促进网络直播营销业态健康发展，提供了制度保障。

近年来，网络直播在一定程度上拓宽了商品营销渠道，带动了直播经济。从最初卖食品、日用品，到如今卖房子、汽车等，再到直播带货卖农产品，网络直播营销方兴未艾。有数据显示，2019 年中国直播电商行业的总规模达到 4 338 亿元，预计 2020 年市场规模将突破 9 000 亿元。可以说，直播营销便利了生活，增加了就业，带来了商机，活跃了经济。

直播营销趋热的同时也存在着一些消费陷阱，损害了消费者权益，也影响了自身的健康发展。比如，有些商家夸大其词，消费者收到商品后才发现，名品变赝品、好货变水货、价廉不物美；消费者遇到产品质量问题，售后服务却跟不上；有的直播平台或主播为制造“火热假象”，不惜制造虚假数据、泡沫流量。中消协的统计数据显示，37.3%的受访者在直播购物中遇到过消费问题。保质保量、诚信经营，保障消费者权益，是直播营销必须坚守的底线。

无论技术如何迭代、渠道如何更新，直播营销仍是市场营销行为，都应坚持诚信经营的价值取向。正因为如此，此次发布的《规范》明确规定，“应当全面、真实、准确地披露商品或者服务信息”“严格履行产品责任，严把直播产品和服务质量关”“依法依约积极兑现售后承诺”。直播营销越是红火，越应该筑牢诚信经营的基石。对此，各方应该凝聚合力，共同治理。比如，直播平台要加强内容审核力度、完善诚信评价机制；相关监管部门要严厉打击虚假营销行为，提高侵权成本。直播营销不是“一锤子买卖”，更加重口碑、重质量，输出正能量，才能实现长远发展。

直播营销某种意义上是信任营销，呵护信任至关重要。在很多直播营销中，之所以出现“秒光”现象，一个重要原因在于消费者对主播的信任，而这种信任的建立非一日之功，是长期培育的结果。有调研显示，消费者从直播间购买的产品如果出现一次质量问题，信心立即受损，如果多次遭遇质量问题，消费者将放弃关注。这提醒人们，直播营销要赢得消费者持久青睐，重在建立与消费者稳固的信任关系。从这个角度看，直播营销只有以信任为纽带，充分理顺平台、主播、商家、消费者之间的关系，才能持续激发市场活力。

直播营销健康发展需要各方力量参与其中，明规范、建制度、立规矩，才能让消费者充分享受互联网红利，为直播经济赢得未来。

资料来源：直播营销也是信任营销.（2020－07－14）. https://baijiahao.baidu.com/s?id=1672140965675212377&wfr=spider&for=pc.

二、按视频表现形式分类

（一）传统影视节目二次传播

传统的影视节目大多只进行一次传播，但当传统影视节目中具有新闻性、讨论性、欣赏性的内容被网站或网络用户再次发布到视频网站时，就可以进行二次传播。二次传播可以增加用户的深度交流，让更多被二次传播吸引过来的用户转而关注原本的影视节目，对用户进行广泛引流，从而提高节目的收视率和知名度等。

（二）网络视频短剧

网络视频短剧多是一些剧情轻松、有趣或有创意的视频集，通常有比较完整的故事情节，主要通过网络进行传播，达到吸引用户、传播产品和品牌的目的。

（三）创意视频

创意视频是指内容新颖、创新的短视频，通常极富创意、幽默感和故事性，一般时长3～8分钟，以网络为主要传播媒介。创意视频营销是通过创意将广告植入一段短视频的营销方式，视频可以是原创拍摄，也可以剪辑而成。

（四）微电影

微电影即微型电影，是一种主要通过互联网进行传播的短影片。它具有完整的故事情节，制作周期较短，投资规模较小，适合用户在移动状态、短时休闲状态下观看。微电影通常短小精美，可以围绕产品和品牌设计故事，让用户在故事情节中自然而然地对品牌产生认知。

（五）用户自发生产的视频

用户自发生产的视频是用户通过互联网以视频的形式向其他用户展示与产品相关的信息，因为更具真实性，所以很容易引起其他用户的积极关注和讨论。与其他视频形式相比，用户自发生产的视频更有利于品牌与用户之间的互动，让用户真正参与品牌传递的过程，增强了品牌黏性，提高了推广效果。

三、按视频内容和生产方式分类

（一） UGC 视频营销

UGC（user generated content，用户原创内容或用户生成内容），即普通用户自发上传视频。这类视频一般为用户自发拍摄，用于自我表达与分享，比较零散，主题性较弱，具有强社交属性。

（二） PGC 视频营销

PGC（professional generated content，专业生产内容），即由专业机构制作并上传视频，通常独立于视频平台。这类制作成本较高，专业和技术要求较高，商业价值高，主要靠内容盈利，具有强媒体属性。

（三） OGC 视频营销

OGC（occupationally generated content，职业生产内容），即在视频、新闻等网站中，由具有一定知识和专业背景的行业人士（如媒体平台记者、编辑等）生产制作的视频。这类视频以长视频为主要表现形式。OGC 视频创作团队制作视频属于职务行为，以职业为前提，因此 OGC 视频内容的版权保护特别重要。

第 3 节　视频营销推广

一、视频营销推广模式

（一）线上视频推广模式

1. “视频＋H5”模式

H5 即 HTML5，是指一切用 H5 语言制作而成的数字产品，主要用来制作网页以及在网页上开发的一些网络应用。H5 在处理文字、图片、音频、视频等元素混合排版的页面及根据用户操作实时渲染图像和动画等方面具有显著的优势。通俗地说，H5 相当于移动端的 PPT，常用于微信中。

“视频＋H5”模式利用预先录制好的视频代替简单的图文内容。比起单纯的图文输出，视频能最大限度地还原场景，更加具有真实性，能够让受众身临其境。企业可通过“视频＋H5”的方式对产品、服务进行介绍，这样的效果更具有说服力，能够使顾客更加相信企业，从而有力地推动产品的销售。

2. “视频＋直播”模式

直播是指在现场随着事件的发生、发展进程同时制作和播出节目的方式，直播的核心营销价值就在于它“聚集注意力”的能力。

首先，直播为营销带来的最显著优势就在于可实时互动的环境，能够即时收集用户反馈，以便达到最有效率的营销水平。其次，在网络环境下，视频媒介的传播变得更加广泛和高效，录制好的直播还可以再次观看，形成二次营销。最后，直播营销的发展紧贴网络广告市场移动化、视频化的趋势，能够迎合越来越多用户和广告主的需求。

延伸阅读 15－2　主播带货频频“翻车”　中广协将出台网络直播营销选品规范

延伸阅读 15－3　短视频营销：西瓜视频有话讲

“视频＋直播”模式是营销变现的必然选择，也为二者提供了更多的好处，即将短视频和直播的优势合二为一，达到双倍的营销效果。

（二）线下视频推广模式

1. 社区电梯视频广告模式

社区电梯是推广视频的一个重要场景。虽然这种视频广告具有资源有限且费用较高的劣势，但社区电梯的优势也非常突出，主要有广告目标对象的稳定性和刚性需求这两个方面，因此，电梯视频广告的触达率和转化率都较高，这吸引大量企业和商家纷纷投入其中。

2. “城市商圈＋直播”模式

城市商圈相对于传统商圈的概念来说更加宏观，这类商圈指的是城市内部的区域性商圈，是由若干大型商业企业集聚而共同形成的吸引顾客所达到的空间范围。城市商圈的视频广告结合了多方面的技术，将灯光、影像、声音等集于一身，体现出与时代相一致的时尚感和科技感，从而受到消费者的青睐。但是，无论是从商圈所处的地理优势和聚集的大流量，还是从广告所处的发展路线来看，位于商圈内的视频广告，价格一般都比较昂贵。

城市商圈＋直播的线上线下融合视频场景的营销创意模式，深受消费者欢迎。

3. 城市交通工具视频广告模式

在城市交通工具中，地铁因节约时间、避免堵车的优势广受欢迎，因此，很多广告主选择地铁进行视频营销推广。地铁广告空间相对独立，拥有较稳定的受众群体，而且广告的曝光率高、曝光时间充足。此外，在传播技术层面，新技术的广泛运用也使地铁广告能够吸引受众注意力，迎合受众的需求变化。

在交通方面还有其他一些能进行视频营销推广的渠道，包括公交车、出租车和大巴车等交通工具和公路、铁路等道路。然而，无论哪一种推广渠道，其目标消费群体一般都具有共同特征，因而可以基于其群体特征进行有针对性的投放。

4. 公交候车亭视频互动模式

公交候车亭广告是一种常见的城市公共户外广告媒体，其依附于候车亭主框架结构，多以灯箱广告媒体的形式出现。与其他户外媒体相比，候车亭占据一个城市各主干道和分支路段的显眼位置，可供候车人反复和相对较长时间停留，因此，候车亭广告可以比其他大型户外广告传递更多的信息内容；其交通导向职能形成一个又一个大的人流聚集点，人流趋向和密集度注定了候车亭广告得天独厚的广告宣传效果。

在公交候车亭播放短视频，不仅能满足人们的视觉需求，让人们看到有趣的画面和内容，而且能进行视频营销推广。此外，还可以用一些有创意的方式，与候车亭的人们互动，增强视频营销推广的效果。

（三）行业跨界视频推广模式

1. “直播＋电商”模式

“直播＋电商”营销模式以其独特的魅力吸引着消费者，给消费者一种前所未有的购物体验。第一，消费者能够全方面定位产品与服务，直播平台中的视频本身所带有的直观的语言与色彩，远比图片与文字来得更为丰富，能够更直接、更有效地展现产品信息与企业形象。第二，消费者通过直播平台，能够与电商开展实时的互动，及时了解产品细节，同时实时对商品提出反馈意见。第三，相较于传统的购物方式，直播购物能够更好地执行商品购买的决策权，提升购买决策效率。商家直接将商品链接放在直播画面中，方便消费者“随看随消费”。部分直播中达人、明星的加入，将直播购物演变为娱乐性的生活方式，既能节省购物时间，又能达到刺激消费的目的。

延伸阅读 15－4　虎牙直播的网络营销策略

2. “视频＋自媒体”模式

短视频类自媒体是短视频与自媒体的有机结合，是以轻量型视频为信息载体，依托移动互联网平台的社群关系，形成多种盈利模式的媒介产品。

自媒体时代的视频有以下主要特征：第一，历时短，内容覆盖广泛、全面。短视频由于内容广泛，聚集了不同消费层次、年龄结构和文化水平的人群，涉及的内容覆盖面大，今后还将进一步扩展内容，扩大覆盖面。第二，涉及内容丰富。自媒体时代背景下的短视频涵盖生活、服饰、美妆、互联网、娱乐等多个类别的内容，与我们生活的各个领域息息相关，由此逐步成为人们实际生活中不可缺少的一部分。第三，网络传播度极高。在互联网平台的迅速发展和扩大之下，流量已经不再是观看短视频的限制，打破了原来只有在无线网络支持下才能观看视频的瓶颈。人们可以随时进行短视频的分享，直观生动地展现自己的生活点滴和生活思考。这也是人们随时随地能够观看短视频，并且促进短视频迅速繁荣的原因所在。

3. “视频＋跨界”模式

“视频＋跨界”的营销模式是视频平台兴起后较为新颖的玩法。通过跨界的方式，有效整合平台资源，实现线上线下的品牌推广和营销。

“视频＋跨界”的营销模式目前有两种表现形式：第一种是线上到线下的跨界营销推广模式。这种模式主要指的是由线上的视频制作企业开发的线下跨界营销活动模式。第二种是线下到线上的跨界营销推广模式。这种模式主要指的是线下的企业将线下的活动以视频的形式进行线上传播的营销活动模式。

二、视频营销盈利模式

（一）直接变现模式

1. 内容付费模式

内容付费模式是将原本卖给广告主的内容直接卖给了受众。这种模式的视频通过推出优质视频内容和会员独享的方式与普通网络视频区别开来，付费视频给受众带来的视觉体验会更加优质。

与普通视频相比，付费视频有自己的特殊性：第一，独家版权与多元内容并举。独家版权也就是我们常说的独立 IP，是指视频网站独播的视频资源，或者自制的网剧、综艺等内容。还有一种情况则是影视剧、影视资源独家首播，这主要体现在时间的抢先性上，比如比别家视频网站提前两小时观看。当下，独家版权竞争已是视频网站之间的核心竞争要素。付费视频所提供的独家版权不仅能让用户看到独一无二的版权内容，而且该内容形式和布局还呈现多元化特点。第二，尊贵特权区分受众等级。视频网站利用受众权利大小的区别对待和宣传，吸引受众成为付费视频用户，而在付费视频用户中，则根据受众付费的高低再次区分会员等级，不同的等级所享受的权利大小不同。而普通受众则因为没有付费，属于等级的最下层，可浏览的视频资源最少，视觉体验也最差。第三，付费视频体验更优。在付费制度下，会员的一大特权就是屏蔽、跳过广告，进而更好地达到娱乐的目的。

2. 签约独播模式

签约独播是一个平台与视频制作者之间相互选择的过程。视频平台为了能够更好地吸引到制作者，往往会采用高价酬金的方式。而作为视频制作者，想要与平台进行签约独播，必须达到一定的发展水平，或者可以让平台看到该制作者存在的发展空间。签约独播是视频直接变现方式中要求较高的一个，需要视频制作者前期进行较多的准备。

（二）间接变现模式

1. 广告植入模式

广告植入是视频获利的最常见模式，从形式和内容上来说，主要可分为两种：传统广告方式、创意营销类广告方式。

传统广告方式包括贴片视频广告和图片广告两种。贴片视频广告是指将广告置于视频中插播。最常见的形式是在视频播放前或者结束后投放广告，时长不等，也就是所谓的前插片和后插片。还有一种贴片视频广告是暂停广告，即当用户暂时不想看视频，将视频暂停时遮挡住视频内容的广告。这类广告是视频网站最有效且影响力最深的广告形式，但同时也会引起网站用户的反感，降低收看视频产品的愉悦度，增加用户观看视频的时间成本。图片广告是各类网络广告的主要形式，也是视频网站最常用的广告形式之一。视频分享类网站的图片广告有以下特点：图片面积较大；广告位置较为醒目；广告特效新颖别致，能一下引起用户关注。

创意营销类广告方式是视频分享类网站不断探索的新型盈利方式。

综合来说，利用广告盈利是媒体一直以来沿用的一种常见的盈利模式，然而广告数量增多、广告时长增加已经渐渐影响用户对节目的观赏兴致。

2. 课程培训模式

课程培训模式主要是知识型短视频变现的一种手段。其模式大致是通过视频节目积攒人气，然后以社群经济的方式，利用课程、讲座、俱乐部等其他手段进行变现。此类模式需要视频营销者本身在某一领域具备较专业的知识，使用户从中有所收获，这样才能建立短视频与用户之间的关系，保证用户的稳定性。

3. “短视频平台＋电商”模式

随着移动互联网的快速发展，短视频聚集了越来越多的流量，逐渐成为流量的枢纽。短视频的形式对用户的视听感官有着巨大的营销力和冲击力，如今短视频电商已经成为很多短视频平台达人持久变现的方式。同时，短视频平台的零门槛以及短视频平台与电商平台的打通，使得用户通过购物车链接可直达商品购买页，商家用低成本就可以获得高利润，满足了商家对营销精准性和可控性的需求，真正达到了品效合一。“短视频平台＋电商”的营销模式与广告主转型的需要也相适应。可以说，“短视频平台＋电商”的营销模式，在真正意义上实现了广告主、用户与平台的三方共赢。

短视频电商变现的类型主要有两种：一种是自营电商变现，另一种是与第三方电商达成合作而获取分成。短视频自营电商变现，是指内容方分析受众对内容的需求变化，以内容消费的特质定位商品需求，将商品购买需求由内容对接到自营电商平台上的盈利模式。自营电商对受众的数量和黏性都有特定要求，只有具备充足的内容流量，才能完成购买的转化。服务第三方电商平台有两种类型，一是为商铺导流获取分成或佣金，二是为商铺的推广收取相应费用。二者的共同之处在于，都是短视频内容生产者通过生产短视频为一些电商平台引导流量实现销售，并从中获得一部分盈利。

4. 内容合作盈利模式

内容合作盈利模式主要是平台方与专业内容制作方，如大型媒体、制作公司的合作方式，旨在寻求双方共赢。媒体与专业公司在对视频营销的把控上更加专业，而且可以联合不同的团队形成一个社群，使其能够互补，以达到最大限度吸引用户的目的。

除了媒体，与大型活动合作也可以为视频平台提供源源不断的丰富内容。在拍摄这些活动的相关视频的时候，可以吸引来大批对此有兴趣的用户，不断扩大该平台在用户心目中的影响力。

案例分析

共享价值：快手的平台生态

2019 年 7 月 23 日，北京快手科技有限公司举办了首届光合创作者大会，快手高级副总裁马宏彬正式宣布启动“快手光合计划”，未来拿出100亿元的流量来支持至少10万个优质创作者的成长。

在本次光合大会上，快手公布了一系列数据，包括日活跃用户量突破2亿、月活跃用户量突破4亿，每天曝光量在千亿次以上。其中，一、二线城市的日活跃用户量增加至6 000万。2018年全年有1 600万名短视频创作者通过快手累计获得200多亿元的收入。马宏彬把快手保持旺盛增长的原因归结为公平与普惠。

1. 广泛多元的用户

尽管快手注册用户已经超过6亿，但很多人对它的印象仍然是“接地气”甚至“三俗”，认为大部分的快手用户分布在农村或者五、六线小城市。宿华和程一笑也曾多次提及用户的地域分布结构问题，他们表示，实际上快手用户和中国移动互联网人群的分布结构差不多。根据TalkingData的数据统计，2018年快手用户在一线城市占比6.4%，二线城市占比29.9%，三、四、五线城市及以下地区占比63.7%。这也符合宿华所说的：“我们没有刻意去做什么，快手就是整个社会人口分布的正常状态。”但比起用地域来做标签去区分快手用户，“普通”也许是快手用户的最大公约数。在快手产品与算法的支撑下，快手就像是真实世界的一面镜子，映照出广泛而多元的普罗大众，他们分布于五湖四海，遍布各行各业。

2. 场景丰富的内容

广泛多元的用户带来了场景丰富的内容，特别是快手算法给了每位创作者公平的曝光机会，激励整个平台内容拍摄的多样性，也满足了很多人观看偏好的多样性，保证了消费端的繁荣。快手每天上传短视频超过1 500万条，原创视频库存数量超过130亿条。

快手一直以来的口号就是“记录世界记录你”，“世界”和“你”、“世界和你”都很重要。快手内容中有大量对普通人真实工作与生活的呈现，可以看到构成当代中国的千万种生活方式，更像一本全民生态百科。这里不仅有乡土味浓厚的日常工作和生活记录、独家小妙招的分享，还包含对家乡产品和自然风光的推介、个人才艺或手艺展示，也有用户分享低成本的自制喜剧，以及自己创作的歌曲、舞蹈等。快手行动负责人张潇冉说：“为什么快手让人觉得真的非常有意思，就是因为它太真实了。”

3. 多样化的商业变现

凭借庞大的用户数量，快手很早就具备了商业变现的条件，有三种变现方式，分别为信息流、粉丝头条和直播，其中信息流最重要，粉丝头条和直播次之。宿华认为：“排在前面的方式更加符合普惠逻辑，也可以使更多商业伙伴共同受益。”但宿华担心过早的商业化会破坏快手的生态环境，直到2016年，才首先上线了直播功能，而且是放在关注栏目的二级菜单下。直播就是快手的主播与粉丝在平台的网络直播间里面直接、实时地交流与互动，粉丝可以给喜爱的主播打赏和送礼物，快手从中抽取50%收入并替主播缴纳所得税。快手在2018年的营收超过200亿元，基本实现盈亏平衡，其中绝大部分收益来自直播业务。

同时，快手也在不断进行其他商业化尝试，陆续推出信息流广告、粉丝头条、快接单、商业号、快手小店等变现途径，但由于害怕牺牲用户体验，这些尝试都非常谨慎，在整体营收中占比很小。直到 2018 年底，一套衡量用户体验成本及商业化体系增长边际效益的数据系统搭建完成，快手才将之前的各项尝试整合起来，正式推出快手营销平台（包括广告、电商与品牌账号等），同时进行了一次组织架构调整，完成了技术中台系统建设，开始启动全面商业化。

快手的信息流广告早就开始公测，迭代了近两年时间，最后通过用户体验量化体系实现广告与用户体验之间的平衡。该系统能够对多种指标，如点击率、点赞、转化等，进行量化分析，并转化为货币价值，从而以此为依据来进行流量和广告资源的分配。

资料来源：邢小强，张竹，周平录，等．快手科技：追求公平普惠的“隐形”之手．清华管理评论，2020（1）：136－144.

思考题

1. 请从营销要点的角度分析快手的视频营销优势。
2. 你从快手的视频营销中得到了什么启发？
3. 试举出其他利用二维码实现情感营销的典型案例。

基本概念

视频营销（video marketing）
长视频营销（long video marketing）
短视频营销（short video marketing）
直播营销（live marketing）

讨论题

1. 视频营销有哪些类型？
2. 中国目前的视频营销方式存在哪些不足？
3. 在视频营销逐渐演变为潮流的今天，传统电子商务行业应如何调整发展方向，寻求发展机遇？

课程思政要点

（1）电商新业态需以诚信为本。
（2）视频营销助力乡村振兴。

第16章

全渠道营销

引例 星巴克线上新零售智慧门店正式上线

星巴克1971年成立，是全球最大的咖啡连锁店，总部坐落在美国华盛顿州西雅图市。2018年12月14日，业内首个一站式新零售品牌体验平台——星巴克线上新零售智慧门店正式上线。

全新的星巴克线上新零售智慧门店是一个操作简便的集成式页面，消费者通过星巴克APP、淘宝、天猫或支付宝任一终端均可访问，无须切换不同应用，便可打开原本基于不同平台研发的“专星送”“用星说”和星巴克天猫旗舰店，跨平台开启数字化的星巴克体验。同时，线上新零售智慧门店还集成了“会员”功能，打通星巴克与阿里巴巴会员系统，顾客通过上述任一APP均可累积星星或兑换会员好礼。

随着线上新零售智慧门店的“开业”，星巴克独具特色的社交礼品体验“用星说”也将再次升级焕新——在原有电子礼品的基础上增加了实体礼品的选择，更有“即时送咖啡”功能全新亮相。顾客可为挚友亲朋打包一款季节限定款马克杯，附上一张电子星礼卡，加之暖心的祝福话语，轻松定制一份专属的情感“快递”。此时，这份心意的收件人只需确认自己的地址便能够收获这份温暖好礼，智能平台系统会将电子礼品收入卡包，而将马克杯交付星巴克天猫旗舰店专属物流。如果你的好友身处“专星送”配送范围，你还可以点选一杯对方最爱的咖啡饮品，随祝福暖语或视频一起推送至对方手机上，待对方确认地址后，由“专星送”专属骑手将你的心意随咖啡一起，30分钟送达。

资料来源：星巴克线上新零售智慧门店正式上线.（2018－12－14）. http://news.tom.com/201812/4443476742.html.

第 1 节 O2O 模式概述

一、 O2O 模式的内涵

随着互联网电子商务本地化的发展，平台商业模式应运而生，信息和实物之间、线上和线下之间的联系愈加紧密，O2O 被看作电子商务网站的下一个掘金点。O2O 即 online to offline，是指线上营销和线上购买带动线下经营和线下消费。O2O 的核心效用在于满足消费者的“3A”消费与支付需求，即消费者希望在任何时候（anytime）、任何地方（anywhere）、使用任何可用的方式（anyway）得到任何想要的产品和服务。

传统的线上和线下是两条平行线，而 O2O 的核心就是打通线上和线下，使之融合起来形成合力，即线上平台与线下实体相互结合，让线上与线下互为补充，同时起到推广、经营的作用。消费者不仅可以通过线上平台来挑选产品，还可以通过线下产品和服务得到实际的体验。

O2O 的一种普遍形式是，线上平台（网站、APP 应用等）与线下商家分别是独立的个体，双方进行洽谈沟通优惠活动的信息，然后通过平台自有渠道发布推荐，吸引消费者到平台来消费，线上平台提供密码或者二维码等代码，消费者持该代码到线下商家享受优惠，活动结束后，线上平台与商家结算，并保留一定比例作为佣金。团购就是这种形式的典型。团购在经历了一段时期的激烈竞争后归于平淡，其间暴露出很多问题，有诚信问题，有服务质量问题，还有消费者习惯问题。消费者冲着折扣优惠到商家消费，商家让利迅速火爆后，难以恢复本来的价格，无法留住消费者进行二次消费，团购网站逐渐成为一个展示性的平台。

O2O 的另一种形式是反向 O2O，即 offline to online，就是将消费者从线下引导到线上，典型的案例包括闪购、可口可乐开盖礼等。通过线下体验活动、扫描二维码或者打印优惠券代码，反向将消费者吸引到线上平台，增加线上的流量。

但是，仅仅将消费者从线上拓展到线下或者从线下吸引到线上都是不够的，O2O 实际上是一个线上与线下双向的互动流通。O2O 应当充分发挥线上与线下各自的优势，将消费者在不同环节、不同时段引入平台。其中还要求流通顺畅，让消费者能自由地从线上线下获取信息，以便企业在不同层次、不同渠道树立品牌形象，提高消费者黏性和二次消费的概率。

表 16－1 是 O2O 与传统电子商务模式的比较。

表 16－1 O2O 与传统电子商务模式的比较

	传统电子商务模式	O2O 电子商务模式
产品类型	以实体商品为主	以生活服务类商品为主
商业模式	电子营销＋物流	电子营销＋客流
技术支撑	以传统互联网大规模数据信息交互为主	结合互联网、移动互联网、电子凭证等多项技术

续表

	传统电子商务模式	O2O 电子商务模式
与实体经济的关系	和实体门店互有消减甚至有竞争	实质是为实体店带客，可理解为实体店的推广渠道

延伸阅读 16－1　五大措施带动新型消费

（一）产品类型和商业模式

与 B2C、C2C 等传统电子商务模式不同，O2O 模式针对的主要是吃喝玩乐的消费类市场，平台上售卖的主要是生活类服务，需要消费者在线上购买后亲自到线下实体店进行消费体验，而不是坐等商品由物流公司送到面前。

与传统电子商务方式一样，O2O 模式也离不开虚拟营销平台的建立。但是，O2O 平台的真正价值包括两方面：对线下服务进行线上的常规性迁移以及对线下服务的使用体验提供保障。对线下服务使用体验的保障是 O2O 服务提供商运营的一个关键业务流，它不能像 C2C 及部分 B2C 企业那样将物流环节分割外包。O2O 平台对线下商家的作用主要是把线上的消费者引导到实体店，它为商家创造的最大价值便是给其带来大量目标消费者。

（二）技术支撑

B2B、B2C 和 C2C 等传统电子商务方式主要依靠互联网和电子支付方式进行商品交易，而 O2O 模式除了采用上述技术，还需要运用移动互联网（如 APP 等手机终端应用程序）以及二维码技术和相关的扫描器技术等，对线下商家的设备要求较高，O2O 网站的运营门槛也因此提高。

（三）与实体经济的关系

O2O 线上平台只是把线上的消费者引导到线下商家，平台和商家只存在资金流和信息流的交互，O2O 可以看成商家的一种营销方式，因此不会和线下实体店形成相互竞争的局面。而对于连锁加盟型的零售企业来说，B2C 模式很多时候无法避免线上和传统加盟商的渠道冲突，尤其是价格上的冲突，线上商品的销售很容易与实体店的零售互有消减甚至形成竞争。

二、 O2O 模式的要素

与传统电子商务的 B2C、C2C 等“电子商务＋物流配送”模式不同，O2O 大多采用“电子商务＋实体消费”模式，消费者线上购买并完成支付，然后到线下进行实体消费，可以说，它是电子商务的最新趋势。要鲜明地将 O2O 模式与传统电子商务方式区分开，先要对其核心要素进行分析。

对于 O2O 模式来说，其核心理念就是把线上用户引导到线下的实体商铺，并通过在线支付，实时统计消费数据并提供给商家，再把商家的商品信息准确推送给有需要的消费者。因此，构成完整 O2O 模式的要素包括提供线上服务的 O2O 电子商务平台、线下众多的生活服务类商家以及连接商家和消费者的在线支付机制。

（一） O2O 电子商务平台——线下商家的推荐

O2O 电子商务平台实质上是给线下商家提供了一个线上曝光的机会。对于线下商家来说，O2O 模式的采用其实是一种营销手段。O2O 平台的一个基本功能是将某线下商家推送给当地的线上潜在顾客，从而解决线下商家受制于实体店铺物理位置的问题。因此，在 O2O 模式中，一个覆盖了较为广泛用户群的 O2O 平台按照位置把相关商家推送给客户，这样的商家推荐很有可能比商家在线下发传单的推广速度更快、效果更好。

（二）生活服务类商家

O2O 电子商务模式针对的主要是吃喝玩乐的消费类市场，国内这个生活服务行业的商家数量庞大，规模普遍较小，而且地域性特别强，O2O 电子商务模式正是瞄准了服务行业中生活服务类商家这片电子商务市场的蓝海。网络上有一种看法，“如果把商品塞到箱子里送到消费者面前的网上销量有 5 000 亿元，那么生活服务类的网上销量会达到万亿元”。尽管这种看法可能有点夸张，但足以证明生活服务类市场空间足够大，而且未来增长空间非常可观。O2O 模式对于促进电子商务从销售货物向提供服务和体验转变起到了很好的推动作用。

（三）在线支付——O2O 模式的关键

O2O 电子商务模式的关键在于在线支付。在线支付不仅仅是一个支付过程，更是一次消费最终形成的唯一标志，也是消费数据的考核统计标准。尤其是对提供线上服务的 O2O 平台本身而言，只有用户在线上完成支付，它才可能从中获益，从而把准确的消费需求信息传递给线下的商业伙伴。在以提供生活服务性消费为主，且不以广告收入为主要盈利模式的 O2O 电子商务中，在线支付占有举足轻重的地位。

三、 O2O 模式的分类

O2O 模式的核心就是线上线下的价值传递，只要是通过线上平台能给线下商家带来实际销售量增加的，都可以称为广义的 O2O 模式。按照 O2O 网站介入线下商家地面服务的程度，O2O 模式可以分为口碑型 O2O 模式以及平台型 O2O 模式两种。

（一）口碑型 O2O 模式

口碑型 O2O 模式强调商户发现和推荐的功能，但简化甚至去除了在线支付和效果验证的模块。其盈利模式是以向商家收取固定的广告费用为主。口碑型 O2O 模式主要通过信息分类、浅度折扣等手段解决用户获取信息和选择消费商家的问题，主要是通过口碑分享来帮商家进行推广。目前国内采用这种模式的主要有大众点评网、58 同城等分类信息网站以及布丁优惠券网站等提供浅度折扣的网站。

口碑型 O2O 模式的好处就是 O2O 网站在建设前期不需要大规模的拓展团队，易于推广。但同时存在商户拓展能力较弱，盈利模式比较单一，可复制性较强，对商家的监控能力不强等问题。

（二）平台型 O2O 模式

与口碑型 O2O 模式相比，平台型 O2O 模式需要建立类似于商城模式的 O2O 平台，需要借助平台的用户规模达到分销的目的。平台型 O2O 模式侧重线下开拓，需要强大的地面部队支持网站运营。平台型 O2O 模式可追踪用户消费的全过程，营销效果可量化，商家投入产出比最高。团购是国内最被消费者广泛认知和接受的平台型 O2O 模式之一。其盈利模式主要是按效果支付，O2O 网站与商家进行交易的分成。线下商家采用平台型 O2O 模式主要有三种服务模式，分别是官方商城结合连锁店铺、凭借第三方平台以及不设实体店的独立商城。

（三）两种模式的价值体现及运营门槛比较

从表 16－2 可以看出，与口碑型 O2O 模式相比，平台型 O2O 模式对商家产生的价值更大，营销效果的可衡量性更高，但这种模式的运营门槛也较高。在口碑型 O2O 模式中，提供产品和服务的商家只是 O2O 网站上一个被动的参与者，而不是该模式的主导者。这个角色的尴尬地位必将制约商家运用 O2O 模式的可持续发展。此外，口碑型的 O2O 网站虽然建立了把线上消费者引导到线下商户的价值路线，但它缺少了 O2O 模式中最为关键的在线预付环节，只能说是最初级的 O2O 模式。

表 16－2　口碑型 O2O 模式与平台型 O2O 模式的价值体现及运营门槛比较

模式	对商家产生的价值	消费者选择成本（用户在网站上选择，若不满意产生的成本）	网站的运营门槛（面对商家角度）	网站的运营门槛（面对消费者的角度）
口碑型 O2O 模式	将用户口碑作为商家营销宣传的核心，但对消费者的行为无法追踪，营销效果难以衡量	不高（未付钱，转换到另一商家的成本为零）	设计合理的点评机制，以确保点评内容的真实性	设计有效的激励机制，鼓励用户发表点评
平台型 O2O 模式	借助平台的用户规模，达到分销的目的，可追踪用户消费的全过程，因此营销效果可量化，商家投入产出比较高	高（线上预订，先付钱，后消费）	良好的数据体系搭建能力、数据挖掘能力、电子商务运营能力	（1）设计有效的商家合作机制，以保障消费者付钱之后的消费利益 （2）设计标准化的产品，将服务这种非标准化的方式标准化，以适应线上预订的方式

由上面分析可知，只有平台型 O2O 模式，即搭建生活服务类的网上商城，才能真正代表一套完整的 O2O 电子商务模式，并在未来得到广泛应用和进一步创新。

《哈佛商业评论》曾提出未来零售业变革的关键在于实施全渠道零售战略（omni-channel retailing strategy）。也就是说，企业要想通过 O2O 模式获得成功，必须形成一个完整的商业生态圈，全面打通信息环节、产品环节和支付环节，把各种迥然不同的渠道整合成全渠道的一体化无缝式体验。

第 2 节　全渠道营销概述

一、全渠道营销的兴起

人类社会正在逐步进入信息时代，移动互联网催生出更为丰富的信息传播渠道，并且与传统渠道相互交叉、融合，贯穿于整个消费者的购物决策流程中。互联网和信息技术的迅猛发展颠覆着传统的消费模式，相关行业逐步从单渠道向多渠道乃至全渠道转变。企业不再只是简单地展示商品内容给消费者，而是与消费者进行实时交流，在交流互动中获得他们的需求信息，对渠道进行选择和组合、整合，使得消费者持续获得良好的体验。

目前，全渠道购物群体已经形成。购买者在信息搜集、比较、下订单、付款、取货接货、使用咨询和售后评论等环节，都有诸多的渠道可供选择和使用。在一次完整的购买过程中，他们可能用计算机搜索商品，从社交网络上看商品评价或与朋友讨论，到实体店去体验，用手机下订单，用热线电话咨询或投诉，自提货物或是通过快递获得货物，等等。表 16－3 全渠道营销功能组合图反映了消费者全渠道参与设计、生产和购买的过程。

表 16－3　全渠道营销功能组合图

<table>
<tr><th colspan="3" rowspan="2">渠道</th><th colspan="7">功能</th></tr>
<tr><th>1. 收集信息</th><th>2. 设计</th><th>3. 下订单</th><th colspan="2">4. 支付款项</th><th>5. 取货</th><th>6. 使用和反馈</th></tr>
<tr><td rowspan="6">线下渠道</td><td colspan="2">实体店铺</td><td>现场查看</td><td>设计</td><td>现场</td><td colspan="2">现场</td><td>店内</td><td>店内反馈</td></tr>
<tr><td colspan="2">直达信函</td><td>阅读信函</td><td rowspan="2">否</td><td>邮寄</td><td>邮寄</td><td rowspan="13">各种类型的货到付款</td><td rowspan="13">快递到家或是到物流驿站，顾客去取</td><td>信函反馈</td></tr>
<tr><td colspan="2">商品目录</td><td>阅读目录</td><td>邮寄</td><td>邮寄</td><td>信函反馈</td></tr>
<tr><td colspan="2">固定电话</td><td>电话询问</td><td>设计</td><td>电话</td><td rowspan="3">其他形式</td><td>电话反馈</td></tr>
<tr><td colspan="2">电视</td><td>收看电视</td><td rowspan="2">否</td><td rowspan="2">其他形式</td><td rowspan="2">无</td></tr>
<tr><td colspan="2">其他</td><td>广告信息</td></tr>
<tr><td rowspan="8">线上渠道</td><td rowspan="4">台式机</td><td>搜索</td><td rowspan="8">搜索信息、查看评论、社交讨论、比较等</td><td>否</td><td>否</td><td>否</td><td>评论跟帖</td></tr>
<tr><td>网站</td><td rowspan="7">设计、生产</td><td rowspan="7">线上随时下单</td><td rowspan="7">线上随时下单</td><td>网站反馈</td></tr>
<tr><td>网店</td><td>网店反馈</td></tr>
<tr><td>电邮</td><td>电邮反馈</td></tr>
<tr><td rowspan="4">移动终端</td><td>微博</td><td>微博评论</td></tr>
<tr><td>微信</td><td>微信评论</td></tr>
<tr><td>短信</td><td>短信沟通</td></tr>
<tr><td>其他</td><td>其他反馈</td></tr>
</table>

在全渠道营销环境下，企业的经营理念从以往的“渠道为王”向“以消费者为中

心”转变。企业需要满足消费者任何时候、任何地点、任何方式购买的需求，整合实体渠道、电子商务渠道和移动电子商务渠道来销售商品或服务，提供给消费者无差别的购买体验。O2O 全渠道营销是获取商业数据的重要途径，也是实现企业价值的重要手段，企业若想实现长足发展，必须与时俱进地优化渠道组合，建立经营电商和移动电商渠道的团队，储备适应全渠道系统的人才。可以说，全渠道正在掀起一场新的营销革命。

二、全渠道营销的定义

“全渠道”一词最早出现在零售领域。贝恩咨询公司（Bain）全球创新和零售业务负责人达雷尔·里格比（Darrell Rigby）曾提出未来零售业变革的关键在于实施全渠道零售战略。

学者李飞将全渠道营销定义为：个人或组织为了实现利益相关者的利益，在全部渠道（商品所有权转移、信息、产品设计生产、支付、物流、客流等）范围内实施渠道选择的决策，然后根据细分目标顾客对渠道类型的不同偏好，实行不同或相同的营销定位，以及匹配的产品、价格、渠道和信息等营销要素的组合策略。此时，全渠道不仅包括全部商品所有权转移的渠道，而且应该包括全部的信息渠道、全部的生产渠道、全部的资金（支付）渠道、全部的物流渠道，甚至全部的顾客移动的渠道等。

延伸阅读 16－2　营销渠道理论的演进历程

三、全渠道营销的特点

与传统营销相比，全渠道营销有全程性、全面性、全线性三个特点。

1. 全程性

全渠道营销要求企业从顾客接触品牌开始，就与顾客建立联系，保证在查找产品、与竞争者对比、确定购买、购后体验及后期的评价分享等环节中都与顾客进行互动沟通，对顾客提出的消费疑虑进行有针对性的实时解答。

2. 全面性

全渠道营销要求企业通过对顾客购买全过程的跟进追踪，在整个营销过程中与顾客进行沟通互动，根据顾客的购买习惯及企业的产品特点，为顾客提供专业的、精心的个性化建议，提高顾客的购物满意度及购物乐趣。

3. 全线性

全渠道营销要求企业通过整合实体营销渠道、电子商务营销渠道、移动商务营销渠道，尽可能地克服时间、空间、载体等营销障碍，满足顾客的多元化、碎片化、个性化需求，为顾客提供超越时空限制的购物体验，多环节、多角度地提高顾客的感知价值。

第 3 节　全渠道营销管理与实施

一、全渠道营销管理

全渠道营销的最终目标是满足消费者任何时候、任何地点、任何方式的消费需求，为消费者提供个性化的、便捷化的、线上线下无差别的消费体验。全渠道营销管理就是对全渠道营销进行分析、计划和实施的过程。

（一）全渠道营销分析

全渠道营销的首要任务是确定营销的总目标，在明确目标的基础上进行营销分析。

全渠道营销环境的分析需要融合多学科领域的知识，展开宏观及微观环境的分析。宏观层面要考虑政治法律、经济、社会文化等方面对全渠道营销的影响；微观层面要结合企业自身的情况，系统研究竞争对手、公众、供应商、合作单位等能否保证全渠道营销目标的实现。

（二）全渠道营销计划

全渠道营销计划环节主要分为营销战略和营销战术两个部分。

1. 营销战略：依全渠道进行顾客细分和营销定位

（1）决策是否实施全渠道营销。全渠道营销战略强调在营销决策过程的每一个步骤和环节都要考虑尽可能多的备选渠道，但这并不意味着使用所有渠道，选择利用多少渠道取决于营销研究的结果。同时，也不是每一条渠道都要完成营销过程的全部功能，通常会出现仅仅完成营销过程部分功能的情况。由于客户本身及需求的复杂性、多样性，一些选择非全渠道营销的经营者也会取得成功。

（2）依全渠道细分目标顾客。在全渠道营销战略框架下，在选择目标顾客之后，要对目标顾客按渠道标志进行细分，即研究选择不同渠道的顾客对产品、服务、价格、店址和店铺环境（线上与线下）、信息的需求及其行为和心理特征。

（3）依全渠道进行营销定位。经营者需要研究各种所选择渠道类型中顾客关注及具有优势的方面，从而为各种渠道类型的顾客确定不同或相同的营销定位点。同时，还要研究全渠道购物顾客关注的要素，以及竞争对手的表现，从而选择全渠道营销的定位点。线上线下既可以采取不同的定位点，例如某企业线上以低价省钱为定位点，线下以优质服务为定位点，也可以采取相同的定位点。

2. 营销战术：依全渠道定位进行营销要素组合

（1）描绘顾客全渠道设计、购买商品的周期。在全渠道的背景下，顾客不仅购买商品，有时还会参与产品或服务的设计和生产。经营者需要首先描绘出顾客全渠道设计和购买产品的生命周期，然后研究目标顾客在各个阶段的偏好。

（2）依顾客全渠道设计、购买商品的周期匹配经营者营销生命周期，并进行相应的营销要素的组合。营销生命周期不仅包括销售周期，还包括产品设计和生产周期。经营者需要根据目标顾客设计、购买产品的生命周期偏好，以及相应的营销定位选择，规划相应的产品设计生产和销售的生命周期。其具体内容包括引发动机、提供信息、行为决策、销售过程和售后服务。经营者必须根据已经确定的营销生命周期来整合营销组合的各个要素，制定相应的策略，具体包括产品策略、服务策略、价格策略、店址策略、店铺环境策略和信息策略等。

（3）将营销要素组合状态所需要完成的功能，分配给各种渠道类型。这种匹配组合的结果，就会形成不同的全渠道营销战略。有的只在线下营销，有的只在线上营销，有的是线下和线上融合，具体的战略取决于顾客需求、竞争对手情况以及经营者自身资源和能力。

（三）全渠道营销实施

实施全渠道营销要找到并协调好关键环节，整合重要资源，保证计划的有效实施，从而实现已确定的绩效目标。

二、全渠道营销的应用：新零售

在 2016 年云栖大会上，有人提出，纯电商时代很快就会结束，未来几十年没有电子商务一说，只有新零售一说。未来，线下与线上零售将深度结合，再加上现代物流，服务商利用大数据、云计算等创新技术，构成未来新零售的概念。同年 11 月，《国务院办公厅关于推动实体零售创新转型的意见》颁布，鼓励线上线下互动，推动实体商业创新转型。随后，零售业界的领跑者也纷纷表达了对新零售的不同见解。腾讯的马化腾认为新零售就是利用数字技术助力线下传统零售，把人、货、场景全部打通。小米的雷军认为新零售就是通过线上线下互动融合的运营模式，将电商的经验和优势发挥到实体零售中，改善购物体验，提升流通效率，将质高价优的产品卖到消费者手里，以此实现消费升级的创新零售模式。海尔的曾庆俐认为新零售就是将企业和用户融合，提升消费者的消费体验，实现定制化解决方案。苏宁的孙为民认为新零售就是将物联网和互联网结合，感知消费者，预测消费趋势，提供个性化服务。

总之，新零售是在传统零售的基础上发展而来的，指企业以互联网为基础，运用大数据、人工智能等现代先进技术，将生产、流通、销售和服务等过程无缝组合，打造一个高度自动化的商品销售生态圈，实现线上、线下和现代物流深度融合的零售新模式。

新零售最重要的就是以用户体验为中心的商业模式，核心是要满足消费者日益提升和变化的需求，同时兼顾内部员工与上下游的商业合作伙伴。新零售的模式主要有以下三种：

1. 商品与物流渠道整合的新零售

线下与线上的零售商彼此合作，实现渠道互补和共赢，这样既可以在物流配送高峰期做到就近配送，实现线上线下产品同款同价，还可以实行线上订货实体店就近取货或者线下订货线上发货等。这种新零售模式需要有云计算、大数据等高新技术的后台支撑与配合。这种模式可以创造新的就业机会，甚至可以开发出一些新的职业。

2. 消费场景化新零售

消费场景化是新零售最主要的发展方向，也是顾客未来需求的发展方向。目前只有少数集购物、餐饮、娱乐为一体的大型实体购物中心在这方面发展较好，其他如百货、超市、便利店等实体零售的体验式消费服务还有待进一步加强。线上电商与线下实体零售体验相结合，不断努力实现消费场景化，是目前正在探讨和实践的主要模式。

3. 实现全渠道产业生态链的新零售

全渠道生态链既包括零售企业内部员工，也包括上游的制造商、下游的商家以及渠道内的所有合作伙伴，多方在一个公共平台上进行更深更广的合作，最后实现互利共赢，共同在不断完善的互联网环境下良性发展。

思政专栏 16-1

实体经济是“十四五”经济发展根基

实体兴则经济兴，实体强则经济强。

党的十九届五中全会提出，坚持把发展经济着力点放在实体经济上，坚定不移建设制造强国、质量强国、网络强国、数字中国，推进产业基础高级化、产业链现代化，提高经济质量效益和核心竞争力。“坚持把发展经济着力点放在实体经济上”的重要表述是以习近平同志为核心的党中央基于两个大局的全局性重大战略判断做出的，进一步明确了“十四五”时期振兴实体经济对全面建设社会主义现代化国家的重大战略意义。

党的十八大以来，习近平总书记在多个场合指出，“不论经济发展到什么时候，实体经济都是我国经济发展、在国际经济竞争中赢得主动的根基”“高度重视实体经济健康发展，增强实体经济赢利能力”，强调实体经济是立国之本，也是财富之源，不仅能增加有效供给，更是扎实做好“六稳”工作、落实“六保”任务的必由之路。我们只有牢牢夯实了实体经济这个根基，才能推动“十四五”时期经济社会高质量发展。

坚持创新驱动推动实体经济转型升级。创新是实体经济高质量发展的引擎，是实体经济结构调整优化和转变发展方式的原动力。党的十九届五中全会指出，坚持创新在我国现代化建设全局中的核心地位，把科技自立自强作为国家发展的战略支撑，进一步明确了要以创新为引领，围绕质量变革、效率变革和动力变革，让实体经济成为创新的主战场。要促进资金、人才、技术等创新要素向企业集聚，全面提高创新供给能力，加快产品、品牌、产业组织和商业模式创新，提升产业整体素质和企业竞争力。要加快产业在技术产品、产业组织、产业结构等方面的调整和创新，提高自主产业链供应，推动优势产业的聚集和推广。要汇聚全球创新要素与资源，推动我国先进制造业成为全球价值链上的领军者，走出一条开放式发展提升实体经济的道路。

资料来源：实体经济是“十四五”经济发展根基.（2020-11-19）. https://pinglun.youth.cn/ll/202011/t20201119_12582876.htm.

案例分析

盒马鲜生：阿里巴巴新零售业态

过去，生鲜电商举步维艰，一度被寄予厚望的B2C和O2O电商模式并没能解决这个品类固有的顽疾——高损耗、非标准、高冷链物流配送成本、品类不全，无法满足消费者对生鲜的即时性需求。

那么，有没有一个新的商业模式能够解决生鲜电商的痛点呢？通过对生鲜电商的长期观察，侯毅认为生鲜电商可以尝试利用移动互联网的技术和特点去拓展线下门店，用实体店加生鲜电商解决它的痛点。

2015年3月，盒马鲜生（以下简称“盒马”）正式成立。2016年1月15日，盒马上海金桥店开业，盒马APP同步上线。

从商业业态看，盒马是一个集超市、餐饮、物流配送、APP为一体的复合功能体。其内部称之为“一店二仓五个中心”，即一个门店，前端为消费区，后端为仓储配送区，五个中心分别是超市中心、餐饮中心、物流中心、体验中心以及粉丝运营中心。

从战略定位看，盒马的定位是精品超市模式。盒马的目标消费群体是“80后”“90后”年轻群体，他们比“60后”“70后”更关注品质，时间敏感度高而价格敏感度相对较低。盒马的价格策略是靠高性价比的海鲜产品吸引客户，而靠其他品类赚钱。同时筛选出中高端客户，为其线上业务服务，线上每单的履单成本（拣选、包装、配送员费用）是相近的，因此较高的客单价可以平衡履单成本。

从业务模式看，盒马采用以大数据为支撑的线上线下业务高度融合的业务模式。盒马以线上销售为主，线下销售为辅。以线下体验门店为基础，并将之作为线上盒马APP的仓储、分拣及配送中心，通过将线上线下业务完全一体化来满足周边3公里范围内消费者对生鲜食品采购、餐饮以及生活休闲的需求。线上线下所售商品完全是同一商品、同一品质和同一价格，线上提供快速的物流配送服务，线下增强消费者的场景体验感，双线协同作战、完美配合。主要支付方式为消费者下载盒马APP后用支付宝付款，现金付款渠道极少，移动支付为更精准的营销奠定了基础。

盒马以“零售＋餐饮”的跨界融合，实现了一体化服务。“生熟联动”是盒马客户体验中的重要一环。盒马卖场内开辟了餐饮区，海鲜加工服务中心可为客户提供现场加工及堂食服务。这种把“海鲜排档”做到超市里的新模式大幅增加了客户在超市的逗留时间，超市内各种商品对客户吸引和截留的机会也相应增多。另外，餐饮跟生鲜的协同还能方便超市处理一些临期产品，降低损耗。

盒马用实体店解决了生鲜电商几大核心痛点：一是移动互联网流量运营。盒马实体门店实现了低成本的引流，彻底改变了流量的来源。二是3公里半径的精确流量运营，其复购和转化率大幅优于传统电商。三是冷链物流成本相当低，通过这样的模式能实现盈利。四是快消和生鲜全品类运营，消费者能够实现不同场景下的一站式购物。五是门店的体验和互动，门店成为消费者休闲娱乐的场所。六是全渠道数字化运营，大幅提高了经营效率，降低了成本。因此，侯毅认为盒马鲜生是真正的移动电商3.0。

资料来源：荆兵，李梦军. 盒马鲜生：阿里新零售业态. 清华管理评论，2018（3）：78－84，86.

思考题

1. 盒马鲜生如何通过全渠道营销解决生鲜电商的痛点？

2. 你认为盒马鲜生还可以从哪些角度继续加强自己的全渠道营销能力？请给出理由。

基本概念

O2O（online to offline）
口碑型 O2O 模式（word of mouth type O2O）
平台型 O2O 模式（platform type O2O）
全渠道营销（omni-channel marketing）

讨论题

1. 什么样的产品和行业适合采用全渠道营销？
2. 中国目前的全渠道营销存在哪些不足和弊端？
3. 在全渠道运营时代，传统行业该如何顺应潮流，寻找发展机遇？

课程思政要点

（1）数字经济下的新型零售业态。
（2）认识新零售的创新发展对实体经济的促进作用。

参考文献

[1] 郦瞻. 网络营销. 北京：清华大学出版社，2013.

[2] 汪泓，汪明艳. 电子商务：理论与实践. 北京：清华大学出版社，2010.

[3] 杨学成，陈章旺. 网络营销. 北京：高等教育出版社，2014.

[4] 杨路明. 网络营销. 北京：机械工业出版社，2011.

[5] 荆浩. 网络营销基础与网上创业实践. 北京：清华大学出版社，2011.

[6] 李光明. 网络营销. 北京：人民邮电出版社，2014.

[7] 方美琪. 网络营销. 2版. 北京：清华大学出版社，2013.

[8] 菲利普·科特勒，凯文·莱恩·凯勒. 营销管理：第14版. 上海：上海人民出版社，2012.

[9] 夏明学. 网络营销：管理与实践. 北京：北京大学出版社，2013.

[10] 郝戊. 网络营销. 2版. 北京：机械工业出版社，2013.

[11] 艾略特·艾登伯格. 4R营销. 北京：企业管理出版社，2003.

[12] 朱迪·斯特劳斯，雷蒙德·弗罗斯特. 网络营销：第5版. 北京：中国人民大学出版社，2010.

[13] 王丽萍. 网络营销学概论. 北京：清华大学出版社，2014.

[14] 乌跃良. 网络营销理论与实践. 北京：机械工业出版社，2012.

[15] 韩小红. 网络消费者行为. 西安：西安交通大学出版社，2008.

[16] 周斌. 消费者行为学. 北京：清华大学出版社，2013.

[17] 胡世良. 移动互联网商业模式：创新与变革. 北京：人民邮电出版社，2013.

[18] 陈威如，余卓轩. 平台战略：正在席卷全球的商业模式革命. 北京：中信出版社，2013.

[19] 彭志强，刘捷，胥英杰. 商业模式的力量. 北京：机械工业出版社，2009.

[20] 亚历山大·奥特斯瓦德. 商业模式新生代. 北京：机械工业出版社，2011.

[21] 八八众筹. 风口：把握产业互联网带来的创业转型新机遇. 北京：机械工业出版社，2015.

[22] 刘鹰，项松林，方若乃. 阿里巴巴模式. 北京：中信出版社，2014.

[23] 刘青春. 网络营销. 北京：清华大学出版社，2014.

[24] 新奇e族. 网络营销：技巧·策略·案例. 北京：化学工业出版社，2013.

[25] 黎雨. 网络营销之实战密码解读. 北京：清华大学出版社，2014.

[26] 瞿彭志. 网络营销. 3版. 北京：高等教育出版社，2009.

[27] 李辉熠，施薇. 视频营销. 北京：中国人民大学出版社，2020.

[28] 张诚. Web 3.0的传媒变革与营销新模式. 出版发行研究，2013（3）：57-61.

[29] 黄文土，黄婉丽. 基于Web 3.0的网络营销分析. 中国商界，2009（9）：187.

[30] 刘生慧. 网络营销环境的含义与特征分析. 网友世界，2013 (3)：18 - 20.

[31] 李梁峰，吴春英. 企业网络营销战略的竞争优势分析. 山西财经大学学报，2007 (S2)：51 - 52.

[32] 刘蓓，彭林. 市场营销组合理论模式的演变与发展研究综述. 市场论坛，2012 (3)：64 - 67.

[33] 韩顺平，吴宜真，曾润坤. 产品创新与服务创新的互动策略. 清华管理评论，2013 (4).

[34] 胡岚岚，卢向华，黄丽华. 电子商务生态系统及其演化路径. 经济管理，2009 (6)：110 - 116.

[35] 牛瑞瑞. 电子商务生态系统的理论剖析及应用. 经济研究导刊，2009 (10)：17 - 18.

[36] 胡岚岚，卢向华，黄丽华. 电子商务生态系统及其协调机制研究：以阿里巴巴集团为例. 软科学，2009 (9)：5.

[37] 李凯，邓智文. 搜索引擎营销研究综述及展望. 外国经济与管理，2014 (10)：13 - 21.

[38] 司林胜，王凌辉. 电子商务生态系统的系统特征及其优势. 中国管理信息化，2010 (2)：101 - 104.

[39] 李霄，唐任伍. 垂直电子商务行业应用分析. 生产力研究，2012 (12)：177 - 178.

[40] 刘志坚，张辉. 微营销内涵、特征及发展：以微博、微信为例. 对外经贸，2014 (11)：118 - 120.

[41] 李飞. 全渠道营销：一种新战略. 清华管理评论，2015 (1 - 2)：32 - 39.

[42] 王玮，郭宝珍. 回归消费者，融合大营销. 清华管理评论，2015 (1)：48 - 55.

[43] 王玮，冯茜. 社交媒体营销呼唤回归营销本质. 清华管理评论，2017 (3)：65 - 77.

[44] 王玮，苏倩倩，沈敏. 打开社交媒体“拿得起放不下”的秘籍：从技术走向文化. 清华管理评论，2019 (6)：59 - 68.

中国人民大学出版社　管理分社

教师教学服务说明

中国人民大学出版社管理分社以出版工商管理和公共管理类精品图书为宗旨。为更好地服务一线教师，我们着力建设了一批数字化、立体化的网络教学资源。教师可以通过以下方式获得免费下载教学资源的权限：

★ 在中国人民大学出版社网站 www.crup.com.cn 进行注册，注册后进入“会员中心”，在左侧点击“我的教师认证”，填写相关信息，提交后等待审核。我们将在一个工作日内为您开通相关资源的下载权限。

★ 如您急需教学资源或需要其他帮助，请加入教师 QQ 群或在工作时间与我们联络。

中国人民大学出版社　管理分社

教师 QQ 群：648333426（工商管理）　114970332（财会）　648117133（公共管理）
教师群仅限教师加入，入群请备注（学校＋姓名）

联系电话：010-62515735，62515987，62515782，82501048，62514760

电子邮箱：glcbfs@crup.com.cn

通讯地址：北京市海淀区中关村大街甲 59 号文化大厦 1501 室（100872）

管理书社　　人大社财会　　公共管理与政治学悦读坊